中国宏观经济
问题研究

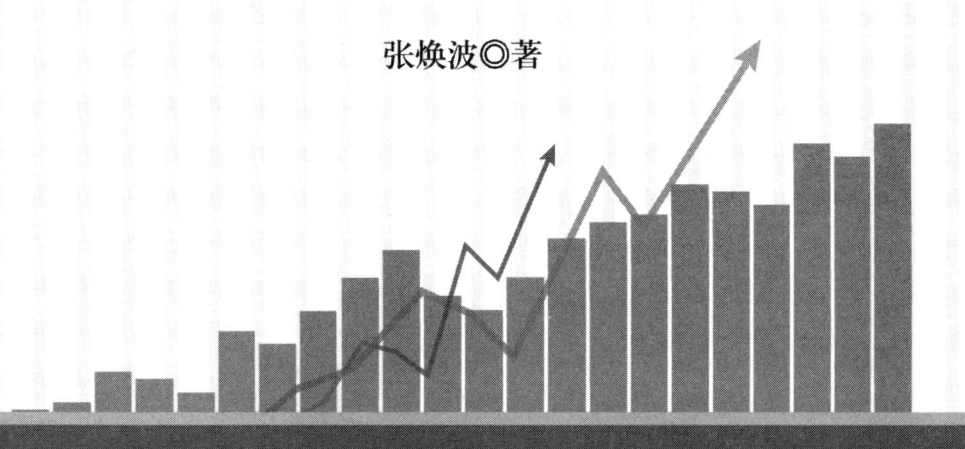

张焕波◎著

Research on China's Macroeconomic Issues

时事出版社

目 录

货币篇

第一章 均衡汇率评估方法分析与评价 …………………… (3)
  一、评估方法 ……………………………………………… (4)
  二、方法评判 ……………………………………………… (8)
  三、需要注意的方面 ……………………………………… (10)

第二章 汇率评估背景 ………………………………………… (12)
  一、IMF 汇率监督制度的历史 …………………………… (12)
  二、汇率评估发展 ………………………………………… (14)

第三章 汇率模型与人民币汇率升值空间预测 ……………… (17)
  一、基于数量检验：消费、投资变动对
      经常账户的影响 …………………………………… (17)
  二、人民币汇率升值空间预测 …………………………… (20)
  三、工资、汇率与顺差 …………………………………… (21)

**第四章 彼得森国际经济研究所均衡汇率模型存在的
      缺陷和改进** ………………………………………… (28)
  一、彼得森国际经济研究所均衡汇率模型概况 ………… (28)

二、彼得森国际经济研究所均衡汇率模型的五大问题 …… (32)
三、彼得森国际经济研究所"新模型"的缺陷 ………… (35)
四、基于改进的彼得森国际经济研究所
均衡汇率模型的预测 ……………………………… (37)

第五章 国际货币体系与人民币国际化 ………………… (40)
一、国际货币体系发展展望 ………………………… (40)
二、人民币国际化现状 ……………………………… (43)
三、人民币国际化的前景 …………………………… (47)
四、结论 …………………………………………… (54)

国际投资篇

第六章 中美直接投资合作 …………………………… (57)
一、现状 …………………………………………… (57)
二、合作前景 ……………………………………… (57)
三、中国对美直接投资存在的问题 ………………… (59)
四、美国对中国直接投资特点与问题 ……………… (61)
五、政策建议 ……………………………………… (64)

第七章 中国外汇储备在美证券投资的双赢战略 ……… (68)
一、中国外汇储备在美证券投资现状与经济贡献 … (69)
二、中国美元外汇储备资产展望 …………………… (74)
三、中国外汇储备在美证券投资存在的问题 ……… (78)
四、中国外汇储备在美投资的双赢战略 …………… (82)
五、实现中国外汇储备在美投资双赢的政策建议 … (90)

国际合作篇

第八章 对接"一带一路"——以义乌为例 …………… (95)
　一、义乌打造"一带一路"战略支点的可行性 ………… (95)
　二、义乌作为"一带一路"战略支点的功能定位 ……… (107)

第九章 积极打造陆海联运的中俄贸易大通道 ………… (121)
　一、"陆海联运中俄大通道"的设想 …………………… (121)
　二、重大战略意义 ………………………………………… (122)
　三、当前推进时机成熟 …………………………………… (124)
　四、建议与对策 …………………………………………… (126)

第十章 抓住机遇扩大中俄贸易、投资和科技合作 …… (127)
　一、中俄深化合作面临重大机遇 ………………………… (127)
　二、扩大对俄罗斯经贸和科技合作的总体思路 ………… (129)
　三、建议与政策 …………………………………………… (130)

国际关系篇

**第十一章 关于当前和今后一个时期中美经贸合作的
　　　　　战略与策略** ……………………………………… (137)
　一、确立中美新型大国关系，形成高度共识 …………… (137)
　二、对中美经贸合作进行系统梳理和评估 ……………… (138)
　三、设计构建中美新型大国关系中经贸合作
　　　路线图和时间表 ……………………………………… (139)
　四、创新合作思路和方式 ………………………………… (144)
　五、构建超越中美两国自身利益合作关系的建议 ……… (146)

国际经济规则篇

第十二章 TPP 条款研究 …… (155)
 一、研究材料 …… (155)
 二、TPP 的主要领域 …… (156)
 三、TPP 关键领域的评估和分析 …… (163)
 四、基于 TPP 协议评估的主要建议 …… (181)

城镇化篇

第十三章 中国城镇化历史总结、现实分析和预测 …… (193)
 一、中国城镇化的历史 …… (193)
 二、中国城镇化的现实分析 …… (199)
 三、中国城镇化预测与分析 …… (209)

第十四章 把环北部湾城市群建设上升到国家战略 …… (214)
 一、环北部湾城市群提出背景及发展基础 …… (214)
 二、环北部湾城市群与国内三大城市群比较 …… (215)
 三、环北部湾城市群发展的重大战略意义 …… (230)
 四、环北部湾城市群发展的定位和目标 …… (234)
 五、政策建议 …… (235)

产业篇

第十五章 振兴高端装备制造业的思路与政策建议 …… (239)
 一、近年来高端装备制造业发展状况 …… (239)
 二、高端装备制造业生存发展面临的主要问题 …… (242)

  三、发展高端装备制造业的政策建议 …………………… （243）

第十六章　振兴节能环保产业的思路和建议 ……………… （249）
  一、近年来节能环保产业发展状况 …………………… （250）
  二、节能环保对于促进产业结构升级的作用 ………… （251）
  三、发展节能环保产业的关键要素 …………………… （253）
  四、存在的问题 ………………………………………… （255）
  五、加快发展节能环保的政策建议 …………………… （258）

能源篇

第十七章　中国水电产业发展预测与建议 ………………… （265）
  一、中国水电产业发展现状及展望 …………………… （265）
  二、中国积极发展水电产业的战略意义 ……………… （271）
  三、中国水电产业发展面临的约束条件 ……………… （274）
  四、世界水电产业发展现状与规模 …………………… （281）
  五、中国水电产业发展规模预测 ……………………… （292）
  六、促进中国水电产业发展的政策建议 ……………… （301）

生态文明篇

第十八章　中国省级绿色经济指数 ………………………… （307）
  一、指标体系 …………………………………………… （307）
  二、测算方法 …………………………………………… （311）
  三、排名与分析 ………………………………………… （313）

第十九章　转变经济发展方式评价指数 …………………… （369）
  一、指标构成介绍 ……………………………………… （370）

二、转变经济发展方式指数计算方法 ………………… (371)
三、全国转变经济发展方式评价指数结果与分析 ……… (373)
四、省市自治区转变经济发展方式评价指数结果 ……… (375)
五、重点城市转变经济发展方式评价指数结果 ………… (376)
六、加快转变经济发展方式的几项建议 ………………… (377)

第二十章 生态经济区建设思考——以洞庭湖为例 ……… (383)
一、建立人水和谐的水利设施体系 ……………………… (383)
二、建立通达便捷的交通体系 …………………………… (386)
三、建立低碳高效的能源保障体系 ……………………… (388)
四、建立智能安全的数字信息体系 ……………………… (389)
五、实施基础设施重点工程 ……………………………… (390)
六、需要深入研究的几个问题 …………………………… (394)

货币篇

第一章　均衡汇率评估方法分析与评价

国际货币基金组织（IMF）在全球经济失衡的大背景下，一直处在国际社会对其稳健汇率监督的迫切诉求和汇率评估技术面对复杂国际经济现状表现乏力的艰难处境之中。一方面IMF本身作为监督机构面对发达国家对其加强国际汇率监督的倒逼压力；另一方面复杂的国际货币体系又使其难以推出一个可以全面客观评估汇率水平的绝佳方法。在这种情况下，国际货币基金组织汇率问题咨询委员会（CGER）提出来的三种方法一直处在IMF内部、国际学术界和成员国之间的巨大争论之中。IMF在汇率监督中能否保持公平，以及这几种方法能否进一步完善提高，并得到学术界和成员国的普遍认同，将会最终决定CGER的方法能否真正发展开来。鉴于目前没有完美的技术方法可以运用（或许这样的方法根本就不存在），这三种方法便是我们能够运用的、互补而比较全面地揭示汇率水平状况的次优选择。下面就分析一下这几种汇率评估方法的贡献、缺陷和带来的一些启示。

一、评估方法

（一）宏观经济平衡法（Macroeconomic Balance Approach，简称 MB）

该方法研究的是内外同时实现均衡的汇率水平，它由纳克斯（Nurkse，1945）和梅茨勒（Metzler，1951）建立。米德（Meade，1951）和斯旺（Swan，1963）对该理论作出了突破性贡献，他们把内外均衡置于开放宏观经济学的中心地位。该方法后经 Williams 等人进一步扩展，与学术界通常使用的 FEER（Fundamental Equilibrium Exchange Rate）方法的原理基本类似。

MB 法包括四个步骤：第一，运用计量经济学方法即面板数据回归技术建立起经常账户余额（CA）和一系列经济基本面之间的均衡关系模型（也可用经济基本面对经常账户余额的弹性来表示）；第二，对每个国家，将上述变量的中期（一般为 5 年后）预测值带入第一步中的函数模型（或者用预测值直接乘以弹性），计算出每个国家在中期内实现均衡时的经常账户余额（CA norms），这些经济基本面在经济理论中一般包括：财政收支、人口、净外部资产、石油收支、经济发展程度[①]、经济危机[②]以及金融中心[③]；第三，计算经常账户余额对实际汇率的弹性系数；第四，通过弹性系数计算实际汇率调整幅度，这个幅度就是弥补各国中期经常账户余

[①] 不同发展程度的国家所能获得的投资有很大的差距。这里的发展程度用人均国民生产总值（per capita GDP）表示。

[②] 虚拟变量，取值为 0 或 1。

[③] 虚拟变量，取值为 0 或 1。金融中心一般有比利时、香港、卢森堡、荷兰、新加坡和瑞士。

额预测值与中期均衡经常账户余额（CA norms）之间缺口（△）所需的实际汇率调整值，即中期汇率与中期均衡汇率的偏离程度。这里，需对一国经常账户余额对实际有效汇率变化的弹性进行估计（通常由国际货币基金组织地区部提供），并合理预测中期经常账户余额。这两个关键变量的估计将很大程度上影响最终汇率偏离的结果。国际货币基金组织从全球一致性的角度，规定各国目前至未来5年的实际有效汇率基本保持不变，最大的变化率不超过2%。

CA = f（财政收支、人口、净外部资产、石油收支、经济发展程度、经济危机以及金融中心）

CA norms = f^*（财政收支、人口、净外部资产、石油收支、经济发展程度、经济危机以及金融中心）

RER = CA × β　　（β为贸易弹性系数）

△ = (CA norms – CA) × β = (f^* – f) × β

（二）均衡实际汇率法（Equilibrium Real Exchange Rate Approach，简称ERER）

最早是由爱德华兹（Sebastian Edwards）于1989年提出的，后经爱德华兹（1994）本人和艾奥巴达维（Ibrahim Aelbadawi, 1992）等人的修正和扩展而逐步完善。2003年以来，CGER才开始采用ERER法进行汇率评估。

由于把关注点直接放在均衡实际汇率（ERER）上，而不是经常账户余额，所以不需要在经常账户余额和实际汇率之间进行弹性转换。ERER法只包括三个步骤：第一，同样运用面板数据回归技术测算历史均衡实际汇率与经济基本面之间的均衡函数关系；第二，将中期内经济基本面变量带入上述均衡函数计算均衡实际汇率；第三，直接计算中期实际汇率与第二步的均衡实际汇率之间的差额（△），该差额即为恢复均衡所需的汇率调整幅度。

RER = f（财政收支、人口、净外部资产、石油收支、经济发展程度、经济危机以及金融中心）

ERER = f*（财政收支、人口、净外部资产、石油收支、经济发展程度、经济危机以及金融中心）

△ = ERER − RER = f* − f

（三）外部持续性法（External Sustainability Approach，简称 ES）

其理论依据是跨代预算约束假设，即一国未来的贸易顺差应足以偿付目前的外债。因此，为使该假设成立，应保证净外国资产稳定在与经济规模相适应的水平，以控制对外资产或负债的无限增长。[①]

与前两种方法不同，这种新方法不依赖经济计量分析。该方法通过计算实际经常账户余额与理论上能使成员国保持净外国资产某种程度上稳定的经常账户余额之间的差额，判断一国汇率所需的调整幅度。该方法分四步：第一步，计算与某个稳定的（或可持续的）"基准"净外部资产水平（NFA-stabilizing）相适应的经常账户余额；第二步，预测这个国家中期的实际经常账户余额水平；第三步，计算经常账户余额对实际汇率的弹性系数；第四步，通过弹性系数计算实际有效汇率的调整幅度，弥补第二步里中期的实际经常账户余额水平与第一步里能维持净外部资产稳定在"基准"的经常账户余额的差距。

IMF 对成员国汇率的评估结果分为四类：与经济基本面一致（In line with fundamentals）、高估（Overvalued）、低估（Underval-

---

[①] 参考郑红：《国际货币基金组织 CGER 方法介绍及评述》，国际金融研究，2009 年第 6 期。

ued）以及无底线评估（No bottom line assessment）。

表1 IMF对成员国汇率水平的评估结果

	国家数目	百分比
与基本面一致	14	47
高估	5	17
低估	7	23
无底线评估	4	13

表1为IMF2004—2005年第四条款报告（Article IV reports）中对各成员国汇率水平的评估情况。以上统计数据表明，几乎半数的成员国的汇率水平与经济基本面相符，IMF的汇率水平评估的准确性还有待提高。因此，IMF在评估汇率水平的报告中使用的是很谨慎的语言，常用"大致合适的（broadly appropriate）"、"不是明显偏差的（not significantly misaligned）"等模糊语言来描述汇率。这反映了基金组织在汇率评估上的方法不确定、数据缺乏以及经济结构随时间变迁所带来的障碍。除技术性困难外，IMF的模糊措词也反映出IMF与成员国政府在汇率问题上的分歧。中国的汇率问题提供了一个很好的例子。IMF的报告中讨论了很多对实际汇率进行量化评估的方法局限，以及评估的稳健性问题，而没有得出人民币低估的结论。在2004年的两年审查（BRS）中，执董会要求使用更有代表性的指标和其他分析工具来评估成员国的汇率水平及相关政策与竞争力之间的关系。[1]

---

[1] IMF, Summing Up by the Chairman, Biennial Review of the Implementation of the Fund's Surveillance and of the 1977 Surveillance Decision, Executive Board Meeting 04/72, August 2, 2004.

二、方法评判

（一）评估方法的衡量选择

三种方法各有利弊，相互补充，基于不同重点从不同角度反映汇率失调的原因。比如 MB 法以经常账户余额为代表把汇率和经济基本面联系起来，原理清晰，标准单一，但还需贸易弹性系数和中期经常账户余额预测来辅助计算，这两者均有较大不确定性，对判断最终汇率偏离水平有较大影响；ERER 法可以直接了解一国中期均衡有效汇率的决定因素，但决定因素的均衡数据存在很大不确定性，而且不同国别类型有待区分；ES 法不依靠计量经济方法，但确定核心变量——"稳定的"净外国资产基准，是件很难的事。

国际货币基金组织在近年来对主要国家均衡汇率的计算中，往往同时运用上述三种方法，然后将三种结果进行简单平均，得出国际货币基金组织对一成员国汇率失调程度的总体结论，这样有助于弥补某一种方法的缺陷。但是，《2007 决定》和《2007 指南》也指出，MB 方法往往比较可靠，其他两种方法可作为验证和支持。这可能预示着国际货币基金组织在未来汇率的评估中将优先发展 MB 方法，提高其使用频率和重要程度。

（二）方法的特点与贡献

1. 全球性。虽然方法尚不成熟，但是 IMF 作为一个国际常设的多边组织，具有任何单一国家或组织所不具有的数据优势，包括宽度和长度上的优势，这使得 IMF 在计算汇率时能相对全面的反映各国之间的关系，这也是某个或某些学术界人士难以做到的。另外，IMF做面板数据回归时所选用的国家宏观经济基本面、经常账户和均衡汇率的全球样本数据，也保证了其结果具有一定的全面性。

2. 一致性。一致性是在做任何国际经济现象研究时都应该被考虑的问题。在全球范围内各国经常账户余额的和应是零。因此，各国在进行汇率失衡的调整后也应保证最后的经常账户余额之和为零。这只有在全球统一分析的前提下才能够得以实现。挤压效应导致全球范围内有逆差就有顺差，且均值为零。这一内在约束也在一定程度上保证了IMF汇率评估的公平性。

3. 补充性。三种方法各有利弊，相互补充，基于不同重点从不同角度反映汇率失调原因。比如MB法以经常账户余额为代表把汇率和经济基本面联系起来，原理清晰，标准单一；ERER法可以直接了解一国中期均衡有效汇率的决定因素；ES法不依靠计量经济方法，而是确定核心变量——"稳定的"净外国资产。

（三）方法的缺陷

依靠经济基本面来分析汇率的模型没有足够的理论支撑。美国加州大学伯克利分校的著名经济学教授Andrew Rose通过大量实证研究认为，大部分的汇率变化均无一定的规律可循，即服从所谓的"随机游走过程"（Random Walk）。传统的宏观经济变量对汇率变化的解释力非常有限，没有迹象表明二者之间有很强的相关关系。

使用标准的经常账户模型来衡量各国的均衡汇率水平并不准确。日本东京大学教授Tokatoshi Ito认为，各国的储蓄模式和成因不同，不应采用同一个模型来评估各国的经常账户均衡水平；各国经常账户余额的构成也是不同的，例如，日本经常账户顺差的一半来自于收益项目，而不是来自贸易项目。所以，用同一个经常账户模型计算各国均衡经常账户余额是不恰当的。

CGER 的方法不能解释以政府管制为主的新兴市场国家的情况。美国加州大学圣克鲁兹分校的著名经济学教授 Michael Dooley 认为，CGER 评估方法的假设和结论是建立在标准的以私人部门行为为主的模型上的，而现实中新兴市场经济体主要体现为政府管制汇率，因此该分析框架的结论可能是错误的。

模型的假设不具备普适性。比如，在 MB 法中用回归估计出的变量关系表明，经济增长率越高，进口越多，经常账户标准越小，这一关系与出口对 GDP 拉动作用较强的中国情况正好相反。除此以外，汇率的贸易弹性、中期均衡值等变量都有很大的不确定性。

三、需要注意的方面

1. 均衡经常账户余额和均衡汇率水平都是定义在中期（3—5年）这一动态时间段概念的基础上的，即一国汇率失调是指该国在中期内汇率水平偏离均衡水平，而不是指在当下的时点状态。同理，调整实际汇率幅度也是在中期内的动态调整以达到合理的均衡值，而不是立刻改变汇率政策以调整汇率幅度，这样做不仅风险较高，而且会影响整个宏观经济面。三种方法均以一国中期均衡汇率水平失调为分析框架，均衡状态的重点放在宏观经济平衡上。宏观平衡指经济处于充分就业和低通货膨胀的内部平衡以及经常项目反映了可持续的净资本流动的外部平衡这样一种理想状况。而针对实际有效汇率的问题，为体现中期概念，国际货币基金组织规定各国目前至未来 5 年的实际有效汇率基本保持不变，最大的变化率不超过 2%，主要理由为根本不可能预测未来 5 年内的汇率变化。国内大部分学者在讨论 CGER 的汇率评估方法时，都照搬 IMF 给出的解释步骤，并没有强调中期这一基本概念，以致部分人将汇率的失调和调整均以即期概念来理解，造成不恰当的分析。

2. 中期宏观经济基本面要素、中期经常账户余额、中期均衡汇率的预测、汇率弹性系数和稳定的净外国资产基准数额的不准确性。中期动态过程的不可知性和主要经济数据的弱关联性，使得三种方法中关键变量的估计变得困难，且具有很大的不确定性，而这些关键变量将在很大程度上影响最终汇率偏离的结果。也就是说，如果关键的基准数据就不合适，那么即使计算模型再精准，也不能得出正确合理的评估结果。

3. 没有考虑汇率一致性问题。在 MB 法和 ES 法中，由于以经常账户余额为标准评估汇率失调程度，且 IMF 以全球数据作为样本，就不可避免地要考虑到一致性的问题（如上文"方法的缺陷"第二条所述），但是这里仅仅考虑的是 CA 的一致性，而没有进一步考虑汇率这个变量的一致性问题，因为以弹性来直接转换 CA 并不能保证算出的汇率也符合多边一致性。这样会使最终结果缺少一个更深一步的约束。

4. 在 IMF 以及众多学者对三种方法的步骤作出解释时，并未着重讨论弹性的问题，相反，大都一带而过。而在实际的汇率调整幅度测算过程中，计算经常账户余额对实际汇率的弹性系数是测算量很大的一部分内容，如果使用的贸易弹性模型不准确或计算有偏差，那么会直接导致最后的汇率偏离程度估计错误。即使有的学者给出过弹性公式，但是这类公式并不适用于每个国家，所以在计算特定国的汇率偏离时，应着重计算弹性系数。

5. MB 法有成为主要评估方法的趋势。CGER 的三种方法虽然互补，各自反映不同的重点，但是由于 MB 法具有原理简单、标准唯一以及建模标准化等优点，IMF 正在加大对 MB 法的应用力度。同时《2007 决定》和《2007 指南》也指出，MB 方法往往比较可靠，其他两种方法可作为验证和支持。这可能预示着国际货币基金组织在未来汇率的评估中将优先提升 MB 方法的使用频率和重要程度。

第二章 汇率评估背景

一、IMF 汇率监督制度的历史

从第二次世界大战到今天，国际汇率制度经历了从金本位制度过渡到多种货币储备制度的演变历程。1944 年 7 月，美、英、法等 44 个国家的代表，在美国新罕布什尔州的布雷顿森林举行货币金融会议商讨战后的世界贸易格局，制定并通过了国际货币基金协定，确立了以美元为中心的国际货币体系，即布雷顿森林体系。布雷顿森林体系以黄金为基础，以美元作为最主要的国际储备货币。美元直接与黄金挂钩，各国货币则与美元挂钩。在布雷顿森林体系下，美元可以兑换黄金和各国实行可调节的钉住汇率制，是这一货币体系的两大支柱，IMF 则是维持这一体系正常运转的中心机构，它有监督国际汇率、提供国际信贷、协调国际货币关系三大职能。基金协定明确 IMF 的目的为"通过一个永久性的就国际货币问题进行磋商和合作的机制的机构促进国际货币合作"。

布雷顿森林体系的建立，在战后相当一段时间内，确实带来了国际贸易的空前发展，全球经济越来越相互依存。但布雷顿森林体系仍存在着自己无法克服的缺陷。[①] 其致命的一点是：它以一国货

---

① 即"特里芬难题"，在美元按固定官价兑换黄金制度下，美国只有通过长期贸易逆差输出美元为各国贸易的发展提供足够结算与储备货币，但长期的贸易逆差又会降低各国对于美元作为国际核心货币固定兑换黄金的信心保证，即关于信心和清偿力的矛盾。

币（美元）作为主要储备资产，具有内在的矛盾性。因为只有靠美国的长期贸易逆差，才能使美元流散到世界各地，使其他国家获得美元供应。但这样一来，美元逆差必然会影响人们对美元的信心，引起美元危机。而美国如果保持国际收支平衡，就会断绝国际储备的供应，引起国际清偿能力的不足。这是一个不可克服的矛盾。从20世纪50年代后期开始，随着美国经济竞争力逐渐削弱，其国际收支开始趋向恶化，出现了全球性美元过剩情况，各国纷纷抛出美元兑换黄金，美国黄金开始大量外流。到了1971年，美国的黄金储备再也支撑不住日益泛滥的美元，尼克松政府被迫宣布实行黄金与美元比价的自由浮动。欧洲经济共同体和日本、加拿大等国也宣布实行浮动汇率制，不再承担维持美元固定汇率的义务，美元也不再成为各国货币围绕的中心。这标志着布雷顿森林体系的基础已全部丧失，该体系终于完全崩溃。

布雷顿森林体系崩溃后，从20世纪70年代开始，国际金融秩序又开始动荡，国际汇率大幅波动，IMF从提出"国际货币体系改革纲要"到最后通过《IMF协定第二修正案》，开启了新的国际货币体系时代即牙买加体系时代。但在牙买加体系里，由于各国拥有汇率的自由浮动权利，同时在多元化国际储备下，缺乏统一的稳定的货币标准，故导致汇率大起大落，变动不定，汇率体系极不稳定，国际货币体系陷入"无规则"状态。汇率不可避免地长时期大幅波动，而且波动超越其经济基本面的反映程度，这直接增加了国际贸易的各种交易风险，对宏观经济的稳定造成冲击。各国基于本国经济的需要，选择不同的汇率制度。发达国家由于其强势经济基础和在国际贸易、资本流动中的优势地位，往往采用自由浮动汇率制，发展中国家为使本国经济免受过分汇率波动的影响，往往采用固定汇率制或有管理的浮动制度和资本项目管制。但随着发展中国家，尤其是新兴市场国家（EMC）的发展，在90年代放松资本管制，直接导致90年代末的亚洲金融危机的爆发。亚洲金融危机的爆发从汇率剧烈贬值开始，引起了东南亚国家外币资本大量撤离，使得经济活动陷入停滞，引发社会动荡。

从1971年至今，国际社会开始进入到多元化汇率制度并存的阶段。虽然发达的工业国家普遍实行浮动汇率制，但各国在汇率政策和制度上有较大差异。实际上形成了一种混合国际汇率制。一些国家汇率自由浮动，一些国家钉住某种货币或一篮子货币，还有一些国家实行管理浮动制。

二、汇率评估发展

汇率水平的评估是汇率监督制度的核心内容。从20世纪90年代中期开始，IMF成立汇率问题磋商小组（CGER）对发达国家进行了汇率评估，目的是帮助基金组织对第四条条款进行分析。[①] CGER是IMF内不同部门的研究人员组合而成的非正式组织，最开始CGER针对的目标是工业化国家，但随着新兴市场国家在全球经济中的地位不断提升，CGER将新兴市场国家也加入分析对象中。CGER提出的汇率衡量办法需要考虑到工业化国家和新兴市场国家不同的经济基本面，更好地测量经常账户收支平衡状况，并反映各自经济的基本面。在一个联系越来越紧密的世界经济中，汇率对外部调整起到了越来越重要的作用。

在2000年的BRS中，IMF执董们认为虽然CGER的评估结果会对市场产生不适当的、可能是破坏性的影响，但基于IMF维护

---

① 引自P. Isard et al., "Methodology for Current Account and Exchange Rate Assessments", Occasional Paper No. 209, December 2001.

全球汇兑体系稳定的目的，汇率水平的评估仍然是必要的。① 执董会认为，为提高其汇率评估的说服力，需要增加对新兴市场国家的评估，但由于对汇率水平的评价主要还是一种主观的判断，从而需要找到其他更有说服力的均衡汇率的评估方法。②

在CGER工作早期，CGER依靠两种方法来评估汇率与中期经济基本面的一致性。第一，宏观经济平衡法（Macroeconomic Balance），首先估计好一个经常账户的基准，然后与IMF的《世界经济展望》的五年预期相比较，这两者之间的差距就是偏差的范围。第二，历史比较法（Historically Comparative），就是依据汇率的历史水平或平均水平来估计偏差。在决定把新兴市场国家的汇率及相关政策加入CGER的评估体系后，需要重新建构一套方法以反映新兴市场国家的不同经济结构。随着理论研究的深入，CGER在修改前两种方法的基础上总结出三种新方法：第一，宏观经济平衡法（Macroeconomic Balance），这是一直以来采用的方法。这种方法根据按现行汇率估计的中期经常账户余额与均衡经常账户余额标准之差判断所需要的实际有效汇率的调整值，即汇率失衡程度。第二，均衡实际汇率法（Equilibrium Real Exchange Rate），该方法认为一国的经济基本面直接决定其中期均衡汇率，通过均衡汇率和现实汇率的比较，判断一国的汇率水平。第三，外部持续性法（External Sustainability），该方法通过计算实际经常账户余额与理论上能使成员国保持净外国资产某种程度上稳定的经常账户余额之间的差额判断一国汇率所需的调整幅度。这三种方法各有优缺点，但相互补充，分别从不同的角度评估汇率问题，能帮助识别导致汇率失调的

---

① IMF, Summing Up by the Acting Chairman, Biennial Review of the Implementation of the Fund's Surveillance and of the 1977 Surveillance Decision, Executive Board Meeting 00/24, March 21, 2000.

② IMF, "Concluding Remarks by the Acting Chairman: Methodology or Current Account and Exchange Rate Assessments," BUFF/01/89, June 19, 2001.

经济不同方面。结合各个国家的实际经济信息，这三种方法能帮助基金组织工作人员评估反映经济状况的各经济变量之间的相对重要性，对中期实际汇率水平和国际收支做出有效的判断，从而判断评估结果是否是稳健的，提出货币调整方案。

第三章 汇率模型与人民币汇率升值空间预测

一、基于数量检验：消费、投资变动对经常账户的影响

根据统计检验，消费对中国经常账户影响比较显著，投资对美国经常账户影响比较显著。因此，应该将投资或者消费纳入回归分析模型，和汇率共同作为影响经常项目变动的变量。也就是说，在分析中国情况时应该将消费比例纳入回归分析，在研究美国时应该将投资比例纳入回归分析。在使用有效汇率数据时，考虑到中国资本流动和美国资本流动的差异，中国当期实际有效汇率值为前两年平均值，美国当期实际有效汇率值为上一年度值，对此我们都做了计量检验。

首先，分析一下中国经济的实际情况：2000—2009 年，中国经常账户盈余增加的重要原因是消费比例下降，与人民币实际有效汇率变动关系不大。以人民币实际有效汇率和消费占 GDP 比例为解释变量，以经常账户为因变量，利用 2000—2009 年数据进行回归分析，得出：

$$CCA = 69.49 - 0.42 * CREEF - 0.35 * DC$$
$$\text{Adj. } R^2 = 0.91$$

这里 CCA 为中国经常项目盈余占 GDP 比例，CREEF 为人民币

实际均衡汇率（前两年平均值），DC 为国内消费占 GDP 比例。回归结果说明，人民币实际有效汇率升值 10%，经常账户顺差与 GDP 的比例减少 4.5 个百分点；国内消费占 GDP 比例增加 10%，经常账户顺差与 GDP 的比例减少 1.9 个百分点。但是，我们并不能因此得出结论：只要人民币汇率升值就可以减少中国经常账户盈余。实际情况要复杂得多。

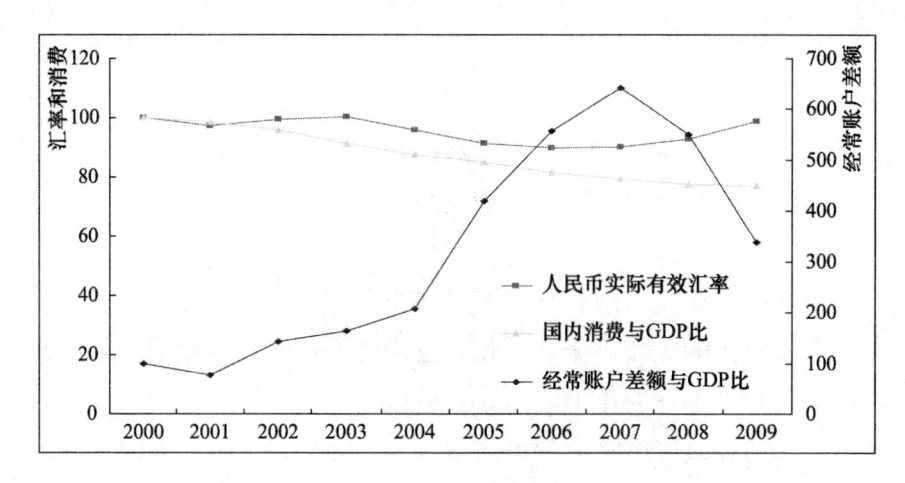

图 1　2000—2009 年人民币实际有效汇率、最终消费与经常账户差额（2000 年为 100）

资料来源：IMF、CCIEE。

中国经常账户盈余占 GDP 比例从 2000 年的 1.71% 上升到 2009 年的 5.78%，人民币实际有效汇率仅仅贬值 1%，国内消费占 GDP 比例下降了 22.47%（图 1）。根据回归结果，2000—2009 年期间人民币实际有效汇率仅仅贬值 1%，导致经常账户盈余与 GDP 的比例仅增加 0.57 个百分点；国内消费占 GDP 比例下降了 22.47%，导致经常账户顺差与 GDP 的比例增加 4.9 个百分点。相对于中国经常账户盈余实际增加 4.07 个百分点，意味着消费下降对经常账户顺差增加贡献度达 120%，而人民币实际有效汇率变动的贡献仅为14%，消费下降的影响远大于人民币实际有效汇率下降的影响。这里单个因素贡献度超过了100%，是因为多个因素相互作用，正的影响和负的影响叠加之后可以相互抵消。因此，中国经常账户盈余过高的主要原因，不是人民币汇率贬值，而是消费比例下降过多、经济结构严重扭曲。

现在，再看一看美国经济的实际情况：2000~2009年，美国经常账户变动的重要原因是投资比例下降，与美元实际有效汇率变动关系不大。我们以美元实际有效汇率和投资占GDP比例为解释变量，以经常项目为因变量，利用2000~2009年的数据进行回归分析，得出：

$$UCA = 0.04 * UREEF - 0.47 * DI$$

Adj. R^2 = 0.85，常数项为零，回归结果更为显著。

这里UCA为美国经常账户赤字占GDP比例，UREEF为美元实际均衡汇率（上一年值），DI为美国投资占GDP比例。回归结果说明，美元实际有效汇率升值10%，经常账户赤字与GDP的比减少0.4个百分点；投资占GDP的比增加10%，经常账户赤字与GDP的比例增加0.89个百分点。

事实上，美国经常账户盈余占GDP比例从2000年的4.2%减少到2009年2.9%，实际减少1.3个百分点，美元实际有效汇率上升5.9%，投资占GDP比例下降22.6%（图2）。从2000年到2009年美元实际有效汇率上升5.9%，导致经常账户赤字与GDP的比例减少0.26个百分点；期间投资占GDP比例下降22.6%，导致经常账户赤字与GDP的比例减少2.16个百分点；相对于美国经常账户盈余实际减少1.3个百分点，这意味着2000~2009年美国投资比例下降对经常账户赤字贡献度达166%，而美元实际有效汇率变动贡献度仅为19.7%。因此，美国经常项目盈余下降的原因主要来自投资比例下降，与美元汇率关系很小，当然也就与人民币汇率没有太大关系了。

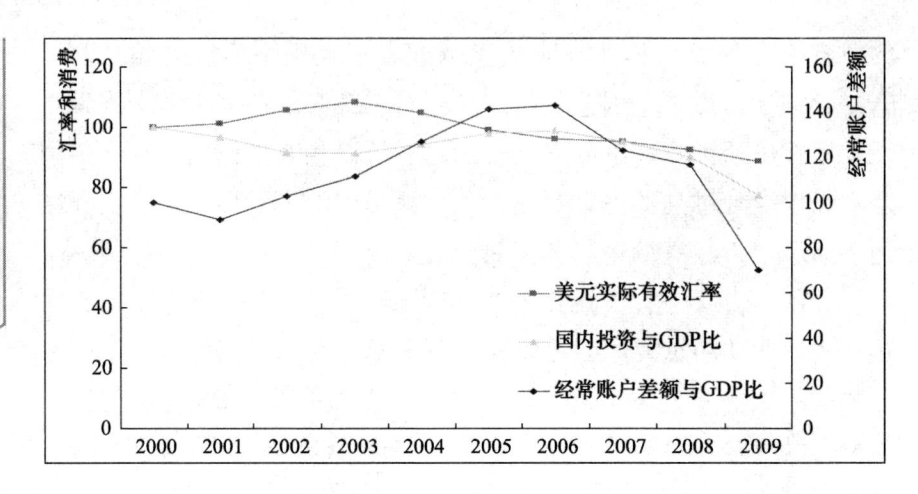

图2　2000~2009年美元实际有效汇率、最终消费与
经常账户差额（2000年为100）

资料来源：IMF、CCIEE。

二、人民币汇率升值空间预测

不可否认，汇率会对经常账户产生影响，但在分别研究中国和美国经济的实际情况后发现，汇率并不是影响经常账户的根本原因。而且，通过货币大幅升值或者贬值来影响经常账户，在目前情况下，对中国经济、美国经济和世界经济的稳定都十分不利。因此，要实现经常账户的均衡，需要从调整中美两国经济结构入手，改变中美两国的消费和储蓄结构模式，中国要增加消费，美国要增加储蓄。

对美国来说，提高储蓄水平是实现经常账户均衡的根本途径。美国应将更多的精力放在调整储蓄和消费的结构模式上，而不是压迫人民币升值。美国需要改变借贷消费、超前消费的模式，提高储蓄率，遏制消费比例过快增长势头，给投资率变动提供一个缓冲空间。

对中国来说，提高消费比例是促进对外贸易均衡的重要途径。近年来，中国经常账户盈余过快增长的主要原因是国内消费率下降，因此，我国要通过提高工资水平来促进消费水平，降低储蓄率；通过加快城镇化进程，消化过剩的投资。

因此，人民币实际有效汇率保持年均升值1.6%～3.32%的幅度，可以实现中国经常账户均衡目标。2005～2009年中国经常账户顺差占GDP比平均为8.58%。在所有条件不变的情况下，设定未来五年潜在的经常账户顺差占GDP比例仍为8.58%。彼得森国际经济研究所设定中国经常账户均衡水平为GDP的3%。按照这个标准，中国经常账户与GDP的比例需要减少5.58个百分点。

第一种情景：假设最终消费占GDP的比例按照过去五年的平均速度下降，五年下降10%，到"十二五"期末下降到43.2%，那么要实现经常账户均衡，需要人民币实际有效汇率升值16.6%，年均升值3.32%；

第二种情景：假设最终消费占GDP的比例保持不变，那么到"十二五"期末实现经常账户均衡，需要人民币实际有效汇率升值12.4%，年均升值2.48%；

第三种情景：假设中国"十二五"期末最终消费占GDP的比例提高10%，达到52.76%，由此导致经常账户顺差与GDP的比例将减少1.9个百分点，那么人民币实际有效汇率仅需要升值8.18%，年均升值1.6%，即可实现中国经常账户均衡。

三、工资、汇率与顺差

人民币面临的升值压力和国内不断出现的劳资纠纷，说明中国经济正在面临内外失衡：一方面是以经常账户顺差占GDP比例高、外汇储备规模大为表象的外部失衡；另一方面是劳动报酬比例过低、消费比例过低、储蓄率过高为表象的内部失衡。由于中国的贸易顺差在较大程度上与美国的逆差相联系,美国从自身的政治、经济利益出发,提出解决外部不平衡的办法是人民币升值。中国员工从自己的切身利益出发,通过自发行动给出的解决内部不平衡的办法是,要求加薪和维护自身权益。内外均衡是政府的重要政策目标。国外的施压和国内的劳资纠纷给经济社会带来许多不安定因素,需要切实分析内外失衡的根源,及时采取对应措施主动调整失衡。

(一)经济内外失衡的根源在于工资增长率长期低于劳动生产率增长率

在开放宏观经济模型里,由于有了对外贸易,国民收入的构成从支出角度看就等于消费、投资和净出口的总和,用公式表示是:

$$Y = C + I + (X - M)$$

其中,Y 为国民收入,C 为消费,I 为投资,X 为出口,M 为进口。从收入角度看,国民收入构成的公式可写成:

$$Y = C + S$$

这里,S 为储蓄。根据前面两个公式可以得出:

$$S - I = X - M$$

这个公式说明储蓄与投资的差额就是经常账户差额。当前我国经济内部失衡的表现是劳动报酬比例过低、消费率过低、储蓄率过高。如果是封闭经济,所有的储蓄转化为投资,不存在外部失衡问题。而在开放经济,储蓄和投资的差额转化为净出口。如果内部失衡,过高的储蓄转化为较大的经常账户顺差,就出现外部失衡。

在经济发展初期,为了提高投资率,就必须将消费降低到一定的比例。消费比例的降低需要通过降低工资收入在 GDP 中的比例,这就需要让工资增长率低于劳动生产率的增长率。如果工资增长率长期低于劳动生产率增长率，就会带来经济内外失衡问题。这可以从两个层面来看。首先是微观层面，工资增长率低于劳动生产率增长率，那么企业就可以获得更多的剩余价值，也就是资本获得了更多的收益。企业的利润过多，就会导致投资过多。而个人收入相对增加缓慢，带来需求不足。劳动生产率远高于工资增长率，表现在可贸易品部门，就是贸易产品的国际竞争力不断提高，出口就会不断增多。从宏观层面来看，工资增长率长期低于劳动生产率增长率，就会导致工资收入占GDP比例过低，家庭收入增长缓慢，造成消费不足。大量的利润留在企业，就造成了高投资，企业储蓄在扣掉投资后就转化为经常账户顺差。

中国居民劳动报酬占GDP的比重，在1983年达到56.5%的峰值后，就持续下降，2005年已经下降到36.7%，22年间下降了近20个百分点。[①] 与劳动报酬比重的持续下降形成鲜明对比的是，资本报酬占GDP的比重上升了20个百分点。发达国家的工资占GDP的比例普遍都在50%以上。2000年中国的家庭储蓄占GDP为20%，现在仍然在20%左右。总体储蓄从2000年的35%增长到50%，这10年企业等非家庭储蓄占GDP比例由2000年的15%提高到了现在的30%。家庭消费率偏低，内需不足，造成内部经济发展不平衡。在消费不足的情况下，过高的企业储蓄转化为经常账户顺差，出现外部失衡。因此，要解决内外失衡问题，就需要有效提高家庭收入水平，增加居民消费。

在固定汇率体制下，生产效率的提高主要被反映到货币工资的高速增长上。如果人民币升值，国内的货币工资增长就会相对减缓。2005年7月到2008年8月，人民币持续升值，生产效率的提

---

① 李静睿：《劳动报酬占GDP比例连降22年 1/4工人5年没加薪》，2010年05月12日，http://news.xinhuanet.com/employment/2010-05/12/c_1291675.htm.

高被升值消化了一部分，工资增长相对缓慢。金融危机以后，企业的经营环境恶化，工资的上涨也受到限制。因此，2005年以来，出口企业员工工资的增长速度相对缓慢，是当前部分出口企业劳资纠纷问题凸显的一个重要原因。

（二）单纯依靠人民币升值不能解决内外失衡问题

第一，人民币名义汇率变动无法解决内部失衡。人民币名义汇率升值并不意味着提高了劳动者的收入水平，不能解决提高消费率、降低储蓄率的问题。如果储蓄率大于投资率，必然带来经常账户顺差。

第二，人民币名义汇率变动无法解决外部失衡。单是通过人民币名义汇率的变动来影响进出口无法改善经常账户。因为人民币升值对进口和出口影响的方向和幅度存在不确定性。国际收支弹性理论要求的条件，现实很难达到。日本、韩国和中国过去的本币升值经验就说明了这一点。

第三，当前人民币汇率处于均衡水平。汇率水平是国家所处的发展阶段、发展水平和竞争力的综合体现。汇率的演进过程与该国的经济实力、科技进步水平、产业结构调整等因素密切相关。一国市场汇率所处水平与该国经济发展阶段密切关联。随着经济从不发达到发达，市场汇率会从远离购买力平价（PPP）汇率逐渐向PPP汇率接近，这是世界各国汇率发展的自然规律。目前中国市场汇率所处的位置，即与PPP汇率的偏离程度，基本与中国当前的经济发展阶段相适应。如果人为过分干预、操纵汇率，使得市场汇率非自然地提高到与PPP汇率更为接近的水平，那么会给经济带来严重的后果。如果将一国汇率长期停滞在高于自然状态的水平上，国内的贸易商品就无法通过国际交换来实现价值，生产能力就无法充分发挥，发展速度就会停滞不前。现阶段中国作为世界经济增长的发动机之一，有力地推动着经济复苏进程和世界经济发展进程。如果由于汇率升值使得这架发动机熄火，对世界任何国家都是损失。因此，中国需要保持适合经济发展阶段的汇率水平，保证在未来20年里仍然处于快速增长期，继续为世界经济发展做出积极贡献。因此，目前人民币汇率所处水平与人均GDP水平相匹配，没有偏离合理均衡水平。在此情况下，不能通过大幅度升值来解决外部失衡问题。

（三）增加劳动报酬是减少外贸顺差和汇率升值压力的根本途径

麦金农认为经济增长速度快的国家不需要用浮动汇率来调节国际竞争力，可以在固定汇率下调整工资水平来平衡国际贸易。如果工资的增长速度与劳动生产率相匹配，该国产品的国际竞争力就会得到调节。巴拉萨—萨缪尔森效应指出一个国家在经济赶超过程中会伴随着货币升值。许多发达国家实际汇率走势也体现出巴拉萨—萨缪尔森效应，因此很多专家也认为中国的高增长率应该伴随着大幅度的本币升值。但是，实际当中中国的工资增长率并没有随着劳动生产率的大幅增长而相应增长，这就破坏了巴拉萨—萨缪尔森效应的前提条件。

因此，影响两国贸易竞争力的一个最核心要素是劳动生产率反映的比较优势。随着一国相对于其他国家的劳动生产率的快速提高，如果工资增长率没有相应的增长速度，那么该国的劳动生产率反映的竞争优势会不断加大，就可能造成贸易顺差越来越大。而如果随着劳动生产率的增长，能够相应地快速提高工资，贸易优势就不会特别明显，不会形成过多的贸易盈余，从而对本币造成升值压力。

20世纪50年代和60年代，日本在快速发展时期通过工资的快速增长保持了经常账户平衡。1951—1971年期间，日本经济增长迅速，GDP的增长率平均为9.4%。但是在此期间，在美元本位固定汇率制下，美国和日本的经常账户一直保持在温和水平，而且是美国对日本略有盈余。这主要原因可以归结到日本较高的工资增长率。[1] 1951—1971年期间，日本的工资增长率平均为10.2%，劳动生产率增长率为9.7%。在此期间，美国的工资增长率平均为4.2%，劳动生产率增长率为2.3%。因此，1951—1971年期间日本的工资增长率与美国工资增长率的有6个百分点的差距，基本能弥合两国生产率增长方面的差距。同期，日本的工资增长率还略大于劳动生产率的增长率。这样，两国的贸易品的价格上涨率基本相同，两国保持了较好的竞争力平衡。1971年后，布雷森林体系瓦解，日本汇率开始实行浮动。由于在70年代的大部分时期里，日本工资增长率都高于美国，在此期间经常账户基本保持了平衡。在70年代末期，日本工资增长率开始低于美国，一直保持到80年代前半期。在此期间，日本的劳动生产率增长率远高于美国，这使得日本产品相对于美国产品有很大的竞争力。日美贸易余额开始由迅速拉升，到1985年日美贸易余额占双边贸易总额近50%。1985年9月，美国要求与德、英、法、日联合签署"广场协议"。协议认为日本对美国等国有严重的贸易顺差，日元必须升值才能缓解贸易的失衡。"广场协议"签订后的10年间，日元币值平均每年上升5%以上。日本的例子说明了工资增长率在贸易平衡上的重要性。

　　有关研究表明，劳动生产率在中国工资增长中所起的作用很小，工资的增长幅度还没有相应跟上，这产生了很大的脱节。上海社会科学研究院的周宇发现，90年代中期以后，中国能够维持经常账户顺差的重要原因之一是劳动生产率的增长速度远超工资

---

[1] ［美］罗纳德·I·麦金农、［日］大野健一著，王信译：《美元与日元——化解美日两国的经济冲突》，上海远东出版社，1999年版。

的增长速度。根据周宇的研究，1994年以后，中国工资的上升速度远远高于美国，其结果是中美工资水平的差异趋于缩小，但是这一变化并没有起到减少中国贸易收支顺差的作用。这一时期，贸易收支顺差反而出现了扩大的趋势。在此期间，中国出口竞争力之所以得到提高是因为劳动生产率的上升速度超过了实际工资水平的上升速度，这一变化起到了降低产品劳动力成本的作用。[①]

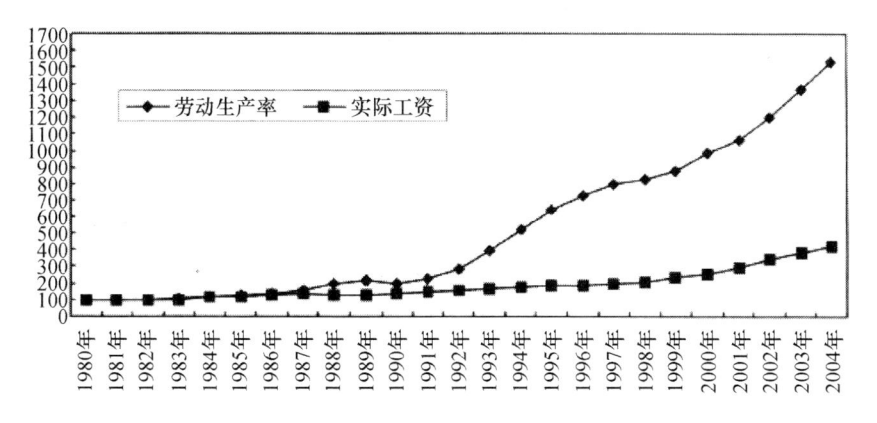

图3　中国工业部门劳动生产率与实际工资指数的差异

资料来源：周宇，《劳动生产率和工资差异与中美贸易收支失衡》，《世界经济研究》，2007年第9期。

图3反映了中国工业部门劳动生产率与实际工资指数增长的情况。可以看到，进入20世纪90年代后，中国在实际工资保持相对稳定增长的情况下，劳动生产率加快了上升的步伐，这使劳动生产率与实际工资的增长出现了巨大的差距。这一差距降低了中国单位产品的劳动力成本。

---

① 周宇：《劳动生产率和工资差异与中美贸易收支失衡》，《世界经济研究》，2007年第9期。

第四章 彼得森国际经济研究所均衡汇率模型存在的缺陷和改进

一、彼得森国际经济研究所均衡汇率模型概况

(一)彼得森国际经济研究所报告产生了极大负面影响

最近几年,彼得森国际经济研究所以 SMIM 模型计算世界主要国家均衡汇率,并发布相关研究报告。最近的报告指出,通过该模型计算出人民币兑美元汇率被低估了 20%~40%。这个数字在美国得到了广泛认可,是许多美国议员施压人民币的重要理论依据。诺贝尔经济学奖得主克鲁格曼也表示支持该结论。这在全球范围内造成了严重的负面影响,对人民币汇率升值造成巨大的压力。

(二)均衡汇率理论发展概述

均衡汇率理论最早可以追溯到 1924 年凯恩斯的《货币改革论》,并在 1935 年发表的《国外汇兑的前途》一文中给出了明确定义,但不完整。1945 年,纳克斯在此基础之上给出了"均衡汇率"较为完整的概念,并被理论界主流所接受。纳克斯把"均衡

汇率"定义为，在国际收支平衡和充分就业时的实际汇率，即同时实现内外均衡的实际汇率。但在1963年斯旺（Swan）提出宏观经济均衡分析方法的均衡汇率理论之前，均衡汇率理论主要只是对均衡汇率的概念和意义加以简单的定性描述与概括，并没有形成一套完整的理论体系。①

20世纪80年代以前的均衡汇率理论，实际上没有受到人们的重视。直到80年代以后，由于时间序列和协整等现代计量经济理论的出现，及其在均衡汇率模型上的成功应用，才使均衡汇率理论得到了真正的发展。尤其是在1983年约翰·威廉姆森（John Williamson）提出基本因素均衡汇率（Fundamental Equilibrium Exchange Rate，FEER）的概念，并发展出均衡汇率的测算方法之后，均衡汇率理论方成为国际金融理论研究的重要领域之一。除了基本因素均衡汇率理论，目前研究比较系统并具有影响力的均衡汇率理论，还包括行为均衡汇率理论（Behavioural Equilibrium Exchange Rates，BEER）、自然均衡汇率理论（Natural Real Exchange Rates，NATREX）和均衡实际汇率理论（Equilibrium Real Exchange Rates，ERER）等。

（三）彼得森国际经济研究所SMIM模型简介

彼得森国际经济研究所汇率均衡模型的理论基础就是威廉姆森的基本因素均衡汇率。基于该理论，2007年威廉·克莱恩（William R. Cline）用对称矩阵求逆法（Symmetric Matrix Inversion Method，SMIM）测算出世界主要经济体的均衡汇率。在后面论述中，将统称之为SMIM模型。下面将对SMIM模型做一个简单介绍：

$$C(\%GDP) = R(\%) \times I$$

---

① 姜波克、李怀定：《均衡汇率理论文献评述》，《当代财经》，2006年第2期。

C 为经常账户差额变动（%），R 为实际有效汇率变动（%），I 为影响参数。SMIM 模型的唯一目标，就是通过各国有效汇率的调整，实现各国经常账户差额波动在国内生产总值（GDP）的 -3% 与 +3% 之间。在该模型里，政策工具只有一个，就是实际有效汇率；政策目标也只有一个，就是各国的经常账户差额处在 GDP 的 -3% 与 +3% 的范围。当然，为了实现全球均衡，允许一些国家稍微超出这个范围。模型也考虑一些国家的特殊因素，给予适当放宽（见表1）。

影响参数由出口价格弹性与出口占 GDP 比例的乘积获得公式（1.3a）。可以看出，SMIM 模型设定以出口的变动表示经常账户的变动。出口价格弹性 E 是常量，根据一国出口额占 GDP 的比例确定。[①] 克莱恩设定一国的出口占 GDP 的 10%，出口价格弹性为 1；一国的出口占 GDP 的比例为 100%，出口价格弹性为 0.5，并以此假设为基础，构造公式（1.2a）。SMIM 模型还考虑高弹性情景下的出口变动情况，见公式（1.2b）和（1.3b）。

$$E = -1.056 + 0.56X \tag{1.2a}$$

$$E = -1.583 + 0.83X \tag{1.2b}$$

$$I = Ex = -1.056x + 0.56x^2 \tag{1.3a}$$

$$I = Ex = -1.583x + 0.83x^2 \tag{1.3b}$$

根据前面的公式可以求出每个经济体的实效有效汇率变动值。而实际有效汇率的变动需要结合各经济体间的相互汇率和贸易权重。SMIM 将全球分为 35 个经济体（见表1），各经济体汇率均以美元表示。

$$R_{35 \times 1} = B_{35 \times 35} Z_{35 \times 1} \tag{1.4}$$

$$B = I - A \tag{1.5}$$

这里 Z 是各经济体相对于美元的双边汇率，I 是单位矩阵，A

[①] William R. Cline, Estimating Consistent Fundamental Equilibrium Exchange Rates. Peterson Institute for International Economics Working Paper 08-6, Washington: Peterson Institute for International Economics, July, 2008.

是贸易权重矩阵。通过公式（1.4）和公式（1.5），可以计算出在各经济体都实现经常账户目标时本币相对于美元的汇率变动情况。详细推导公式见克莱恩（Cline，2008）。

表1 2009年35个国家GDP与经常账户目标

序号	国家/地区	GDP 10亿美元	经常项目 10亿美元	经常项目 %GDP	经常项目目标 （%GDP）	经常项目变动 （%GDP）
1	澳大利亚	1103	-58.2	-5.3	-5.3	0
2	新西兰	152	-10.8	-7.1	-5.98	1.12
3	日本	5027	198.5	3.9	3.12	-0.78
4	中国	4430	442.7	10	4.29	-5.71
5	香港	240	20	8.3	3.94	-4.36
6	台湾	443	35.8	8.1	3.95	-4.15
7	韩国	1073	-9.2	-0.9	-0.04	0.86
8	印度	1357	-46.1	-3.4	-3	0.4
9	印度尼西亚	536	6.5	1.2	-0.01	-1.21
10	菲律宾	187	1.8	1	0.04	-0.96
11	泰国	294	3.9	1.3	-0.03	-1.33
12	马来西亚	222	24.6	11.1	4.51	-6.59
13	新加坡	202	38.2	18.9	6	-12.90
14	以色列	184	3.1	1.7	0.02	-1.68
15	沙特阿拉伯	506	121.3	24	24	0
16	南非	314	-24.9	-7.9	-2.97	4.93
17	欧元区	13978	-120.8	-0.9	-0.04	0.86
18	英国	2990	-131.0	-4.4	-3.02	1.38
19	瑞典	513	34.5	6.7	3.66	-3.04
20	瑞士	475	65.4	13.8	6.04	-7.76
21	挪威	471	96.3	20.4	20.4	0
22	捷克共和国	227	-6.3	-2.8	-2.8	0
23	匈牙利	163	-8.3	-5.1	-3.02	2.08
24	波兰	481	-27.3	-5.7	-3.02	2.68

续表

序号	国家/地区	GDP 10亿美元	经常项目 10亿美元	经常项目 %GDP	经常项目目标 (%GDP)	经常项目变动 (%GDP)
25	土耳其	758	-47.9	-6.3	-2.98	3.32
26	俄罗斯	2017	57.7	2.9	2.9	0
27	美国	14533	-605.5	-4.2	-3.03	1.17
28	加拿大	1632	-19.8	-1.2	0.01	1.21
29	墨西哥	988	-16.3	-1.6	1.6	0
30	阿根廷	364	-2.0	-0.5	0.05	0.55
31	巴西	1730	-16.0	-0.9	-0.9	0
32	智利	173	-2.3	-1.3	-1.3	0
33	哥伦比亚	209	-9.1	-4.3	-2.94	1.36
34	委内瑞拉	339	17.1	5	5	0
35	世界其他地区	5042	196.2	3.9	3.9	0
	世界	63354	202.1	0.3	0.3	0

资料来源：Cline（2008）

二、彼得森国际经济研究所均衡汇率模型的五大问题

该模型存在许多值得商榷的问题，将此模型的计算结果拿来直接作为政策建议使用，过于草率。将这一模型得出的结论，作为政治宣传工具，影响就更为恶劣。

（一）将经常账户均衡作为唯一汇率目标

首先，将经常账户均衡作为经济均衡的目标，与经济均衡理论和世界经济发展趋势相悖。经济均衡包括外部均衡和内部均衡。外部均衡指的是一国国际收支净额，即净出口与资本净流出的差额为

零。内部均衡则是经济增长、充分就业、物价稳定三大宏观经济目标的均衡。像通货膨胀一样，外部均衡是一种中间变量，就其本身来说并不重要。在 SMIM 里，只考虑外部均衡里的经常账户均衡，而不考虑其他均衡，有失偏颇。由于各国在资源、人才、技术、文化、资本等方面各有差异，在某些方面有比较优势的国家必然可以通过这种优势获得经常账户顺差，例如中东、俄罗斯的石油，日本、德国的精良制造技术，中国的大规模生产能力等。抹杀这种国家禀赋差异，而只追求各国的贸易收支平衡，无疑是逆全球化趋势的。而美国实际上已经从它的资本优势方面实现了外部均衡。

其次，影响经常账户的因素很多，汇率只是其中一个因素。寄希望于完全用汇率来调整经常账户，不符合各国实际发展经验。从理论上来说，经常账户净额是一国储蓄与投资之间的差额。实际上反映了，在国际产业大分工的体系下，一国内生的经济结构直接决定贸易收支状况。例如，即便是人民币升值，由于世界大部分工业品在中国大量生产，老百姓也很难增加对于美国产品的需求。另外，即使由于成本等因素，中国的产业进行转移，也不会大量向美国转移，而是向其他发展中国家和地区转移，人民币升值不会为美国增加就业岗位，因为美国的再工业化绝不是低一个层次的工业化。因此，指望单纯通过汇率来改善经常账户，是不可行的。

第三，汇率作为政策工具，影响多种宏观经济指标。在汇率调整时，不能单以经常账户为导向，还要考虑到汇率调整对国内产业的影响、对国内物价的影响等等。因此，汇率的调整受到多重约束，不应只是为了平衡经常账户而不顾其他因素。

（二）各国经常账户均衡目标设置缺乏依据

SMIM 设置经常账户均衡目标比较随意，缺乏有说服力的依据。在 SMIM 设置的均衡世界里，除了中东产油国家，其他国家经常账户差额占 GDP 比例在 3% 以上的，都向 3% 收缩，而 3% 以下的，向经常账户为零收缩。但是收缩到何种程度是随意设定的。随意设定就会带来对一些国家的主观偏向性设定，同时模型没有就这种随意设定的稳定性给予验证。如果稳定解不是收缩的，微小的变量波动都会引起均衡解的大幅偏离。这样就很难保证均衡解的可信度。实践表明，这种收缩均衡从来没有在历史上出现过。

（三）出口价格弹性仅考虑汇率因素，没有考虑国内生产成本、产品竞争力等因素

在 SMIM 模型里将汇率变动等同于出口价格变动。也就是汇率变动 1%，那么出口价格变动 1%。该假设不符合实际，对于中国产品尤其如此。最近的研究结果表明，人民币升值 1%，而相应的出口价格变动几乎为零，大部分汇率升值的成本实际被国内消化。不同种类产品的汇率转嫁能力是不同的。影响出口价格的因素有很多，包括成本、竞争力、产品需求弹性等多种因素。

（四）存在汇率变动只影响出口额，不影响进口额的不合理假设

SMIM 设定汇率变动只是会影响出口额，不影响进口额。模型开发者给出的理由是汇率变动导致进口价格的变动，进口价格变动会影响需求量。价格升高，需求量减少；价格降低，需求量增加，但无论哪种情况，进口总额基本不变。这样的假设有点荒谬，因为本国的进口相当于他国的出口。既然汇率变动不会影响进口，也不会影响出口。

（五）出口价格弹性取值程式化、简单化，仅与出口比例有关

SMIM模型假定如果一国的出口占GDP的10%，那么出口价格弹性为1；如果一国的出口占GDP的比例为100%，那么出口价格弹性为0.5。这样可以根据一国的出口占GDP的比例，确定其出口价格弹性。

实际上，如前面所提到的，一国的出口价格弹性受到多种因素的影响，不仅仅与出口占GDP的比例有关。不同国家、不同产品的出口价格弹性存在较大差异。如果要做实证模型，就需要根据实际数据，通过计量模型估计相关产品的出口价格弹性。而在SMIM，出口价格弹性没有结合这些因素，逐个对每个国家、每个产品的出口价格进行计量测算，只是假定出口价格弹性与出口占GDP的比例有关。这样简单化、程式化取得的出口价格弹性必然与实际存在很大偏差。

三、彼得森国际经济研究所"新模型"的缺陷

针对彼得森国际经济研究所均衡汇率模型存在的上述缺陷，中国国际经济交流中心于2010年4月开始与彼得森国际经济研究所进行了多次交流，观点引起了对方的高度重视。作为回应，2010年8月彼得森国际经济研究所又对外发布了《人民币低估：中国盈余、美国赤字》[①] 一文，专门分析人民币汇率变动对中国和美国

[①] William R. Cline, Renminbi Undervaluation, China's Surplus, and the US Trade Deficit, PIIE, August, 2010.

经常账户的影响。该文在美国国会被广泛讨论，直接推动了美国众议院通过针对人民币汇率的《汇率改革促进公平贸易法案》。但是，该文仍然只关注汇率变动对经常账户影响，没有考虑更为重要的两国国内经济总量和结构因素，存在严重的理论缺陷。

彼得森国际经济研究所以 2000—2010 年的数据，通过定量回归来说明人民币实际有效汇率对中国顺差和美国逆差有重要影响。彼得森研究所提出的"新模型"如下：

$$ca = 46.7 - 0.416\ REERL - 0.155\ (gc\text{-}gw) + 0.785\ T$$
$$\text{adj.}\ R^2 = 0.89$$
$$B = -4.55 + 0.0343\ REERL + 0.0446\ GDIF - 0.129\ T$$
$$\text{adj.}\ R^2 = 0.986$$

这里 ca 为经常账户盈余占 GDP 比例，REERL 为人民币实际有效汇率，gc 为中国 GDP 增长率，gw 为世界 GDP 增长率，T 为时间变量（2000 年 = 1，2001 年 = 2，……，2010 年 = 11），B 为美国与中国的双边贸易差额占美国 GDP 比例，GDIF 为中美 GDP 增长率之差。模型结果意味着当人民币实际有效汇率升值 10%，中国经常账户顺差与 GDP 的比例减少 4.5 个百分点，美国对中国贸易逆差与 GDP（美国）的比例减少 0.37 个百分点。该模型存在如下问题：

第一，汇率回归分析模型与此前的均衡汇率模型不一致。在汇率均衡模型中，选择汇率作为影响经常账户的唯一变量，通过汇率变动，让各国经常账户达到其主观设定的均衡水平。在新的汇率回归分析模型中，除了汇率，还选择经济增长速度之差、时间两个变量来解释经常账户的变动。这两个变量对经常账户都有显著影响，而原来的汇率均衡模型却没有使用这两个变量，这是两个模型前后不一致的地方。

第二，此次汇率回归分析模型仍然没有将影响经常账户最重要的因素纳入其中。汇率变动固然对经常账户有一定的影响，但这种影响是有限的。一国贸易能力与一国经济结构、贸易环境和产品竞争力等密切相关，影响经常账户平衡更重要的因素还有储蓄水平和消费水平。GDP 为储蓄水平和消费水平的总和，储蓄减去投资就是净出口，可见投资、消费、储蓄与净出口有更为密切的关系。彼得森汇率回归分析模型没有考虑这些重要因素，显然缺乏科学性。

四、基于改进的彼得森国际经济研究所均衡汇率模型的预测

尽管彼得森均衡汇率模型存在许多缺陷，并且将一个理论简化模型直接用于经济现实和作为评价他国的政治工具，是不严谨的。但是它本身提供了一个可以继续改善的基础框架。这种多国汇率均衡模型，从理论上来看，有很强的创新性和可塑性，值得学习、借鉴和完善。前面的分析中，指出了该模型存在五大问题，从这些问题入手，对模型做改进应该是比较可行的选择。当然，很多科学研究，尤其是在政策模拟方面，将一些问题的解决从理论具体到实际建模的可操作层面，其过程是非常复杂和充满挑战性的。

综合来看，彼得森均衡汇率模型一个最重要的缺陷是经常账户的变动完全依靠汇率的变化来调节。而实际中，经常项目会受到利率、通货膨胀率、工资水平、劳动生产率、资本账户、竞争力、发展阶段等种种因素的影响。因此，汇率只是影响经常账户的一部分因素，要实现经常账户平衡的调整，除了汇率的变动，还要更多运用其他政策工具，这需要根据一国的具体社会经济发展情况。我们假设一国的汇率变动仅仅是影响经常账户变动的一部分。在具体衡量这种影响有多大时，我们做了简化。实际的情况应该复杂的多，模型中有 35 个国家和经济体，很难通过计量数段来一一辨别每个国家或经济体的汇率对经常账户的影响。我们假设一国或者经济体的汇率变动对经常账户的影响程度与该国的进出口占 GDP 的比例

有关系。当一国或经济体的进出口平均额占 GDP 比例是 10%，汇率变动对经常账户的影响程度为 10%；一国的进出口平均额占 GDP 的比例大于等于 100%，出口价格弹性为 0.5，并以此假设为基础，构造公式（1.8）。

$$F = 0.444L + 0.056 \quad (1.9)$$

其中，L 为进出平均额占 GDP 比例，F 为汇率变动对经常项目的影响参数；这样，彼得森均衡汇率模型的目标函数做修改如下：

$$C(\%GDP) \times F = R(\%) \times I \quad (1.20)$$

模型其他部分不做改动，为了保持可读性，我们只将其他公式列在下面，详细公式说明见前文。

$$E = -1.056 + 0.56X \quad (1.20a)$$

$$E = -1.583 + 0.83X \quad (1.20b)$$

$$I = Ex = -1.056x + 0.56x^2. \quad (1.21a)$$

$$I = Ex = -1.583x + 0.83x^2 \quad (1.22b)$$

$$R_{35\times1} = B_{35\times35} Z_{35\times1} \quad (1.23)$$

$$B = I - A \quad (1.24)$$

仍然用 2008 年的经济数据，我们利用改进的模型做了模拟（见图 1 和图 2）。

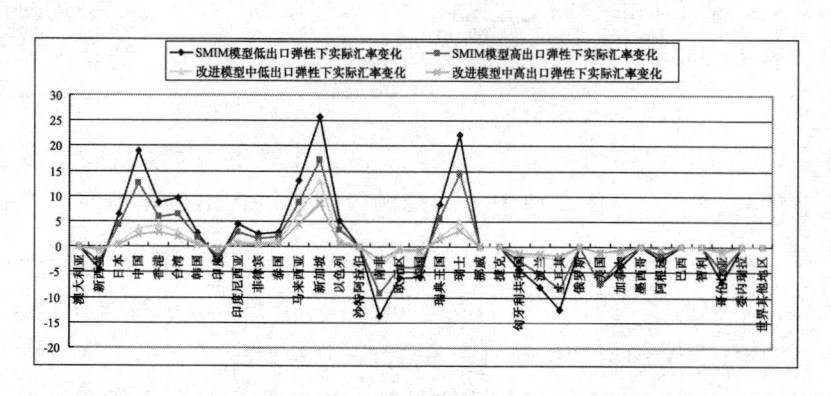

图 1　不同情境下 35 个主要经济体实现经常账户均衡目标下的实际汇率变化情况

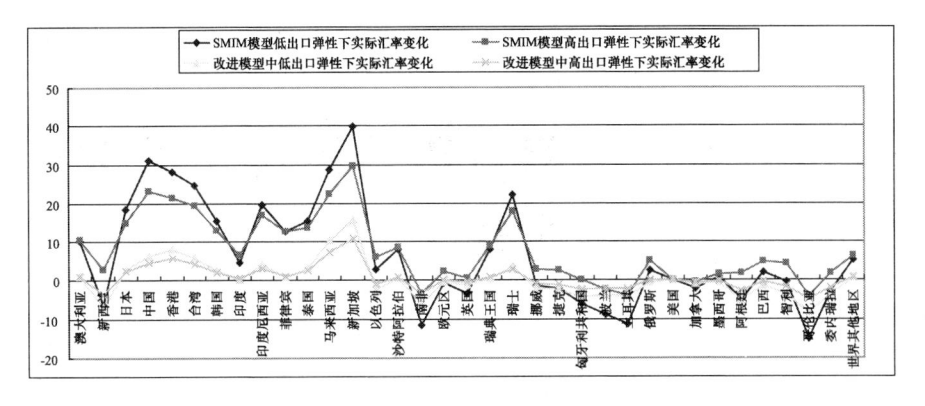

图2　不同情境下35个主要经济体实现经常账户均衡目标下的名义汇率变化情况

通过模拟结果发现，在改进的模型里，为了实现经常账户均衡，各主要经济体的实际有效汇率变动和名义汇率变动都要远远小于彼得森研究所的SMIM模型。这种较为缓和的汇率变动有利于经济平稳发展，也为各国所接受。过多的汇率调节不但起不到平衡经常账户的作用，反而使得其他政策工具不能正常发挥作用，让国内外经济更偏离均衡状态。根据彼得森SMIM模型结果，中国要实现经常账户均衡的目标，实际汇率的变动范围是12.68%—19.03%，对美元名义汇率的变动范围是23.28%—31.06%。在我们的改进模型里，中国要实现经常账户均衡的目标，实际汇率的变动范围是2.39%—3.58%，对美元名义汇率的变动范围是4.52%—6.24%。

第五章　国际货币体系与人民币国际化

一、国际货币体系发展展望

（一）金融危机后国际货币体系现状

2008年金融危机后，国际社会逐渐认识到当前国际货币体系的缺陷是危机产生的根本原因。这些缺陷包括：美元的国际关键货币职能与国家货币职能间存在冲突的"新特里芬难题"、储备货币发行国宏观政策的外溢效应、缺乏"货币锚"导致汇率无序波动、IMF贷款能力和代表性不足，等等。在布雷森林体系解体后的40多年里，尽管先有马克、日元的崛起，进入21世纪后又有欧元流通并成为重要的国际货币，但美元独大的局面一直没有改变。利用全球主要储备货币发行国的地位，美国推行经常账户和财政预算双赤字政策，维持国内居民的过度消费和政府的超额支出，不断积聚金融海啸的巨大能量。美国信用评级机构利用全球垄断地位，掩盖国家信用风险，颠倒债务债权国的风险关系，把大量国际资本引入风险高度集中地区，使金融危机的防范失去了最后一道屏障。[1]

---

[1] 郑新立：《建高效安全的国际货币体系》，人民网—理论频道，2011年04月15日。

危机爆发后，关于国际货币体系改革的建议、方案和呼声不断，但是改革步履维艰。实际上，早在2007年"欧元之父"罗伯特·蒙代尔就呼吁将人民币纳入SDR（特别提款权）体系，与欧美货币组合在一起，建立一种新型的多元化国际货币体系，进一步确保汇率和世界经济的稳定。2013年，中国国家主席习近平在出席G20峰会时呼吁，各有关国家要抓紧落实好IMF份额和治理改革方案，要制定反映各国经济总量在世界经济中权重的新份额公式，同时改革SDR货币篮子组成。但IMF至今没有明确的改革行动。相反，各主要储备货币国在经济复苏中，积极实施量化宽松政策，为了实现本国宏观经济目标而大量"放水"，完全不顾其他国家的承受能力。应当看到，在缺乏统一的国际制度安排下，在主导国家不愿意放弃自己利益的情况下，国际货币体系的改革将是长期的博弈过程。国际货币格局不会长期落后于国际经济格局和国际贸易格局的变化。近年来人民币国际化的加快发展说明，不但人民币自身有国际化的动力，国际货币体系的完善也需要人民币的支撑。

（二）国际货币体系发展前景

1. 多元竞争国际货币格局将成为现实选择

布雷顿森林体系后，国际货币体系的一个关键问题是如何测度不能兑换黄金的纸币的价值问题。由于没有价值锚，美元可以无约束地发放纸币。为了确定这个锚，可以采用指数篮子或者SDR的形式，这实际上是回到了布雷顿森林体系制定时的凯恩斯方案或者原始怀特方案。这种超主权货币形式接近国际货币发展的最终目标，即全球用一个统一的货币，但实现难度太大。建立相互竞争的多元化国际储备货币体系是中长期的现实。展望未来全球储备货币体系，可能是由美元、欧元、人民币、日元、英镑等组成的多元体系，各种货币之间相互竞争、相互制衡、相互融通。以竞争和优选机制促使国际储备货币发行国政府采取稳健的货币政策，保持本国货币币值稳定，维护国家信用。预计到 2020 年，将形成以美元为核心，欧元为关键挑战者，人民币、日元和英镑外围竞争的国际货币竞争格局。2030 年，全球将形成美元为核心、欧元和人民币为关键挑战者，日元和英镑外围竞争的国际货币竞争格局。

2. 国际金融监管将得到加强

国际货币市场同其他商品市场一样，也会存在市场失灵，需要建立完善的监管机制。各国金融监管当局、国际金融组织之间应进行充分的沟通与交流，加强对信贷金融中介服务机构等非传统对象的监管，并加强国际监管协调，消除金融监管真空。预计未来的国际金融监管体系将更加合理，能够充分反映新兴国家的实力。2014 年 7 月 15 日，金砖国家签署成立金砖开发银行和建立金砖应急储备安排。这预示着以金砖国家为代表的新兴市场经济体将在未来全球金融治理中发挥重要作用，将推动全球经济治理体系朝着公正合理的方向发展。大数据、云计算等新的技术平台将为重大金融风险提供有效的监测和预警。国际金融数据互联互通能力将大大提高，监管机构能够对跨境短期资本流动进行统计与监测，关注和追踪跨国金融活动和资金流动。国际货币基金组织将发挥金融安全合作救助方面的功能，扩大特别提款权的规模，并根据各国经济和贸易在全球中的比重变化，适时调整各国在特别提款权中的比重，将主要新兴经济体货币纳入 SDR 篮子中。未来国际货币基金组织将会和全球不同区域的货币基金组织以互补的方式联系在一起。阿拉伯货币基金组织和拉美储备基金已经建立，将来还会形成一些重要的区域性货币基金组织，如亚洲货币基金组织和欧洲货币基金组织。

3. 双边和多边的区域货币合作将深入发展

多元竞争国际货币体系的发展将会形成核心—外围的国际货币格局。在这种格局下，区域关键货币相互竞争，区域内货币与关键货币紧密联系，这就要求区域内货币密切合作。近年来，区域性的双边和多边自由贸易协定发展如火如荼。为了降低交易成本，提高风险防范能力，区域内国家的货币联系将更加紧密，抛开第三方货币的货币跨境使用或者货币互换将成为重要形式。在各国经济联系日益紧密的情况下，一个国家的金融出了问题，往往出现连锁反应。为了维护国际金融安全，国家间联合救助机制将得到发展。亚洲金融危机后建立的《清迈协议》就是这样的一种行动。货币合作国家在货币的供给、需求和流通上将更多分享信息，在遇到重大风险时可以互助合作，形成区域货币网络联盟。

二、人民币国际化现状

20世纪末的东南亚金融危机中，人民币的坚挺给国际社会特别是亚洲留下了良好的印象。随着中国加入WTO，对外经贸出现快速增长，人民币在周边国家和地区开始被广泛使用，一些国家还将人民币确定为自由兑换货币或储备货币。2008年国际金融危机后，国际市场对人民币的需求日益强烈，中国自身金融改革的内在动力也在加强，人民币国际化步伐加快。过去几年里，中国开始推动一系列的改革，促进人民币在国际贸易和投资中使用的广度和深度。如签订货币互换协议来加速人民币的输出，建立人民币离岸市场来实现境外人民币的自我循环，制定2020年建设上海国际金融中心目标，在国际金融市场上推出以人民币计价的金融产品，制定政策推动在国际贸易中直接使用人民币结算，等等。

（一）支付结算

在内外因素推动下，人民币国际化的水平得到了较大提高。在支付结算方面，环球同业银行金融电讯协会（SWIFT）数据显示，截至 2013 年底，全年跨境贸易人民币结算业务累计为 4.63 万亿元，同比大增 57%。2014 年 4 月人民币支付的市场份额为 1.43%，排在第七位，连续 6 个月跻身全球十大支付货币之列。2013 年人民币成为第二大贸易融资货币。

顾客发起的付款和机构付款·流入量流出量·按照价值计算。

2013年1月

排名	货币	份额
#1	欧元	4
#2	美元	33
#3	英镑	8.55%
#4	日圆	2.56%
#5	澳元	1.85%
#6	瑞郎	1.83%
#7	加元	1.80%
#8	新加坡元	1.05%
#9	港元	1.02%
#10	泰铢	0.97%
#11	瑞典克朗	0.96%
#12	挪威克朗	0.80%
#13	人民币	0.63%
#14	丹麦克朗	0.58%
#15	俄罗斯卢布	0.56%
#16	南非兰特	0.42%
#17	纽元	0.35%
#18	墨西哥披索	0.34%
#19	土耳其里拉	0.29%
#20	匈牙利福林	0.25%

2014年4月

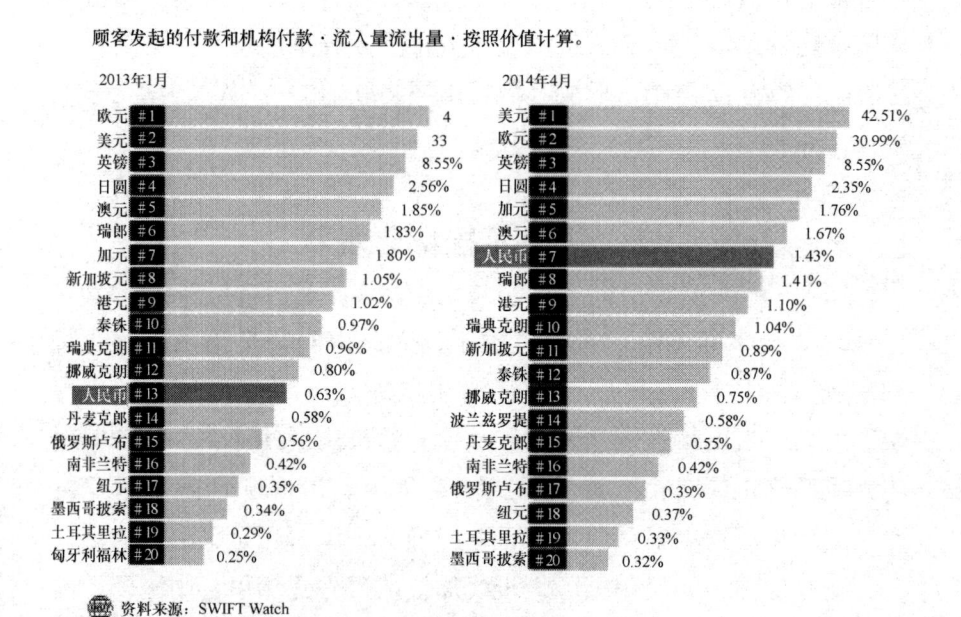

排名	货币	份额
#1	美元	42.51%
#2	欧元	30.99%
#3	英镑	8.55%
#4	日圆	2.35%
#5	加元	1.76%
#6	澳元	1.67%
#7	人民币	1.43%
#8	瑞郎	1.41%
#9	港元	1.10%
#10	瑞典克朗	1.04%
#11	新加坡元	0.89%
#12	泰铢	0.87%
#13	挪威克朗	0.75%
#14	波兰兹罗提	0.58%
#15	丹麦克朗	0.55%
#16	南非兰特	0.42%
#17	俄罗斯卢布	0.39%
#18	纽元	0.37%
#19	土耳其里拉	0.33%
#20	墨西哥披索	0.32%

资料来源：SWIFT Watch

图 1　人民币作为世界支付货币的地位

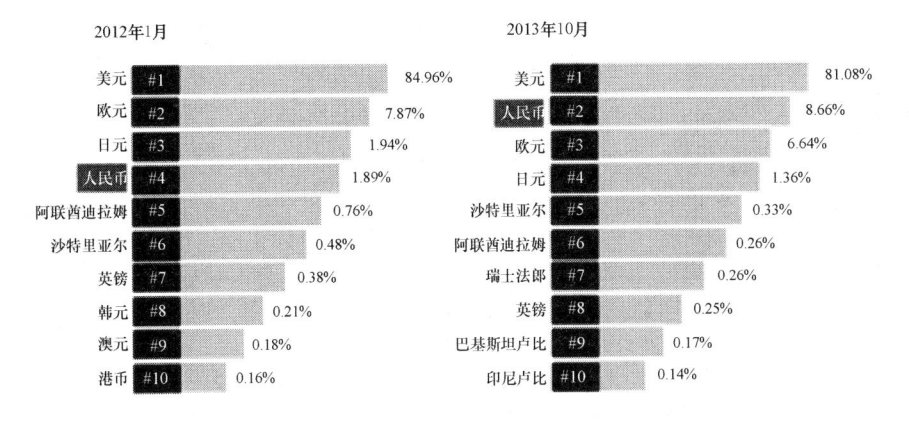

2012年1月			2013年10月		
美元	#1	84.96%	美元	#1	81.08%
欧元	#2	7.87%	人民币	#2	8.66%
日元	#3	1.94%	欧元	#3	6.64%
人民币	#4	1.89%	日元	#4	1.36%
阿联酋迪拉姆	#5	0.76%	沙特里亚尔	#5	0.33%
沙特里亚尔	#6	0.48%	阿联酋迪拉姆	#6	0.26%
英镑	#7	0.38%	瑞士法郎	#7	0.26%
韩元	#8	0.21%	英镑	#8	0.25%
澳元	#9	0.18%	巴基斯坦卢比	#9	0.17%
港币	#10	0.16%	印尼卢比	#10	0.14%

图2　人民币作为国际贸易融资货币的地位

（二）交易投资

国际清算银行最新报告显示，2013年，人民币跻身全球十大外汇交易货币之列，日均交易额占全球外汇交易额的2.2%，排在第9位，而在2001年还处于第35位。

表1　人民币在全球外汇交易中的地位

币种	2001		2007		2013	
	比重	排位	比重	排位	比重	排位
美元	89.9	1	85.6	1	87.0	1
欧元	37.9	2	37.0	2	33.4	2
日元	23.5	3	17.2	3	23.0	3
英镑	13.0	4	14.9	4	11.8	4
澳元	4.3	7	6.6	6	8.6	5
瑞士法郎	6.0	5	6.8	5	5.2	6
加元	4.5	6	4.3	7	4.6	7

续表

币种	2001		2007		2013	
	比重	排位	比重	排位	比重	排位
墨西哥元	0.8	14	1.3	12	2.5	8
人民币	0.0	35	0.5	20	2.2	9

资料来源：国际清算银行。

（三）储备货币

在储备货币方面，人民币已经开始获得一些国家认可。截至2013年第4季度，国际货币基金组织统计官方外汇储备约11.67万亿美元，可划分币种的外汇储备为6.22万亿美元，不可划分币种的外汇储备为5.45万亿美元。在可划分币种的外汇储备中，排在前五位的是美元、欧元、英镑、日元和瑞士法郎，分别为3.81万亿美元、1.52万亿美元、0.25万亿美元、0.24万亿美元, 0.13万亿美元。目前，人民币尚未进入可划分币种的外汇储备统计。据渣打银行估计，人民币作为外汇储备大约为480亿美元，在储备总额中不到0.5%。目前，日本、马来西亚、韩国、柬埔寨、菲律宾、玻利维亚等国已经将人民币作为外汇储备的一部分。同时，中国积极推进与其他国家签署货币互换协议，提高人民币在一些国家的使用，降低签约国在双边贸易活动中面临的美元汇率波动风险，实际上具备一定的储备货币的功能。截至2014年7月，中国人民银行已经与23个境外货币当局签订了总规模超过2.5万亿元人民币的双边本币互换协议。不同于发达经济体间签订的旨在应对危机的货币互换协议，中国人民银行与境外货币当局签订本币互换协议的目的不仅包括维护区域金融稳定，还包括促进双边贸易和投资。

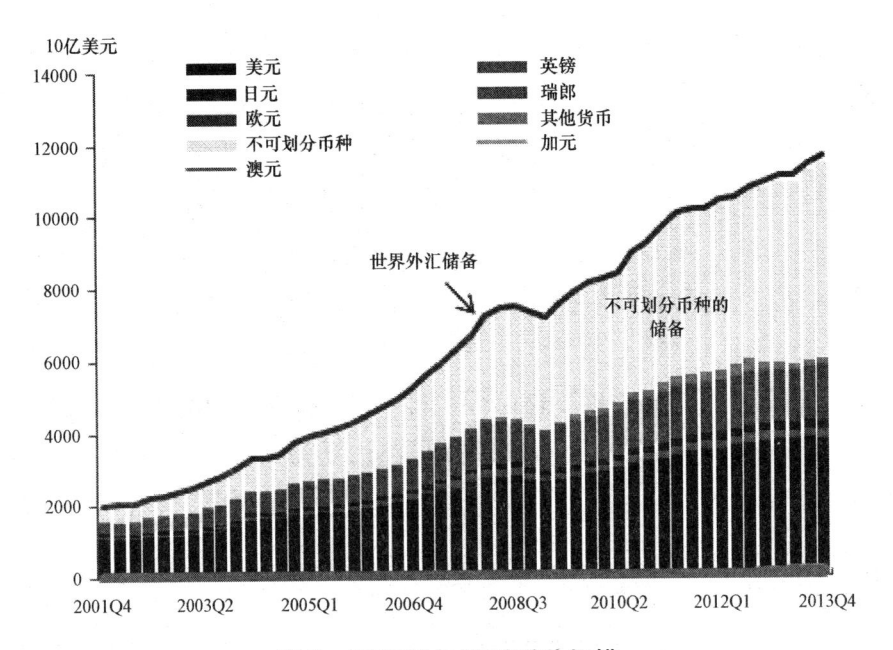

图3 国际储备货币币种规模

数据来源：国际货币基金组织。

三、人民币国际化的前景

人民币国际化进程取决于国际市场对人民币的需求程度和中国供给一个合格的国际货币的能力。一般认为，作为一种广泛使用的国际货币应该具备三个基础条件：规模、流动性和稳定性。未来人民币国际化能达到怎样的水平，可以从五个维度来观察：需求、规模、流动性、稳定性和约束因素。

（一）需求

从人民币国际化的需求来看，有三个层次的需求。

一是国际货币改革的需求。从国际货币市场供给来看，美联储无疑是最大的寡头,美元垄断了市场,长期享受垄断利润。欧元发展迅速,目前是美元最大的替代者。英镑和日元已经无力上升到竞争的第一线。但这最多可以称得上是一个双寡头的货币市场体系,这种看似双寡头的垄断竞争又具有单一寡头垄断的特性。对于欧元区国家来说,唯一的大规模的储备选择还是美元,除非有另一个货币出现。金融危机后,关于国际货币体系改革的方案和建议曾经呼声不断,而人民币被寄望为改变现有国际货币体系格局的重要角色。事实上,人民币国际化已经启程,近年来的国际化步伐在加快(见表2)。相信在不久的将来,中国将由于为全球经济供给一个规模大、透明度高、稳定性和流动性强的货币而备受赞誉,这将是中国对世界经济繁荣发展做出的另一重大贡献。

表2 中国已签署的双边本币互换协议一览表

(截至2014年5月30日)

序号	签署日期	国家/地区	规模(亿元人民币)	有效期
1	2009年3月11日	白俄罗斯	200	3年
2	2009年3月11日	印度尼西亚	1000	3年
3	2009年3月11日	阿根廷	700	3年
4	2009年3月11日	冰岛	35	3年
5	2009年3月11日	新西兰	250	3年
6	2009年3月11日	乌兹别克斯坦	7	3年
7	2009年3月11日	哈萨克斯坦	70	3年
8	2009年3月11日	韩国	3600	3年
9	2009年3月11日	中国香港	4000	3年
10	2009年3月11日	泰国	700	3年
11	2009年3月11日	巴基斯坦	100	3年
12	2009年3月11日	阿拉伯联合酋长国	350	3年
13	2009年3月11日	马来西亚	1800	3年
14	2009年3月11日	土耳其	100	3年

续表

序号	签署日期	国家/地区	规模（亿元人民币）	有效期
15	2009年3月11日	蒙古国	100	3年
16	2009年3月11日	澳大利亚	2000	3年
17	2009年3月11日	乌克兰	150	3年
18	2009年3月11日	新加坡	3000	3年
19	2009年3月11日	巴西	1900	3年
20	2009年3月11日	英国	2000	3年
21	2009年3月11日	匈牙利	100	3年
22	2009年3月11日	阿尔巴尼亚	20	3年
23	2009年3月11日	欧洲央行	3500	3年

合计：25682亿元人民币

注：以上协议到期后均得到了展期。

数据来源于中国人民银行网站，中国经济网整理制表。

二是经济区域化加深的需求。在多哈回合谈判受阻的条件下，双边或多边的区域经济一体化在加快。中国也在近年来加快区域化进程，已经先后与东盟10国、巴基斯坦、新西兰、智利、秘鲁、哥斯达黎加、冰岛、瑞士等国家和地区签订自由贸易协定，中日韩、东盟"10+3"等自贸协定谈判也在积极推动中。同时，新的更符合当前国际经济合作特点的区域合作形式也在陆续推出。2013年中国政府提出"中国—东盟命运共同体"等倡议，要打造中国—东盟自贸区经济升级版。同年，中国政府推出"一带一路"宏伟设想，要推进丝绸之路经济带、海上丝绸之路建设，形成全方位开放新格局。区域一体化的发展，将促进区域货币合作，区域内关键货币将发挥重大作用。自由贸易区和"一带一路"建设将为人民币的区域化应用拓展巨大空间。

三是对中国市场投资的需求。中国未来10到20年仍然会保持一个较高速度的增长。中国城镇化也处于加速发展期，城镇化水平有望从 2013 年的 53.7% 增至 2020 年的 60%、2030 年的 70%。13 亿人口消费市场蕴藏着巨大的机遇。以人民币计价的直接投资、证券投资将受到国际投资者的青睐。

(二) 规模

一个货币的国际化道路能走多远，在很大程度上取决于发行国的经济总量规模、贸易规模和投资规模。单从规模角度来看，目前人民币国际化程度与中国经济在世界中的份额是不匹配的，已经远远落后。预计 2015～2020 年，中国经济增长速度平均能在 7% 以上。2020～2030 年估计在 5% 以上。在 2020 年前后中国经济总量有望接近全球总量的 20%。中国 2013 年的商品进出口总额达到了 4.16 万亿美元（折合 25.83 万亿人民币），首次超越美国。目前，中国已经是第一大贸易出口国和第二大贸易进口国。这一优势将会保持下去，根据标准渣打经济学家的预期，2020 年中国贸易额将比今天增长一倍。近年来经常账户中使用人民币结算的规模飞速增长。2013 年中国全年跨境贸易约 18% 由人民币结算，为 4.63 万亿元，较上年的 2.94 万亿元同比大增 57%，其中，人民币结算的货物贸易 2013 年同比增 46.6%，至 3.02 万亿元；人民币结算的服务贸易及其他经常账户交易全年增长约 84%，至 1.61 万亿元。预计 2020 年，中国 50% 以上的贸易量将以人民币计算。

金融危机后，中国对外直接投资也进入加速发展阶段，以人民币结算的对外直接投资发展迅速。2013 年，中国实现非金融类直接投资 901.7 亿美元，同比增长 16.8%，其中人民币结算的对外直接投资比例达到了 15%，累计为 856 亿元（折合 138 亿美元），较 2012 年的 292 亿元同比增 193%。预计 2020 年，中国对外直接投资将达到 2000 亿美元，累计对外投资超过 1 万亿美元，以人民币结算的对外直接投资的比例将超过三分之一。

（三）流动性

流动性本身是货币的一个代名词。人民币早在1996年就实现经常账户可兑换，未来人民币国际化的流动性主要表现在三个层次。

一是资本账户下人民币与外币的可兑换程度。人民币成为完全可兑换货币，是人民币国际化最关键的一步，也是最难迈出的一步。因为这需要更加成熟的汇率形成机制、利率形成机制以及国内外金融市场的完善。预计要实现资本账户下的完全可兑换，还需要5到10年时间。

二是人民币本身无兑换出入境的便利程度。在资本账户完全可兑换之前，人民币无兑换的跨境流动将是资本项目开放的重要途径。在人民币无兑换跨境流动下，人民币自身更加便利的跨境流动，可形成完整的人民币境内外循环通道。目前中国政府已在积极推进资本账户下人民币无兑换跨境流动。资本账户下的流动性向内地回流渠道已经明显多样化，包括国内机构香港发债、人民币FDI、三类机构投资于境内银行间债券市场、RQFII（人民币境外合格投资者）等。随着离岸市场的完善，人民币出境渠道要将向多样化发展，国外机构在国内发行以人民币计价的债务、人民币ODI（对外直接投资）、RQDII（人民币合格境内机构投资者）将迎来快速发展。沪港通由中国证监会在2014年4月10日正式批复，已开展互联互通机制试点。预计2020年前，人民币将完全实现无兑换跨境流动。

三是流转市场的完善，既包括离岸市场，又包括在岸金融市场。离岸人民币市场的发展，不仅将促进人民币在境外作为贸易结算货币，也将促进其成为贸易融资和投资货币。目前人民币离岸市场发展迅速。香港离岸人民币业务从2004年开始，最初只限于个人银行业务，其后范围逐渐扩大，并于2007年开始发展香港人民币债券市场。随着2009年人民币跨境贸易支付结算以及其他跨境人民币业务的陆续推出和扩大，人民币跨境流动的渠道逐步拓宽，香港离岸人民币业务快速增长，目前已经发展成为最具规模和效益的离岸人民币业务中心。现在重要国际金融中心都在积极建设人民币离岸中心。除香港外，目前排在前几位的分别是新加坡、美国、英国和中国台湾。预计2020年香港、新加坡、纽约、伦敦、法兰克福、巴黎、瑞士、悉尼、中国台湾等人民币离岸中心将基本形成，人民币实现"日不落式"国际繁荣交易市场。从国际经验看，优先做强、做大、做深、做广本土金融市场是本币国际化的重要基础。2009年，中国政府明确提出上海国际金融中心建设目标，即"到2020年，基本建成与我国经济实力以及人民币国际地位相适应的国际金融中心"。2013年，上海自由贸易试验区获批，在风险可控前提下，可在人民币资本账户可兑换、金融市场利率市场化、人民币跨境使用等方面创造条件进行先行先试。预计到2020年中国内地将形成以上海为中心、北京、深圳、重庆等为重要支点的多层次、多领域、密切分工合作的人民币在岸中心体系。

（四）稳定性

币值缺乏稳定性，会大大降低投资者的持有愿望。人民币国际化的道路是否走得顺畅，在很大程度上与能否保持币值稳定有关。关系到币值稳定的最重要两个变量，是汇率和通货膨胀率。

通货膨胀率反映了币值对内的稳定性。最近十几年来，中国的物价涨幅平均在2%—3%，而经济增长保持在7%以上，实现了相对的高增长、相对的低通胀。金融危机后，一些新兴国家通货膨胀率高涨，而中国通货膨胀水平仍然较低。这与中国政府的调控能力、经济发展稳健程度密切相关。未来5到10年，这种较低通胀、较高增速的发展模式不会发生改变。一方面，中国宏观调控经验将进一步丰富，调控理念、方法和手段进一步成熟。另一方面，中国进入转型发展期，经济发展速度由过去的两位数降至现在的7%—8%的水平，通货膨胀压力不大。同时中国目前生产能力普遍相对过剩，一定程度抑制通货膨胀过高发展。

汇率直接反映了本币对外的稳定性。根据BIS有效汇率指数，与主要西方国家和其他"金砖四国"相比，过去10年来人民币汇率相对于基期水平的变化比其他国家更小，总体稳定性较好。预计未来人民币有效汇率稳定性将更好。一是中国经常账户顺差与GDP之比已回到2%左右的水平，人民币运行在均衡汇率水平，不会出现大幅的升值或者贬值来实现经常账户的平衡。另一方面，在人民币汇率形成机制方面，将进一步向更加成熟的市场化方向迈进，一定范围的汇率弹性的增加能够使人民币更加稳健。

（五）约束

应当看到，人民币国际化是一个长期的过程。面临诸多约束因素。受种种因素影响，也不排除在一定时期放缓国际化的步伐。日本在60—70年代，德国在70—80年代都曾一度暂缓本币的国际化进程。

第一，从人均GDP看，其他国际化货币国家人均GDP的排名都名列前茅。2013年美国排第11名，德国19名，日本23名，英国25名。中国排在86名，即便到2020年后中国GDP总量赶上美国，人均GDP还不到美国的四分之一。

第二，从国家竞争力看，国际化货币国家在竞争力排行榜上都位居前10名。[1] 2013年美国竞争力排在第5位，德国第4位（可

---

[1] 根据达沃斯论坛发布《全球竞争力报告》。

以代表欧元），日本第 9 位，英国第 10 位，而 2013 中国内地的竞争力排名第 29 位。中国如果在 5 年内能进入前 20 名，10 到 15 年内进入前 10 名，将是很不错的成绩。

第三，从产品竞争力来看，中国出口以劳动密集型产业为主，企业定价与议价能力较弱，一定程度上影响人民币计价和支付的推广。

第四，人民币国际化的重要一步或者目标就是成为亚洲关键货币，但亚洲经济并不是铁板一块。由于历史和政治因素，亚洲国家在经济深入合作中受到一些敏感问题的约束，区域一体化包括货币合作方面将大打折扣。同时，以美国为主导的 TPP 协议谈判接近尾声，未来如果排除中国参与，在亚太地区人民币国际化将受到严重影响。

四、结论

有的学者认为，人民币国际化的目标是在国际货币体系中拥有与美元及欧元并驾齐驱的地位。有的学者认为，人民币将最终替代美元的霸主地位。实际上，人民币国际化应理解为一个过程，而不是一个终极目标。如果是一个过程，就不需要等到所有条件成熟后，再实施所谓的国际化。国际化也没有必然的模式，例如，有些学者提出国际化必须资本账户完全开放、经常项目要有逆差等等因素，都值得商榷。在人民币国际化道路上，没有标准模式可以借鉴。按照国内外环境相机抉择，适时改革推进，应是人民币国际化之路。综合判断，预计到 2020 年，人民币国际化水平将超过英镑和日元，到 2030 年达到欧元水平。

国际投资篇

第六章　中美直接投资合作

一、现状

从投资的数量看,中美两国之间还面临着比较明显的投资不平衡的问题。中国对美直接投资规模远小于美国对中国直接投资规模。目前美国在中国的直接投资存量约为707.3亿美元,中国对美国的直接投资存量仅为77.85亿美元。

但是这个差距在呈现缩小趋势,中国对美国直接投资开始加快。美国罗迪厄姆咨询公司的统计显示,2012年中国企业用于收购美国企业和建设工厂等的直接投资额较上一年增长44%,达到65亿美元,此前的历史最高值为2010年的58亿美元。2012年美国对华投资31.3亿美元,同比上涨23%。中美两国在很长时间内会有互补性,能够为两国投资创造一个广阔的空间。

二、合作前景

中美两国在经济发展阶段、资源禀赋和经济结构上都具有很强的互补性。中美在储蓄率方面的差异以及未来美国经济由于"去杠杆化"而面临信贷收缩问题构成中美投资合作的重要基础。此外中国拥有世界上最多的官方外汇储备,目前已经达到3.2万亿美元；中国企业"走出去"投资已经有多年，积累了很多投资经验，进一步扩大对外直接投资的热情很高；中国政府改革了对外直接投资政策管理体制，放松了资本管制，尤其是针对出境资本管制已经大大放松；这些都为中国企业赴美投资创造了良好的条件。

中国对美国直接投资的积极影响既包括创造就业机会、兼并收购溢价等直接收益，还包括技术溢出效应、改善美国贸易账户、增加竞争促进效率等间接收益。

但目前来看，无论依据何种统计口径，美国对中国直接投资规模都比较可观，但中国在美国的直接投资规模则太小，与两国作为世界第一和第二大经济体的地位还十分不相称。中美两国直接投资规模小，有中国企业方面的原因，主要是受制于经济发展阶段，中国企业对美直接投资的能力还比较薄弱。但是，与中国对外直接投资大潮的汹涌澎湃对比，中国企业在美投资规模小，主要是美国方面对中国赴美投资设置了一些有形和无形障碍。OECD的研究表明，美国尽管是世界上最重要的国家，在对待外国直接投资上还比较保守，开放度并不高，对很多行业存在管制。

从未来的发展看，随着中国经济发展和人均国民收入增加，中国可能逐步进入对外直接投资的新阶段，对外直接投资将大幅增加。估计到2020年，中国的人均国民收入可能将近9000美元，届时对外直接投资流量可能超过1000亿美元，意味着未来10年来自中国的新增对外直接投资可能会达到1万亿美元左右。按照目前的发展态势，在基准情境下，未来10年中国企业赴美直接投资规模可能在2000亿美元左右，约占中国对外直接投资总额的10%。这将给美国带来超过400万个就业岗位，其他一些直接和间接效应也会给美国经济和美国人民的生活带来巨大好处。

三、中国对美直接投资存在的问题

(一) 美国对外资的准入政策

美国对外来直接投资有三种限制。第一，美国法律明确规定限制外国直接投资进入某些行业，如核能、广播电视、航空运输、河运海运、采掘、捕鱼等行业（OECD，2011）。这一类的限制比较少，而且在法律里有明文规定，中国企业在对美直接投资方面应完全避开相关行业。第二，威胁美国国家安全的外来直接投资将被禁止。负责审查一项投资是否危及国家安全的机构是外国投资委员会（CFIUS）。第三，外国投资者必须遵守美国相关法律法规中关于公司设立、运营等方面的规定，包括联邦及所在州的法律。如果一项投资违反了这些规定，也将受到限制。具体包括：反托拉斯法、公司法、证券法、外贸控制法、环境法，以及各个具体行业的法规等。美国国内的主流观点是：美国现有的法律法规已经足以应对外国在美直接投资存在的问题了，没有必要针对中国设置单独的立法。

由于第一类和第三类限制比较明确，有确定的法律规定可以遵循，这两条并不对中国企业在美投资形成障碍。事实上，基于国家安全的限制是中国企业在美直接投资的最主要障碍。1990年，中国航空技术进出口公司（CATIC）收购Mamc制造有限公司，外国投资委员会审查后发现该并购对美国国家安全有重大风险，并建议总统禁止该交易。这是外国投资委员会关于中国企业对美直接投资最早的案例之一。最近的一些案例包括2009年西色国际投资有限公司对Firstgold公司的收购、2010年唐山曹妃甸投资有限公司对太阳能光伏发电和光纤技术供应商Emcore的并购、2011年华为并购三叶公司（3Leaf）等。CFIUS 成立于 1975 年，其目的是为了保证美国国家安全而负责审查外来投资。1988 年，美国国会通过的《综合贸易与竞争法案》中的"埃克森—弗罗里奥条款"使 CFIUS 开始发挥重要作用。该条款规定，总统可以以国家安全为由阻止外资并购，并将审查的责任赋予 CFIUS。2007 年通过的《外国投资与国家安全法案》又给予了 CFIUS 立法委任，并扩大了成员范围。这些规定进一步增强了 CFIUS 的作用。CFIUS 有 9 位正式成员：财政部长、司法部长、国土安全部部长、商务部部长、国防部部长、国务卿、能源部部长以及美国贸易代表和科技政策办公室主任。从 CFIUS 的成员构成可以看出，美国对外国直接投资的审查是非常全面和严格的，涉及国防安全、国土安全、能源安全、财政安全等多个方面。同时，由于立法中没有定义国家安全，CFIUS 在审查中有一定的自由裁量权，可以根据具体的案件及其背景作出决定。

（二）政治干预

CFIUS 审查是对美直接投资的必经程序。相比之下，各种利益集团和政治力量的干预则是阻碍更多中国企业赴美直接投资的主要原因。而且由于政治力量的干预不像法律和政策那样有章可循，因而对中国企业赴美投资的影响更大，甚至有可能使得一些潜在的中国投资者因此放弃了赴美投资。这一类的干预主要包括以下形式。首先，一些利益集团为了保护自身利益，挑动国会议员阻止外国投资的进入，以避免竞争。虽然国会无权启动或直接介入 CFIUS 的审查程序，但议员们可以通过召开听证会、通过决议、甚至修改相关法律等方式影响 CFIUS 的审查决定。同时，国会对 CFIUS 有监督权。例如：鞍山钢铁公司 2010 年提出在密西西比州进行绿地投资后，美国钢铁游说集团的反对声音对美国国会造成了影响；在中海油收购尤尼克案例中，国会通过了一项能源法修正案，使得

CFIUS 的审批过程被延长，大大增加了中石油的并购成本。另一方面，一些政府官员本身就受到了特定行业或利益集团的支持，如果他们是 CFIUS 的成员，CFIUS 最终的审查决定自然也会受到影响。其二，国家安全机构的"鹰派"通过提供负面信息直接介入和影响 CFIUS 的审查。由于 CFIUS 在审查过程中需要大量的机密信息，而这些信息通常只可能通过情报部门和国家安全部门获取。而这些机构是中美关系中的鹰派，它们一直主张对来自中国的投资进行严格的限制。这些信息来源必然会对 CFIUS 的审查产生影响。例如：2007 年，在华为和贝恩联合对 3Com 公司的收购案例中，美国国家安全机构质疑该并购可能导致华为获得美国敏感军事技术，最终华为和贝恩撤回了向 CFIUS 提交的审查申请。另外，各种利益集团和政治力量的干预会通过媒体进一步放大，并通过舆论对参与并购的中国企业造成影响。这些负面的舆论会给潜在的中国投资者带来阴影。

四、美国对中国直接投资特点与问题

（一）美国公司的技术优势决定其对华直接投资的规模相对较小

美国跨国公司的突出特点是技术先进，公司每年拨出大量科研经费从事研究开发工作，因而美国在高新技术领域诸如信息技术、生物技术、航空航天技术等都处于领先地位。拥有先进技术的美国公司更倾向于投资发达国家，其原因在于：一方面发达国家具有经济结构较稳定、消化吸收能力较强、跨国投资的风险较小、利润率较高以及投资回收期较短等明显优势；另一方面，发达国家总体技术水平较高，技术开发快，产品附加值高，投资于发达国家能使跨国公司更好地掌握相关投资领域的高科技，提高公司整体科技实力和竞争能力。换言之，投资于发达国家可以获得强强合作的较大收益。跨国公司之间的战略联盟就是为共同开发和利用高新技术而订立的合作协议，这种联盟不会或很少发生在总体技术水平不高的发展中国家的企业。美国跨国公司以高新技术投资中国，固然也有许多有利因素，但是相比较而言，其技术优势的发挥相对有限。这是美国跨国公司对华投资相对较少的一个重要原因。

（二）美国公司对外直接投资的方式在一定程度上妨碍了其对华直接投资的进一步扩展

美国企业跨国生产经营的指向主要是技术密集型产品，为达到对世界市场的支配和控制，美国跨国公司特别强调对技术的垄断。独资企业因为所有权与经营权的独占，在自主经营方面具有许多独到的优势，如独享企业机密和垄断优势，减少技术扩散的不利影响；在专利权、特许权和管理费用的确定与收取方面享有较大弹性等。所以，为避免泄密的风险，保持其技术领先优势，美国公司对外直接投资更多倾向于独资方式。20世纪80—90年代，中国的外资政策和法规更偏向于中外合资经营企业，这也是影响美国公司对华直接投资的因素之一。

（三）美国跨国公司的跟随反应和寡占反应战略促使其扩张对华投资规模

全球市场上，通用汽车、微软、IBM等美国大型跨国公司已经与欧洲、日本的其他企业在相关产业形成了寡头垄断的格局。这些大公司之间在产业中的实力旗鼓相当，从而形成了一定的均势。当其中一家率先在一个新兴市场国家投资设厂时，其他几家为保持均势就会跟随先行企业到新兴市场国家投资。1992年以前，美国公司对中国的投资明显少于欧洲和日本的公司。1992年以后，美国企业为了保持与欧洲、日本跨国公司的竞争优势，开始大规模对华投资。期间，美国通用汽车公司和福特汽车公司进军中国的步伐迅速加快，并不断推出新车型，以削弱德国大众、日本丰田等企业在中国的优势；而美国电话电报公司也以10亿美元的项目迅速敲开了投资中国的大门。此外，寡占反应策略也在一定程度上促进了美国跨国公司为保持垄断优势而进行对华投资的行为。例如，中国手机市场的规模在全球数一数二，摩托罗拉是较早投资中国的手机制造商之一，但市场的高成长性和高回报率吸引了越来越多其他国家的跨国公司进入。

（四）美国对技术转让的限制对美国企业在华投资造成障碍

一般而言，美国海外投资的优势在于技术的先进，因此对外投资大多在不同程度上涉及技术的输出。美国政府在技术输出与转让方面虽然较为开放，但仍有诸多限制。《1979年出口管理法》规定，除了可以向加拿大直接输出多数商品和基础数据外，美国向世界上任何其他国家出口的所有商品和技术数据都必须获得由商务部出口管理局签发的普通许可证。美国技术出口额中30%的出口对象为美国在海外的技术企业。因此，这种许可证制度本身会对投资意愿产生影响。当技术出口受阻时，投资也会受到影响。美国对于不同国家、不同类型的技术输出或转让还采取不同的态度。按照美国《出口控制法案》，加拿大以外的所有国家被划分成Q、S、T、Y、W、Y、Z组，Z组为敌对国家。由于对外直接投资被认为是技术输出的重要渠道甚至是主要渠道，而别国吸收美国投资在很大程度上也是出于吸收技术的考虑,特别是中国入世后,市场更加开放,跨国公司之间的竞争也日趋激烈,不少跨国公司对于转让技术更加积极。因此,美国对技术输出的限制与管制在很大程度上对其对华投资构成了制约,也影响了其在华企业的竞争力。

(五)美国对华实施贸易制裁、限制的政策对美国企业在华投资造成消极影响

近年来美国政府对华频频采取调查和制裁的做法使中美间贸易摩擦升级,成为美资企业的经营风险因素,特别是会影响那些效益寻求型、以出口为导向的美国跨国公司的投资。例如,近几年接踵而至的对华纺织品特保措施必然会对美国在华纺织企业产生负面影响,损伤其经营的乐观心态。因为相当数量的纺织品服装是美国在华投资企业生产或是进口美国原料并为美国进口商加工后再出口到美国的。限制措施直接损害美国在华投资企业的利益,影响其投资信心。另外,美国对公民严格的非移民签证政策也影响了美国在华企业的经营业绩。40%的在华企业称签证情况对其经营产生了消极影响。尤其是对信息技术、电子、汽车与航空等行业的部分公司产生了极大的消极影响,而这些行业恰恰是美国在中国市场极具竞争力的行业。

五、政策建议

如果采取合作的态度和做法,两国直接投资增加给两国带来的好处就能够实现。而如果采取不合作或者对抗的态度和办法,这种收益就会消失,或者转移到其他国家去。本章建议采取以下办法来推动两国加强投资合作。

第一，共同采取切实行动改善两国的投资环境。中国对外国直接投资的管制领域还相对较多。我们建议相关部门在修订《外商投资产业指导目录》的过程中，对外国投资者提出的放松管制等合理建议予以重点考虑和采纳。美国也需要进一步放开相关领域的外国直接投资管制。尤其值得一提的是在签证政策管理领域，美国可能需要做出更多的改变。其他一些问题包括联邦政府环评、反垄断审查等审批方面，普遍存在时间较长、程序较多等问题，应该考虑予以改变。美国应当保证外资相关法律法规的独立性，使CFIUS免受利益集团和政治家的不当干预。事实上中国企业在美国的直接投资是以商业目的为动机的。美国对外资准入已经拥有完善的立法和审查政策，需要做的是尽量避免这些机制被利益集团、政治力量不正当地干预。美国应保证投资安全审查的公开、公正、透明，增强中国企业对美投资的信心。只有这些机制得以独立地正常运行，中国企业在美直接投资才能得到公正待遇。这样做也符合美国自身的国家利益。

第二，两国可共同制定发布投资指导目录，提高投资政策的透明度。目前，在中美两国的投资合作实践中，投资过程存在的大量不确定性让投资者感到困惑，也阻碍了很多潜在的投资者和投资项目。为使限制措施的不利效应最小化，可以考虑的办法是增强关于管制领域的透明度。两国可以考虑共同讨论制定《投资指导目录》，特别是美方可以考虑发布《在美投资指导目录》，将国家安全审查建立在这一个导向体系之上，从而减少中美直接投资合作中存在的不确定性，提高投资审查的独立性，防范审查机制对赴美直接投资造成过多的不利影响。

第三，签订中美两国双边直接投资保护协议。签订双边直接投资保护协议是促进直接投资的重要路径，也能够向外发出强有力的信号，表明两国在政治上承诺支持和鼓励两国相互直接投资，从而有利于推动两国直接投资。在国际投资法律体系中，双边投资协定占据着重要的地位。签订中美两国的双边直接投资协定，将有利于进一步促进中美两国的直接投资合作。当然，很多重要的细节问题需要通过进一步的磋商来确定。

第四，建立两国地方政府层面的投资促进机构。目前来看，中美之间的高层官方对话与民间对话机制已经初步得以建立，而从两国的直接投资合作来看，更加需要强调的是，要加强美国州政府与中国地方政府层面的合作对话。从建立中美两国的直接投资促进机构来看，可以把地方投资促进机构建立起来。特别是利用现有的基础，建立一个能够整合资源的平台，建立和形成地方投资促进机构网络。

第五，定期召开"中美直接投资项目洽谈会"。从国际贸易的经验看，定期开展商品交易会能够比较有效地促进国际贸易开展，增加贸易量。可以借鉴国际贸易领域的交易会方式，定期开展"中美直接投资项目洽谈会"，并将这种项目洽谈会进行机制化。中美直接投资项目洽谈会也可以每年分两次举行，主要是集合中美两国地方政府、企业来进行投资项目洽谈。此外，也可以考虑两国共同出资，建立一些共同基金，来支持两国企业在直接投资方面的相关支出，通过对这些小额支出进行资助，向两国企业发出信号，调动两国企业间的投资积极性。

第六，中美两国应当通过各种方式，努力增加对彼此的了解和信任。研究发现，很多中国直接投资被驳回的原因是由于美国的政策执行者对中国和中国企业缺乏了解。中国企业在美的分支机构及其受益者，如供应商、销售商、客户等，应当努力通过切身的经历，加深美国各界对中国企业的了解。

第七，由于国家安全、意识形态等方面的因素，国有企业在对美直接投资中通常会受到更多的怀疑和审查，被美国国内相关利益集团和政治力量非议的可能性更大，国有企业可以通过组建合资公司、实施非控股并购等方式尽可能减少阻力。中国企业要主动提升跨文化经营的综合能力。由于大部分中国企业过去对外交往的经历主要来自于国际贸易而非海外投资，在实施"走出去"战略时，应该在跨文化沟通、跨国公司管理方面主动地学习和积攒经验。特别是在美国这样的复杂市场，中国企业还需要提升应对国际媒体和舆论压力的能力，要学会利用美国现行政治体制和政策机制。

第七章　中国外汇储备在美证券投资的双赢战略

2000年以来，中国外汇储备出现稳步快速增长（见图1）。2010年底，中国外汇储备规模达2.8万亿美元，为2000年2120亿美元的17倍，居世界首位。中国目前拥有巨额外汇储备的主要原因有五个：第一，中国加入WTO以来，较低的要素成本和较高的劳动力素质，使得中国加工制造业竞争力大幅提升，迅速成长为"世界工厂"，出口顺差不断增加；第二，由于中国良好的经济发展前景和政策环境，外国直接投资不断加大对中国的投入；第三，由于房市高企，人民币汇率升值预期，投资回报率高，热钱从各种渠道涌入；第四，亚洲金融危机后，国家倾向于储备充足的外汇应对国际金融危机冲击；第五，中国的外汇资产没有实现藏汇于民，由于缺乏投资渠道及受人民币升值预期影响，居民和企业不愿持有外汇。

由于长期以来对外汇储备安全性和流动性的偏好，同时有效利用外汇储备能力相对不足，中国外汇储备资产的盈利能力偏低。2008年全球金融危机以来，大量金融证券机构倒闭和退市，中国外汇储备资产的安全性和流动性也受到影响。在经济危机深化过程中，美国主权债务评级下调，使得中国外汇储备面临巨大的资本损失风险。因此，梳理中国外汇储备资产的构成，分析存在的风险状况，本着中美双赢的原则，探索外汇储备在美国投资使用新模式，调整中国外汇储备资产结构，具有重要意义。

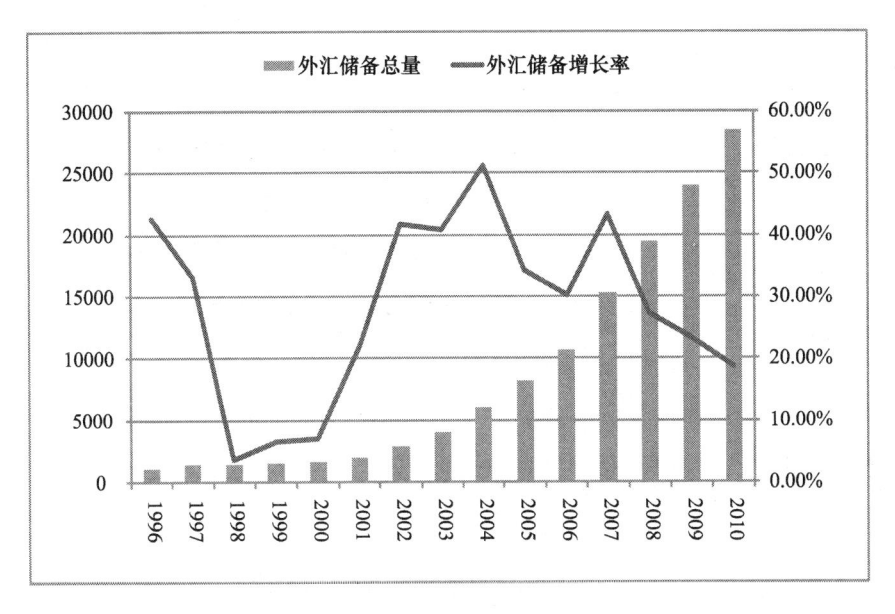

图1 1996—2010年中国外汇储备总量（亿美元）和增长率

一、中国外汇储备在美证券投资现状与经济贡献

（一）中国是美国国债市场和机构债市场的重要投资者

作为中国外汇储备的主要投资对象，中国持有的美国证券资产规模在过去的十年中经历了爆炸性增长，年均增长率达35.8%。从2008年9月起，中国已经超过日本成为美国国债的最大国际债权人。中国持有的美国证券种类包括国债、机构债、公司债和股票等四种类型。[①] 截至2010年6月底，中国持有美国证券达1.61万

---

① 在本项报告中用美国财政部的国际资本（Treasury International Capital，简称 TIC）报告系统发布的中国资产在美投资情况来代替外汇储备进行讨论。美国财政部的数据是各国官方投资者与私人投资者的投资总和，但由于中国外汇储备在外汇资产中的比重相当高，用中国的外汇资产来替代外汇储备，属于可以接受误差范围。参见王永中：《中国外汇储备的构成、收益与风险》，中国社会科学院世界经济与政治研究所工作论文，第10004页。

亿美元，与同期中国外汇储备存量之比为65.6%（见表1）。其中，美国长期国债和长期机构债券是两个最主要证券投资品种，中国持有美国国债1.11万亿美元，持有美国机构债0.36亿美元，两者所占比重合计达到91.4%。

表1 2010年年中中国持有美国证券状况（百万美元）

项目	股票	全部债券	国债	机构债	公司债
证券	126526	1484211	1112125	360144	11943
长期债		1479292	1108128	360069	11096
短期债		4919	3997	75	847

1. 国债

2000—2010年，中国持有美国国债的规模增长迅速，由2000年底的710亿美元，升至2010年的11121亿美元，增长了14.6倍，年均增长率达31.74%。

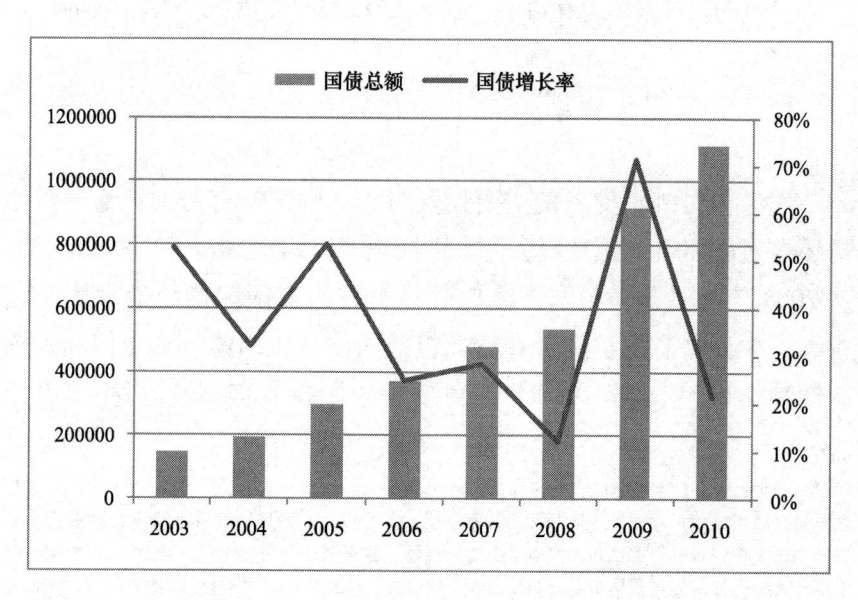

图2 2003—2010年中国持有美国国债总额（百万美元）及增长率

中国是美国国债最大的外国投资者,持有美国国债规模占外国投资者持有总量的比例,由2000年3月的8%升至2010年6月的27.2%。中国所持有的美国国债基本上是长期国债,2010年6月所持长期国债占总国债比例为99.6%。美国国债是中国外汇储备资产的首要投资对象,但在2005年到2008年期间,国债份额有一定程度下降。这是由于全球资金流动性充裕,美国房地产市场一片繁荣,包括中国货币当局在内的各国投资者加大了对"两房"等机构债投资,中国对美国机构债券的投资迅速增加。次贷危机以来,美国机构债券的信用风险迅速上升。中国对美元资产结构作了相应调整,又开始增购美国国债,减持美国机构债券。[1] 2010年开始国债增持速度有所回落。

2. 机构债券

机构债券包括"两房"债券和证券,还包括其他美国政府机构债,比如政府国民抵押协会的债券。由于长期债券的较高收益率和中国外汇储备资产的性质,2000年以来中国对美国机构债券的投资规模持续快速增长。2000年6月,中国投资机构债券196亿美元;2010年6月,中国持有机构债券规模达到3600亿美元,增长了17倍。次贷危机以来,中国逐步减持了一些机构债,但持有的机构债券规模仍然巨大。中国一直是美国长期机构资产支持债券的最大持有者。中国所投资的机构债券中,长期债券为主体,短期债券的比例很小。例如,2010年6月,短期机构债仅占长期机构债的0.02%。在中国所持有的长期机构债券中,"两房"承保的以优质住房抵押贷款为基础资产的ABS占有相当大的比例,2010年达82.8%。值得注意的是,中国已大幅减持包括"两房"债

---

[1] 王永中:《中国外汇储备的构成、收益与风险》,中国社会科学院世界经济与政治研究所工作论文,第10004页。

在内的美国政府长期机构债券。数据显示，2010年6月中国持有的美国政府长期机构债券量同比下降20.7%。中国持有的ABS由2009年6月的的3580亿美元，下降到2010年6月的2980亿美元。

3. 公司债券和股票

由于中国政府非常重视外汇储备的安全性和流动性，持有美国公司债券和股票的比例较低。2000年，中国持有美国股票155万美元，持有美国公司债券710亿美元，占当时中国持有美国证券合计比例21.4%。2010年，持有美国股票和公司债的比例很低，美国股票0.13万亿美元，公司债0.01万亿美元，两者合计才占8.6%，十年下降了12.8个百分点。金融危机以来，对于公司债券和股票的偏好程度更低。例如，2011年4月份中国增持了约108亿美元美国长期国债，其中增持份额最大的是政府债券，共计94亿美元。此外，中国还购买了包括房利美和房地美债券在内的机构债券20亿美元，但继续减持了公司债和公司股票。

（二）中国美元外汇储备资产对美国经济作出巨大贡献

同其他国家一样，中国保持美元外汇资产首先是从本国的国家利益出发。从保护国家金融体系安全角度考虑，购买一定比例的美元资产尤其是美国国债，是中国政府使用外汇储备资产的优先选择。即使在美国国债评级下调、长期风险不断扩大的情况下，美国国债仍然是理想证券投资选择。就流动性而言，市场上目前还缺乏可以替代美国国债的选项，纵观全球金融市场，美国国债仍为较安全的投资产品。

同时，中国持有大量美元外汇储备资产，是实现中美经济双赢的正确选择。中国庞大的美元外汇储备，对美国经济发展提供了巨大支持。中国长期持续增持美元资产，为美国经济发展提供了必要的流动性，有力推动了美国经济的发展。金融危机以来，中国逆流而上，增持美元外汇储备，尤其是继续大量购买美国国债，为美国经济复苏提供了坚实基础。从2008年6月到2009年6月，一年的时间里，在金融危机最严峻的阶段，中国增持美国国债3806亿美元，增幅达71%，占外国购买美国国债增量的43.4%。在随后的一年里，中国又继续增持国债1964亿美元，占外国购买美国国债总量的31.7%。从2008年6月到2010年6月，中国政府增持美国国债5771亿美元，如果与2009年2月美国经济刺激计划的总额7870亿美元相比，能达到73.3%的比例（见图3）。

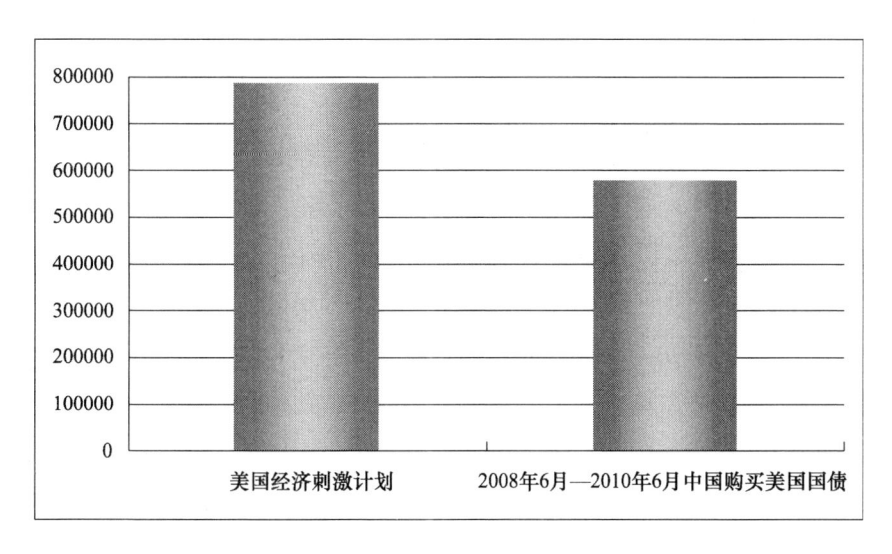

图3 中国购买美国国债与美国经济刺激投入对比

2011年上半年，美国面临债务上限问题困扰，国债安全受到三大评级机构的质疑。但中国作为美国国债最大的海外持有国，在知道美国若违约将遭受大幅损失的情况下，从4月到7月连续四个月增持美国国债，充分表现了对美国的支持和信心。

二、中国美元外汇储备资产展望

（一）中国持有美元外汇储备规模仍然会大幅增加，估计到2020年美元外汇储备资产将达到2.9万亿美元

未来10年中国对美外汇储备规模的增长取决于以下变量：经济增长率、净对外直接投资、经常账户差额占GDP比、人民币国际化程度。尽管许多专家对于未来经济前景有不同的看法，但对于基准情境下中国经济增长率的估计，却有着惊人的一致。一般认为，2010—2015年，中国经济增长率平均为8%；2016—2020年为6%。近年来，受益于人民币升值、资本市场发展、国际融资能力提高以及中国企业实力壮大等因素，中国对外直接投资发展势头强劲。截至2010年底，中国对外直接投资流量为590亿美元，为2000年的59倍，为2005年的4.84倍。从国内来看，无论是从经济总量、人均水平，还是对外贸易、利用外资和外汇储备规模来看，中国企业"走出去"已经具备了加快发展的条件。同时，利用外资情况近几年保持平稳。假定未来10年，利用外资按照过去5年的速度（11.%）增长。对外直接投资分两种情况：一种为较快增长情景，按照过去5年的速度增长，年增长率36.9%；另一种为保守增长情景，按照较快增长情景一半的速度增长，年增长率为18.5%。经常账户差额占GDP比例假定未来2010—2015年为5%，2016—2020年为4%。根据这些假设，可以计算出未来10年中国GDP、经常账户差额和净对外直接投资情况。

表2 2010—2020年中国GDP、经常账户差额和净对外直接投资（亿美元）

年份	GDP	经常账户差额	净对外直接投资（较快情景）	净对外直接投资（保守情景）
2010	60400	3020	-467	-467
2011	65232	3262	-375	-484
2012	70451	3523	-217	-496
2013	76087	3804	34	-500
2014	82174	4109	417	-495
2015	88747	4437	986	-477
2016	94072	3763	1814	-443
2017	99717	3989	3003	-389
2018	105700	4228	4693	-308
2019	112042	4482	7076	-194
2020	118764	4751	10415	-38

未来10年，人民币国际化进程将加快。截止到2011年3月，中国人民银行先后与其他央行及货币当局签署了总计6500亿元人民币的6份双边本币互换协议，目前正与其他有需求的央行就签署双边货币互换协议进行磋商。有专家估计到2020年人民币在国际储备货币系统中可以占3%的份额[1]，还有专家认为到2035年该份额为3%—12%[2]。我们估计美元储备资产由现在的2010年的65%逐年降低，到2020年为50%。其他的净资本流动（包括"热钱"）为零。[3] 根据以上假设，我们计算出未来10年中国外汇储备规模——在对外直接投资较快增长情景下，到2020年达57931亿美元，

---

[1] Alan Wheatley, Yuan may be reserve currency by 2020 - China official, BEIJING, May 20, 2009.

[2] Jong-Wha Lee, Will the Renminbi Emerge as an International Reserve Currency? Asian Development Bank, June 2010.

[3] 高路易在《2020年的中国——宏观经济情景分析》一文中，假设：(1) 随着FDI流出继续增加，同时FDI流入已经见顶，净FDI会趋于零；(2) 其他的净资本流动（包括"热钱"）为零，计算得到2020年底中国的外汇储备将达到7.5万亿美元。

其中美元外汇储备资产约28963亿美元；对外直接投资保守增长情景下，到2020年达68384亿美元，其中美元外汇储备资产约34189亿美元（见表3）。

表3　2010—2020年中国外汇储备及美元外汇储备资产（亿美元）

年份	对外直接投资较快增长情景下		对外直接投资保守增长情景下	
	外汇储备总量	美元外汇储备资产	外汇储备总量	美元外汇储备资产
2010	28473	18675	28467	18675
2011	31637	20198	31746	20267
2012	35002	21747	35280	21920
2013	38555	23312	39088	23635
2014	42280	24880	43192	25416
2015	46149	26429	47612	27266
2016	49083	27356	51341	28614
2017	51883	28141	55275	29981
2018	54421	28727	59422	31366
2019	56520	29035	63789	32770
2020	57931	28963	68384	34189

由于美国国债的良好性质，未来10年，美国国债仍然将是中国外汇储备资产的首要对象，但是份额肯定会有一定程度下降。受到"两房"退市的影响，中国可能会逐步减持长期机构债券。中国会加大对一些发展前景好，盈利能力强的优质公司的证券的持有比例，尤其是股票的比例将会有显著上升。

（二）未来十年美国仍然需要大量的资金流入，以支持经济的健康稳定发展

寻找新的经济增长点，提高就业率是未来10年美国的重要任

务。自2009年11月，奥巴马就开始强调"再工业化"战略，希望摆脱对金融业和服务业的依赖，重振制造业发展，回归实体经济，重整美国经济，扭转美国经济所面临的财政赤字和贸易赤字问题。重建产业结构，需大量的投资，但美国政府赤字和债务水平已经很高。国际金融危机的爆发使美国政府赤字大幅度上升，国债纪录屡创新高。金融危机以来，美国财政赤字大幅上升，占GDP比例由2008年的3.2%上升到2009年的10%，2010年为8.9%。美国国会预算办公室（CBO）预计，今后几年美国的财政赤字仍将居高不下，到2012年占GDP比例仍然会达7%（见图4），在2014—2020年期间会维持在2.9%—3.4%。相应，美国公共债务今后10年会居高不下，公共债务占GDP比例维持在接近80%的水平（见图5）。根据美国国会预算办公室预计，今后10年美国会增加9.5万亿美元债务，即使去掉美国2011年8月份通过的提高债务上限法案计划削减的2.1亿—2.5亿美元债务，仍有逾7万亿美元新增债务。①

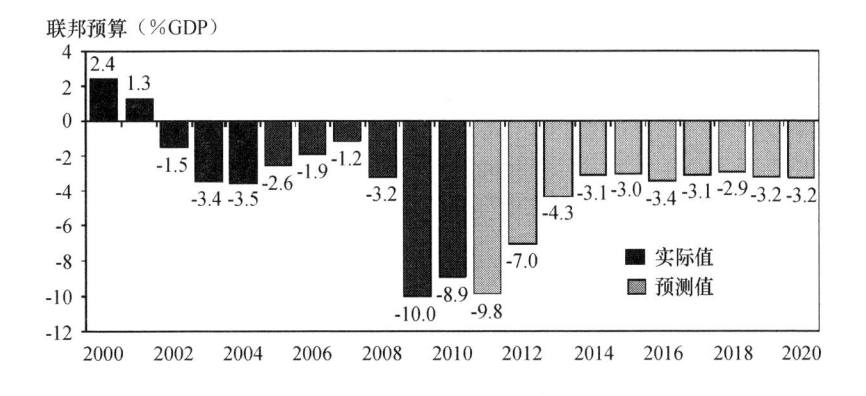

图4 美国联邦预算

资料来源：Is the U.S. Dollar Losing Its Edge? Milken Institute Global Conference, Tuesday, May 3, 2011.

---

① 《美国首失AAA评级 一个时代的落幕或引发金融和经济动荡》，世华财讯，2011年8月7日。

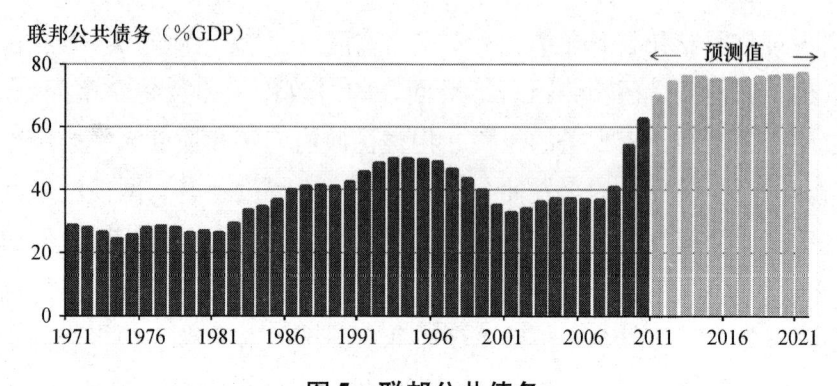

图5 联邦公共债务

资料来源：Is the U. S. Dollar Losing Its Edge? Milken Institute Global Conference, Tuesday, May 3, 2011.

中国 2010 年持有美国国债总流通量的 8.3%，是美国最大的外国国债持有者。在未来 10 年，中国也将是美国国债增量最主要的购买者之一。根据前面的计算和估计，从 2010 年到 2020 年，中国的外汇储备总量将增加 3—4 万亿美元，其中美元外汇储备资产将增加 1—1.5 万亿美元，占美元未来 10 年新增 7 万亿美元债务的 14%—20%。如果中美双方能够以合理的方式利用如此庞大的外汇资产，将为中美经济共同繁荣提供坚实保障。

三、中国外汇储备在美证券投资存在的问题

中国外汇储备的安全，不仅是中国政府关心的问题，也是中国老百姓非常担心的问题。中国的外汇储备，是改革开放 30 多年经济发展的积累。一部分是中国企业通过低劳动成本和环境成本，大量出口所得的长期积累，还有相当一部分是外国投资者到中国投资结算的存量和收益再投资的存量。中国政府持有一定的外汇储备，

主要是为了保持国际贸易的支付、国际投资的结算和防范国际金融危机。中国外汇储备在美证券投资如果出现风险,将直接影响中国的货币支付体系,影响中国经济的稳定,也会影响美国经济的发展。中国外汇储备在美证券投资主要面临三个方面的风险:一是以"两房"为代表的机构债券违约风险和美国主权信用下调导致的国债信用风险;二是美国持续实施定量宽松政策引发通货膨胀率上升,导致国债收益率上升和价格下跌的通胀风险;三是美国实施美元贬值政策导致外汇储备资产整体面临的汇率风险。

(一)信用风险

金融危机以来,中国在美国持有的机构债和国债两大证券资产均蒙受一定程度信用风险。机构证券受到"两房"接管和退市的影响,国债受到美国主权信用评级下调影响。在国际金融危机期间,中国所购买"两房"承保和发行的机构债券的安全问题,长期受到国内社会各界的关注。截至2009年6月末,中国持有的包括"两房"债在内的长期机构债券,含960亿美元机构债券和3580亿美元MBS,合计4540亿美元,占全部外国投资者持有的比例为38%(列第一位),占发行总量约6.3%。[①] 2010年6月6日,"两房"股票被勒令从纽约证券交易所退市,引发各界对中国所持美元机构债券安全性的讨论。2011年2月11日,美国财政部向国会提交了住房金融系统改革报告,阐述了美国住房金融市场改革的可选方案,要求逐步削弱"两房",降低政府提供的住房抵押贷款担保比例,吸引更多私人资本回归房地产金融系统,并最终将这两家抵押贷款公司关闭或彻底私有化。[②] 这意味着,"两房"债长期

---

① 刘煜辉:《中国持有的"两房"债将是损失购买力》,《每日经济新闻》,2011年2月24日。
② 张茉楠:《"两房"警示中国重审管理外储风险》,《上海证券报》,2011年2月15日。

存在较大风险。如果"两房"成为普通私营企业，即使中国持有的机构债券仍能正常还本付息，机构债券价格大幅下跌将是不可避免的。①

国际金融危机的爆发使美国政府赤字大幅度上升，国债纪录屡创新高。2011年5月16日，美国国债触及国会所允许的14.29万亿美元上限。尽管美国总统奥巴马8月2日签署了提高美国债务上限和削减赤字法案，避免了美国政府违约风险，但政策出台的过程和政策本身仍然打击了市场信心。8月5日，标普公司把美国主权信用评级从顶级的"AAA"级下调至"AA+"级，评级前景展望为"负面"，这是美国主权信用评级近百年来首遭降级。主权债务评级下调严重打击了各方面对美国政府的信心，这是美国经济复苏面临的重大风险。信用是金融市场交易的核心和基础，不同的金融产品及工具就是给不同的信用进行风险定价。而信用评级就是为金融市场风险定价提供可参考依据。国家主权信用评级下调，意味着这个国家债券的信用风险增加，其信用交易的成本上升。②根据有关数据，单是美国主权信用评级下调导致的中国国债损失就达六七十亿美元。③

（二）通胀风险

美国通货膨胀导致的债券价格下降，是中国在美证券资产面临的重要风险。中国所持有的美国证券资产主要为长期固定收益证券资产，股权资产和短期债券资产的比例过低。通货膨胀率的上升，将导致市场利率上升，中国的美元资产大幅贬值。为了促

---

① 王永中：《中国外汇储备的构成、收益与风险》，中国社会科学院世界经济与政治研究所工作论文，第10004页。
② 易宪容：《美国债务危机对中国经济的影响》，《京华时报》，2011年8月11日。
③ 《中国所持有的美国国债损失或达六七十亿美元》，《广州日报》，2011年8月9日。

进经济复苏，美国实行了多轮量化宽松政策。仅前两轮量化宽松政策，就直接带动基础货币大幅上升近1倍，广义货币供应量（M2）以近15%的年率增长，高于名义GDP增速达16个百分点[1]。量化宽松政策导致的通胀效应使得中国在美外汇储备资产面临巨大的贬值风险。美国国债中外国投资者持有的比例约为三分之一，该比例越高，美国通过通货膨胀摆脱债务负担的诱惑就越大。为了应对通胀风险，中国曾一度大幅抛售长期国债而增持短期国债。但是，中国持有的美国国债规模巨大，大比例调整美国国债仓位的行为，将可能对美国国债的供需和价格产生影响，要付出巨大的价格折扣代价。在全球金融市场趋于稳定和美国通胀风险上升的状况下，美国国债利率中长期上升趋势，这对国债价格将产生较大的负面冲击，中国外汇储备资产面临巨大的缩水风险。

（三）汇率风险

中国的外汇储备资产均以外币计价，由于美元的长期贬值趋势，中国外汇储备资产仍然遭受较大的汇率风险。[2] 美国政府存在容忍美元贬值的动机。从贸易角度而言，美元大幅度贬值有助于刺激出口，缩小其贸易赤字，改善美国经常账户失衡。由于美国外债主要是以美元计价，而其对外资产主要是以外币计价，美元贬值造成的"估值效应"能够降低美国政府的对外债务，从而改善其高额财政赤字政策的可持续性。根据美联储的宏观经济模型研究，美元每贬值10%，可以促进国内生产总值增长1.2%。资

---

[1] 董小君：《中国潜在金融风险研究》，2010年国经基金研究项目研究报告，2011年10月。

[2] 王永中：《中国外汇储备的构成、收益与风险》，中国社会科学院世界经济与政治研究所工作论文，第10004页。

料显示,自1971年美元与黄金脱钩以来,美元已经贬值了96%。中国是美国最大债权国,美元贬值一个百分点,就相当于美国对中国多征收一个百分点的铸币税。对美元贬值给中国造成的直接损失,可以作一个简单估算:截至2011年6月,中国外汇储备为3.2万亿美元,其中1.16万亿购买了美国国债。如果将美国机构债和其他美元资产加起来,则中国持有的外汇储备中大约有70%为美元资产,相当于有总额为2.24万亿的美元储备。假定每个月人民币的升值幅度为1%,那么每个月中国外汇储备的损失就是224亿美元。①

四、中国外汇储备在美投资的双赢战略

2008年以来的金融危机表明,即使外汇储备投资于安全性和流行性高的证券资产,也面临诸多资本损失风险。尤其是中国政府拥有庞大的外汇储备,任何调整证券资产结构的行为,将可能对整个证券市场产生深刻影响,具有规模不经济性。同时,在全球金融市场恢复稳定后,中国外汇储备资产将会更大程度关注收益风险。中国在美外汇储备资产结构的有效调整,对于美国来说,也意义重大。当前美国房地产市场仍处于低谷,失业率仍高居不下,大量基础设施投资面临资金缺乏约束。美国经济发展的债务约束将会是一个中长期问题。在经济全球化的今天,中美两国在许多方面存在一荣俱荣、一损俱损的唇齿关系。中国外汇储备的合理实用,不但会使中国受益,也会为美国解决资金困境。

---

① 董小君:《中国潜在金融风险研究》,2010年国经基金研究项目研究报告,2011年10月。

（一）美国将中国持有的部分普通债券转换为"通货膨胀联动债券"

1. 背景

从国际上来看，"通胀联动国债"最早产生于20世纪70年代的高通货膨胀国家，如巴西、智利、墨西哥、以色列、土耳其等，取得了很好的效果。发达国家如英国（1981年）、瑞典、澳大利亚、新西兰、加拿大（1991年）、法国（1998年）、希腊（2003年）、意大利（2003年）和日本（2004年）都发行过。"通胀联动国债"（Inflation-Linked Bonds：ILBs），又称"通胀保护债券"（Inflation Protected Bond）或"通胀指数化债券"（Inflation-indexed Bonds），是美国财政部发行的一种根据通货膨胀指数调整收益率的债券类型，能够有效排除债券投资者因为美元通货膨胀蒙受的损失。"通胀联动国债"利息按照国债拍卖中竞标确定的固定票面利率每半年支付一次，但债券本金和实际利息却与通货膨胀指数相关联。由于"通胀联动国债"在设计上的特性，使其不仅成为一种通货膨胀的避险工具，更具有收益波动性小、与其他资产相关系数低的优点，从而成为投资者重要资产组合。不同于普通的债券或"名义收益"债券，"通胀联动国债"保证了投资者在一定投资期限内避免通胀风险而获得保持预期购买力的真实投资回报，因此在其他国家又称为"真实回报"（Real Return）债券。如果说美国国债是金融市场中安全的金融投资工具，那么"通胀联动国债"就应该被视为"最安全"投资品种[①]。

2. 操作模式

目前，美国"通货膨胀联动国债"的总发行额已经占到全世

---

① 董小君：《中国潜在金融风险研究》，2010年国经基金研究项目研究报告，2011年10月。

界总发行额的50%。美国政府虽于2009年8月4日开始向中国承诺将继续发行通货膨胀保值债券（TIPS），但这只解决了增量问题，中国还有巨额的存量美债仍然存在贬值风险。为了从根本上解决美元贬值引发的通胀风险，中美两国政府可进行协商，将中国持有的存量美债置换成"通胀联动国债"。可以给与美国财政部这些长期债券的看涨期权，比如初始发行后的十年。如果美国政府能够成功将其预算赤字转变成盈余，那么它可以提前偿还债务。同样，也可以自债券发行日起，给与中国央行十年的看跌期权。无论是看涨还是看跌期权，将受到年度限额的限制，以免扰乱美国国债市场。

3. 对中美双方的益处

在存在通货膨胀预期风险的条件下，将美国国债的收益率与美国通货膨胀率挂钩，能够有效保护中国外汇财富不因通胀上升而缩水。中国持有长期通胀保值债券，就不用担心美国通货膨胀率的上升，也不用担心美国利率的短期波动和美国国债的价格；甚至不用担心人民币—美元汇率的波动。由于中国长期持有美国国债，美国就不需要每年延期大量国债，这就增强了美国市场的稳定性。发行大量的通胀保护债券将释放一个强大和可靠的信号，即美国政府在长期内控制通货膨胀的能力和决心。这甚至会节省美国发行国债的利息成本。

（二）中国向美国发行"熊猫债券"

1. 背景

在美国面临大量的美元资金需求，而中国又担心持有美元资产遭受汇率风险的情况下，发行以人民币计价的"熊猫债券"，是一种可行的操作模式。"熊猫债券"是以人民币标价的债券。发行者应该是外国金融机构（政府、私人和国际组织）。债券的购买者应该是中国金融机构（主要是商业银行）。美元短缺的外国金融机构在通过发行"熊猫债券"取得人民币资金之后，用人民币向中国金融机构购买美元，以解决美元流动性短缺问题。除定期支付人民币利息外，债券期满之后，债券发行者需偿还"熊猫债券"持有者（中国商业银行）人民币本金。"熊猫债券"发行者所需人民币可以从外汇市场上用美元购买。① 实际上，美国曾经发行过相似的"卡特债券"。"熊猫债券"在中国也并非全新事物。2005年10月，国际金融公司与亚洲开发银行就分别在中国银行间债券市场上发行了11.3亿元与10亿元人民币的"熊猫债券"。不过当时规定这两家机构在中国发债募集的人民币资金必须在中国国内使用，不得汇出国外。②

2. 操作模式

通过发行"熊猫债券"进行合作，中美两国可以考虑三种模式。③

模式一：美国政府或机构在中国发行以人民币计价的"熊猫债券"。美国可委托世界银行、国际货币基金组织、亚洲开发银行等国际组织，在中国发行人民币债券。美国政府也可以直接发行"熊猫债券"。美国政府可以选择在香港和上海市场发行人民币债券。美国政府或机构通过发债获得人民币资金，然后向中国央行购买美元，汇回国内使用。当需要还本付息时，美国政府或机构可以向中国央行购买人民币，然后用来还本付息。

模式二：参考"熊猫债券"做法，中国商业银行可以向美国商业银行发放人民币贷款。美国商业银行得到人民币贷款之后，可

---

① 余永定：《美国国债和熊猫债券》，中国经济网，2009年1月15日。
② 张明：《中国式拯救：熊猫债券》，《南方周末》，2008年12月24日。
③ 模式一和模式三，参考董小君：《中国潜在金融风险研究》，2010年国经基金研究项目研究报告，2011年10月；模式二参考余永定：《美国国债和熊猫债券》，中国经济网，2009年1月15日。

以向中国央行购买美元，以后在逐年偿还中国商业银行人民币贷款的本息。

模式三：同样参考"熊猫债券"办法，美国向中国发行以其他币种计价的债券，如欧元、英镑、日元和瑞士法郎等。这将直接提高中国外汇储备资产的多元化水平，完善外汇储备的币种结构。目前，从币种安全性考虑，建议美国发行以瑞士法郎计价的债券。

3. 对中美双方的益处

发行"熊猫债券"不仅可以减少中国增持美国国债风险，推动人民币国际化的进程，而且可以缓和其他国家的流动性短缺，促进全球金融的稳定。[①] 如果能够促成美国发行"熊猫债券"，对中国而言，可以把多余的美元借给外国投资者，不但可以消除购买美国国债所伴随的各种风险，特别是汇率风险，而且可以推进人民币国际化的步伐。对美国而言，既获得了中国的资产支持，又避免了在国内向美联储发债造成的通货膨胀困境。同时，由于美国有大量的企业在中国投资，即便是将来人民币升值，美国也有办法通过在中国企业的盈利来降低人民币升值损失。

（三）债转股

1. 背景

未来10年，中国外汇储备在保证安全性和收益性的基础上，将更大程度上考虑收益性。按过去10年平均水平保守估计，美国长期国债与投资级公司债的收益率差约为4个百分点，与公司平均利润率（股权投资收益率）的差约为2个百分点。[②] 加之，产业投资的空间较大。为进一步拓展和扩大国内外需求的空间，增强和提

[①] 余永定：《美国国债和熊猫债券》，中国经济网，2009年1月15日。
[②] 《专访央行货币研究局原副局长景学成：巨额外储已成"人质"债转股或可解困》，《每日经济新闻》，2011年6月1日。

高国际竞争力,增强抵御外来冲击的能力,未来10年中国将逐步增加长期战略性的股权投资,减少固定收益类资产的比例,增加优质企业股权的比例,建立将储备转化为投资,将资金转化为资本的新机制。

2. 操作模式

一种方式是直接置换。① 对于那些与政府有密切资金联系的关键产业的少量重点公司,可以考虑债券直接转化为股份。中国在国有商业银行改制过程中就进行过银行系统的大规模债转股,很多当时的不良资产都已变成了各资产管理公司的利润点。中国完全可以借鉴这一经验,探索与美国的金融资产转换。作为一种交换,中国承诺对美国国债不进行大规模的直接减持,而只做形态上的转换。作为回报,美方一是可以主动减轻对中方人民币汇率问题的施压,毕竟中美合作的领域很宽广,没有必要非在汇率这一非基础问题上反复绕圈子乃至大动干戈;二是对中国资本开放一部分市场,放松对部分高科技产品的出口管制。

另一种方式是中国以自身所持有的部分美国国债向美国的商业银行等主要金融机构做抵押获得贷款,将此贷款注资中国投资公司或其他央企。② 也可以专门为此成立一家新的对美投资公司,以该企业作为投资主体,以参股或提供项目贷款等其他方式对具体项目进行投资、建设及运营,投入资金在若干年后可以通过运营回报或股权分红的方式逐步收回,再以此为基础偿还国债抵押贷款利息。投资对象主要是美国的高速铁路等基础设施建设,用中国在这方面较为成熟的技术、装备和设计、施工人员,帮助美国改善部分基础设施老化状况,并带动和扩大国内各种设备、技术、零配件、原材料乃至劳务的出口,在这方面可以先期获得一部分收益。从国内促

---

① 重点参考中国银行国际金融研究所副所长宗良7月16日接受《21世纪经济报道》记者的采访,外汇储备管理可考虑"债转股"。
② 王军:《创新和调整对美投资的思路"债转股"》,中国经贸,2011年3月22日。

进竞争的角度来看，似乎有必要由国资委发起成立一家类似中投的公司，由这家公司充当投资平台，承接国债抵押所得贷款，由国家直接将该笔资金作为资本金注入，而该笔外汇注入的资本金必须定向投入到海外投资项目中去，不允许在国内结汇。该机构在合适的时候可以通过上市、重组等方式转让出售或者划拨所持企业或项目的股份，从而完成投资退出的过程。

3. 对中美双方的益处

实施美国国债的金融资产转换，可以避免美国债券市场震荡。长期来看，中国必然会调整国债规模，由于中国持有美国国债比重较大，如果通过直接的"出售美国国债、购买其他资产"的方式大规模减持美国国债、调整美元资产结构，可能会导致美国国债市场的严重动荡。同时，中国通过债转股，可以优化外汇储备资产模式，一定程度提高收益性。对于美国来说，能够减轻美国债务负担，为美国经济发展提供活力。通过股权纽带，还可以为改善两国关系、扩大两国经贸交往创造良好的环境。

（四）为美国基础设施建设提供融资租赁业务[①]

1. 背景

充分利用多种投资工具，将成为中国拓展外汇储备投资渠道的方向。通过融资租赁机构进行外汇投资是一个很好的资金运用渠道。将外汇借给或委托给融资租赁机构，支持其发展海外资产业务，是一种可行的操作模式。经过多年发展，中国融资租赁行业已具备一定规模和实力，截至2010年末，中国各类融资租赁公司近200家，注册资金合计超800亿元人民币，潜在租赁资产承载能力

---

① 张承惠：《支持融资租赁机构发展海外资产业务拓展外汇储备运用渠道》，国务院发展研究中心调查研究报告《择要》，2011年8月29日。

在1万亿元人民币以上。未来10年，美国将努力实现"再工业化"和提高就业率的目标，新建基础设施的需求量会非常大。在财政赤字和债务率高居不下的情况下，以租赁的方式进行基础设施建设，符合美国的现实需要。

2. 操作模式

利用外汇储备以融资租赁方式接入美国基础设施建设，有三类操作模式。一是选择一些资金实力强、业内信誉度高、熟悉专业领域的融资租赁公司，委托其用外汇资金开展美国资产业务。二是由中投公司牵头，与美国相关机构充分沟通，寻找国外大型基础设施融资租赁项目，再组织国内融资租赁公司联合承接（类似银团贷款），所需外汇可购汇也可向外管局按一定利率借入。三是组建融资租赁海外投资基金。由于融资租赁相关各种民事关系牵涉高法、工商、税务、海关、商务、金融监管等多个政府部门和机构，需要强化部门之间的沟通协调。建议委托融资租赁行业协会，梳理现有法律法规和政策方面存在的障碍，按照轻重缓急排出顺序，逐项加以解决。最后，加强监督和指导，有效控制风险。帮助企业在进入市场前先分了解当地的法律法规，争取对我有利的合同条款，强化信息沟通和风险提示，规范竞争行为，避免中铁波兰 A—2 高速公路项目违约事件的重演。尽管融资租赁的项目风险较小，但用外汇储备开展此项业务，还要注意防范道德风险和海外风险。要选择业内信用好、经营规范、具较大资金实力的企业参加试点。为试点企业开设专门外汇账户并对投资过程加以监督，防止企业挪用外汇资金。对每个项目均要求企业配备一定比例的自筹资金。

3. 对中美双方的益处

通过为美国基础设施建设提供融资租赁业务，对中国有诸多好处：一是可以增加我国承包公司的融资渠道，提高设备租赁服务的质量，并带动工程设备的出口；二是由于有融资租赁公司信用、项目现金流、设备制造企业回购等多重保障，投资的风险也相对较小；三是由于融资租赁机构并不介入租赁标的的经营活动，中国面临的法律、种族、文化等方面的风险也相对较小。

通过为美国基础设施建设提供融资租赁业务，也符合美国的现实需要。在此次国际金融危机中，美国政府为救助经济和金融机构产生了大量财政赤字。随着欧债、美债危机的爆发和加深，美国面临削减财政赤字的巨大压力，已经没有多少能力支持基础设施建设。例如，2011年2月，美国佛罗里达州以政府难以承担高铁项目潜在的超支或补贴资金为由，拒绝在佛罗里达州奥兰多市和坦帕市之间修建全美首条高速铁路的计划。该项目原计划由联邦政府投资24亿美元，还有6亿美元须州政府自筹。无论从经济发展还是就业角度看，美国新建基础设施的需求量仍然很大。总之，中国以租赁的方式介入美国基础设施建设，既为美国提供了资金支持，又不会提高其债务负担。对于中国而言，既能保证美元储备资产的安全性，又可获得相对证券债务投资较高的收益率，是一项对中美双方都有益的外汇储备投资模式。

五、实现中国外汇储备在美投资双赢的政策建议

中美双方应充分认识到中美在外汇储备实用方面合作的重要性和紧迫性，开展务实合作，切实推动实现中国外汇储备在美投资的双赢战略。

第一，中美组织课题组进一步论证和完善中国外汇储备在美投资双赢战略的可行性和可操作性，相关报告成果上报各自政府。

第二，中美官方，就中国外汇储备在美投资的双赢战略进行专门对话，进一步提出科学的细化方案。

第三，除了官方的沟通，要加强中美智库之间在中国外汇储备在美使用问题上的探讨与交流，定期开展对话论坛，联合开展

研究。

第四，中美双方要通过官方和非官方的渠道营造良好国际舆论，使中美两国人民充分认识到实现中国外汇储备在美投资的双赢战略的重要意义。

第五，推动设立由中美双方的相关部门，主要是央行和财政部人员组成的联合工作小组，协调解决中国在美国外汇储备投资遇到的实际问题。

国际合作篇

第八章 对接"一带一路"——以义乌为例

一、义乌打造"一带一路"战略支点的可行性

作为全球最大的小商品批发市场和国家级国际贸易综合改革试点城市,义乌具备优越的基础条件和独特优势,可以在共建"丝绸之路经济带"和"海上丝绸之路"战略中发挥重要作用。

义乌是中国商品走向世界和世界商品进入中国的重要共享式平台,物流产业较为发达,国际化拓展步伐不断加快,与"一带一路"沿线国家和地区经贸往来密切,形成了义乌市场以饰品、针织品、工艺品、化妆品、玩具等日用工业品为代表的特色优势产业,电子商务产业发展较快,金融创新不断深入,工业设计产业发展初有成效。目前,义乌所在的地级市金华市,2014年的进出口总额在浙江全省11个地级市当中位居前三位(仅列省会城市杭州和计划单列的宁波市之后),其出口总额的45%、进口总额的1/3来自于"一带一路"沿线国家。其中,义乌进出口总额占金华近60%,"义新欧"铁路架设了一条人类历史上最长(13052千米)的丝绸之路大通道。

义乌打造"一带一路"战略支点具有得天独厚的优势:市场优势明显,已与"一带一路"沿线国家和地区经贸往来密切;交通优势突出,已形成对接"丝绸之路经济带"和"海上丝绸之路"

交通通道；政策优势明显，作为国际贸易综合改革试点城市，有条件先行先试；机制优势独特，一系列改革措施已经落地；产业竞争力强，小商品交易、会展、物流、金融等服务业高度发达，并形成服装、袜业、饰品、拉链、毛纺、工艺品、制笔、印刷等优势制造产业；商业文化底蕴丰富，"义乌模式"国内外知名，义乌与中亚国家通过商人群体建立起联系；国际商业人才优势突出，义乌在国际小商品贸易领域积累了大批的商业人才。

（一）基础条件

义乌位于浙江省中部地区，金衢盆地东部，东邻东阳，南界永康、武义，西连金华、兰溪，北接诸暨、浦江。义乌现隶属于金华市，下辖佛堂、苏溪、上溪、大陈、赤岸、义亭六个镇，中心城市设稠城、江东、稠江、北苑、后宅、廿三里、城西七个街道。义乌市域南北长58.15千米，东西宽44.41千米，土地总面积1105平方千米。2013年年末全市户籍人口75.9万人，常住人口124.55万人，完成地区生产总值882.9亿元，同比增长9.6%。

1. 小商品国际中心已形成优势

2013年，义乌中国小商品城市场成交额683亿元，同比增长17.76%，连续23年位居全国各大专业市场榜首。2013年度，义乌海关监管小商品出口集装箱量超过77万标箱，同比增长19%。义乌经营着170多万种商品，日客流量21万余次，商品出口到219个国家和地区，年出口标准集装箱超过77万个，市场开放程度和对外依存度相对较高。从货源分布来看，义乌小商品市场的货物30%来自本地，60%来自其它省份，10%来自海外。"买全球货，卖全球货"的格局正在形成。

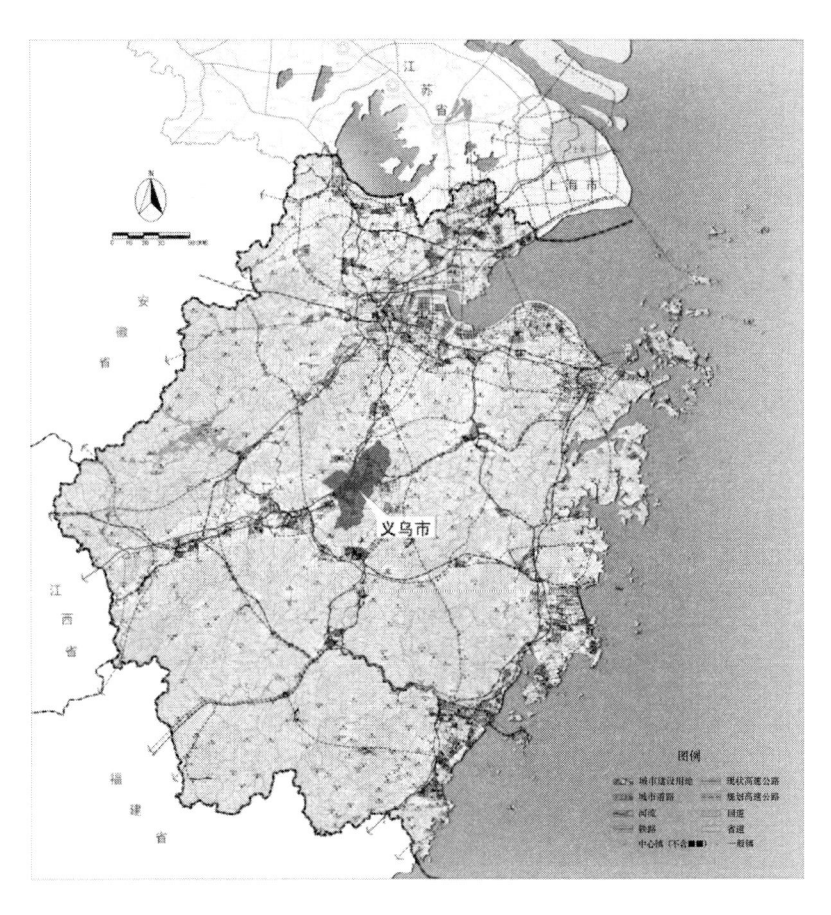

图1 义乌市区位图

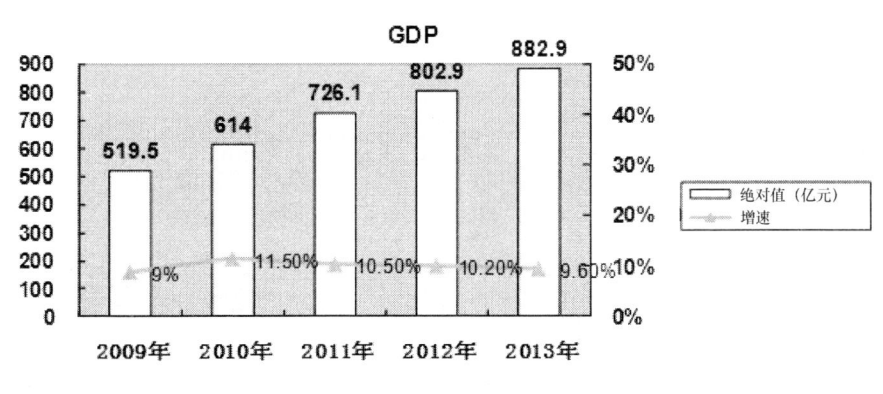

图2 2009—2013年义乌市地区生产总值与增长速度

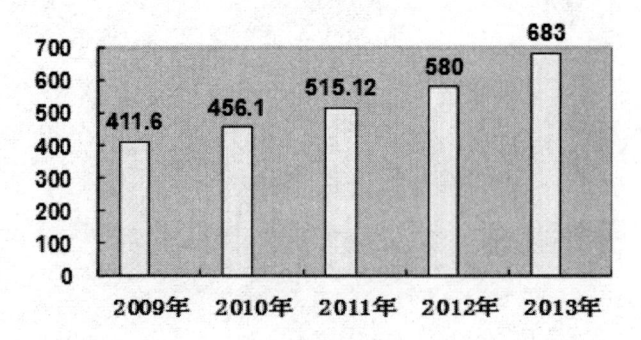

图 3　2009—2013 年义乌中国小商品城成交额

表 1　历届义博会成交额统计

届数	年份	总成交额（亿元）	外贸成交额（亿美元）	外贸成交额占比（%）
首届	1995	1.01		
第二届	1996	2.83		
第三届	1997	8.3		
第四届	1998	28.6		
第五届	1999	33.4		
第六届	2000	38.56		
第七届	2001	43.68		
第八届	2002	51.02	2.58	39.44
第九届	2003	62.2	4.46	55.93
第十届	2004	74.3	5.63	59.1
第十一届	2005	80.98	6.61	63.67
第十二届	2006	94.5	7.8	64.38
第十三届	2007	108.9	9.8	70.19
第十四届	2008	103.6	9.49	62.3
第十五届	2009	115.43	10.17	61.7
第十六届	2010	127.67	11.6	60.9
第十七届	2011	157.52	14.86	60.2
第十八届	2012	163.4	15.83	61.6
第十九届	2013	166.15	16.96	62.1

资料来源：中国义乌国际小商品博览会官方网站。

2. 物流产业较为发达

义乌有国际物流中心、小商品出口监管中心、小商品国内物流中心、内陆口岸场站、廿三里物流中心、江东货运市场、江北下朱货运场等多个专业性物流场站，货运量达6000万吨；有各类物流企业2518家，其中国内物流企业1328家，国际货代仓储企业1056家，快递物流企业134家。"四通一达"、TNT、UPS、联邦快递等国内外知名快递物流企业在义乌设立分公司和办事处。通过中国物流与采购联合会评审的5A级物流企业1家，4A级物流企业3家，3A级物流企业31家，2A级物流企业5家。全球四大快递巨头及国内快递物流企业均在义乌开展业务，国际知名船务公司中有18家在义乌设立分公司或办事处。总体来看，义乌形成了较为完善的现代物流体系。

3. 国际化拓展步伐不断加快

义乌商品已出口到世界219个国家和地区，在泰国、阿联酋、南非、俄罗斯等10多个国家和地区设有境外分市场或配送中心。每年到义乌采购的境外客商超过40万人次，常驻外商约1.5万人，居浙江省首位。全市涉外经济主体5000多户，其中外商投资合伙企业超过1900家，约占浙江省的90%、全国的80%。2008年开设的进口商品馆占地面积10万平方米，引进了90多个国家和地区的5万余种特色商品。韩国、巴基斯坦、印度等境外商品再出口已占到义乌市场出口总额的5%。2013年实现进出口总额186.2亿美元。

4. 电子商务产业快速发展

良好的产业基础催生了义乌电子商务产业的快速发展。据不完全统计，义乌共有依托第三方电子商务平台开展业务的C2C网店6万多家。另外，义乌传统企业"触网"呈多元化融合发展趋势，如金盾服装、优鲨衬衫、拉浪饰品、浪莎、真爱、棒杰、依琳饰品、大江南火腿等企业通过自建或委托运营方式开展电子商务运

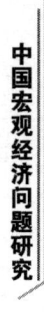

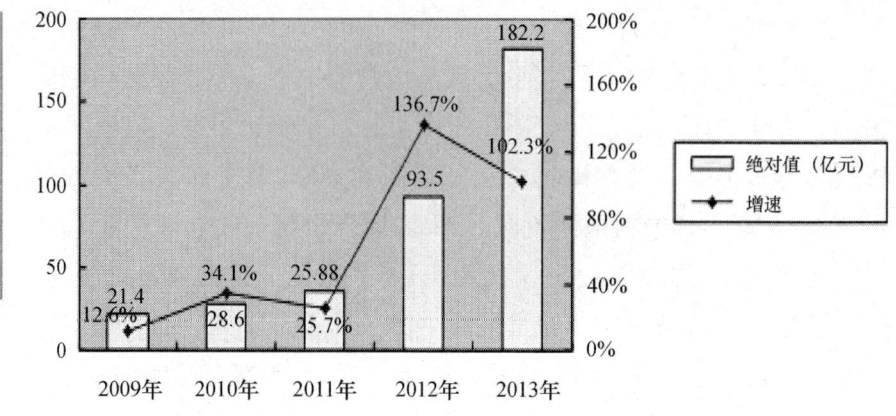

图 4 2009—2013 年义乌市出口总额与增长速度

营。快速发展的网商也促进了义乌电子商务相关配套服务产业的快速发展。摄影、网络分销、代运营、电商库存抵押贷款融资、展会等电子商务服务业不断完善。全市从事产品拍摄的网店摄影师达上千人，面积在 500 平方米以上的专业网店摄影机构近十家。同时，电子商务园区载体建设也发展迅速，园区建设发展模式也呈现多样化的趋势。

5. 金融创新不断深入

近年来，义乌市以服务国际贸易综合改革试点、优化国际贸易金融发展环境为目标，积极开展金融专项改革，着力提升金融服务水平，金融生态环境持续改善，有力推动了金融与经济社会共赢发展。义乌是国内金融组织集聚最密集的县级市之一，初步构建了全国性、区域性、地方性金融协同发展的多元化金融组织体系。银行业金融机构中有地方法人机构 3 家，二级分行 12 家，是全国第一个五大国有银行分支机构全部升格为分行的县级市。2013 年 9 月 17 日，"义乌试点"金融专项方案正式启动，提出引入外资银行，探索建立集电子交易、物流配送、仓储管理以及金融服务于一体的贸易新模式，允许符合条件的境外自然人在取得个体工商户营业执照后开立个人外汇结算账户等有关加快货币流通的改革举措。

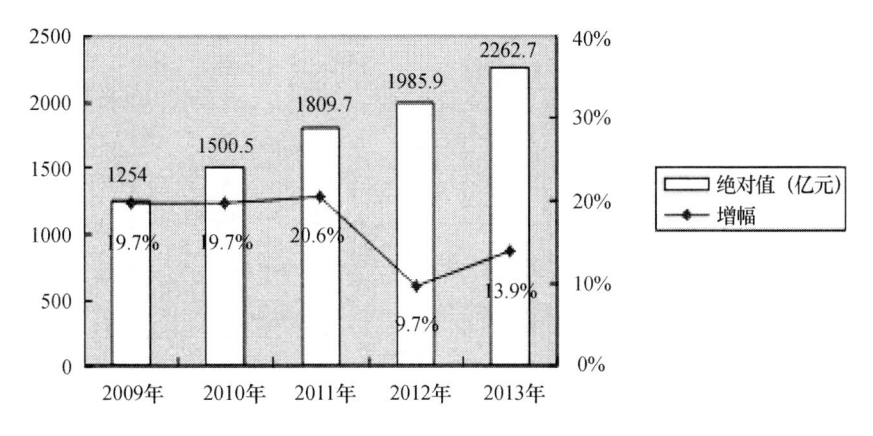

图5 2009—2013年义乌市年末金融机构存款余额与增幅

6. 工业设计产业发展初有成效

近年来，义务以"十二五"规划为导向，以加快工业经济转型升级为目标，以义乌工商学院环湖创意产业带为主体，以打造省级特色工业设计示范基地为重点，不断加大资金投入，加快推进科技公共服务平台建设，加快推进企业自主创新。相继建立了义乌创意园、国家旅游商品研发中心、义乌工业设计中心等一批研发设计平台。义乌工业设计中心列入浙江12个省级特色工业设计基地之一。义乌已拥有独立的创意设计机构200多家，高新技术（科技型）企业130家，其中国家火炬重点高新技术企业8家；研发中心151家，其中省级高新技术企业研发中心17家。

（二）比较优势

作为全球最大的小商品集散市场，义乌在"一带一路"中的地位无可替代。早在2008年，就有学者提出了义乌是"新丝绸之路"起点,是享誉全球的国际小商品批发城。从市场、机制、产业、文化、人才六个方面来看,义乌建设"一带一路"战略支点优势明显,能够发挥关键性作用。

1. 市场优势

经过30多年的发展,义乌已成为全球最大的小商品集散中心和采购基地,重要的小商品物流中心、全国最齐全的小商品展示中心、全国最大的小商品出口基地和小商品信息发布中心。"一带一路"沿线国家和地区尤其是中亚、西亚、中欧和东欧地区对日用消费品的消费量很大而生产供给能力薄弱,义乌在全球日用消费品的生产、市场对接和物流通道沟通上有很大优势,能够在"一带一路"的小商品流通中发挥关键作用。近年来,随着中亚地区局势逐渐稳定,义乌出口中亚通道建设不断完善,义乌与中亚的贸易额呈大幅提升趋势。2013年开通"义乌—宁波北仑"的海铁联运专列,2014年开通了"义新欧"(义乌—中亚五国)国际集装箱专列,义乌直达中亚的国际铁路联运物流大通道基本建成,是"一带一路"上的一条绿色长龙。义乌—浦东机场的"卡车航班"业务得到拓展,并开通了义乌直达舟山港区的业务和直通温州口岸的属地申报口岸验放业务。2013年,由中国—东盟中心、义乌市政府共同建设的"中国—东盟商品交易中心"在义乌正式挂牌成立,为促进中国与东盟的经贸、文化、旅游等方面的交流与合作搭建了新平台。2013年,义乌出口中亚五国的商品额同比增长了50.9%,经义乌海关出口至中东、非洲、印度的商品额分别增长了23.7%、13.2%、12.1%和6%。巨大的市场优势为义乌正努力构筑的"一带一路"支点城市夯实了基础。

2. 交通优势

义乌连通全球的交通物流运输网络,为打造"一带一路"战略重要支点打下了良好基础。义乌地处浙江中部,交通便利,到达省内每个地级市都在两小时之内,沪杭衢、金甬等高速公路及沪昆铁路贯穿义乌，同时在建和规划的铁路有杭长客专、杭金衢城际等，公路、铁路、航空交通体系完善。2013年联合国亚洲及太平洋经济社会委员会第69届年会上，义乌成为我国首批陆港城市。依托全球最大的日用工业品批发市场的货源支撑，义乌被浙江省政府确定为三个"大通关"试点城市之一，是全省运营最繁忙、业务量最大的四大物流枢纽之一。目前，义乌的专业性物流场站，年货运量达6400多万吨。全市有各类物流企业2500多家，其中国内物流企业1300多家，国际货代仓储企业约1100家，快递公司140多家，全球四大快递巨头及国内快递物流企业均在义乌开展业务，国内快件日均出货量达60万票，居全国城市第6位；跨境快递日均出货量达30万票，居全国城市第4位。公路货运可直达全国31个省（市、自治区）的320多个大中城市，开通铁路行包专列8趟，全国20多个铁路大站在义乌设有中转托运站，驻义乌经营的航空货代有100多家，国际前20家知名船务公司中有18家在义乌设立分公司或办事处，从而形成了包括陆运、铁运、空运和借助上海、宁波的海运等在内的连通全球的发达物流运输网络。2013年9月，义乌被国家发改委等12个部委联合下发的《全国物流园区发展规划》列为全国二级物流园区布局城市。2013年10月，"义乌—北仑"海铁联运集装箱专线正式开通；2014年1月20日，"义新欧"（义乌—中亚五国）81018号国际集装箱专列正式开通；2014年10月，义乌保税物流中心（B级）和义乌机场航空口岸对外开放通过国家验收。蓬勃发展的对接国际的交通和物流为义乌建设"一带一路"战略支点注入了强劲动力。

3. 机制优势

"一带一路"的构建，需要进一步突破不适应新的国际贸易发展形势的体制机制。近年来，国务院及相关部委高度重视义乌的发展，许多工作在义乌先行先试。作为国际贸易综合改革试点城市，义乌在融入新一轮改革开放大潮中，具有独特的政策优势，有条件先行先试。国务院批准义乌为全国首批 3 个外事审批试点县级城市之一；公安部在义乌设立了全国首个县级城市出入境管理局，使义乌市公安局成为全国县级公安机关中唯一一家可以直接签发外国人签证和居留许可、台湾居民来往大陆签注和居留签注、内地居民往来港澳通行证及签注的县级出入境管理机构；义乌市人民法院成为全国惟一可以受理涉外、涉港澳台民事商事案件的县级试点法院；义乌是全国首个获得外资企业登记权限的县级市；义乌是全国首个也是唯一一个个人跨境贸易人民币结算试点城市；义乌是全国首个拥有个人本外币兑换特许业务的县级市；义乌海关不仅是杭州关区内首个设立在县级市的隶属海关，也是全国县级海关的首例，开创了全国地级市"一市两关"的先河；国家口岸办批准义乌航空口岸临时开放，成为我国对境外开放的首个县级机场航空口岸；中国国际贸易促进委员会浙江省义乌市支会签证点和中国国际经济贸易仲裁委员会义乌办事处，均属于全国县级市首家；在教育部的支持下，义乌成为全国首个涉外招生办学的县级市。市场采购新型贸易方式获批并通过八部委验收，金融专项改革方案获得八部委批复同意，国土专项改革方案获得国土资源部批复同意。上述改革举措为义乌进一步推进国际贸易体制机制改革和创新奠定了坚实基础，也为建设"一带一路"战略支点创造了良好环境和条件。

4. 产业优势

义乌从传统的集贸市场起步，依托小商品市场，经过 30 多年的不断发展，在现代服务业领域初步构建起一个立足本地、服务全国、融入世界的产业体系。义务会展、物流、金融等服务业高度发达。在义乌小商品市场的带动下，不仅义乌形成服装、袜业、饰品、拉链、毛纺、工艺品、制笔、印刷等优势产业，而且在义乌市周边的其他县市也形成了颇具特色、规模庞大、错位发展的小商品生产基地，如浦江的水晶、挂锁，东阳的皮具箱包，兰溪的毛巾，永康的五金，武义的文体用品，磐安的塑料软管等。工业基本形成了"小商品、大市场，小企业、快集群"的制造业发展格局，小商品制造占全市工业产值的70%以上。截止目前，国家工商总局认定的驰名商标16件，浙江省著名商标97件，商标品牌综合实力多年位居全国县级市第二。

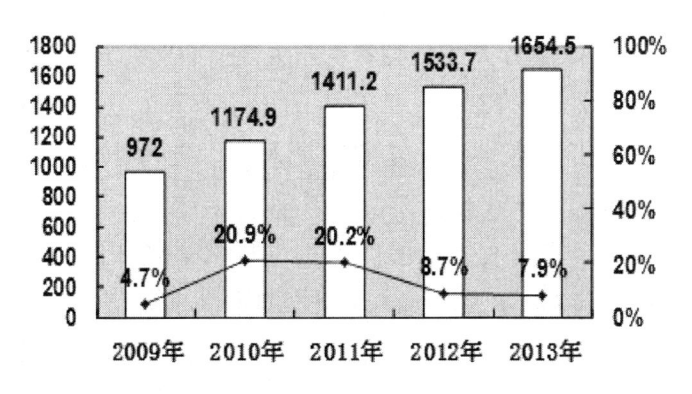

图6 2009—2013年义乌工业总产值与增长速度

5. 文化优势

义乌不仅是经济交流的国际支点城市，也是文化交流的国际支点城市，具有强大的包容性。义乌市场的成功首先是现代浙商文化的成功。穷山恶水逼出的绵延数百年的"敲糖换鸡毛"传统，使义乌积淀了浓厚的商业文化底蕴。"义利并举、工商皆本"的观念更是对传统儒家文化的创新。独特的文化基因，使得义乌能在计划经济年代的体制夹缝中，率先突围而出，形成先发优势，也是"义乌模式"难以被真正"克隆"的文化原因。义乌吸引全球特别是"一带一路"沿线国家和地区商人来此经商旅游、投资创业和落户安家，世界多种民俗文化、饮食文化、宗教文化等在此交融，义乌人在与各国商人的商贸合作中彼此信赖，互利共赢，新老中外义乌人形成了和谐共处、携手创业的良好局面。近年来，中阿合作论坛、中非合作论坛、中非智库论坛、第八届APEC中小企业技术交流暨展览会等投资交流活动和中国—东盟自由贸易区联合委员会第三次会议相继在义乌举行。文化相融、新老中外义乌人相亲，为义乌积极参与建设"一带一路"战略支点城市奠定了人文基础。

6. 人才优势

"一带一路"的发展基础在通道，核心在商品，关键在人才。经过30多年的发展，义乌在国际小商品贸易领域积累了大批的商业人才。全市41.2万人才中商贸实用人才有20多万。为了适应电子商务发展，义乌2013年启动了30万电子商务人才培训计划，将进一步为"一带一路"建设储备充足人才。义乌有一所高等职业学院——义乌工商职业技术学院，具有"全球最佳网商摇篮"称号。义乌不但聚集了大批中国商人，也吸引了全球的商人来此工作、定居。义乌人的经商理念与中外穆斯林具有相似性，使得他们形成了合作群体，义乌的人才优势不但为义乌，也将为打造"一带一路"提供坚实的支撑。义乌为外商提供了一系列便利的经商和生活环境，吸引全球客商来此经商、投资、创业。至2013年底，全市有涉外经济主体5200多户，来自100多个国家和地区的1.5万名采购商常驻义乌，居浙江省首位，其中许多来自印度、巴基斯坦、伊朗、伊拉克等"一带一路"沿线国家和地区。

（三）国家重视

在关于推进"一带一路"建设的讲话中，习近平总书记曾三次专门提及义乌。在2012年9月21日举行的第九届中国—东盟商务与投资峰会、2012中国—东盟自由贸易区论坛开幕式上，时任国家副主席的习近平同志表示："中方已在广西南宁、浙江义乌等地建立了中国—东盟商品交易中心，东盟各国企业可以充分利用这些新平台，加强产品宣传与推广，以便在中国市场赢得更大份额。"在2014年6月5日开幕的中阿合作论坛第六届部长级会议开幕式上，习近平总书记专门提到："在阿拉伯商人云集的义乌市，一位名叫穆罕奈德的约旦商人开了一家地道的阿拉伯餐馆。他把原汁原味的阿拉伯饮食文化带到了义乌,也在义乌的繁荣兴旺中收获了事业成功,最终同中国姑娘喜结连理,把根扎在了中国。"在2014年9月26日会见西班牙首相拉霍伊时,习近平总书记特别指出:"当前中欧货运班列发展势头良好,'义新欧'铁路计划从浙江义乌出发,抵达终点马德里,中方欢迎西方积极参与建设和运营,共同提升两国经贸合作水平。"50多天后,在铁路、海关和义乌市等多方协同配合下,这一战略规划便得以实施。国家领导人高度重视和关怀为义乌建设"一带一路"战略支点给予了莫大的鼓舞和动力。

国家相关部委也对义乌参与"一带一路"建设给予大力支持。2014年8月14日召开的中国铁路总公司首届中欧班列国内协调会议上,"义新欧"铁路集装箱班列与重庆、郑州等地开往欧洲的货运班列一起,被纳入中欧班列范畴,成为"一带一路"国家战略布局的重要支撑项目。在商务部、外交部、贸促会等的大力支持下,中国义乌小商品博览会迪拜展、印度展、马来西亚展、匈牙利展等在"一带一路"沿线几个重点国家成功举办。

二、义乌作为"一带一路"战略支点的功能定位

(一)义乌建设"一带一路"战略支点的内涵

义乌建设"一带一路"战略支点的内涵,就是在新时期、新阶段、新形势下,按照国家的统一战略部署,突出义乌小商品国际中心特色,以义乌国际贸易综合改革试点的深入开展和实施为依托,以大力推动和参与"一带一路"跨区域合作交流项目和平台建设并发挥重要作用为主线,着力推进与"一带一路"沿线主要

城市的商贸流通、交通物流、文化科教等合作，努力将义乌打造成为建设"一带一路"的战略支点城市、先行试点城市和国际交流城市。

义乌建设"一带一路"的功能定位可以用"1357"来概括。"1"就是义乌要建设为"一带一路"的"一个战略支点"，重点推进"丝路新区"建设；"3"就是建设"一带一路"战略支点的三大平台：商贸流通合作平台、交通物流合作平台和文化科教合作平台；"5"就是义乌在战略支点建设中要实现"五个拓展"：从消费品为主向消费品、生产资料并重拓展，从出口为主向出口、进口和转口并重拓展，从线下为主向线下、线上并重拓展，从商品贸易为主向商品贸易、服务贸易并重拓展，从产品创新为主向产品创新、品牌创新并重拓展；"7"就是打造"一带一路""七大基地"：小商品创造基地、小商品生产基地、小商品集散基地、小商品进出口贸易基地、小商品金融结算基地、小商品物流基地和小商品跨境电子商务基地。

"丝路新区"位于义乌市的东北部，定位为完善国际化功能、建设全球小商品贸易中心的主承载区。其将依托国际商贸城、金融商务区、国际文化中心等现有平台，围绕国际贸易升级版，着力培育数据信息、国际商务、国际会展、贸易金融、文化服务、跨境电商等产业，实现货物贸易和服务贸易联动发展。集中布局国际论坛、国际社区、国际服务和国际文化等区块，完善城市功能，大力推动对外经贸合作、人文交流。发挥已形成的商业网络优势，利用贸易信息渠道，以跨境电子商务为核心，互联网金融、国际物流为配套，大力发展进出口贸易，力争建设为国家对外合作交流平台、国际贸易转型升级高地、国际化都市新区。

(二) 义乌打造"一带一路"战略支点的三大平台

推进"一带一路"建设,要突出核心理念,促进沿线国家和地区互利共赢,建设利益共同体、命运共同体和责任共同体。根据义乌自身条件,发挥比较优势,可以在商贸流通、交通物流和文化科技三个方面发挥重要平台作用。

1. 商贸流通合作平台

(1) 推进"一带一路"跨区域商贸流通合作。根据国际贸易从多边协定向双边协定、区域协定转变的大趋势,充分发挥"义乌试点"在开展"市场采购"新型贸易方式方面所积累的经验和优势,积极推动和争取国家在义乌先行探索"协定贸易方式",通过与"一带一路"沿线国家和地区签订双边或区域贸易协定,破解经贸往来中体制机制、道路运输、信息共享等方面存在的难题。在取得经验后向全国推广,并以此为基础推动构建"一带一路"自由贸易区。发挥义乌全球最大小商品市场以及"义乌商圈"的资源和网络优势,积极推进与"一带一路"沿线主要城市、尤其是轻工业较为薄弱的中亚国家城市对接,加强在专业市场规划、投资、建设、运营、管理等方面的交流,增强相互之间在商品销售、产业协作、要素供给等领域的全方位合作。充分发挥四大国家级展会平台的合作交流作用,吸引"一带一路"沿线国家和地区的更多企业参展,共享客商资源、共拓全球市场,并积极推动承办"中非智库论坛"、"中国—东盟联合合作委员会会议"等"一带一路"跨国交流合作平台。与此同时,动员组织义乌本地企业和经营户组团参展西洽会、渝洽会、兰洽会、乌洽会等"一带一路"沿线国内城市的大型展会。充分利用义商在"一带一路"沿线国家和地区所积累的人脉资源和商务联系,鼓励"以商引商",吸引"一带一路"沿线国家和地区的更多企业、客商到义乌采购、经商、投资、创业，构建和拓展多层次、多维度的义商"一带一路"营销网络。根据我国推动与"一带一路"沿线国家和地区实现本币互换和结算的战略构想，以"义乌试点"金融专项改革为切入点，大力推进与中亚、西亚、中东、东南亚等国家和地区的人民币跨境业务。通过上述努力，着力构建"一带一路"市场合作带和商品流通链，致力于把义乌打造成"协定贸易方式"的先行区、"一带一路"沿线国家和地区日用工业品生产、营销的大平台。

（2）主要抓手有以下几点：

第一是"一带一路"专业市场联盟。由义乌市商务局、工商联、商城集团牵头，加强与"一带一路"国内沿线主要城市和市场的沟通协调，尝试设立更多的义乌小商品市场分市场或配送中心，并对现有冠以义乌名义的各类市场进行资源优化整合，探索建立"一带一路"专业市场联盟，实行"义乌中国小商品城"统一品牌下的市场连锁化经营。

第二是"一带一路"境外经贸合作区。由义乌市商务局、商城集团牵头，积极争取在国家相关部委和省委、省政府的领导支持下，与"一带一路"国外沿线各主要城市加强沟通和协调，以中国义乌（坦桑尼亚）经贸合作区建设框架为基础并进行创新，争取在"一带一路"沿线国家和地区建立若干境外经贸合作区，包括产业园区、商贸城、示范园区、电子商务跨境海外仓等，在尊重各国不同风俗习惯、宗教信仰和政治体制前提下，输出义乌市场模式，搭建开拓当地市场和转口欧美市场的大平台。

第三是"一带一路"国家商品馆（专区）。由义乌市商务局、外侨办牵头，联合"一带一路"国外沿线主要城市的政府、企业、行业协会等，在义乌国际商贸城进口商品馆设立"'一带一路'国家商品馆（专区）"。由义乌市电子商务办、商城集团牵头，协同"一带一路"沿线主要城市的义乌商会或联络处，整合相关电商平台和资源，在"义乌购"跨境电子商务平台专设网上"'一带一路'国家商品馆"。

第四是"一带一路"国家展会平台。由义乌市会展办牵头，联合"一带一路"沿线国外主要城市的义乌商会或联络处，以及当地政府部门、企业、行业协会等，在义博会开设"'一带一路'国家展览专馆"，举办"一带一路"经济合作论坛或投资高峰论坛，在每年的中国（义乌）世界采购商大会上专设"'一带一路'国家采购商洽谈会"；组织义乌本地及在义经商的企业、经营户等，组团到阿斯塔纳、孟买、迪拜、德黑兰、伊斯坦布尔、安卡拉、鹿特丹、新加坡、吉隆坡等"一带一路"沿线主要城市参加各类经贸、文化展会，并大力推动在当地举办义博会境外展。

2. 交通物流合作平台

（1）推进"一带一路"跨区域交通物流合作。根据义乌与"一带一路"沿线主要城市经贸往来、人员交流、要素供应等的现有基础，在"义新欧"（义乌—中亚五国）国际集装箱专列基础上，进一步拓展和延伸国际物流运输网络，完善和提升"义新欧"国际铁路联运大通道的便利化水平。抓住义乌机场航站区扩建和航空口岸开放的有利时机，积极拓展与"一带一路"沿线主要城市的客货运航线，完善航空运输网络，尤其是大力推动开通到迪拜等经贸往来频繁城市的国际航班。以义乌国际物流中心、内陆口岸场站一二期、青口海关监管中心、城西物流中心、空港物流中心、铁路物流中心等为依托，打造现代化的物流服务平台，为中国与"一带一路"沿线国家和地区之间开展出口、进口、转口贸易等提供现代物流服务支撑。以"义乌试点"的继续深化为契机，进一步加强与宁波港、上海港以及边境口岸的无缝对接，尤其是大力推进宁波港的功能延伸至义乌，使"义乌港"具备直接订舱、提还集装箱、签发提单、结算运费等港口基本功能，并创新"大通关"便利化运行机制，推进义乌国际陆港城市建设，把"义乌港"打造成真正具有域名及口岸功能的目的港和始发港。通过上述努力，使义乌成为我国连接"一带一路"沿线国家和地区的交通物流大枢纽之一。

（2）主要抓手有以下几点：

第一是"义新欧"国际铁路联运大通道。以"义新欧"（义乌—中亚五国）国际集装箱专列为基础，进一步加强与"一带一路"沿线国家和地区的沟通协调，打造更加完善的"义新欧"国际铁路联运大通道。

第二是"一带一路"物流信息网。组织本地或在义乌经营的大型物流企业组建"一带一路"物流信息网，并加强与"一带一路"沿线主要城市的沟通协调，推动相关运输企业、快递公司、货代公司、船务公司、物流技术服务和咨询管理公司以及货运场站、仓储中心、物流中心等，采取多种合作方式，实现物流信息和资源的共享，共同打造集成一体化、流程无缝化、物流标准化、管理信息化的供应链物流服务平台，提供物流信息查询、发布和业务委托、货物跟踪等综合服务。

第三是"一带一路"国际多式联运中心。探索在义乌国际物流中心专设"一带一路"国际多式联运中心，着力发展面向"一带一路"沿线主要城市的海铁、公铁、空铁等国际多式联运物流服务；并争取在国家和省级相关部门的大力支持下，探索在中亚五国、南亚、东南亚、中东、东欧等"一带一路"沿线主要国家和地区设立中国（义乌）仓储物流中心，推动构建我国与"一带一路"沿线国家和地区的国际多式联运网。

3. 文化科教合作平台

（1）推进"一带一路"跨区域文化科教合作。充分发挥义乌常驻外商多且大都来自"一带一路"沿线国家和地区，与义乌本土企业、经营户等有着长期紧密交往关系的独特优势，以业已形成的人脉、商贸网络为依托，进一步加强与"一带一路"沿线国家和地区的文化科教合作交流。尤其是依托义乌新型专业市场发展优势，充分发挥文博会、旅博会等平台作用，大力引进"一带一路"沿线国家和地区文明健康、特色鲜明、积淀深厚的文化项目。适应文化交流合作的新需要，深入研究中亚、西亚、南亚、东南亚、中东等地区的文化，在义乌有序建设相关国家的文化艺术站（馆）；在国家相关部委和省委、省政府的领导支持下，加强与"一带一路"沿线国家和地区文化科技机构的合作与交流，联合举办艺术周、文化节等活动，从而提高对"一带一路"沿线国家和地区优秀人才到义乌经商、学习、创业的吸引力，并为已在义经商、居住的客商创造更加良好的人文环境。充分发挥义乌商贸实用人才数量多、占比高的独特优势，加强与"一带一路"沿线主要城市的商贸、文化、科教人才交流和培养。积极鼓励和支持义乌企业、经营户、普通群众等，前往"一带一路"沿线国家和地区经商、投资、创业、学习，开展文化科教交流，传播义乌"拨浪鼓"文化和"鸡毛换糖"精神。通过上述努力，致力于把义乌打造成中国与"一带一路"沿线国家和地区文化交融的大通道之一。

（2）主要抓手有以下几点：

第一是"一带一路"国家文化艺术站（馆）。由义乌市委宣传部、市文广新局、市外侨办、市教育局、市工商联等牵头，在全市建设面向"一带一路"沿线国家和地区的文化艺术站（馆），并积极引入相关国家和地区的传统节庆活动、特色文化科教节等，举办文化艺术周、文艺巡演等，为在义外商提供丰富多彩、具有浓郁国别特色的文化科教活动平台，满足其精神需求，增强其归宿感。

第二是"一带一路"国家文化论坛。由义乌市委宣传部、市文广新局、市外侨办等牵头，争取国家和省级相关部门支持，每年在义乌定期举办"'一带一路'国家文化论坛"；根据义乌与阿拉伯联盟国家的经贸、客商往来尤为紧密的特殊情况，举办"中阿（义乌）文化论坛"；面向中亚、南亚、东南亚等，举办更具区域特色的文化子论坛或研讨会。

（三）义乌在"一带一路"战略支点建设中的五个拓展

在新的发展时期，全球经济一体化程度进一步加深，电子商务迅速发展，市场需求不断升级。围绕建设"一带一路"重要战略支点，义乌市一方面要巩固传统发展优势，一方面要抓住新的市场特点和科技趋势，拓展新的发展方向、发展领域和发展模式，重点实现五个方面的转变。

1. 从消费品为主向消费品、生产资料并重拓展

生产资料批发市场也是我国重要的批发市场形式，交易品种包括金属材料、木材、建材、汽车、农业机械、机电煤炭、石油、化工、纺织原材料等产品。国际金融危机以来，发达国家都相继提出要重整制造业；另一方面中国制造业也在加快转型升级，意味着需要更多的先进机械装备提供给制造业、服务制造业，生产资料市场存在巨大发展空间。向国际生产资料市场发展也是推进义乌国际贸易综合改革试点、拓展市场发展新空间的重要举措。2013年义乌市国际生产资料市场已经建成开业。要立足新起点、拓宽新视野、探索新模式，将国际生产资料市场打造成义乌市场新标杆，实现从终端销售向原材料供应、技术技能培训等上游领域延伸，进一步拓展小商品产业链，增强市场的集聚带动辐射功能，使义乌成为全球各类生产资料的展示、销售基地，成为国内规模最大、品种最多、辐射最广、竞争力最强的新兴生产性消费品交易市场。

2. 从出口为主向出口、进口和转口并重拓展

"一带一路"上商品、服务、信息、金融等要素的流动一定是双向流动。义乌要成为"一带一路"上重要战略支点，真正实现"买全球货，卖全球货"的目标，必须拉长"进口"、"转口"这两块"短板"。随着我国经济社会发展，国内消费者对品质要求越来越高，国际上的高品质商品市场需求空间非常大，义乌要把培育内销市场作为转型升级的重要内容。要依托国际小商品市场和国际生产资料市场两大平台，实现出口、进口和转口并重。大力促进内外贸融合，完善内外贸促进体系，研究出台推进企业经营内外贸的便利化措施，鼓励具备条件的企业整合衔接进出口业务与国内流通环节，引导贴牌企业培育自主品牌和内销渠道，形成有利于内外贸协调健康发展的环境。强化市场准入、标准设定、信息引导等公共服务职能，加强商业总体布局和规划指导，大力发展商业综合体，拓展商品和服务消费等内需市场，建设领先国际的现代商贸流通体系和市场调控体系，成为中国进口贸易促进创新示范区。

3. 从线下为主向线下、线上并重拓展

互联网技术的迅速发展导致了原有交易模式在不断改变。以阿里巴巴为代表的B2B模式，天猫、京东代表的B2C模式，淘宝代表的C2C模式的出现既改变了交易的模式，同时也在改变消费者和商贸企业的运作模式。近两年来，移动互联网的崛起又一次重新定义了互联网交易新趋势。通过手机终端，消费者能够更好的完成商品购买全过程。电子商务发展是事关义乌转型发展的战略性产业。针对内外贸需求，研究推进现有企业电子商务改造，建立新的信息、物流、财务支付、质量保证、品牌系统。加大国际电子商务园区等平台投资，强化物流、仓储、通信网络等配套设施建设，努力打造全球网货配送中心、全国网商集聚中心和跨境电子商务新高地。

4. 从商品贸易为主向商品贸易、服务贸易并重拓展

在经济全球化深入发展的有力推动下，国际服务贸易迅速发展，世界经济已步入服务经济时代。加快发展国际服务贸易，是义乌国际贸易综合改革试点的内在要求，是优化全市对外贸易结构的有效手段，以及推动城市经济转型升级的重要途径。要依托货物贸易发达的优势，做大做强国际服务贸易，扩大贸易规模，推动运输、旅游等传统劳动密集型国际服务贸易继续稳定发展，提高现代

物流、保险、金融、通信、分销、教育、文化、娱乐等新兴国际服务贸易出口比重，国际服务贸易各相关产业初步形成完整产业链条，把义乌建设成"一带一路"上的国际服务重要提供基地。大力引进"一带一路"沿线国家和地区文明健康、特色鲜明、积淀深厚的文化项目，加强与"一带一路"沿线国家和地区文化科技机构的合作与交流，联合举办艺术周、文化节等活动，从而提高对"一带一路"沿线国家和地区优秀人才到义乌经商、学习、创业的吸引力。

5. 从产品创新为主向产品创新、品牌创新并重拓展

义乌市小商品制造种类多，花样齐，能够紧跟形式，不断创新。但是，长期以来，大部分企业对品牌创新不够重视，没有形成自己的品牌。品牌创新是确保一个品牌保持持续的生命力，快速成长的秘诀。现在的市场竞争激烈，环境变化很快，义乌小商品制造不能只是采取以制造取胜的简单扩张模式，要以品牌战略为基础，统帅和链接企业的所有营销传播活动，大胆创新。义乌不仅要成为小商品制造中心，更要成为小商品品牌集聚中心。

（四）义乌建设"一带一路"上的小商品七大基地

义乌建设"一带一路"战略支点，需要以"小商品"为核心，积极发展新产业、新技术、新业态、新模式，成为"一带一路"上的小商品创造基地、生产基地、集散基地、进出口贸易基地、金融结算基地、物流基地和跨境电子商务基地。

1. 小商品创造基地

随着人们物质生活水平的提升，"一带一路"沿线国家和地区民众对于小商品的文化内涵、功能创新、包装创意等方面有了较高的要求。义乌的小商品走上"一带一路"，必须提高产品附加值和创新性，让各国的民众对义乌小商品不断抱有期待，并且从价格优势转向小商品的实用性和功能性。要以全球视野谋划和推动创新，立足义乌实际情况和"小商品、大市场、块集群"特色，按照"资源有限、创意无限"的理念，大力发展小商品创意产业，不断增强小商品制造业的综合实力、自主创新能力和国际竞争力，努力把义乌建设成为全球小商品研发设计中心、知识产权交易中心，实现"小商品、义乌创"。以工业设计为突破口，加强小商品的外观形状设计、功能设计、结构设计、色彩花样设计，改变义乌商品价格低廉形象，提高产品附加值，塑造义乌新创意、新设计、新产品、新潮流、新理念的全新形象，使义乌成为引领小商品发展潮流的发布地，提升义乌整体城市附加值和国际影响力。

2. 小商品生产基地

义乌的商品与"一带一路"沿线国家和地区之间存在互补性。中亚、南亚、西亚等地区缺乏日用百货商品的生产和供给，提供这些商品是义乌的优势所在。义乌要继续坚持贸工联动的发展战略，以全球市场网络为依托，根据本地要素禀赋和比较优势，促进已经嵌入全球价值链的小商品产业集群加快发展，在新一轮全球竞争中，巩固、提升和扩展优势。进一步理顺工商贸金融物流的关系、拓展创业文化、调整产业组织和结构发挥"快集群"效应，不断提升在全球价值链上的竞争力和盈利空间，推动小商品的精品化和品牌化，提高全球市场的份额，获取市场优势地位，确立义乌小商品生产在优势领域的全球制高点。通过企业的规模化、规范化、信息化、专业化推动产业转型升级；鼓励企业资本运作、全国布局和跨国并购，促进总部经济发展；培育新兴产业优化产业结构和产业链，利用国际贸易和城乡统筹综合改革试验区的机遇推动产业空间布局的功能化。

3. 小商品集散基地

如果将小商品看作"一带一路"上的"丝绸"，无疑义乌将是"一带一路"的起点。义乌从全国汇集小商品，再通过"一带一路"分散到中亚、南亚、西亚、北非及欧洲各国。依托长期形成的小商品贸易优势,推动市场功能向商品展示、信息汇集、价格形成、创意创新、标准制定、流行趋势发布等方向拓展,构建具有国际国内市场资源配置功能的市场体系,建成全球重要的、最具影响力集散地,成为全球小商品交易、定价、采购和展示中心。通过非股权联盟、新设、参股、并购等方式扩大境外销售渠道,在全球重点国家和地区建立较为完善的中国小商品境外销售网络,进一步提升中国小商品国际市场开拓能力。积极推动和争取国家在义乌先行探索"协定贸易方式",通过与"一带一路"沿线国家和地区签订双边或区域贸易协定,破解经贸往来中体制机制、道路运输、信息共享等方面存在的难题。

4. 小商品进出口贸易基地

近年来,义乌市的国际化服务功能和水平日益提高。常驻义乌的国外采购商数量居浙江省首位,其中来自"一带一路"沿线国家和地区的外商占有较高的比例。从今后来看,中国从国外进口会越来越多。义乌不但要在"一带一路"的输出中发挥战略支点作用,更要在进口中发挥重要作用,将从中亚、南亚、西亚、北非及欧洲各国进口商品并分散国内各地。加强和改善对外贸易的管理和服务,全力推进市场采购贸易方式联网信息平台建设,着力完善贸易市场体系,抓紧培育离岸贸易等新型贸易形态,加快集聚各类贸易主体,鼓励贸易企业总部、贸易促进机构、贸易行业组织等机构落户。积极推进与"一带一路"沿线主要城市,尤其是轻工业较为薄弱的中亚国家城市对接,加强在专业市场规划、投资、建设、运营、管理等方面的交流,增强相互之间在商品销售、产业协作、要素供给等领域的全方位合作。

5. 小商品金融结算基地

义乌有条件以商品贸易为依托,打造"一带一路"上的贸易金融结算中心,这既是贸易便利化的需要,也是人民币国际化的需要。建立与市场采购贸易方式相适应的、货物流与资金流总量匹配、动态监测、事后核查的外汇管理制度。形成人民币跨境结算、投资、融资高度便利化的金融服务机制。构建融合供应链金融、物流金融、仓储金融、互联网金融等多功能有特色的综合贸易金融服务平台。建立集交易数据、借贷数据、基础数据于一体，可共享的区域社会信用体系。根据推动与"一带一路"沿线国家和地区实现本币互换和结算的国家战略构想，以"义乌试点"金融专项改革为切入点，大力推进与中亚、西亚、中东、东南亚等国家和地区的人民币跨境业务。

6. 小商品物流基地

通过将全国各地的物品汇集到义乌，又分散到世界各地，义乌不但构建了四通八达的基础设施通道体系，也汇集了大量的物流公司，积累了大批物流人才。在"一带一路"建设背景下，义乌的贸易物流发展将更加迅速，有条件建成贸易物流总部基地。要进一步拓展和延伸国际物流运输网络，完善和提升"义新欧"国际铁路联运大通道的便利化水平。抓住义乌机场航站区扩建和航空口岸开放的有利时机，积极拓展与"一带一路"沿线主要城市的客货运航线，完善航空运输网络，尤其是大力推动开通到迪拜等经贸往来频繁城市的国际航班。通过打造现代化的物流服务平台，进一步加强与宁波港、上海港以及边境口岸的无缝对接，创新"大通关"便利化运行机制。推进义乌国际陆港城市建设，把"义乌港"打造成真正具有域名及口岸功能的目的港和始发港。

7. 小商品跨境电子商务基地

"一带一路"在某种意义上也可以看作是"全球互联网之路"。跨境电子商务将真正把地球变成地球村，形成一个全球市场。随着网络的普及，小商品的跨境交易将出现井喷，义乌跨境电子商务已经走在了全国前列。义乌有条件成为跨境电子商务汇集区，成为"一带一路"上的跨境电子商务高地。要充分发挥义乌实体市场优势，实现网上市场和实体市场的强强联合、优势互补，让实体市场"上网"，让虚拟市场"落地"，使义乌真正成为全球网货营销中心、网商集聚中心。探索开展跨境电子商务服务试点，在跨境电子商务货物通关、结汇、支付和退税等管理体制方面进行突破，创新跨境电子商务管理模式。培育一批跨境电子商务服务商，创新电子商务融资产品和服务方式，加快构建电子商务产业链，促进跨境电子商务物流、支付、信用、融资、保险、检测和认证等服务协同发展。

第九章　积极打造陆海联运的中俄贸易大通道

一、"陆海联运中俄大通道"的设想

"陆海联运中俄大通道"的设想是将绥满线"嵌入"当今世界规模最大的大陆桥——西伯利亚大铁路，形成"海参崴—绥芬河—哈尔滨—满洲里—赤塔国际大通道"，辐射至中国东南沿海地区，通达欧洲、亚太与北美。这条国际大通道集聚了亚太地区最好的港口。俄罗斯远东海参崴港、纳霍德卡港、东方港以及波谢特港等都是俄重要的海港，设施较为完备，且深水港不受气候条件限制，吞吐能力在俄港口中位居前列。韩国的釜山港和日本的新潟、横滨都是世界一流的港口，也是支撑本国对外贸易的重要海港和重要的物流枢纽。该通道若能完全打通，将以内陆货物跨境运输、陆海联运的方式，形成"中俄中""中俄外""外俄中"的运输新格局。若能更进一步将此"北方通道"作为亚欧运输的海运补充通道，将对相关国家和地区产生更大意义。

若能实现，从俄罗斯远东港口通往欧洲要比原来近1500多公里。走这条通道，中国沿海货物抵达欧洲的时间和距离也可大大缩短。比如，货物从上海港到欧洲，海运要40—45天，通过这条线路，仅需15—20天。这条线路可为中国开辟一条通向欧洲的国际运输新通道。

如果以日本新潟为起点前往荷兰的鹿特丹，这条国际通道的运距为 11600 公里。比走新潟—海参崴—哈巴罗夫斯克—赤塔—鹿特丹（13100 公里）要近 1500 公里；比走新潟—连云港—郑州—乌鲁木齐—阿拉山口—鹿特丹（14550 公里）要近 2950 公里；比走新潟—上海—阿拉山口—鹿特丹（14780 公里）要近 3180 公里；比走新潟—马六甲海峡—好望角—鹿特丹（27480 公里）要近 15880 公里。

如果以日本新潟为起点前往莫斯科，这条国际通道的运距为 8820 公里，比走新潟—大连—哈尔滨—满洲里—莫斯科（10470 公里）要近 1650 公里；如果以韩国釜山为起点前往莫斯科，走这条大通道运距为 8920 公里，比走釜山—大连—哈尔滨—满洲里—莫斯科（9550 公里）要近 630 公里。

如果以哈尔滨为起点前往韩国的釜山，哈尔滨—绥芬河—海参崴—釜山港通道运距为 1711 公里，比哈尔滨—大连—釜山港通道（1935 公里）要近 224 公里；与哈尔滨—珲春—扎鲁比诺—釜山港通道（1689 公里）基本相当。

如果以哈尔滨为起点前往日本的新潟，哈尔滨—绥芬河—海参崴—新潟港通道运距为 1530 公里，比哈尔滨—大连—新潟港通道（2920 公里）要近 1390 公里；比哈尔滨—珲春—扎鲁比诺—新潟港通道（1600 公里）要近 70 公里。

二、重大战略意义

（一）撬动中国东北和内蒙古地区发展

中国东北地区和内蒙古地区发展相对落后，一个重要因素是在北部沿海缺乏自己的出海口。自大连往北，再没有深水港，整个黑龙江、吉林和内蒙缺乏一个东部沿海港口，与日本海沿岸各国的联系被切断。要振兴东北，需要利用好海参崴。如果将"中俄贸易大通道"看作一个杠杆，海参崴就是把手，绥芬河是支点，哈尔滨是整个东北和内蒙地区的重心。打造这个杠杆，夯实绥芬河支点基础，压下海参崴，就可以翘起哈尔滨的发展，从而带动整个东北和内蒙地区发展。

（二）打造东部陆海丝绸之路经济带重要平台

该通道的实现，将形成东起俄罗斯远东港口，途径绥满铁路，经绥芬河、哈尔滨、满洲里，从满洲里出境与俄罗斯横跨欧亚的西伯利亚大铁路相连，向西抵达鹿特丹港的"东北丝绸之路"。这条丝绸之路可减少中国对海运的过度依赖；拉近与国际市场，特别是欧俄日韩市场的距离；改变内陆地区处于国内交通网络末端的劣势；提升相关地区在区域经济社会发展中的地位，吸引和促进内地面向欧洲出口产业的北移；降低内陆地区的国际物流成本，促进东北地区与周边地区国际运输的发展。

（三）优化东北亚发展格局

当前世界利益格局正在发生新的调整。美国高调重返亚太，以TPP打造新的经济联盟，我国在东南亚和南亚的经济利益受到挑战。如果东北亚合作和发展能快速推进，将为我国在亚太利益获得重要筹码。绥芬河—海参崴还没有形成便捷、畅通、快速的通道。对于整个东北亚国家来说，该地区就是围棋中的"死角"。打通这一通道，将盘活东北亚这一盘大棋，打破原有区域格局，形成环东北亚一体化，也为黑龙江由东北亚的地理中心向物流枢纽中心、出口商品集散地和贸易中心、环东北亚经济中心的转变奠定了基础。

在这条国际通道上，中俄日韩四国利益是一致的。利用这条大通道，日本将会得到能源和资源的稳定供应，也利于其出口产品更便捷地到达欧洲，并在投资和提供技术、设备等方面获得益处；韩国将会获得比较稳定的能源、原材料和粮食来源，拓宽其在东北亚地区的市场；俄罗斯远东港口也将得到充分利用，借助通道促进远东大开发，进军亚太地区，带动沿线经济的开发与开放。未来，东北亚与欧洲之间的贸易和物流还将不断增长。

（四）推动中俄合作迈上新的台阶

中俄两国经贸和科技领域的合作水平还与两国国家实力不相符，更与两国的国家关系不相称。2013年中俄双边贸易额890亿美元，而中非双边贸易额已超过2000亿美元。从投资来看，截止2013年底，中国对俄投资存量仅为321.3亿美元，排在塞浦路斯、荷兰和卢森堡的后面，位列第四。2013年中国对俄投资50.3亿美元，位列第十。俄罗斯为世界重要的科技强国之一，总体科技潜力居世界一流水平，中俄科技合作也取得了许多成果，但合作的范围还较小，程度还不深，规模还不够大。历史上，苏联的物资曾在这条通道上走过，现在两国利益关系一致，有可能使这条通道常态化。现在俄远东铁路运量不足，年年亏损，也想增加货源，建立大通道是中俄双方共同的需求。以这条通道为纽带，贯穿亚太、欧洲甚至北美地区，带动包括中国在内的各国积极参与俄远东大开发，将使中俄全面战略协作伙伴关系迈入新的台阶。

三、当前推进时机成熟

当前，推动大通道的形成面临历史上最好时机。

第一，我国东北地区高速铁路网正在形成，为对接绥芬河—海参崴高铁打下了条件。哈尔滨—牡丹江高铁已经在建设，牡丹江—绥芬河的高铁即将通车，满洲里—哈尔滨铁路提速改造已经提上国家战略。

第二，乌克兰危机带来中俄远东深化合作重大机遇。乌克兰危机以来，美国和欧盟对俄罗斯在军事、外交和经济等领域实施了一系列制裁措施，俄罗斯也针锋相对采取了诸多反制裁措施。俄罗斯市场不可能完全封闭，会将重心转向亚洲国家。目前，俄罗斯与中国合作，特别是加强东北与西伯利亚和远东地区合作意愿明显加强。

第三，振兴东北国家战略正在实施。东北地区经济社会发展向来受到国家高度重视。近期，经济增速持续回落，部分行业生产经营困难。新一轮振兴东北战略提上日程。日前，国务院颁发《国务院关于近期支持东北振兴若干重大政策举措的意见》，一系列重大项目和政策将落地。地方政府和企业都有很大的积极性，来迎接新一轮的东北大发展，有动力、有热情积极建设中俄贸易大通道。

第四，中国企业已经在海参崴开始布局。哈工大集团作为从哈尔滨工业大学高新技术园区发展成长起来的大型综合性企业集团，总资产500亿元，在发展现代农业、现代服务业、文化产业和打通对俄经贸物流通路等方面，建立了具有竞争优势的产业集群，为黑龙江社会经济发展作出了很多贡献。该集团在哈尔滨与黑龙江省政府、哈尔滨市政府共同投资建设的哈尔滨国际会展体育中心，是承载"中俄博览会"的主要平台。当前，哈尔滨工大集团股份有限公司拟在俄罗斯海参崴投资约100亿美元，开发建设绥芬河至海参崴国际城际铁路、海参崴国际会展中心、收购开发海参崴海港港口码头、俄罗斯滨海地区商业银行和后贝加尔边疆区阿玛扎尔林浆一体化项目，从交通运输、物流经贸、展览展示、金融合作、资源开采等领域全面抢占中俄贸易的制高点，将海参崴真正变成中俄贸易的前沿整合平台。这些项目已经进入操作阶段，大部分采取了中俄合资模式。

四、建议与对策

第一，推进修建绥芬河—海参崴高速铁路。尽管中俄互信加强，对俄铁路、港口、码头等基础设施投资关系战略安全，宜以非政府背景、与俄罗斯联系密切、有相当经济实力的民营企业牵头完成。目前，绥芬河到海参崴铁路已经老化，运输能力不足，全程需要10个小时以上。新建高铁项设计时速200公里以上，远景运输能力为货运量2000万吨/年，绥芬河至海参崴可在1.5小时内到达。

第二，加大对海参崴在口岸、港口、公路、酒店、展览中心、银行等通路配套项目的投资力度。通道建设不仅是路线建设问题，更是一个系统性工程，需要从全局的角度来布局。鼓励以民营投资基金的形式走出去兼并、收购、投资、建设和运营。

第三，推动中俄日韩欧国家间签订过境国际运输协议。目前，各国还未能就跨境运输流程、价格、通道便利化达成一致，这就使得过境运输十分复杂、困难。需要国家相关部门从高层来推动与这些国家签订相关协议。

第十章　抓住机遇扩大中俄贸易、投资和科技合作

中俄两国经贸和科技合作水平还与两国实力、两国关系不相称，有巨大潜力和空间。乌克兰危机后，美国和欧盟对俄罗斯的制裁及俄罗斯的反制裁，为中国扩大对俄贸易、投资和科技合作创造了历史性机遇，应抢先时机抓住这一机遇，将中俄全面战略协作伙伴关系作为总体思路，树立中国品牌，提升中国对俄贸易层次，以扩大对俄投资带动商品和劳务输出，以加强与俄东部高技术合作为突破口，推动中俄科技合作向更高层次迈进。建议积极建设对俄合作大窗口，高标准打造对俄经贸和技术交流平台，加快建设中俄经贸大通道，积极创新对俄新型贸易业态，加快推进人民币在中俄贸易和投资中的使用，加大对俄合作的金融支持力度，加强科技合作的顶层设计。

一、中俄深化合作面临重大机遇

（一）中俄合作本身具有巨大空间和潜力

近年来，中俄两国政治互信不断加深，各项领域的合作也在有序推进，但两国经贸和科技领域的合作水平还与两国国家实力不相符，更与两国的国家关系不相称。2013年中俄双边贸易额890亿

美元，而中非双边贸易额已超过 2000 亿美元。从投资来看，截止 2013 年底，中国对俄投资存量仅为 321.3 亿美元，排在塞浦路斯、荷兰和卢森堡的后面，位列第四。2013 年中国对俄投资 50.3 亿美元，位列第十。俄罗斯为世界重要的科技强国之一，总体科技潜力居世界一流水平，中俄科技合作也取得了许多成果，但合作的范围还较小，程度还不深，规模还不够大。

（二）俄罗斯加入 WTO 为促进中俄经贸合作注入了新能量

2012 年 8 月 22 日俄罗斯正式成为世界贸易组织第 156 个成员，俄罗斯经贸政策更为公开透明。中国作为俄罗斯最大贸易伙伴，随着俄关税等市场准入条件的降低，中国制造业特别是轻工业对俄出口将迎来新的发展机遇。俄罗斯入世后将进一步开放市场，并遵循世贸组织规则，对法律法规做出修改和完善，这些都有利于中国企业更好更快地发展对俄贸易。

（三）欧美对俄罗斯制裁和俄罗斯反制裁为中俄深化合作带来了难得历史性机遇

乌克兰危机以来，美国和欧盟对俄罗斯在军事、外交和经济等领域实施了一系列制裁措施，俄罗斯也针锋相对采取了诸多反制裁措施。西方国家主动禁止向俄罗斯输送部分商品，同时其大量商品也会被俄罗斯阻挡在门外，欧美公司也不得不撤出俄罗斯市场。从国际形势发展来看，双方矛盾还在持续升温，相互的制裁措施可能进一步升级。在经济已经全球化的今天，俄罗斯市场不可能完全封闭，会将重心转向亚洲国家。这将引发一场巨大的市场洗牌，市场也将出现一定程度的真空。中国企业将在农业、基建设施、金融、产品贸易、资源与原材料、军工等领域获得重大的市场机会。

二、扩大对俄罗斯经贸和科技合作的总体思路

(一) 树立中国品牌，提升中俄贸易合作层次

过去俄罗斯整体经济状况不佳，中国低价产品在俄很畅销。随着俄经济状况逐渐好转，个人购买力提高，高质量高档次的商品在俄罗斯，尤其是在莫斯科很受欢迎。过去"倒爷"出口模式造成中国出口到俄罗斯的产品良莠不齐，使得俄罗斯消费者习惯性地把中国货看成是低价、低质量商品的代名词，造成了即使中国的产品达到西方国家同类商品的质量水平，但价位却上不去的现实。当前，对俄贸易已到了需要优化出口产品结构层次，提高出口产品技术竞争力的关键时期。需要创新贸易方式，利用高端贸易平台，提升中国品牌价值，以高质量的产品撬开俄罗斯巨大的市场。

(二) 扩大对俄投资带动商品和劳务输出

乌克兰危机后，欧美公司纷纷撤出俄罗斯业务。中国应趁机加大对俄投资的力度，特别是对一些高技术企业，应加大收购兼并力度。由于俄罗斯缺乏相关劳动工人和配套产品，对俄投资可以极大扩大对俄的商品和劳务输出。对俄重点投资领域有基础设施建设、农业、林业、轻工、农产品加工、机电、建材等。中国企业可通过投资、参股、长期采购等方式与俄方企业建立稳定的贸易合作关系，保障中国经济建设中的原材料供应和扩大双边贸易额。

（三）加强与俄罗斯东部高技术合作为突破口，推动中俄科技合作向更高层次迈进

俄罗斯东部地区雄厚的科研基础带动了其在高新技术领域的发展，不但形成了东部地区在传统领域的高新技术优势，在现代高新技术发展中同样取得了丰硕成果，在新能源、以纳米科技为主导的新材料、信息技术和生物技术等领域都有长足发展。中国可利用东北独特地缘优势，加大东北科研院所和高技术企业与俄东部地区的科技合作，通过联合办学、联合科研、课题合作、学术论坛、学者访问等多种渠道，促进两国科技的高效交流。

三、建议与政策

应当看到，日本、韩国等其他亚洲国家也会利用这一机遇抓紧填补俄罗斯市场。中国应积极主动，抢先抓住这一机遇，使中俄全面战略协作伙伴关系，特别是经济关系迈上一个新的台阶。近期应尽快支持有实力的企业，加大对俄肉类、蔬菜、水果等农副产品供给，保证质量，保持合理价格，稳定俄罗斯市场。长远来看，应加快做好以下几方面的工作。

第一，积极建设对俄合作大窗口。充分发挥哈尔滨的影响力和辐射带动作用，将哈尔滨打造为对俄贸易中心、物流中心、投资中心、技术交流中心和金融服务中心。进一步提升哈尔滨"中国—俄罗斯博览会"合作水平，积极发挥"哈尔滨国际会展体育中心"作为中俄专家、学者学术交流基地的作用，支持"哈尔滨国际商贸会展中心"等对俄经贸交流平台加快建设。加快对俄沿边开发

开放，加强口岸城市建设。可试点将一些对俄边境城市纳入国家总体发展战略和发展规划当中，突出边境城市的独特性。加快中俄边境唯一综合保税区—绥芬河保税区的建设，争取未来成为中俄自由贸易园区。对其他中俄边境口岸城市，也应参照保税区和自由贸易区的政策，在跨境运输、海关通关、投资贸易自由化等方面赋予相关制度和政策。

第二，高标准打造对俄经贸和技术交流平台。按照"产业与城市结合、贸易与投资结合、产品与技术结合、引进来与走出去结合"的原则，在哈尔滨、黑河、绥芬河、满洲里等与俄罗斯经贸联系密切的城市建设高水准、专业化和开放式的对俄贸易、投资和技术交流平台。例如，哈尔滨哈南国际贸易会展中心包含了中国轻工对俄贸易采购基地、俄罗斯国家馆、上海自贸区黑龙江直销分中心、大型购物中心和综合服务大厅等多功能板块。鼓励中国企业到俄罗斯特别是远东地区建设中国商品展览中心。这些平台特别要建立好完善的质量监督的技术体系和管理服务体系，把好出口商品质量关，为提升中国品牌美誉度打下基础。

第三，加快建设中俄经贸大通道。扩大哈尔滨至绥芬河、东宁及境外铁路的运输能力。加快哈尔滨—牡丹江高铁客运专线建设，形成哈（尔滨）—牡（丹江）—绥（芬河）"高铁通道"。加快牡丹江—佳木斯快速铁路规划建设。加速推进哈—牡—绥—海（参崴）陆海联运大通道建设。加快推进绥芬河—俄罗斯格罗捷阔沃区间铁路线扩能提速和绥芬河—海参崴高速铁路建设，使该项目早日付诸实施。加快松花江、黑龙江航运设施改造，提高通航能力，扩大江海联运规模，提高江海联运效率。在保证质量的前提下加快黑龙江界河大桥和同江大桥建设进度，尽快启动洛古河大桥建设。积极参与俄远东港口开发和利用，鼓励我国民营企业到俄罗斯远东的纳霍德卡港、东方港、波谢特港等购买或租赁码头。

第四，创新对俄新型贸易业态。推动对俄电子商务发展，加快中俄电子口岸建设,完善统一报关、快速登记等电子信息化服务流程和电商贸易额记录工作。加大推进跨境电商的产业配套、财税优惠政策。支持在哈尔滨、满洲里、黑河、绥芬河等地试点义乌"市场采购"新型贸易方式。推广"贷款换能源"模式,鼓励俄罗斯以人民币贷款购买中国产品。

第五,加快推进人民币在中俄贸易和投资中的使用。加快推进与俄罗斯央行建立人民币—卢布互换协议进程。积极推动人民币在中俄双边贸易中的计价和结算比例。继续完善人民币与卢布汇率直接交易机制,加快形成人民币与卢布直接兑换的市场汇率。推进建设人民币跨境支付与结算体系,积极向俄罗斯推介中国的银行支付系统。

第六,加大对俄合作的金融支持力度。支持对俄贸易平台运营企业在网上开通第三方支付业务,从销售流程上严把产品质量关。加大我国金融机构向俄罗斯"走出去"的支持力度,鼓励其加快海外布局。鼓励中国民营企业到俄罗斯收购兼并银行,对已拥有俄罗斯银行的中国企业,优先支持其牵头在国内成立民营银行,以方便中俄贸易和投资结算。鼓励有实力的长期从事对俄经贸投资的企业牵头成立对俄投资基金。该基金可以吸收国家政策银行如中国进出口银行或国家开发银行、其他投资机构、大型资源消费企业入股。也可以此基金为基础,与俄罗斯投资机构共同建立投资基金。鼓励建立服务对俄投资的商业保险机构。中国的保险机构可有选择的与俄罗斯投资保险机构建立合资保险公司,共同为中国对俄投资提供保险。

第七,加强科技合作的顶层设计。鼓励东北地区加强与远东和西伯利亚科研院所、高技术企业的合作力度,建立双边地区科技合作协调机制和中俄科技合作园区,加强科技产业化合作与中俄科技人员交流与培养。创办中俄联合大学和联合研究所,通过联合承担科研项目、实施科研规划等方式加强中俄两国科技交流。通过直接聘请、合作研究、讲学、合作开发等多种渠道积极引进俄罗斯人才。建立规范的引进俄罗斯技术的科技中介和咨询机构。

第十章 抓住机遇扩大中俄贸易、投资和科技合作

国际关系篇

第十一章　关于当前和今后一个时期中美经贸合作的战略与策略

世界正处于大调整、大变革、大发展和大突破的非常时期，处理好中美两国关系既是两国共同利益的需要，也是多极化和全球化时代的需要。建交35年来，中美两国关系在合作与矛盾中愈加紧密。中美新型大国经贸关系的构建是一个长期的、动态博弈的过程。中美关系目前正处于一个新的历史起点，需要中美两国不断剔除阻碍因素，利用推动因素，充分发挥双边经贸关系在中美新型大国经济关系构架中的促进作用，以经贸关系为基础，将扩大共同利益作为推进中美新型大国经济关系的增长点。

一、确立中美新型大国关系，形成高度共识

中美关系与过去35年已大不相同，曾经成功指引或规范中美关系发展的既有框架（包括三个联合公报和三个联合声明）已难以完全适应新时期两国关系的发展。中美新型大国关系是中美关系继续前进的唯一选择，舍此别无他途。自中美"新型大国关系"的概念提出以来，中美两国政府、学术界、企业界对此都有许多版本的解读，但目前还缺乏对内涵的共识，不利于两国全方位地互动

和交流。要确保中美关系始终不偏离构建中美新型大国关系的步伐,就需要中美双方形成一个高度共识的关于中美新型大国关系的内涵,即不冲突、不对抗;相互尊重;合作共赢。不冲突、不对抗,就是要客观理性看待彼此战略意图,坚持做伙伴、不做对手;通过对话合作、而非对抗冲突的方式,妥善处理矛盾和分歧。相互尊重,就是要尊重各自选择的社会制度和发展道路,尊重彼此核心利益和重大关切,求同存异,包容互鉴,共同进步。合作共赢,就是要摒弃零和思维,在追求自身利益时兼顾对方利益,在寻求自身发展时促进共同发展,不断深化利益交融格局。要组织相关力量抓紧研究,尽快在国家层面确定在中美新型大国关系的内涵、目标和路径,并在合适的时机与美国政府沟通,形成共识,争取对外发布《中美新型大国关系联合声明》,成为未来三四十年中美关系健康发展的全面性指导框架。

二、对中美经贸合作进行系统梳理和评估

第一,对中美合作协议、战略进行梳理和评估。中美之间构建新型大国关系并不是从零开始,35年来,中美关系走过风风雨雨,取得了历史性发展,积累了深厚的合作基础。除了三个公报和三个声明,中美之间在许多领域还有专门的协议,以及中美两国领导人高访形成的上升到国家战略的声明和共识。要系统对这些公报、协议、声明和共识进行整理、分析和评估。哪些对促进中美关系发挥了成效,在未来一个时期,还能发挥什么样的作用,是否需要进行调整。哪些还没有落实,没有落实的原因是什么,怎样加强和美方的沟通,有效落实相关承诺。

第二,对已经建立的各种平台进行梳理。自上世纪80年代至今,中美陆续建立起90多个对话机制,涉及政治、经济、军事、

教育、科技、文化、反恐、防扩散、国际地区事务等多个方面，主要包括中美战略与经济对话、中美联合商贸委员会、中美人文交流高层磋商、中美联合科技委员会等。同时，近年来一些由民间机构、企业、智库发起的中美二轨对话也逐渐增多。这些平台和机制为中美通过沟通对话解决矛盾、寻求合作、创新思维进而构建新型大国关系创造了重要条件。但应当看到，全球形势正在发生深刻变化，中美力量对比也在发生变化，新领域新问题也层出不穷，中美交流平台建设也需要与时俱进，要对这些平台进行系统评估。那些已经形成有效机制，发挥重要作用的平台好在哪里，有哪些值得推广的经验？那些已经没有发挥作用的平台是否要保留，还是加以调整？要避免平台过多、过散、过乱，建议集中建设一些关键的官方和民间的主流平台，重点打造、升级，使得这些平台发挥更大的作用。

三、设计构建中美新型大国关系中经贸合作路线图和时间表

中美新型大国关系下经贸合作可以双边投资协定（BIT）为切入点，将贸易包含进来，采取循序渐进方式，将服务贸易、知识产权、政府采购、农业贸易等关键领域专门纳入，最终双方达成中美自由贸易协定（FTA）。总体上，分为四步。第一步，中美双方尽快达成 BIT 谈判；第二步，在 BIT 的基础上，加入贸易的谈判，争取尽快启动双边投资与贸易协定（BITT）谈判；第三步，在 BITT 的基础上，全面启动中美 FTA 谈判。第四步，中美双方互相推动加入 RCEP 和 TPP，推动在亚太实现区域一体化，建立亚太自由贸易区（FTAAP）。

第一，从近期看，中美应尽快完成双边投资保护协定谈判。要

尽快完成文本谈判，在 2015 年上半年开启负面清单的谈判，争取在美国下一届政府之前达成一个高标准的中美 BIT。中美两国在 BIT 规则制定方面均积累了实践经验。中国自 1982 年签订第一个 BIT 开始，至 2013 年 6 月，已经签订了 128 个 BIT。在与发达国家签订的协定中，中国逐渐接受高标准的国际投资保护措施。同期，美国已经签订了 46 个 BIT。中美 BIT 谈判目前共进行了 22 轮，从第 11 轮开始已经进入文本谈判阶段。中美双方就 BIT 谈判达成了具体"时间表"，同意争取 2014 年就 BIT 文本的核心问题和主要条款达成一致，并承诺 2015 年早期启动负面清单谈判，意义重大。近年来中国从吸引外资的大国转变为对外投资的大国，对美国的直接投资也逐渐超越美国对中国的直接投资，显示出中国资本"走出去"的态势在不断加强。随着中美双边投资协定谈判进程的逐步推进，一些核心敏感问题也会逐步浮出水面，涉及知识产权保护、劳工条款、环保要求等，需要双方冷静处理。之所以出现这些问题，是因为双方对谈判的基本诉求有着较大的差异。美方设立了门槛很高的投资标准，比如劳工权益、环境、透明度、国家安全等。要解决这些分歧，需要中美双方承认差距，多求同、少存异，甚至做出必要的妥协，不断寻求新的利益汇合点。中美双方如果能达成一项高标准的双向投资协定，其重要性不仅体现在双边层面，也具有区域和全球性意义。一个平衡、共赢、高水平的中美 BIT 将为下一步 BITT 谈判打下坚实的基础。中国（上海）自由贸易试验区（以下简称自贸试验区）为中国参与高标准宽领域的新国际投资贸易规则提供了试验平台。成立以来，自贸试验区的制度创新效果明显，一系列改革成果出炉，一批可供上海市乃至全国借鉴、复制的经验已经取得阶段性的成功。自贸试验区借鉴国际经验，在贸易便利化方面不断推陈出新，深入探索负面清单管理模式，形成更加开放透明的投资管理制度，大胆进行金融创新，不断推出新的金融产品和服务模式，形成了事中事后监管的制度和体系，监管重心从原本的资质审批转移到了日常的监管。自贸试验区所进行的这一系列创新，从体制机制和管理制度上切实为企业创造了非常好的市场环境，提高了政府的效率、激发了市场活力、降低了企业运营成本，保证了内资外资、国企民企的同等、公平待遇。随着上海自由贸易试验区的进一步发展以及将来在全国的推广，中国企业适应更开放条件与竞争环境的能力将大幅提高，这也为中美BITT的实施做了很好的铺垫。

第二，推进中美BITT谈判，迈向更深层次合作。过去数十年，中美经贸关系迅速发展，为两国人民带来了实实在在的利益，成为两国关系的"压舱石"和"稳定器"。中美正在推进BIT谈判，逐步取得成果之后，可在已经谈判的中美BIT基础上，除了投资以外，增加一个贸易的协定，也就是在BIT后面再加一个"T"，即BITT。BITT相比FTA涉及到的范围会小一点。如果中美两国之间三年之内开展这项谈判，可为中美两国企业家建立一个对未来的稳定预期。中美之间形成BITT的构架，将为亚太地区的经济一体化打下好的基础，将会进一步推动亚太地区经贸发展，无论对美国还是中国，都是一件好事。把BITT中美贸易投资协定作为下一步中美FTA和下一步亚太自由贸易区的重要桥梁，是在最大的发达国家和发展中国家建立健康经贸关系的一个良好方案。最终目标是通过五年到十年时间在亚太地区形成一个更加广泛的，或者叫超WTO的安排，为世界贸易和投资自由化打下良好的基础。从中美经贸合作程度、两国发展需求以及全球区域经济一体化发展趋势来看，双方推进BITT谈判的时机已经成熟。中美双方是世界上最大的两个经济体，双方无论是经济、科技还是社会管理，差距都很大。从客观规律看，差距是双方互补、合作和双赢的基础。中国当年加入WTO也有不小的差距，但加入WTO实现了中国和世界共同受益。从涵盖范围看，BITT涉及的范围比FTA要小，但是将涵盖中美经贸的关键领域。从规则来看，BITT应是一个基于中美发展实际，面向未来的高水平协定。主要领域包含关税、投资、农业贸易、服务贸易、政府采购、知识产权、竞争环境等等。以启动中美 BITT 谈判为战略突破口，继续推动中美经济持续健康稳定发展，既是两国的共同利益，也是构建中美新型大国关系的需要，有利于推动亚太区域经济一体化和促进世界贸易和投资自由化便利化。根据相关测算，中美 BITT 的达成将使美国年均出口和国民收入分别增加 4000 亿美元和 1000 亿美元，是 TPP 及其他潜在协定的两倍。此外，美国生产率将大幅上升，贸易赤字也将收窄。同时，也将大大提高中国的生产率，并将年均国民收入提高 3000 亿美元。BITT 将使得世界经济最大的发达国家动力核和发展中国家动力核产生共振效应，产生"一加一大于二"的效果，将对维护全球经济发展特别是全球贸易健康发展，建立更开放的全球贸易体系、抵制保护主义、减少贸易壁垒，发挥不可或缺的示范和引领作用。

第三，适时启动中美 FTA 谈判，为中美关系奠定坚实法律基础和保障。中美 FTA 的建立将使中美合作进入制度化轨道，最终成为中美双边关系坚实的法律基础和保障。中美 FTA 有助于一揽子解决中美经贸关系中存在的问题，有利于强化两国的共同利益。如果中美两国能够从中美 FTA 增加的自由贸易和投资中获得巨大利益，就可以在更广泛区域性或多边合作中相互协调行动，减少两国在当前和未来全球贸易中的内在紧张关系，不但将促进中美两国经济发展，也为全球繁荣稳定奠定坚实基础。可以分三步走建立中美 FTA。第一步，中美双方尽快完成 BIT 谈判；第二步，在 BIT 的基础上，加入"T"的谈判，争取尽快启动 BITT 谈判；第三步，在 BITT 的基础上，启动中美 FTA 谈判。最终推动在亚太实现区域经济一体化，建立 FTAAP。这是是一条切合实际的路线。中美 FTA 在构建和谈判时应该贯穿下列原则：一是全面的、高水平 FTA，未来中美 FTA 应该是一个内容全面的高水平协定；二是利益均衡，未来中美 FTA 应该是互利互惠基础上努力实现双方利益均衡共赢结果；三是关注敏感领域，未来中美 FTA 应该是建设性的，对双方敏感领域给予充分关注。中美 FTA 建立，其文本范式可以参照美韩 FTA 文本范式，采取综合式一揽子的方案，且涵盖内容侧重新议题。所涉及内容包括：关税、农业、服务贸易、投资、知识产权、竞争政策、政府采购、劳动和环境等。最终双方达成中美 FTA，将极大促进两国经济繁荣。根据相关计算，如果美国和中国能够在 2025 年达成 FTA，中国对全球出口会增加 10%，美国对全球出口会提高 3%，双边贸易增加 14% 左右。中国经济总产出提高 2%，美国提高 1%。

第四，亚太经济一体化中中美双方互相推动加入 RCEP 和 TPP。2014 年 APEC 会议在加强区域经济一体化和推进亚太自贸区建设方面取得明显成效，会议就《亚太经合组织推动实现亚太自贸区北京路线图》达成共识，同意启动实现亚太自贸区有关问题的联合战略研究，全面系统地推进亚太自贸区进程，为最终实现亚太自贸区创造有利条件，夯实基础。要趁热打铁，加快会议成果的落实工作。在亚太地区的自贸区建设中，既包括 RCEP、TPP，还有其他三边和双边自贸区。比较现实的选择是，链接 TPP（跨太平洋战略经济伙伴关系协定）和 RCEP（区域全面经济伙伴关系）两个最大的自贸协定，使之作为通向亚太自贸区的基础而不是掣肘。美国试图通过 TPP 扩大化，对亚太区域一体化权力结构产生决定性影响。许多亚太国家对此心态矛盾，一方面希望美国平衡中国快速增长的影响力，另一方面希望搭上中国经济飞速发展顺风车，采取"安全上依赖美国，经济上依赖中国"立场。不愿在美中之间"选边站"，采取既是 RCEP 谈判国、又是 TPP 谈判国双重身份策略。实际上，TPP 和 RCEP 在很大程度上是实现亚太区域一体化的两个互补途径。中美两国可以在两个亚太区域一体化潜在路径上竞争，也可以联手合作使 TPP 与 RCEP 趋同成为一个亚太 FTA 协议。而两国最大利益，必将取决于两国战略牵手，同时成为亚太一体化最大受益者。在中美推进 BITT 的同时，中美双方应探讨中国加入 TPP、美国加入 RCEP 的路径，避免对双边关系的侵蚀，如果美国引领 TPP，中国又引领了另外一个地区协定，对于双方的投资与贸易肯定不能带来最佳的效果。中国加入了 TPP，美国加入了 RCEP，中美 BITT 和随后的中美 FTA 就成为了沟通 TPP 和 RCEP 的桥梁，实质上 TPP 和 RCEP 就融为一体，为最终形成 FTAAP 奠定基础。

四、创新合作思路和方式

第一，全方位构建中美利益共同体、责任共同体和命运共同体。当今世界已进入全球化时代，全球和区域合作向更多层次更多方位拓展，各国相互联系和相互依存的程度空前加深，人类生活在同一个地球村里，生活在历史与现实交汇的同一个时空里。面对世界政治经济社会发展的复杂形势和全球性问题，任何国家都不可能独善其身、一枝独秀。这就要求各国同舟共济、相互帮扶，在追求本国利益时兼顾他国合理关切，在谋求本国发展中促进各国共同发展，建立更加平等均衡的新型全球发展伙伴关系，增进人类共同利益，共同建设一个更加美好的地球家园。建设共同体是一种国际合作方式，利益与共的就是利益共同体，命运与共的就是命运共同体。"共同体"是以合作解决自身发展和安全问题为主的国家联合体，不强调针对第三方，但如果第三方搞破坏，也要联合发声，团结应对。共同体是一种新的"盟"，但没有传统盟国的排他性特征。它超越了冷战时期遗留下来的军事同盟，占有道义高度，更符合当下与未来世界局势的发展。中美两国应合作构建相互依存的利益共同体、休戚相关的责任共同体和同舟共济的命运共同体。

第二，积极寻找中美共同点、互补点和战略交汇点。随着经济全球化时代两国利益的深度捆绑和互有所求，随着非传统安全威胁上升所带来的"大国合作"的新安全观，随着中美之间的人民往来与文化交流越来越密切，中美双方共同点、互补点和战略交汇点会越来越多。中美要超越意识形态和社会制度差异，以大局观念、务实精神和政治智慧来共同致力于扩大和深化双边不同层次和不同领域的共同点、互补点和战略交汇点。

第三，争取在"一带一路"战略获得美国认可方面取得突破。"一带一路"战略提出以来，受到国际社会广泛正面评价，但是也存在一些担心的声音，特别是美国一些智库存在质疑和误读，担忧会挑战现有区域合作机制，甚至削弱美国在大西洋和太平洋的地位。美国政府至今也未对"一带一路"战略给正式的评价和认可。要顺利推进"一带一路"战略的实施，就不能不考虑美国的反应以及其利益。为此，一方面，需要与美国官方、民间各个层面加强沟通，使得美国正确认识"一带一路"的内涵、目标和主要措施，另一方面，在推进"一带一路"战略中，在诸多方面可以与美国利益捆绑在一起，特别是通过跨国公司，合作建设一些项目。

第四，创新交流方式。一方面，两国需要将战略与经济对话这一形式机制化，并发展更多的固定的交流机制与对话平台促进两国在各个领域的交流与合作，做实中美新型大国合作关系；另一方面，要加强中美民间智库交流。解决更多面向未来的问题，不仅需要政府的推动，更需要得到两国人民的理解和支持，需要通过民间更多的交流，增加共信、共识、共知和共赢因素。美民间机构中不乏前政要或商界的领袖，对美国内政治经济影响较大。解决中美之间的分歧和问题，民间和企业的推动力量非常重要。民间和企业之间的交流活动，可以对政府间交流与合作形成有益的补充。要继续加强两国智库、企业家、研究机构、学者和人民团体之间的交往，全方位、多角度了解双方的关切、立场和诉求。

第五，在一些关键领域加快合作步伐。确定一些关键领域，在这些关键领域就合作机制、平台和模式进行磋商。在技术创新、网络安全、基础设施、清洁能源和生态环境等方面重点开展合作。建设网络空间秩序，解决网络安全问题。促进科技人员交流的便利化，加强基础科学合作，共建高水平实验室、研究平台和创新基地。推进双方在核能、清洁煤、页岩气、太阳能等清洁能源，以及节能、环境污染治理等领域的合作。例如，在基础设施领域，中美双方合作空间巨大。美国桥梁、水道、铁路、公路、航空和电力等基础设施都需要更新、扩容和改造，2020年前需3.6万亿美元投资。中国在此方面也有巨大的投资需求，并在高铁、桥梁、机场、电力等方面有世界一流的技术与设备、建设能力和价格竞争力，双方有条件进行深度合作。

五、构建超越中美两国自身利益合作关系的建议

中美关系实际上远远超出了这两个国家的双边关系，是一对关乎国际秩序的关系。中美新型大国关系的构建不仅仅是中美两国加深经贸关系的需要，也是国际社会对中美两国在全球经济治理中发挥作用的需要。中美两国作为世界第一、第二大经济体，各自对全球经济增长的带动作用毋庸置疑，而双方的合作更是能够实现"一加一大于二"效果，对世界经济的繁荣稳定和全球经济治理的革新产生积极的影响。中美新型大国关系除了会对两个国家产生影响，也会在地缘政治、全球经济各个方面产生重大影响。为此，中美应建立面向未来、面向全球、面向全人类共同利益的大国关系。

（一）共同推进全球化

经济全球化推动了世界经济中心从西方向东方的转移，中国与新兴经济体国家成为全球经济体系中的制造业与加工基地，经济得

以快速发展。发达国家也在全球化中实现了资源优化配置和产业链的全球优化布局，从发展中国家获得了资源和产品。美国和中国分别是世界第一大和第二大投资吸引国。尽管中国未来会超过美国，成为第一大投资吸引国，但中美两国作为全球前两位的投资中心的地位长时期不会改变。全球化对中美两国都会带来巨大的利益。中美应在全球化的认识上达成共识，通过良好的互动关系共创全球化利益。只要中美双方能够抛弃成见，放下分歧，在发展维护自身利益的同时，切实尊重对方利益，并携手扩大共同利益，不断充实经贸合作这块"压舱石"，合力清除军事、意识形态等领域的"绊脚石"，合作共赢的道路一定会越走越平坦，越走越宽广，中美新型大国关系一定会成为国际合作的典范，成为公正合理国际秩序的创造者和维护者。中美双方应积极利用自身的影响力，抛弃意识形态偏见，和平共处，携手共赢，而不应该"选边站"，拉一帮打一派，更不应该"火上浇油"，否则只会使局势"再失衡"，而不是"再平衡"。中美两国在合作推进全球新秩序中，都会各自遇到干扰和阻力，中美双方应从大局出发，本着相互尊重，相互理解的观念，能够"该出手时就出手"，在关键时刻助对方一臂之力。

（二）共同推进WTO，促进全球投资自由化和贸易便利化

WTO多哈回合谈判自2001年启动以来，仅在个别议题上取得进展，2006至2011年还一度中断谈判，虽然2013年12月各方还在贸易便利化、部分农业议题以及发展三个方面达成"早期收获"，但总体上一波三折。有学者提出，TPP（连同TTIP）将会取代WTO多边贸易体制的作用。但在事实上，WTO多边贸易体制仍是当今世界推动全球贸易自由化的主渠道，任何区域和双边贸易安排仍是WTO多边贸易体制的有益补充而非替代。中美应利用自身影响力，引导各自的重要贸易伙伴重拾WTO多哈回合谈判。中美

两国参与谈判的部门，应本着"求同存已、搁置争议"的基本原则，会同 WTO 成员国就多哈回合谈判已经取得的成果签署一份阶段性成果公告，并立即生效，这有利于全球经济走出当前困境。中美两国驻 WTO 代表应共同建议：WTO 的各项规则、标准的制定应充分考虑到新兴市场国家的特殊性和对全球贸易发展的重要性，尤其是 WTO 各专业理事会、委员会、工作组和秘书处的核心领导层，应借鉴联合国和 IMF 的改革经验，充分吸纳新兴市场国家的意见，或举荐新兴市场国家人员参与 WTO 领导工作。

（三）共同推进新秩序，建立有利于促进世界持续稳定健康发展的规则

中美作为世界最主要的两个权力中心，可以共同成为国际制度的维护者、改革者和建设者。中国是一个发展中国家，同时又与发达国家有着广泛的共同利益；中国是一个非西方国家，同时与西方国家有着深度的合作。这种独特身份也为中国发挥国际体系内建设性改革者的角色提供了得天独厚的优势条件。如果没有中国的参与，美国已经完全没有可能重构世界秩序。但同时，与美国一样，中国本身也面临着全球化所带来的问题。只有中美合作，才能形成一个新的和可行的世界观和全球观，构建全球治理体系。两国合作来共建国际秩序，既有利中美两国，也有利于其他国家的制度安排。中美作为利益攸关方，在推进全球治理改革方面，有着广泛的共同利益和合作空间。中美携手迈入跨越太平洋合作的新时代，可以推动中美关系向着更高端合作、更深度互动和更持久信任方面发展，有利于两国在全球治理中贡献更大智慧和力量。两国应坚持"共同但有区别的责任"原则，顺应潮流，相互配合，各尽所长，消除国际社会因中美互为对手"选边站队"的顾虑，实现全球治理机制有序变革和平稳转型。这既包括围绕世界贸易组织、国际货

币基金组织和世界银行等传统全球治理机制的合作，也包括在气候变化、公海管理、网络安全、外太空开发等新领域的合作。两国要在中美新型大国经贸关系的基础上最大程度地求同存异，淡化分歧，寻求彼此的共同利益，加强双边合作，推动全球经济治理。

中国作为国际体系中的后来者，在高层路径上以国际制度建设为核心与美国共同构建新型大国关系并非易事，需要做出战略抉择。由于现行国际制度建立时中国并未发挥主要作用，未必完全符合中国的需要。但是由于中国已经把融入国际体系作为国家的战略选择，就需要在整体上对现行国际制度持有一种建设性看法，在总体接受的前提下寻求局部改革；对尚未建立的国际制度需要积极参与，在参与制定规则的过程中塑造未来的国际制度，也确保本国的利益。美国和中国周边国家对中国的崛起怀有疑虑。需要看到，国家实力的增长引起别国的疑虑是正常的。要减弱别国的疑虑，一个有效的办法就是把包括中国在内的各国都放在国际制度的约束下。在国际制度约束下，中国一方面可以让别国对中国的发展更为放心，另一方面也可以保护自己的利益。特别是如果某些领域的制度尚未建立，那么尽早参与制定制度，维护本国的话语权，是最符合中国利益的选择。要合作推动现有国际制度的落实。例如，中美近期围绕朝核问题加强了互动和合作，在联合国出台了较为严厉的制裁措施，落实国际核不扩散机制，起到了一定成效，客观上也有利于中美关系。要继续推动国际制度改革，使其更好地反映新的国际现实。其中特别突出的是继续推动国际货币基金组织、世界银行以及联合国改革。在这些国际组织的改革中，不同国家出于本国利益考虑而有不同主张，这完全可以理解。但是中美两国作为未来世界的主要权力中心，最大的利益实际上在于使这些组织更加合理地反映当今国际现实，从而让这些组织在国际现实中不会失去其相关性。与此同时，在美国经济走出危机的背景下，中国应与美国一道，维护2008年金融危机后形成的以二十国集团为核心的新的全球治理机制，不应让国际机制在危机结束后走回头路。

（四）共同应对全球性问题

中美两国共同面临的全球性威胁，气候、能源、恐怖主义、传染病等新安全问题都是全球性、地区性或跨国性威胁。由于世界各国相互连接的性质，这些问题依靠单个国家无法解决。而中美作为两个世界主要大国，全球性重大问题如果没有中美合作，几乎都无法彻底解决。而这些问题如果得不到解决，将威胁中美两国乃至全世界的安全和利益。例如，作为世界碳排放最多的两个国家，中美合作几乎是解决全球气候问题的前提条件。在这个意义上，两国也形成了一种战略性相互依存。战略选择上继续拓展双方在全球层面及诸多领域的合作，妥善处理新问题、新挑战；在地区热点问题上保持密切协调和配合，加深两国间理解与包容，推动中美新型大国关系走向新的高度。

气候、海洋、太空、网络、极地等是当前建设或落实新的国际制度的重点领域。中美在这些领域分歧较多，例如，在气候问题上，中美对发达国家和发展中国家应当承担的义务主张不同；在海洋问题上，对专属经济区等问题的解释不同。此外，在普遍性的国际制度之外，中美两国还需要对区域性制度安排保持开放心态。例如，在美国力推的 TPP、亚洲国家自己推动的东亚自由贸易安排（如区域全面经济伙伴关系、中日韩自贸区）等问题上，中美应避免从零和角度解读问题。

（五）共同塑造新的世界观、价值观，推动全球形成新的治理理念

"得其大者可以兼其小"，中美交往当然需要务实，小处着手、

积微成著，但更需要的是大处着眼、登高望远。要促进双边的战略、政治、经济与安全关系，必须找到能够影响双方制定对外战略、政治、经济与安全政策的利益认知前提，即共同的世界观和价值观。中美双方都必须要脱离过去的概念，脱离冷战的思维，共同塑造新的世界观、价值观。

中美两国有共同塑造新的世界观、价值观的内在基础。中美两国并没有不可解脱的历史积怨。无论是中国处于动乱年代的两次世界大战期间，还是冷战时期的中国政权巩固阶段，或者改革开放后中国参与国际秩序的过程中，在重大威胁出现时，中美之间更多是战略利益的合作，如联合反法西斯战争和苏联霸权、合作反恐等。一些引发大国间冲突和对抗的因素并不存在于中美之间，中美之间既没有领土争端，没有争夺殖民地的冲突，也没有经济抗衡的内在动因。经过30余年的交融发展，两国已形成"你中有我""我中有你"的高度依赖关系。在对外行为的价值判断方面进行更多探讨是中美关系发展中的瓶颈，也是挖掘两国建立政治、经济与安全互信的利益认知前提。世界格局多极化趋势凸显，全球化又加速了世界不同民族理念与认知的碰撞。经济、安全领域的共同利益作为中美建交以来促进双边关系的引擎之一，已经不能满足推动两国实现双边战略稳定的需要。世界观、价值观念作为中美战略互信的深层引擎，已经成为必不可少的因素。如果说共同的经济、安全利益是中美实现战略稳定的物质基础，那么世界观和价值共识将是两国长期战略稳定的观念基础。

新的世界观主要指零和博弈、武力至上的陈旧安全理念已不合时宜。强化双边军事同盟，谋求自身绝对安全只会制造对立和隔阂。中国和美国，不应该成为敌人，也不应该寻找共同的敌人，两国真正面临的是共同的挑战。每个国家、每个民族自由的发展是一切国家与民族自由发展的前提。历史并没有终结，人类社会并不是只有一条现成的路，还有很多的新路有待我们去开辟。新的价值观主要指人类的价值从来不是单一的，五彩缤纷的价值争奇斗艳共存共生才是人类社会本来和应该的价值图景，中美和则两利，且惠及全球；斗则双输，并殃及他国。要在相互尊重基础上协助对方化解国际矛盾，使得国际形势向着建立全球新秩序的有利方向发展。在联合国、WTO、世界银行、国际货币基金组织、G20、亚太经济合作组织等双方共同参加的国际治理平台中，要相互扶持，加强沟通，共同推进有关议题。在各自参加的国际治理平台机构中，例如美国在 G8、OECD，中国在金砖峰会、上海合作组织中，要相互照应，不拆台，不对立，共同推动形成新的治理理念。

国际经济规则篇

第十二章 TPP 条款研究

一、研究材料

截至 2015 年 10 月谈判完成之前，TPP 的谈判内容一直保密，研究 TPP 条款，只能借助于间接材料，可以借鉴参考的材料有三类。

第一类是 TPP 早期签订 P4 协议及谈判方官方发布的一些指导、纲领性文件。P4 协议有 20 章内容，美国加入后的谈判中又增加了一些章节，原先的内容也会相应调整。

第二类材料是美国已经签订的自贸协定。代表性的有两个：一是北美自由贸易协定，有 22 章内容。该协定具有南北合作、美国主导的特征，同时还考虑了投资、知识产权、金融等领域，具有很好的代表性，但是签署至今已经过去 20 多年，环境、信息化、全球化等新的特征没有反应进来。二是韩美自由贸易协定，有 24 章内容。该协定 2012 年正式生效，韩国和美国都是发达国家，又是刚实施不久，可以说是一份具有高质量，面向未来的自由贸易协定。根据相关调研和相关文献材料显示，韩美自由贸易协定可以作为研究 TPP 条款内容的一个重要参考。

第三类是网上泄漏的 TPP 谈判中的几个章节，如投资、知识产权、监管统一性、透明度章节在网络上有一些材料，根据相关访谈和文献，这些材料的真实性获得较大程度的认可。

本章研究主要参照这三类材料，结合一些研究机构或者学者的材料，对照中国实际情况，进行归纳总结，提出相关思考。

二、TPP 的主要领域[①]

（一）TPP 文本主要组成推断

谈判完成之前，按照美国权威机构的说法，TPP 有 29 章的内容。美国彼得森国际经济研究所的材料显示了 TPP 有 24 项主要内容。综合上述研究材料，大致上可以勾勒出这 29 章的标题。其中，合作与能力建设，电子商务，监管的统一性，竞争力、商业便利化，中小企业以及发展是美韩自由贸易协定和北美自由贸易协定中所没有的内容，充分反应了信息化和面向 21 世纪投资的特点，突出了边境内的经济合作。根据 2011 年谈判九国达成"TPP 框架协议"，TPP 内容具有以下几个特点：

第一，推动"全面市场准入"，消除所有贸易和投资壁垒。

第二，达成"完全地区协议"，促进 TPP 成员间形成完整生产与供应链；

第三，提出并尝试解决"交互影响的贸易议题"，包括监管统一性、竞争与商业便利化、扶持中小企业、经济发展模式；

第四，关注"贸易新挑战"，在新领域开拓贸易与投资合作。

[①] 相关 TPP 基础参考资料来源于中国国际经济交流中心基金课题《跨太平洋伙伴关系（TPP）与中美自贸区问题研究》。

表1 TPP文本推断

	TPP	P4	美韩FTA	北美FTA
第1章	初步规定与定义	1, 2	1	1, 2
第2章	竞争	9	16	15
第3章	合作与能力建设	16		
第4章	跨境服务	12	12	12
第5章	海关	5	7	5
第6章	电子商务		15	
第7章	环境		20	
第8章	金融服务		13	14
第9章	政府采购	11	17	10
第10章	知识产权	10	18	17
第11章	投资		11	11
第12章	劳工		19	
第13章	法律问题			18
第14章	商品市场准入	3	2	3
第15章	原产地规则	4	6	4
第16章	卫生和植物检疫标准（SPS）	7	8	7
第17章	技术贸易壁垒（TBT）	8	9	
第18章	电信		14	13
第19章	临时入境	13		16
第20章	纺织品和服装	4		
第21章	贸易补救措施	6	10	8, 19
第22章	监管的统一性			
第23章	竞争力、商业便利化			
第24章	中小企业（SMEs）			
第25章	发展			
第26章	透明度	14	21	
第27章	例外	19	23	21
第28章	争端解决	15	22	20
第29章	最后条款	20	24	22

说明：表中阿拉伯数字为相应协定中的章数。

(二) TPP 主要谈判领域概述

根据美国彼得森国际经济研究所材料，主要谈判内容如下：

1. 竞争（是边境内问题）

内容：传统上是一个有限制的领域，要求各方保持竞争法律和确保指定的垄断不妨碍竞争。美国提出针对国有企业要充分加强纪律，确保"竞争中立"包括规定企业的透明度，保护消费者权益和私人诉讼权。

争议：根据美国建议，有显著国有部门的经济体可能面临重大改革要求，对披露和执法要求有争议。

2. 合作与能力建设（是边境内问题）

内容：加强发展中国家成员参与谈判和履行协议的能力，创造需求驱动和灵活的制度机制，来促进合作和能力建设。

争议：在原则上没有争议，但支持程度仍有待协商。

3. 跨境服务（是边境内问题）

内容：为确保公平、公开、透明的市场服务，要求受赠最惠国待遇；法规要求是透明的，不会造成不必要的负担。确保转移支付地址、执照和证书获得国外认证。

争议：服务多样化的和多边自由化的有限使谈判困难，发达经济体寻求广泛和严格的纪律，新兴市场经济体寻求例外和缓慢执行。从过去的 FTA 惯例来看，TPP 成员国惯上排除一些部门，这可能是一个困难的谈判领域。

4. 海关（不是边境内问题）

内容：建立支持区域生产网络和供应链的，可预测的，透明的，快速的海关通关手续。

争议：对大多数经济体是高优先级，但新兴市场经济体担心实现成本和时间表；可能需要技术援助。（参考"合作和能力建设"）

5. 电子商务（是边境内问题）

内容：确保信息跨越国界的自由流动，禁止电子商务关税，促进跨境电子交易认证服务，保护保密信息，可能包括额外的数码产品信息流的处理。

争议：涉及信息流的监管问题是一些经济体所关注的。

6. 环境（是边境内问题）

内容：需要制定环境保护的法律以及对违规行为的有效补救措施，坚持多边协议如濒危野生动植物（CITES）国际贸易公约和蒙特利尔议定书；确保公众参与；鼓励技术合作；授权联合委员会提出新问题，如保护生物多样性、外来入侵物种、气候变化、环境和服务等。

争议：一些经济体寻求更高的环保标准，发展中国家想要防范"环境保护主义"。

7. 金融服务（是边境内问题）

内容：保护投资；确保非歧视和监管的透明度；限制交易上限；建立磋商和争端解决制度，包括投资者和政府之间的仲裁机制。可能邮政实体有特殊的准则。

争议：特别是在全球金融危机下，一些发达国家寻求全面的服务行业准入。

8. 政府采购（是边境内问题）

内容：要求符合WTO政府采购协议（GPA）透明度、国民待遇和非歧视原则；指定原产地规则，建立标准透明度规则，允许发展中经济体有过渡措施要求，谈判覆盖实体的需求。

争议：只有两个TPP经济体已加入WTO的协定，另有三个是观察员，成员将推动强势的规定，观察员可能会跟随，但非成员将寻求最低标准。过渡措施是有争议的。

9. 知识产权（是边境内问题）

内容：需要加入的国际条约；在明知违规的情况下需要有效执

行刑事和民事处罚；要求销毁盗版或冒牌货品；建议商标、地理标志、版权、专利、商业秘密、遗传资源和传统知识都归属知识产权范畴。拟议的规定远远超越 WTO 贸易协议相关方面的知识产权协定。

争议：极具争议性，涉及医药、版权产业和在线服务。出口商寻求超越"与贸易有关的知识产权"协定的规定，例如加入世界知识产权组织条约。严厉的条款遭到进口商、竞争的生产者、在线服务供应商和非政府组织等的强烈反对。

10. 投资（是边境内问题）

内容：要求国民待遇和最惠国待遇，根据国际法坚持最惠国待遇的最低标准，根据情况合理补偿征收，确保自由通过国际法庭仲裁。

争议：对所有 TPP 经济体和跨国公司都是最高优先领域，但差异存于所有权限制行业的覆盖范围；非政府组织和一些政府强烈反对仲裁条款，尤其当他们可能根据法规影响公共卫生和资本时。

11. 劳工（是边境内问题）

内容：加入国际劳动组织（ILO），采取机制确认对话，要求国内法符合国际标准；可能需要授权联合监督委员会执法。

争议：一些发达国家劳工法也许难以采用，并可能阻碍低收入国家的竞争力；执法可以看作是一个主权问题。

12. 法律问题（不是边境内问题）

内容：协议执行机构负责定义规则，处理政府间争端解决，创建小组会议程序，授权货币惩罚，以及当争端解决失败把问题搁置起来，允许义务和透明度要求有例外。

争议：相对有争议，与国内法律要求协调一致可能较复杂。

13. 商品市场准入（不是边境内问题）

内容：提供平衡、透明和改善的市场准入，消除关税和非关税壁垒；指定海关估价方法；建立监督委员会；提供例外和特殊敏感的产品清单；可以有农业出口竞争和粮食安全的条款。

争议："排除列表"和"自由化的时间路径"将是艰难的谈判；发达国家可能抵制劳动密集型产品的壁垒。一些农产品，包括糖和奶制品，涉及利益保护。

14. 原产地规则（不是边境内问题）

内容：设置微量允许标准；建立积累规则；例外列表，提供验证，文档和咨询。

争议：谈判涉及产品细节，大多数国家支持自由化规则但强大的特殊利益集团反对在纺织品、汽车等关键行业运用此类规则。建立共同规则考验 TPP 应对"面条碗"效应的能力。

15. 卫生和植物检疫标准 (SPS)（是边境内问题）

内容：确保保护人类、动物和植物的健康，加强在 WTO 下现有的权利和义务，包括透明度和区域化合作等新的承诺，采用双边和多边合作的进口检查和验证的建议。

争议：需要解决复杂的细节，发达经济体寻求微量允许规则，反对隐藏的保护主义和提供技术援助。一个重要问题是国家 SPS 标准是否接受国际争端解决。

16. 技术贸易壁垒 (TBT)（是边境内问题）

内容：建立 WTO 协定允许的技术性贸易壁垒，以促进贸易和保护健康、安全和环境，致力于遵守期内的合格评定。

争议：发达经济体寻求 WTO 的规定以避免过分的 TBT 措施，实施新的规定需要技术援助。

17. 电信（是边境内问题）

内容：确保互连和不歧视的访问电信网络作品；消除投资限制，保证技术中立；促进测试和认证的相互承认，要求监管的透明度和有上诉的权利。

争议：原则没有争议，但一些经济体想要保持投资和竞争的限制标准。

18. 临时入境（不是边境内问题）

内容：提供规定义务的特定类别的商人短期入境加急程序，TPP国家之间加强技术合作。

争议：问题出现在服务供应商的资质，发展中国家希望促进自由进入，一些发达经济体有政治争议。

19. 纺织品和服装（不是边境内问题）

内容：提供超出货物贸易市场准入有关海关合作规定的其他规则，包括执法程序、原产地规则及可能的特殊保障措施。

争议：这是发展中经济体的一个关键部门。争议在于失业率高，最困难的谈判集中在原产地规则不同。

20. 贸易补救措施（不是边境内问题）

内容：坚持建立在WTO透明度和正当程序方面的权利和义务，包括过渡区域保障建议；限制保障措施规模和持续时间。

争议：是否进行国际审查。

21. 监管的统一性（是边境内问题）

内容：发展一个开放的、透明的监管程序，要求国民待遇等。

争议：目标相对没有争议，但几乎没有实现的先例。

22. 竞争力、商业便利化（是边境内问题）

内容：促进贸易投资合作，创建通关和检疫联合工作小组。

争议：相对有争议。支持中低收入经济体能力建设。

23. 中小企业 (SMEs)（是边境内问题）

内容：制定联合战略支持中小企业，促进能力建设和信息传播。

争议：相对争议。支持中低收入经济体能力建设。

24. 发展（是边境内问题）

内容：支持发展，促进市场的自由化，建设有效的制度和治理机制，协助各国实施协议以充分实现利益最大化。

争议：原则上没有争议，但支持程度仍进行谈判。

三、TPP 关键领域的评估和分析

（一）国有企业

1. 主要内容

这些协定都将"国有企业"定义为"一缔约方拥有或通过所有权控制的企业"。根据北美自由贸易协定，如果此类企业行使该缔约方授权的任何监管、行政或其他政府权力，例如有权征用、授予许可证、批准商业交易、实施各类配额或征收各类费用，各缔约方应通过监管控制、行政监督或其他措施的适用，保证其以协定规定的该缔约方义务并无不一致的方式行事，在销售商品或服务时，对另一缔约方境内的投资者，给与非歧视性待遇。在韩美自由贸易协定里也做了上述类似的规定。在 P4 协议里，要求国有企业不要违背协定规定，不要影响各方利益，扭曲各方产品与服务交易，遵守竞争规则。

根据已经达成的协议草案，TPP 为废除国有企业的优惠待遇设置了 3 到 5 年的过渡期，在此期间督促新兴市场国家开放市场。草案认为国有企业借助政府的资金力量和信用，很容易在市场上形成垄断。为了使普通企业能在公平条件下开展竞争，有必要限制国有企业的活动。在协议草案中明确提出对国有企业和外国企业实行无差别待遇。除禁止对国有企业进行专门的免税外，还要求不得明显降低产品与服务的价格。禁止国有企业排挤外企与本国企业优先交易。

2. 讨论

将国有企业作为关键内容纳入 TPP 谈判是美国的战略考虑。2012 年，美国正式提出在 TPP 就国有企业进行谈判。有一种说法，认为TPP是没有中国参加的关于中国的谈判。从全局来看，尽管这种说法不太准确，但是从国有企业这一谈判领域来说，还是有一定的道理。美国把TPP看作是FTAAP或者未来WTO的模板，考虑到中国的加入，会提前将国有企业的规则设定好。对此，有如下判断。

第一，国有企业条款可能需要较多的谈判时间。在美国过去签订的自贸协定里，国有企业虽然都有所陈述，但篇幅并不很多，没有太多的要求，主要是让国有企业按照市场竞争原则提供产品和服务时，同时保证缔约方企业相关领域投资不因国有企业受到歧视性待遇。要加强对国有企业的约束，可以说是另起炉灶，需要一定的时间评估。

第二，对国有企业不会有太苛刻的条款。尽管在不同的国家，国有企业的重要性有大小之分，但是影响都很大，关系到国计民生。例如美国的房地美和房利美，就有政府支持成分，美国邮政服务公司也是国有企业。从平衡国内利益角度来看，美国对国有企业的核心要求将是竞争中立。所谓竞争中立，指的是国有企业和其他私有企业面对同样的市场环境，不会获得额外的竞争优势。

第三，中国国有企业对加入TPP不必有过多负担。越南是比中国落后的国家，国有企业GDP贡献达到40%，尽管越南国有企业有决心改革来达到TPP要求，但是毕竟比中国晚改革10年，实际的落后差距可能更大。新加坡属于发达国家，国有企业GDP贡献达60%以上，应该说是中国国有企业改革的样板。在目前参加TPP谈判的国家中，拥有许多国有企业的越南和新加坡希望TPP不要过于着急地限制国有企业的活动。而美国则希望这些国家进行国有企业改革，要求开放市场。给予最长5年的过渡期，目的是为制定内外无差别的规则预留时间，减缓市场开放造成的影响。有分析认为，美国优先考虑的是年内完成谈判，因此向越南等国进行了妥协。

(二) 原产地规则

1. 主要内容

根据有关研究，美国在 TPP 谈判中试图推广北美自由贸易协定中的原产地规则，以税目转换标准为主，辅之以价值增值标准和加工工序标准。以交易价值法计算的区域价值增值成分比例不低于 60%，以净成本法计算的增值比例不低于 50%，而且可能只允许使用双边累积的方式，而不允许使用斜边累积或者完全累积的方式。微量条款（De Minimis）则采用 7% 的标准，即非当地成分含量低于货物交易价值 7% 的产品也将被视为原产货物。

2. 讨论

第一，美国主张"严格特定原产地规则"将对中国产生较大负面影响。在决定原产地规则上提高原料、组合零件、劳工价值和产品开发支出价值的合计百分比。其他 TPP 国家大致反对该规则，主张原产地区域累计原则，即在一个成员国获得原产地认证的产品，如果在另一个成员国进一步加工，可视为在同一原产地生产的产品。从解决"面条碗"效应的角度，原产地区域累计更能降低交易成本，增加贸易便利性，提高自贸区内的收益。美国提出"纺纱前沿"（yarn-forward）原产地规则，要求进入美国市场的服装等纺织品，从纺纱、织布、裁剪至加工为成衣的过程都必须在 TPP 境内完成。由于越南需要从中国进口纺纱等原材料，根据这一原产地规则，越南将无法利用 TPP 关税优惠和配额等，而东亚生产网络也可能因此被破坏。如果该规则在 TPP 实施，越南从中国进口纺纱将大大减少，将对中国整个纺织业带来较大负面影响。为了迎合越南，美国同时提议了一个"供应短缺"（short supply）项目。该项目规定，如果某些布料或纱线是在 TPP 国家的市场上买不到的，那么允许进口商在生产成衣时使用第三国的布料和纱线，同样可享受美国的关税优惠。

第二,越南提出新的原产地规则有利于全球资源有效配置。根据现行政策,从纱线到面料再到成衣的整个生产制造过程必须在同一国家完成才能认定该国为成衣原产国。但根据新规,越南产衣物可使用从中国进口的面料,并在其国内加工成服装后免税进入美国市场。这在美国同其他国家签订的所有现行协议中还不被允许。如果这一新规得以加入协定,那么美国现有的"从纱线开始"(yarn-forward)的原产地政策就会作废。新规或许还会激怒中美洲自由贸易协定的成员国,因为根据现有协议的要求,这些国家必须购买美国产的纱线才符合原产地规则。但从全球资源有效配置来看,越南新原产地规则虽然部分损失了缔约方利益,但有利于全球生产链的合理分工。诺贝尔经济学奖金得主斯蒂格利茨不看好 TPP,主张限制双边贸易协定,因为这样会破坏多边贸易制度并降低经济效率。他指出,原本涉及的问题是,哪里是最廉价的产品生产地,现在要考虑在贸易协定中规定哪个地方是廉价生产。一件产品,也许设计在美国,第一阶段制造在中国,之后在日本、越南完成,你很难说它到底产自哪里。实际上美国原产地规则往往会扭曲市场。

(三) 劳工

1. 主要内容

在美韩自贸协定里有一章内容专门在劳工方面做了规定。P4 协议劳工备忘录也有类似内容。

按照美韩自贸协定,缔约方要按照 1998 年《国际劳工组织关于工作中基本原则和权利宣言》所规定,承诺采用和维持国际劳工组织"工作的基本原则和权利宣言"及其后续文件规定的五大劳工标准;允许劳工自由集会结社以及集体谈判;取消一切形式的强迫或强制劳动;废除童工;消除就业和职业歧视;不得以减损或降低劳工权利影响贸易和投资。

承诺保证利益方能获得通过行政、准司法、司法或劳动仲裁法庭执行劳工法律的程序，规定详细要求保证程序的公正、公平和透明，并承诺这些程序的当事方可寻求救济以确保其实现权利。

成立由高级官员组成的劳工事务委员会，审查劳工条款执行情况以及其他劳工合作机制下的活动；在劳工部内指定办公室作为联系点，为公众提供沟通渠道；组建包括劳工和商业组织在内的由公众组成的国家劳工顾问委员会，为劳动条款的执行提供建议。关于劳工合作机制，除国际劳工组织声明外，还要遵守其第182号公约"最有害的童工形式"；劳工合作活动包括基本劳工权利及其有效实现、童工问题、社会保障计划、工作条件、劳工管理关系、劳工统计、人力资源发展和终生学习等；劳工合作将通过包括访问、人员交流、信息交换，组织研讨会、工作组，开发合作项目，组织联合研究等方式实现。关于劳工磋商部分，规定先以磋商形式解决劳工问题，磋商不成再请求劳工事务委员会通过调解或调停等程序解决，此后才可根据FTA的争端解决机制寻求救济或补偿。

2. 讨论

第一，劳动问题对所有缔约方都是一个双刃剑问题。美国希望各方提高劳工标准。但是从具有强大游说能力的美国企业来说，也不希望劳工标准过高，增加劳动成本。在全球生产链分工的条件下，一个产品是由多个国家的劳工完成，强大的劳工谈判权将会制约企业的利润。因此，TPP关于劳动问题的谈判将是一个棘手的问题，需要发展中缔约方和发达缔约方之间的平衡，也需要企业和政府的平衡。

第二，成立劳工事务委员会，美国更多是从经济角度考虑，而非人权。自贸协定实际就是创造一个所谓的公平竞争环境，使得任何国家不因为制度获得更多的竞争优势。美国担心的是其他国家低劳动成本和低标准劳动行为带来的出口产品竞争优势。成立工会组织，或者推动非政府组织的发展，使得工人有集体谈判权，可以提高工人的工资，进而避免贸易相关的工资补贴。

第三，中国劳动制度已经比较完善，基本能够达到美韩自贸协定要求。中国有《劳动法》《最低工资标准》《劳动合同法》《劳动争议调解仲裁法》等等，大部分城镇职工的工资标准、劳动环境和劳动条件应该说已经完全符合国际劳工标准要求。问题在于一些农民工和城市里的非正式就业人员，缺乏必要的劳动保障。但这部分工作正是改革的方向。实际上，一大部分农民工在农村具有了一定标准的医疗和养老保障。中国已提出了要实现"人"的城镇化，解决农民工待遇问题将会在未来作为重点。

（四）环境标准

1. 主要内容

在美韩自贸协定里专门有环境一章内容。缔约方须采取、维持和执行法律、法规和所有其他措施，履行 7 项公约[①]中多边环境协议规定的责任。承诺不能以影响各方贸易投资为由削弱或降低环境保护法律、法规或其他要求；确保利益方可向主管当局请求调查违反环境法的行为，并依据法律对此类请求给予适当考虑；确保司法、准司法或行政程序能够对违反环境法的行为给予制裁或救济，且利益方有权参与此程序；建立由双方高官组成的环境事务委员会，定期召开会议，处理环境事宜并监督协议执行，并制定详细的

---

① （1）《濒危野生动植物种国际贸易公约》，1973 年 3 月 3 日签订于华盛顿，并作修订；（2）《关于消耗臭氧层物质的蒙特利尔议定书》，1987 年 9 月 6 日签订于蒙特利尔，并作调整和修订；（3）《经一九七八年议定书修订的一九七三年国际防止船舶造成污染公约》，1978 年 2 月 17 日签订于伦敦，并作修订；（4）《关于特别是作为水禽栖息地的国际重要湿地公约》，1971 年 2 月 2 日签订于拉姆萨尔，并作修订；（5）《南极海洋生物资源养护公约》，1980 年 5 月 20 日签订于堪培拉；（6）《国际捕鲸管制公约》，1946 年 12 月 2 日签订于华盛顿；（7）《建立美洲间热带金枪鱼委员会公约》，1949 年 5 月 31 日签订于华盛顿。

程序安排；提升公众参与的机会，包括确保公众获得相关信息、发展与公众就环境事务进行沟通的程序、向公众征求意见、为书面意见提供回执与反馈意见、利益人可向主管当局请求调查环境法的违反行为等内容；除与国际协定义务相关的争端另有安排外，环境争议均应在磋商、斡旋、调和、调解不成功之后，诉诸FTA相关的争端解决机制，以寻求救济或补偿。

2. 讨论

第一，美韩自贸协定里环境问题的核心思想是：保护、核心承诺和公众参与。保护就主要是参加国家的多边环境公约，核心承诺就是要有实际的行动保证公约的约束力，公众参与就是公众在环境的立法、保护行动中有参与权。

第二，中国参加的国际多边环境公约，远超美韩自贸协定中的七项。中国环境法规制度比较完善，问题在于有法不依、执法不严。这是造成当前环境污染问题的一个重要原因，也就是在核心承诺方面做得不到位。经过30多年的粗放式发展，中国已经到了一个必须加强环境保护的阶段。如果通过自贸协定，通过制度的完善和改革，在环境执法上给予政府和企业更多的压力，有利于中国加快转变经济发展方式。

第三，从国际发展趋势来看，通过自贸区内的环境条约解决环境问题是正确出路。20世纪70年代以来，国际上兴起一股将国际贸易与环境保护问题挂钩的潮流。在这股潮流的影响下，许多国家开始制定和实施有利于环境保护的关税政策措施，以保护环境的名义对进出口商品征收关税。如果没有有效的办法解决环境问题，不但污染国内的环境，出口产品也增加了成本，降低了竞争力。未来面对的最大威胁还有碳关税。美国早在《2009年美国清洁能源与安全法案》中就提出碳关税，该行动一旦实施，将对中国经济带来极大负面影响。因此，从中国自身发展和环境保护要求来看，自贸区协定中的环境谈判对我们利大于弊。

（五）电子商务

1. 主要内容

根据美韩自贸协定，影响电子服务的交付或执行的手段须遵守投资、跨境服务贸易和金融服务中相关条款对义务的规定。

任一缔约方不能对其他缔约方的数字产品征收关税或其他费用；任一缔约方都必须对其他缔约方的数字产品及其作者、开发者、生产者和表演者等给予非歧视待遇；确保有电子签名和电子认证；关于网上消费者保护方面，规定各缔约方必须采取透明和有效的措施，确保消费者在参与电子商务的过程中免受商业欺诈；在执行相关针对电子商务中的欺诈和欺骗行为的法律时，双方消费者保护团体需加强合作等；为促进无纸贸易发展，各缔约方都应确保公众能够获得电子版的贸易管理文件；接受其他缔约方的电子版管理文件，视其具有纸质文件的同等效力；规定除法律不允许外，双方消费者有权利选择、使用、运行相关服务和电子产品，将其电子产品接入互联网等；应努力削减阻碍跨境电子信息的障碍等。

2. 讨论

美韩协定里的电子商务内容也是中国互联网发展的重要方向和目标。保障电子商务信息安全、畅通流动是互联网时代经济发展的根本要求。目前中国电子商务蓬勃发展，需要有规范的标准和制度，从而站上一个更高的国际平台。TPP 相关内容将促进中国电子商务的规范化、科学化发展。

另外，在 TPP 里将规定确保互联网上所有信息的自由流动。这也就是国家不能通过网络手段来过滤敏感信息。如果中国参与 TPP 谈判，可以以国家安全和个人隐私为理由，争取将信息的自由流动限制在电子商务流域。谈判中，澳大利亚、越南和马来西亚均提出这样的理由。

（六）知识产权

1. 主要内容

根据相关报道，TPP协议中有关知识产权领域的谈判是以2012年生效的美韩自由贸易协定为基础。其中，在网络上也有由美国商界联盟（包括美国药品研究和制造商协会、美国商会和美国电影协会）起草供美国贸易代表在TPP知识产权谈判中使用的草案。根据美韩自由贸易协定，美国对商标、互联网域名、版权、专利以及知识产权的实施都做了比较详细的规定。在这里简要介绍如下。

地理标志的商标。双方不得将符号的视觉可感知作为注册条件。双方也不得因为商标的组成元素只是声音或气味而拒绝其注册。双方认可商标应包括认证码，并且认可地理标志与商标一样受到保护。双方应确保商标的使用符合惯例，使用共同语言或名称来表示一种商品或服务。共同的名称包括商标的大小、位置和使用方式，并且确保该商品或服务在应用中不会损害商标的使用或有效性。

互联网域名。为解决商标的网络侵权问题，双方应要求其国家编码最高域名（ccTLD）管理机构提供合适的程序以解决纠纷。此程序应以《统一域名争议解决政策》规定的原则为基础。双方应要求其ccTLD管理机构提供可靠和精确的有关域名注册者联系方式的网上数据库。此数据库应对公众开放。

版权及相关权利。双方应赋予作者、表演者和录音制品制作者权利以授权或者禁止对其作品、表演和录音制品进行任何方式的复制，无论是永久的还是暂时的（包括暂时以电子形式存储的录音制品）。双方应赋予作者、表演者和录音制品制作者权利以授权或者禁止公众通过出售或者转让所有权的方式获得其作品、表演和录音制品的原件和复印件。

版权。双方应给予作者专有权利以授权或者禁止作品与公众通过电线或者无线电手段进行交流。这种权利也包括让一些公众在作者选定的地点和时间获得作品。

载有节目并加密的卫星信号和有线信号的保护。各方应视如下行为为刑事犯罪：制造、组装、修改、进口、出口、销售、租赁或者以其他形式散播有形或无形的设备或系统，明知或有理由相信该设备或系统主要用于破解加密的并载有节目的卫星或有线信号，未经该信号合法散播者的授权；恶意接收并使用或者进一步散播载有节目的信号，该信号源自加密的卫星信号或有线信号，明知该信号未经合法散播者授权解码；该信号经合法散播者授权解码，但是以商业牟利为目的恶意进行进一步散播，明知该信号源自加密的载有节目的信号，并且明知进一步散播未经合法散播者授权。

专利。各方应允许任何发明获得专利，无论是产品或是工序，无论科技的任何领域；只要发明是创新的，具有创造性，并且能够投入工业使用。另外，各方应确保现有产品在应用或使用方法上的任何创新获得专利。

知识产权的实施。各方应规定，关于知识产权实施的最终司法决定以及行政裁定应当以书面形式，并说明作出决定和裁定所依据的任何相关事实、理由或者法律依据。各方也应规定，作出的决定和裁定应公布，或者如果公布不可行时，以其他方式告知公众；应采用本国语言，以便能让政府和权利所有人知悉。各方应尽力公开信息，以促进知识产权在民事、行政及刑事系统得以有效地实施，公开的信息包括一方为此目的所收集的统计信息。

2. 讨论

第一，知识产权规定是各方博弈的重头戏。从目前已知的信息来看，TPP的现有缔约方对美国草案也并非持全盘支持的态度，因为这对他们国内立法改革的要求也非常大。例如澳大利亚就对地理标志的保护部分持反对意见，而新西兰政府也发表声明认为美国草案对知识产权保护过度。TPP各谈判方知识产权保护水平差异悬殊，越南和马来西亚在谈判中已经明确提出要在知识产权条款上获得例外安排。谈判方提出的例外条款安排，不仅限于知识产权内容本身的例外，也涉及知识产权条款执行措施的例外，甚至还包括TPP中与知识产权相关条款生效时间的例外安排。

第二，美国不同利益集体在知识产权规则制订中也出现较大争议。美国全国制造商协会、制药企业、软件和电子等团体主张在TPP谈判中坚持知识产权的强保护，这些商业团体呼吁美国政府要在TPP谈判中抵制任何试图弱化知识产权的举动，并致信给美国总统奥巴马，着重强调严格知识产权执法的重要性，并警告称，"随着TPP谈判的深入，对于药品专利和版权等方面的保护正面临严重风险……对于任何希望弱化知识产权或将任何领域排除在保护范围之外的企图都必须进行强烈反对。"美国一些个人和团体则反对在TPP谈判中确定过高的知识产权保护标准。美国参议员桑德斯致信给美国贸易代表让·柯克强烈支持TPP协定要确保发展中国家从贸易伙伴处获取药物，要求将有关数据专有权和延长专利期限的政策折衷案纳入知识产权章节中，他还要求将其他的原则融入TPP协议——TRIPS灵活性规定应该适用于所有疾病和医疗状况，TPP应该反映谈判国家的不同发展层次，不应该对没有增加治疗效果的旧版产品的新形式授予专利等。

第三，中国当前知识产权保护现状与TPP相关规定有较大差距。无论是美韩自贸协定，还是网上泄漏的美国知识产权草案，在诸多内容和中国现有的知识产权规则差距较大，尤其是关于专利保护部分和知识产权执法措施部分，中国若要实施将承担非常大的改革成本和压力。从已知的TPP知识产权谈判美国法案的内容来看，其保护力度远大于中国现有的知识产权规则，虽然TPP协议的最终文本可能会对个别国家进行知识产权条款的例外安排，但TPP

知识产权在保护强度仍将大大高于现有的 TRIPS 协定。TPP 的知识产权规则对于中国建设创新性国家、全面实施知识产权战略具备一定的借鉴作用，中国可以以其为参考，结合国情和知识产权发展的现状，加快对中国的知识产权制度进行改革。

（七）政府采购

1. 主要内容

电子手段的使用。当通过电子手段来进行相关的采购时，采购方须保证该采购中运用了包括信息认证和加密在内的信息技术系统和软件，这些系统和软件可公开获得，并能和其他信息技术系统和软件共同使用；并维持能确保参与和投标要求的完整性的机制，包括建立接收时间和防止非法访问的机制。

估价。当为采购物品估价以便确定其是否在采购范围内时，采购实体须在其整个采购过程中包含采购物品的最高总估价，不论供应商只有一个或多个，需考虑到各种形式的酬金，包括保险费、咨询费、佣金、利息以及采购中需要包含的其他收益链。

参与条件。采购实体须在采购中限定参与条件，以基本确保承接此采购项目的供应商的合法性、财政能力、商业能力和技术能力。当评价一供应商是否满足参与的条件时，采购实体：须依据供应商在采购实体的缔约方的领土内外的商业活动来评价供应商的财政能力、商业能力和技术能力；不得为了让某供应商参与一个采购项目或得到一个合同而强行设立条件，要求供应商必须曾经与该采购实体签约，或曾经在其缔约方的领土内工作过；以及须仅依据其事先在通告或招标文件里说明的条件来判断供应商是否满足参与条件。

意向采购的通告。对于每个涉及的采购项目，采购实体须根据《世界贸易组织政府采购协议》第 9 条来发布意向采购通告，通告要通过适合的电子媒介发布,除非《世界贸易组织政府采购协议》的第15条提到的情况。

计划采购通告。各缔约方须鼓励其采购实体每财年尽早发布有关他们未来采购计划的通告。通告应包括采购标的和意向采购通告的计划发布日期,尽可能在《世界贸易组织政府采购协议》各缔约方的附录2中以电子形式发布。

技术规范。为求进一步明确,合同方包括其采购实体,须在货物生产或服务执行的地区中,依照《世界贸易组织政府采购协议》的第6条来准备、采用或应用技术规范,促进自然资源保护或环境保护,或要求供应商遵守一般适用的法律,关于工作的基本原则和权利,以及有关最低工资、工作时间、职业安全和健康的可接受条件。

各缔约方须建立一个政府采购工作组,由各方的代表组成。工作组须按相互约定或应一缔约方的要求召开会议,考虑缔约方涉及的政府采购事项,包括与信息技术有关的事项,以及交换各缔约方有关政府采购机会的信息。

2. 讨论

第一,政府采购条款将具有强烈的美国色彩。美国要求TPP政府采购规则与WTO《政府采购协议》对接。而在谈判的几个国家中,只有美国、新加坡和日本等国家参与了WTO《政府采购协议》。美国在加入WTO《政府采购协议》时,将给予中小企业的合同列为适用例外,即美国政府在与中小企业订立采购合同时,无需遵循《政府采购协议》规定的国民待遇原则。实践中,美国根据国内法,在政府采购中为中小企业预留一定比例的合同,并给予一定的价格优惠。美国欲将国内政府采购规定及实践写入TPP,充分体现了美国借加入TPP之机,推广美式标准以及保护本国企业的目的。

第二,中国应加快政府采购改革。中国并未加入WTO的政府采购协议，要加入TPP，政府采购也是面临的难点问题。但是应当看到，政府采购的市场化改革有利于中国经济的健康发展和反腐败。在TPP下，政府采购的范围将更加广泛，标准将更加严格，透明度也将大大增强，这些变革将为企业公平竞争创造制度环境。实际上，美国提出的在政府采购中为中小企业预留一定比例的合同，并给予一定的价格优惠等保护中小企业的规定，也有利于企业的创新。

（八）金融服务

1. 主要内容

国民待遇。在其境内的金融机构和金融机构投资的设立、收购、扩大、管理、经营、运作以及出售或其他处置活动中，各缔约方给予另一缔约方的投资者的待遇应不低于该缔约方在相似条件下给予本国投资者的待遇。在金融机构和投资的设立、收购、扩大、管理、经营、运作以及销售或其他处置方面，各缔约方给予另一缔约方的金融机构和另一缔约方金融机构投资者的投资待遇，应不低于该缔约方在相似条件下给予本国金融机构和本国金融机构投资者的投资待遇。

最惠国待遇。各缔约方给予另一缔约方的投资者、另一缔约方的金融机构、另一缔约方金融机构投资者的投资和跨境金融服务供应商的待遇，应不低于该缔约方在相似条件下给予任何非缔约方的投资者、金融机构、金融机构投资者的投资和跨境服务供应商的待遇。

金融机构的市场准入。对于另一缔约方的金融机构或试图设立此类机构的另一缔约方投资者，不论其是区域性的还是全国性的，各缔约方不应采取或维持以下措施：不论是否以配额、垄断、独占性服务供应商或经济需求测试要求的形式，限制金融机构的数量；

以配额或经济需求测试要求的形式，限制金融服务交易或资产的总价值；以配额或经济需求测试要求的形式，限制金融服务操作的总次数或用指定数量单位表示的金融服务产出的总数量；或者以配额或经济需求测试要求的形式，限制受雇于特定金融服务部门的自然人或金融机构雇佣的对于提供特定金融服务所必需并直接相关的自然人的总数量；或者对金融机构用以提供服务的法人实体或合资企业，限定或要求特定的类型。

跨境贸易。根据给予国民待遇的条款和条件，各缔约方应允许另一缔约方的跨境金融服务供应商提供服务。各缔约方应允许位于其境内的人士和其无论处于何地的国民购买位于另一缔约方境内的另一缔约方跨境金融服务供应商所提供的金融服务。此项义务并不要求一缔约方允许此类供应商在其境内从事业务或招揽客户。各缔约方可自行定义此义务中的"从事业务"和"招揽客户"。在不违背金融服务跨境贸易的其他审慎监管手段的前提下，一缔约方可以要求对金融工具和另一缔约方的跨境金融服务供应商进行注册。

新金融服务。各缔约方应允许另一缔约方的金融机构提供该缔约方在无需进行额外立法的条件下允许其金融机构在相似情况下提供的新金融服务。一缔约方可以决定提供新金融服务的机构和法人形式，也可要求对供应此种服务进行批准。若一缔约方要求金融机构得到供应新金融服务的批准，该缔约方应在合理的时间内对是否给予批准作出决定，且只可出于审慎的原因拒绝批准。

2. 讨论

第一，金融服务领域是中国参与 TPP 的难点和关键点。在市场准入、资本和金融项目开放、金融监管等方面，中国金融市场与 TPP 规则要求还有很大距离。继续深化金融改革，是未来一个时期中国提高金融资源配置效率、确保金融体系稳定、有效服务实体经济和推动经济稳健发展的内在要求。应坚持以市场化为根本导向，促进金融创新，加快配套实施利率市场化改革、稳步推进资本和金融账户开放、进一步优化金融监管、积极稳妥发展民营金融,形成服务高效、安全稳健的现代金融体系。

第二,以上海自由贸易区突围 TPP 金融改革。2013 年 9 月,国务院批准《中国(上海)自由贸易区试验区总体方案》,其中加快金融制度创新是其重点内容。总体方案提出可在试验区内对人民币资本项目可兑换、金融市场利率市场化、人民币跨境使用等方面创造条件进行先行先试,推动金融服务业对符合条件的民营资本和外资金融机构全面开放,支持在试验区内设立外资银行和中外合资银行等一系列金融改革。在落实总体方案中,应及时学习借鉴 TPP 相关规则,争取在风险可控前提下,最大程度实现金融领域的 TPP 对接。

(九)投资

1. 主要内容

投资章节在网上也有泄漏版本,尽管没有得到官方证实,但许多学者就此已经开始展开研究,同时该章节有关规定也与韩美自贸协定有诸多相似之处。在此,以网上纰漏版本为基础对其主要内容做重点介绍。在网上泄漏版本里,TPP 投资内容是 TPP 协定的第 12 章,共 29 个条文,带 9 个附件。基本结构与双边投资协定的内容相似。

适用范围。包括一方投资者在协议生效之时或之后在另一方所投入的具有投资特性的各种资产。可以是资本和其他资源的投入,或是预期利润或者收入,其形式非常广泛。投资措施是指当事方中央、区域、地方政府和当局采取或维持的相关措施。协定还试图扩大到行使管理、行政或其他政府职权的国家企业或个人。列举到的职权包括征收、授予许可、批准商业交易,规定配额、费用或其他收费。

投资待遇。包括国民待遇原则和最惠国待遇。国民待遇原则指：一方对另一方投资者和投资就其投资的设立、并购、扩大、运营、管理、维护、出售或其他处置所给予的待遇，不得低于在相似情形下给予本方投资者及其投资的待遇。最惠国待遇指：一方对另一方投资者和投资就其设立、并购、扩大、运营、管理、维护、出售或其他处置所给予的待遇，不得低于在相似情形下给予任何第三方投资者及其投资的待遇。此外，TPP 还纳入了"公正与公平待遇"这一弹性条款，目的是将东道国的义务最大限度置于国际习惯法的监督和调整之下。

取消限制。缔约方不得对来自另一缔约方的投资进行当地采购、对外出口、限制当地销售、强制要求转移技术或生产流程等方面限制。除非在谈判中明确被接受为例外。这也是作为创始成员国的好处所在，他们可以规定各自的例外，而后来者门槛将更高。

征收补偿。不得对另一方投资者在本方的投资或收益采取直接或者间接的征收或者国有化措施。除非为了公共利益目的，非歧视性地进行及时充分有效的补偿和符合正当程序。

争端解决。TPP 的投资条款分 A 部分和 B 部分。其中 B 部分是关于投资者与东道国争端解决的。B 部分的主要内容是磋商和外交谈判机制，然后是国际仲裁机制。

此外，TPP 投资协定还涉及对各成员主张公共政策例外（如环境、健康和安全）的限制；对跨国公司的一些"公司道德标准"的要求，如国际核心劳工标准，环保标准，保护人权、社区关系和反腐败措施。

2. 讨论

第一，以中美和中欧双边投资协定谈判为抓手对接 TPP 投资规则。负面清单和国民待遇是 TPP 投资的核心内容。2013 年 7 月 11 日，为期两天的第五轮中美战略与经济对话在美国华盛顿落下帷幕，根据达成的《第五轮中美战略与经济对话框架下经济对话联合成果情况说明》，中美双方同意，以准入前国民待遇和负面清单为基础开展中美双边投资协定实质性谈判。当前，中欧双边投资协定也已经提上日程，欧盟委员会贸易委员德古赫特表示，欧方希望以负面清单方式和（准入前）国民待遇原则基础，就投资保护和市场准入两方面与中国谈判双边投资协定（BIT）。可以判断，准入前国民待遇和负面清单将成为中国与其他地区双边投资谈判的原则。在与这两大经济体进行投资谈判中，应充分吸收 TPP 投资条款内容，形成与 TPP 投资对接的协定，以有利于将来加入 TPP。

第二，研究比较投资者与东道国之间的争端机制。投资规定中一个核心问题是如何解决投资者与东道国之间的争端。在国际投资领域，投资者—东道国争端案最近十几年有大幅度的增长，到 2012 年 9 月已经有 370 多个案子。在 TPP 东道国—投资者争端解决机制设计上存在两种截然相反的立场。以美国跨国公司为代表的声音，要求在 TPP 协定中设计具体的投资者—东道国的争端解决机制，特别是要有国际仲裁制度的保障，这样才能有效地保护跨国公司的海外投资，从而有利于东道国吸引外资。例如，飞利浦（Philip Morris）烟草公司在其向美国贸易代表提交的关于拟议中的《跨太平洋贸易协定》的提呈中强烈敦促，为了加强对投资者的保护，《跨太平洋贸易协定》及美国将来的自由贸易协定中必须包含投资者—国家争端解决这一重要机制。Philip Morris 公司认为，包含投资者—东道国争端解决机制，使投资者有权将争端提交独立的国际仲裁庭，这是保护其投资的重要方面。以澳大利亚政府为代表的东道国则反对在 TPP 中写入投资者—东道国争端解决的国际仲裁制度。在 2011 年 4 月 12 日发布的《贸易政策声明》中，澳大利亚政府宣布其未来签订的国际投资协定中将排除投资者—东道国争端解决条款。他们认为，这种国际仲裁制度会威胁到东道国的公共健康、环境等国内决策，在东道国企业与外国企业的关系上偏袒外国企业。这种国际仲裁机制还可能因缺乏类似东道国国家司法所具有的透明度、程序公正。他们担心这种国际仲裁的仲裁员选择会缺少公正性，可能在实践中由一些专业的贸易律师操纵。中国在1993年签署《华盛顿公约》时曾表示，中国仅考虑把由征收和国有化产生的有关补偿的争议提交 ICISD 管辖。但以 1998 年为分界点，中国与外国缔结的第三代双边投资条约中约定了接受 ICISD 管辖条款，基本上放弃了当年加入《华盛顿公约》的保留，意味着中国完全接受 ICISD 管辖权。如 2003 年 12 月 1 日签订、2005 年 11 月 11 日生效的中德重新签订的双边投资条约第 9 条。但在 1998 年之后，中国对待 ICISD 仲裁管辖权的态度则变成三种：或者不接受 ICISD 仲裁管辖权，或者全盘接受 ICISD 仲裁管辖权，或者部分接受 ICISD 仲裁管辖权（仅限于有关征收补偿款额的争议）。在中国加快"走出去"战略实施的新阶段，中国需要重新权衡采取何种争端解决机制，以更好地适应经济发展要求，并在谈判中提高主动性。

四、基于 TPP 协议评估的主要建议

TPP 的核心内容不仅仅是贸易和投资的自由化，而且还包括针对知识产权、企业国民待遇、劳工标准和环保标准等一系列所谓的"境内规制"的较高标准，在这些方面中国要在短期内达到这些标准确实有难度。但是，这并不代表中国无法加入 TPP。相反，应当看到加入 TPP，与中国的新一轮改革开放是相适应的，与中国更加积极主动融入全球规则制定是相辅相成的。在目前的十二个谈判成员国当中，越南、墨西哥和马来西亚等发展中国家以及澳大利亚等发达国家都或多或少地面临和中国相同的挑战，中国无需在 TPP 的高标准面前望而却步。相反，要奋起直追，在诸多领域进行深入改革，以 TPP 规则对标中国的改革开放进程。

（一）中国FTA建设与TPP有一定差距

截至2014年11月，中国在建自贸区18个，涉及31个国家和地区。其中，已签署自贸协定12个，涉及20个国家和地区，分别是中国与东盟、新加坡、巴基斯坦、新西兰、智利、秘鲁、哥斯达黎加、冰岛和瑞士的自贸协定，内地与香港、澳门的更紧密经贸关系安排（CEPA），以及大陆与台湾的海峡两岸经济合作框架协议（ECFA），除了与冰岛和瑞士的自贸协定还未生效外，其余均已实施；正在谈判的自贸协定6个，涉及22个国家，分别是中国与韩国、海湾合作委员会（GCC）、澳大利亚和挪威的自贸谈判，以及中日韩自贸区和《区域全面经济合作伙伴关系》（RCEP）协定谈判。此外，中国完成了与印度的区域贸易安排（RTA）联合研究；正与哥伦比亚等开展自贸区联合可行性研究；还加入了《亚太贸易协定》。尽管中国FTA建设取得丰硕成果的同时也积累了很多经验，但还处于初期，存在很多不足，特别是与TPP相比，中国FTA存在着开放度不够、谈判议题不够全面和深入，能力建设欠缺等很多需要进一步努力和完善的地方。

第一，中国FTA的开放程度远不如TPP。TPP实施的是开放的成员加入政策，凡是APEC的成员均可加入TPP的谈判，非APEC成员也可以参与。与TPP的开放加入政策相比，中国目前已签署和正在谈判的FTA大多都是谈判双方之间的自由贸易协定，未对协议的第三方开放。中国FTA相对TPP而言较为封闭，不利于中国快速扩大FTA伙伴国，与更多的国家分享FTA的贸易利益。事实上，FTA作为一种俱乐部形式——"一些人自愿组成的协会，联合生产共同的商品，分担生产成本，分享非成员无法享受的该排外商品带来的利益"，俱乐部成员越多，收益也就越大。同时，规模经济和正网络外部性也随着成员国的增多而凸显。

第二，谈判议题不够全面和深入。通过中国 FTA 与 TPP 的议题比较分析，可以发现中国 FTA 谈判的议题大都限制在传统 FTA 的贸易领域议题框架内，对于很多交叉问题和新兴贸易问题都缺少关注。在中国已签署的 FTA 中，仅有少数 FTA 涉及到交叉问题与新兴贸易领域，如知识产权、劳工标准、环境规则、电子商务、金融服务、通信等领域。另外，在 TPP 的谈判议题中，甚至有一些议题，中国 FTA 到目前为止基本都未涉及过，比如，政府采购、政府监管、国有企业与私营企业的公平竞争、数字技术等领域。这些较少和未曾涉及的领域，正在 TPP 的谈判过程中日益受到世界各国广泛的重视，中国在下一步 FTA 的谈判过程中也不应忽视。

第三，没有考虑能力建设，FTA 利用不足。中国 FTA 在建设和谈判过程中均未提及能力建设问题，然而这却是 TPP 很关注和重点推进的问题之一。能力建设对于一个 FTA 的成员国进行 FTA 谈判和利用有着非常大的帮助作用，特别是对一些相对较不发达的经济体而言更是十分有益。然而，中国现有的 FTA 尚未对该问题给予足够的重视，进而导致在 FTA 的谈判和利用方面缺乏一些必要的能力和学习经验。

（二）TPP 主要内容与中国改革开放大方向并不矛盾

TPP 是一项高标准的自由贸易协定，其内容既不与 WTO 规则相矛盾，也不与中国改革开放大方向相悖。实际上，如果认真和仔细比较 TPP、TTIP、BIT 和 TISA（国际服务贸易协定），不难发现，美国的利益诉求在这四项双边和多边经贸协定中高度一致，且互相支撑。其中，只有美国 BIT 范本是完全公开透明的。市场开放、国民待遇、负面清单、国有经济、环境和劳工标准、创新政策等均已成为这几项经贸协定的核心内容。十八届三中全会提出构建开放型经济新体制，将投资准入、自贸区建设和内陆沿边开放作为这一新体制的三大内容。这种开放型经济新体制，将中国上海自由贸易试验区建设作为改革开放的先行区和试验地，就是希望在更高的标准、更大的范围、更多的领域与国际接轨，进而释放新一轮改革开放的活力。实际上，三中全会提出的构建开放型经济新体制的具体要求与 TPP 相关要求并不存在任何矛盾。同时，由于中国在货物贸易领域的开放度已经很高，投资和服务必将成为中国未来改革开放的关键领域。

（三）中国全方位推进国际合作将为加入 TPP 扫清障碍

2013 年中美正式启动双边投资协定谈判，表明中国向参与 TPP 谈判迈出了实质性一步。2013 年 7 月，第五轮中美战略与经济对话决定，中美启动双边投资协定，中国成为美国发布 2012 版 BIT 范本后第一个与美国展开谈判的经济体。相比 2004 年 BIT 范本，新版 BIT 范本主要增加了透明度和公众参与、劳工和环境及国有经济三方面内容，涉及准入前国民待遇、负面清单、国有企业、创新政策、环境和劳工标准、争端解决机制等条款，这些内容也必然成为未来中美 TPP 博弈的主要内容。与 TPP 谈判相比，在双边的 BIT 谈判中，美国要价必然会更高，中美谈判难度更大。同时，2013 年中国宣布加入 TISA 谈判，其内容也会构成 TPP 谈判的核心要件，进一步表明中国已走到了 TPP 谈判的门口。考虑到 BIT 和 TISA 核心内容本身就是 TPP 的主要构成要件，作为全球最大贸易国，中国在经贸投资领域已高度开放，今后改革开放重点是与国际先进标准和规则全面接轨，进一步提升国际化水平。中国宣布加入 BIT 和 TISA 的谈判，表明中国实际上已为加入 TPP 做好了准备，或者说中国已在关键领域与美国就加入 TPP 展开了双边和多边的谈判。美国国内那种认为先将中国排除在 TPP 之外，然后将 TPP 相关规则强加给中国的论调，实际上是一种封闭的冷战思维。从

2012年TPP投资条款泄密版本来看,TPP投资条款的具体内容与2012年BIT的内容基本一致。理论上来看,即使未来中国未加入TPP,一旦中美达成BIT,BIT的内容会完全覆盖甚至超越了TPP投资条款的相关内容,缔结BIT是参加TPP投资条款的充要条件。

1. 金融方面

一是以市场化为根本导向深化金融改革。这既是未来一个时期中国提高金融资源配置效率、确保金融体系稳定、有效服务实体经济和推动经济稳健发展的内在要求,也是应对TPP金融服务条款的客观需要。要加快配套,实施利率市场化改革、稳步推进资本和金融账户开放、进一步优化金融监管、积极稳妥发展民营金融,形成服务高效、安全稳健的现代金融体系。以上海自由贸易区突围TPP金融改革,积极推广复制。2013年9月,国务院批准《中国(上海)自由贸易区试验区总体方案》,其中加快金融制度创新是其重点内容。总体方案提出可在试验区内对人民币资本项目可兑换、金融市场利率市场化、人民币跨境使用等方面创造条件进行先行先试,推动金融服务业对符合条件的民营资本和外资金融机构全面开放,支持在试验区内设立外资银行和中外合资银行等一系列金融改革。在落实总体方案中,应及时学习借鉴TPP相关规则,争取在风险可控前提下,最大程度实现金融领域的TPP对接。十八届三中全会《决定》提出,在推进现有试点基础上,选择若干具备条件地方发展自由贸易园(港)区。中国已同意以准入前国民待遇和负面清单为基础与美进行投资协定实质性谈判。金融业作为竞争性服务行业,可以按这一模式开放。

二是要积极争取进入TISA谈判。目前大部分TISA成员对中国申请加入的最初反应是积极的,如欧盟对中国加入TISA的态度就比较积极乐观。欧盟认为与任何其他谈判相似,中国加入TISA谈判会带来一定的风险,但是如果将中国排除在外会将带来更大的风险。但是,美国则对中国的加入表示怀疑。美国怀疑中国加入TI-

SA 谈判的动机以及对实现承诺的意愿和能力。从目前的 TISA 谈判进程来看，各成员的承诺基本上高于 GATS，而中国被认为以往在服务贸易上的承诺"并不特别具有雄心"。TISA 中最核心的部分将是金融服务条款的谈判，而作为同样被美国主导的 TPP 的金融服务条款将与其有一致性。如果中国顺利加入 TISA 谈判，将来在 TPP 的金融服务条款中也不会面临大的障碍。

2. 国有企业方面

推进竞争性国有企业股权多元化是应对 TPP 国企约束的根本措施。从目前已知 TPP 关于"国有企业"的定义来看，如果政府股份超过 50% 以上甚至 20% 以上，就被定义为国有企业，就要受到相关约束。由于美国、日本、韩国等国家国有企业很少，这样的约束自然主要针对像中国、越南等国有企业比较多的国家。要在这样的条款约束下获得企业竞争力，必须摘掉其所定义的"国有企业"的帽子。国有资产管理体制改革会进一步深化。十八届三中全会《决定》指出："以管资本为主加强国有资产监管，改革国有资本授权经营体制，组建若干国有资本运营公司，支持有条件的国有企业改组为国有资本投资公司"。这些新的提法意味着目前的国有资产管理体制会有变化，实质是国有资产出资人的监管职能和股东职能要分离，这将是国有资产管理体制改革的进一步深化。这意味着公益性的少数不易引入竞争的行业，需要政府控制大部分比例股份，在竞争性行业，会用少量的国有资本撬动大量的社会资本，带动民企共同成长。未来，针对企业集团的整体式混合所有制改革将成为主流，混合所有制是要真正实现机制的转化。在混合制改革后，尽管政府控制股份低于 50% 甚至 20%，由于股东分散，政府在股份制企业里仍然可以掌握较大控制权，不影响公有制经济的主体地位。

3. 政府采购方面

一是为加入 GPA（政府采购协议）做好充分的准备，特别是在法律层面要理顺关系，做到与国际接轨。

二是加快国有企业改革，避免国有企业被纳入政府采购主体。一定程度的政府采购市场支持，有利于为中小企业发展提供更公平的市场环境，有利于整个社会的创新。不管怎样，中国加入GPA是必然的，并且很有可能在TPP生效实施之前。因此，关于TPP政府采购部分，如果中国加入，在这方面不会面临大的障碍。

4. 知识产权方面

基于高标准自由贸易区条款的新动向，中国既要立足现实，又要从发展的角度采取应对策略。一方面，中国要立足尚处于发展中阶段的历史现实，力争在知识产权保护期限条款谈判中尽可能争取较短的知识产权保护期限，力争更多地分享发达国家知识产权发展红利，促进中国尽快发展。另一方面，也是最重要的，中国要大力推进创新驱动战略，推进知识产权资源快速扩展，力争在尽可能短的时间内拥有更多的自主知识产权，改变知识产权领域国际竞争的被动局面。

为此，中国在参与知识产权领域自由贸易区谈判中可以采取区别对待的方法——老知识产权老办法，新知识产权新办法。对于一定期限之前申请批准的知识产权，比如2010年之前的，采取世贸组织公认的规则；而对于其后申请批准的知识产权，则可以通过谈判采取适当延长保护期的规则。这种策略，一方面可以给予发达国家寻求延长保护期的努力一定满足，又保护了发展中国家的合法利益。另一方面面向未来，又有利于中国随着创新能力的提高而增强自身国际竞争力。

5. 电子商务方面

电子商务行业，无论对中国还是对发达经济体，都是全新的行业，该领域自由贸易正处于建章立制的摸索阶段。目前，能够感到威胁的地方有两个：一是怕借电子商务之名打开信息传递的自由化之门，害怕有害信息威胁到国家政体安全。二是怕电子传输的数字产品的永久免税，甚至物理载体也免税，可能危及中国的税收体制。

针对这两个问题，中国可以在谈判的条款中加入针对传输内容的非社会危害限制，毕竟发达国家也管控舆论动态，也不允许危害公共安全，从而达到趋利避害的目的，也避免中国在参与自由贸易区谈判时与发达国家迎头相撞。而对于所传输的数字产品及其物理载体的免税问题，既然发达经济体能够把它们列入免税名单，中国也可以把这项产品作为征税的例外，毕竟这只是个技术操作的小问题。也就是，中国可以通过改革税收体系，建设与国际接轨的税收体系来应对。

6. 劳工标准方面

中国是社会主义国家，是人民当家作主的国家，不仅要保障人民群众的劳工标准，也要维护人民群众的人格尊严，以体现社会主义制度的优越性。考虑到国际劳工组织的国际劳工标准多是基本的劳动者权力，中国应对劳工标准问题主要应是做内功。一是应当在经济开源上找出路，不要在节流上想主意，积极做大社会主义经济蛋糕，为缓解社会内部可能的张力奠定坚实的经济基础。二是积极推进政府社会管理体制改革，寻找与国际通行规则相适应的社会治理方式，为应对国际劳工标准可能引发的问题做好准备。三是通过创新社会管理方式，采用法制手段解决由结社等可能引发的社会失序问题，把劳资关系限制在法制范围内，推进民生工程走上更高的台阶。四是要注意立足国家政治发展的实际，不能大幅超越中国政治发展阶段，应加大宣传解释工作力度，以不损害国家发展利益和整体利益为原则，兼顾国际环境的要求，争取对方的理解和支持。

7. 环境标准方面

虽然，从现有文本上看，中国受制于国际环境标准的制约并不大，但是在气候问题和环境问题日益成为国际议题的大背景下，作为世界第一排放大国，中国受到的环境标准压力会越来越大。所以，中国不能停留在现有的环境标准要求上，而要提升技术水平，节能减排，为应对可能的绿色贸易壁垒留出充足的回旋空间。中国生产同样产品的能耗是发达国家的好几倍，能源利用效率挖潜空间巨大；生产同样产品的废弃物排放率是发达国家的好几倍，循环利用的空间巨大。提高技术水平、提高能源资源的利用率是根本出路。中国应主动切实推进节能减排工作，从根本上摆脱战略被动。当然，通过谈判为节能减排争取更多的空间也是必要的，虽然解决不了根本问题。

城镇化篇

第十三章 中国城镇化历史总结、现实分析和预测

一、中国城镇化的历史

(一) 历史追溯

中国城市历史可以追溯到"龙山文化时期",城市发展历程有4000多年。先秦时期是中国城市的起源期和城市体系发育期。夏、商、周中国城市处于萌芽和起源阶段,城市规模小,数量少,形态也不完备。例如,商代的城市主要布局在今咸阳、太原、兖州及淮河上游之间的狭小范围。仅河南省就集中了城市的半数,广大长江流域几乎没有城市出现[①]。

春秋战国时期是中国城市形成的重要时期。由于诸侯割据,极力扩建旧城和建筑新城,大大加速了城市的兴起和发展。同时,随着冶铁业的发展,促进了手工业和商贸业的发展,兴起了一些工商业城镇。估计此时全国城市数量有数百座,仅齐国就有70多座,城市分布范围已经扩展到今之北京、天水、宜昌、绍兴和海滨之间,淮河秦岭线以南城市总数能占到四分之一。

---

① 本部分主要参考戴均良,傅崇兰、白晨曦、曹文明等著:《中国城市发展史》,黑龙江人民出版社,1992年版。

秦汉至明清是中国城市充分发展的时期。秦朝实施郡县制度，全国分为四十多个郡和近千个县，城市数量急剧增加，较大城市有250多座，地理分布广泛。汉朝农业和工商业发展迅速，国力强盛，疆域扩大，在岭南、河西和川南等地新建地区性行政中心，进一步促进了新城市的兴起和发展。估计汉代有城市670余座，长安人口最多时达40多万。

东汉末年到魏晋南北朝时期，战争频发，社会动荡，城市发展曲折缓慢。但从三国时期经济南移，南方城市快速发展，全国新设220个县城，多数集中在今四川、重庆、湖北和广东省。这个时期产生了中国乃至世界上第一个百万人口城市南京。

隋朝开通大运河，促进了南方城市和特别是沿河两岸城市的迅速崛起和发展，淮安、扬州、苏州和杭州是当时四大都市。唐代经济社会空前繁荣，水运有长江、黄河和运河，陆运有驿站，海陆贸易遍及国内外，盛唐时期城市总数达1000多个，长安被誉为"世界首都"。

宋代在世界历史上第一次实用了纸币，货币流通量比盛唐增加20余倍，直接促进了商贸和城市的迅速发展，出现了"草市"，是典型的商业中心，如南宋年间鄂州的南草市，"沿江数万家，廛肆甚盛，列肆如栉"，"虽钱塘、建康不能过"。北宋东京（开封）和南宋临安（杭州）是人口超百万的特大城市。

有学者认为，南宋是中国城市发展的一个重大转折点。[①] 南宋以前城市人口的变化有两大特征：一是城市人口不但绝对量上升，而且占总人口之比重也缓慢上升。二是人口有向大都市集中的趋势，大都市的规模迅速膨胀。但南宋以后，城市化之进程陷入停滞，城市总人口之绝对量几乎没有什么增加，但是全国总人口则不断在增加，城市人口之比重便日趋降落。这种趋势到19世纪中叶

---

① 参考赵冈著：《中国城市发展史论集》，新星出版社，2006年版。

达谷底，城市人口之比重由南宋时之22%降到6%左右。

元代城市发展缓慢，北方城市发展相对较快，西南地区得到了开发，在元朝新设的72个县城中，云南省占到了43个。明代开始出现资本主义萌芽，城市发展加快，当时全国有大中型城市100多个，小城镇2000个，农村集镇4000—6000多个，形成了南京、北京、苏州等33个大中型商业和手工业城市及景德镇、汉口镇、佛山镇、朱仙镇四大名镇。

清朝初期，由于战乱及政策原因，城市发展受到抑制。从康熙中后期开始，随着经济恢复发展，商贸活跃，城市出现较快发展。特别是边远地区开始得到开发，东北、新疆和台湾在历史上第一次由中央政府建立了县城。城市和人口的数量较之过去历代有所增加。到1843年，城市人口约2072万，占总人口45000万的5.1%。

从1840年鸦片战争到1949年中华人民共和国成立，一百余年时间里中国城镇化进程缓慢。到1949年，城市人口5765万，占总人口约10.6%，平均年提高0.05个百分点。在这期间，城市出现多元化特点，出现了一批新型资本主义城市，有些城市具有殖民色彩，沿江、沿海和铁路交通枢纽城市发展较快，新型工商业发展迅速，内陆小城镇变化较小。同时，受交通便利、外贸口岸和租借地众多等影响，宋明以来东部地区城市发展水平快于西部地区的格局进一步得到强化。由于农村自然经济受到分化瓦解，加之缺乏交通、资源、口岸等优势，西部地区城市发展缓慢，有的城市人口减少。这一局势直到抗日战争期间，由于东部工商业和政府机关的内迁，才略有改观。

（二）新中国成立——改革开放

该阶段是中国城镇化的缓慢起步阶段，经历了三年恢复和"一五"时期起步发展、大起大落的"大跃进"与调整时期以及

"文革""三线"建设的停滞发展等阶段,到1978年城镇化水平只提高到17.92%。总体上可以分为三个时期。[①]

1949—1957年是城镇化的起步发展阶段。1949年城市非农业人口为5765万人,城市化水平为10.64%,有城市69座。随着国民经济恢复和"一五"建设,工业水平和社会生产力迅速提高,武汉、成都、太原等老工业城市得到扩建和改造,一批大中城市建设加快。同时,工业建设布局开始向内地倾斜,内地城镇化进程也加快。到1957年,城镇人口数量达到9949万人,城市数量达到176座,城市化率为15.39%,平均年提高0.59个百分点。

1957—1965年城镇化发展经历了大起大落,总体上城市化率缓慢提高。1958—1960年,在大跃进运动中,城镇数量和人口迅速提高,1960年城市化率达到了19.75%,平均年提高1.44个百分点,城市数量达到208座。但随着1959年提出了"先生产后生活"的方针,工业发展向重工业优先的战略转变,城镇化发展受到限制。1960—1965年,城市公共基础建设停滞,城市由消费城市向生产城市转变,一部分新设置的市恢复到县级建制,一大批城市陆续撤销,大量城市人口下放农村。到1965年,城市数量下降到171座,城市化率下降到17.98%。

1966—1978年期间,城镇化发展几乎停滞。受文化大革命影响,工农业生产停滞不前,经济发展严重受损,城镇化进程受阻。据不完全统计,"文革"期间约下放城镇居民4000万人。[②] 到1978年,城市化率仍然维持为12年前的水平。

[①] 参考简新华、何志扬、黄锟著,《中国城镇化与特色城镇化道路》,山东人民出版社,2010年版。

[②] 曹宗平著:《中国城镇化之路——基于集聚经济理论的一个新视角》,人民出版社,2009年版。

(三) 改革开放—1992年明确建立市场体制

改革开放以后，随着经济建设的全面展开，城镇化取得了巨大的发展。

1978—1984年是中国城镇化恢复发展阶段，农村改革成为城镇化的主要推力。从1978年民间自发到1983年全国普遍实行的农村家庭联产承包责任制，促进了农村经济的繁荣，为工业和城市发展奠定了基础，释放出大量的劳动力。同时，附着在小城镇的乡镇企业成为经济发展的重要力量。据统计，到1984年，全国乡镇企业达606万个，吸收非农业就业人数5208万人，占全国非农业就业的比重为30.1%[1]，形成了农民"离土不离乡，进厂不进城"为特征的小城镇发展模式。这一阶段，城镇人口平均每年递增5.68%，城镇化率从17.92%上升到23.01%，平均每年增加0.85个百分点，建制市由193个增加到300个，建制镇由2173个猛增到9140个。

1984—1992年是中国城镇化平稳发展阶段，城市改革开始成为城镇化的重要动力。1984年的十二届三中全会提出，加快以城市为重点的经济体制改革步伐，以利于更好地开创社会主义现代化建设的新局面。该次会议对城市的重要性做了充分肯定，指出"城市是我国经济、政治、科学技术、文化教育的中心，是现代工业和工人阶级集中的地方，在社会主义现代化建设中起着主导作用"，并提出了城市发展思路，"要充分发挥城市的中心作用，逐步形成以城市特别是大、中城市为依托的，不同规模的，开放式、

---

[1] 住房和城乡建设部课题组：《"十二五"中国城镇化发展战略研究报告》，中国建筑工业出版社，2011年版。

网络型的经济区"①。在这样的战略指导下，在1979年设立4个经济特区基础上，1984年又开放了14个沿海港口城市，1988年海南全省批准为经济特区，1990年决定开发浦东新区。起初开发区选址远离中心城市，对城市空间结构产生重大影响。沿海地区经济快速发展也带动了沿海大批中心城镇的发展。到1992年全国建制市增加到517个，建制镇激增到1.45万个，城镇化率达到27.46%，比1984年提高了4.45个百分点，年均提高0.56个百分点。

（四）1992年—至今

1992—2003年是中国城镇化加速发展阶段，建立社会主义市场经济体制的改革推动城镇化发展。1992年春天邓小平南巡讲话和当年10月的中共十四大，拉开了建立社会主义市场经济的序幕。各级各类开发区的大发展成为该阶段城市经济建设和空间结构调整的主要内容。仅1992—1993年间，全国新设县级以上开发区6000多个，占地1.5万平方公里，比当时城市建设用地总面积还多0.16万平方公里。②随着乡镇企业资本和技术对劳动力替代水平的提高，乡镇企业吸纳农村劳动力能力有所下降，大量的农村劳动力涌入城市特别是沿海城市，出现规模庞大的"民工潮"，形成了"离土又离乡，进厂又进城"的农村劳动力转移模式。十四届三中全会提出"国家垄断城镇土地一级市场。实行土地使用权有偿有限期出让制度，对商业性用地使用权的出让，要改变协议批租方式，实行招标、拍卖"，确立了城市土地市场机制，极大影响了城市的发展进程，房地产开发开始成为城市建设的重要内容。以城市

---

① 中共中央关于经济体制改革的决定（中国共产党第十二届中央委员会第三次全体会议一九八四年十月二十日通过）。
② 住房和城乡建设部课题组：《"十二五"中国城镇化发展战略研究报告》，中国建筑工业出版社，2011年5月1日。

现代化建设、小城镇发展和建立经济开发区、工业园区等为标志，中国城镇化全面快速推进，城市综合承载能力与吸纳农村人口的能力得到明显提高。这一阶段，中国城镇化率从27.46%提高到40.53%，年均提高1.19个百分点，2003年建制市达到660个，建制镇达到20226个。

2003—2012年是中国历史上城镇化发展最快的阶段，完善社会主义市场经济的改革推动城镇化发展。2003年以后，中国加入WTO的作用开始显现，外向型经济影响着城市化进程。上世纪90年代初提出的"严格控制大城市规模"不再在政府文件提及，以发展大城市为核心的城市地区成为地方政府和学界的共识。东部逐步形成长三角、珠三角和京津冀三大城市圈。党中央在世纪之交提出西部大开发战略，随后又相继提出了振兴东北老工业基地战略和中部崛起战略。2008年国际金融危机爆发以来，党中央把城镇化与结构调整、转型和扩大内需紧密联系，城市基础设施和房地产开发建设加快，对投资性内需拉动显著。国家政策区不断纵深发展，一批经济区、经济新区、经济带、城市圈、城市群和综合配套改革实验区获得国家批复，掀起了城市建设新一轮高潮。这一阶段，中国城镇化率从40.53%提高到52.6%，年均提高1.34个百分点。

二、中国城镇化的现实分析

（一）中国城镇化取得的巨大成就

改革开放以来，中国城镇化进程持续快速推进，取得了巨大成就。2012年城镇常住人口达到7.12亿，城镇化率达到52.6%，较1978年提高34.68个百分点，年均增长1.02个百分点。相比1978年，城镇常住人口增加了5.18亿人，超过了除印度外世界其他任何一个国家的人口总量。城镇人口的增加大大扩展了城市市场需求规模，并为城镇制造业、服务业发展提供了源源不断的劳动力供给。2012年城镇社会消费品零售总额达到21万亿元，城镇就业人员达到3.71亿人。

城市数量增加、规模扩大，城市社会事业和公共服务水平持续提高，户籍制度改革取得实质性进展。城市建成区面积扩大到4万多平方公里，扩大了50%以上。到2011年底，全国共有657个设市城市，建制镇增加至19683个。全国有30个城市的常住人口超过800万人，其中13个城市超过1000万人。初步形成以大城市为中心、中小城市为骨干、小城镇为基础的多层次协调发展的城镇体系。

教育、卫生、基本社会保障等公共事业持续较快发展，覆盖范围不断扩大。2002—2010年，城市每千人卫生技术人员由5.15人增加到7.62人，医疗卫生机构床位由196万张增加到207万张。全国参加城镇居民基本医疗保险的人数由9400万人增加到22066万人，参加城镇职工基本养老保险人数由11128万人增加到28392万人。全国城市绿化覆盖率由29.5%增加到38.62%，城市人均拥有公园绿地面积由7.73平方米增加到11.18平方米。到2011年末，城市污水处理率达到82.6%，提高42.6个百分点。地级及以下城市放开了户籍管理，北京、上海等特大城市、大城市，在农民工劳动条件、保障生产安全，扩大农民工工伤、医疗、养老保险覆盖面，放开义务教育、保障房等方面，不断推出新举措，随着城市政府公共服务能力的提高，城镇户籍制度改革迈出实质性步伐，阻碍城镇化发展的制度藩篱逐步被打破。

城镇化与工业化关系更加密切，制造业、服务业与城镇发展相互促进。2002年以来，农村乡镇企业离土不离乡的发展模式发生了深刻变化。制造业、服务业日益向城镇集中，工业化与城镇化的关系越来越紧密。到2010年，地级以上城市规模以上工业总产值占全国的56%。县域经济也出现非农产业日益向城镇集中的趋势。这一发展为城镇就业增长提供了重要支持，为人口和劳动力持续向城镇转移提供了重要条件。人力资源的集中，城镇基础设施水平的提高，又为制造业、服务业发展提供了必要的硬件设施、劳动力供给、市场需求等重要条件。

随着城镇规模扩大、水平提高，城镇居民住行水平不断改善，以居住行为主的消费结构升级持续推进。2002—2011年，城镇居民家庭每百户汽车保有量由不足1辆增加到18.6辆，人均住房面积由24.5平方米增加到31.6平方米（住户调查数据，不包括集体户，按建筑面积计算）。消费结构升级持续扩大了汽车、住房市场，带动了汽车工业、房地产建筑业持续快速发展，带动了广泛的关联产业发展，进而有力地加快了工业化进程。另一方面，住行为主的消费结构升级活动，也不断扩大了对城市住房、交通及其他配套基础设施、市场环境的要求，推动着城市建设发展，加快了城镇化步伐。

（二）中国城镇化面临的问题

1. 规划和管理问题

许多地方的城市规划缺乏科学性、前瞻性、权威性和强制性。一些城市规划的出台过于草率，批准程序流于走过场、走形式。地方政府主要领导官员在一个地方的任期较短，为了在短期内见效果，出成绩，往往注重做表面功夫，搞形象工程，缺乏打造百年城市、千年城市的动力，造成基础设施建设抵抗灾害能力弱，城市交通拥堵严重等"大城市病"问题。同时，地方主要领导官员的更换往往打破原有的城市规划体系，城市规划的执行缺乏有效的监督机制和问责机制，城市建设和发展不能一脉相承，一定程度造成城市布局混乱、城市功能不清、城市产业结构雷同、城市建设千城一面。

尽管中国城镇化速度不断加快，但管理水平明显滞后。地方政府在城市发展中重视建设和发展速度，却忽视质量和效益。由于缺乏足够监管力度，许多城市建筑质量堪忧，楼倒倒、楼歪歪现象层出不穷，城市海砂楼遍地开花。在土地征用、拆迁，街头商贩管理、环境改造等方面一些地方政府存在不按法律办事，工作方法简单、一刀切等问题，一定程度积累了社会矛盾，影响社会稳定。

2. 产业与就业问题

城镇化过程在产业发展与就业方面主要遇到三个方面的问题：

一是资源枯竭期城市面临转型升级困境。中国资源型城市尤其资源枯竭型城市就业形势十分严峻，其中煤炭、冶金、森工型城市就业压力较大，油气型城市就业压力较小。据统计，中国共有424座矿业城镇，总人口3.1亿人，比美国和加拿大的人口总合还要多。进入21世纪以来，中国资源枯竭型城市大量职工下岗失业及贫困问题越来越严重。全国2/3即400多座矿山进入"中老年期"，即将闭坑；1/4的资源型城市面临资源枯竭；300多万职工下岗失业，1000多万职工家属的生活受到影响。

二是许多地方的城镇化停留在土地的城镇化，跑马圈地、大搞房地产建设缺乏产业支撑。这很可能引发乱上项目、浪费土地、劳民伤财，城镇化最后变为空心化，出现所谓的"空城""鬼城"现象。一个地区城镇化推进的速度，必须与其工业化的进程相适应，与其发展水平和经济实力相匹配，这样才能防止出现严重就业不足、两极分化，出现所谓"贫民窟"等问题。从2012年开始，鄂尔多斯、贵阳、营口等城市楼市相继崩盘。从南到北，从沿海到内地，从一线城市到小县城，许多新区新城或多或少赢得了"空城""鬼城"的名头。根据《中国经营报》调查，2013年初江苏常州、河南鹤壁和湖北十堰等地，也开始出现"鬼城"现象。这些"鬼城"背后又隐藏着房地产泡沫破灭、资金链条紧绷乃至断裂、城市发展缺乏产业支撑等诸多风险。

三是产业结构高于就业结构，即三次产业GDP结构为二、三、一，而产业就业结构为一、三、二，这造成了一系列劳动力就业中的结构性矛盾。第三产业向来被认为是吸收劳动力能力最强的领域，但是中国第三产业的发展速度不快，发展水平也不高，其吸收劳动力的潜力还没有释放出来。发达国家第三产业主要以信息、咨询、科技、金融等新兴产业为主，中国的统计分析也表明，这些新兴产业正是中国就业弹性较大的产业。中国目前主要以传统的商业、服务业为主，大量农村富余劳动力的存在也需要这些产业的发展，以吸纳外出农民工就业。中国一些基础性第三产业和新兴第三产业仍然发育不足，对于自身文化技术素质不高的农民工就业，所起的作用也是不明显的。因此，中国目前第三产业的内部结构及其发展同农民工城市化也是一个矛盾，如何解决这一矛盾，这关系到中国未来的城镇化推进、产业结构调整、社会结构优化。

3. 资源环境问题

目前，中国城镇化为52%，离发达国家城市化水平还有相当大距离，但是城市发展面临的资源约束、环境威胁日益严峻。如果中国城镇化达到美国的水平，国土资源对城镇化承载力要高于美国三倍多。据水利部统计，中国669座城市中有400座供水不足，110座严重缺水；在32个百万人口以上特大城市中，有30个长期受缺水困扰。在46个重点城市中，45.6%的城市水质较差，14个沿海开放城市中有9个严重缺水。每年因城镇化减少的耕地面积高达1800万亩，目前人均耕地仅为1.39亩，排在世界120位之后。中国城市内工业用地面积占比一般在25%以上，远高于国外15%的水平，但用地容积率仅为0.3至0.6，大大低于发达国家1.0以上的水平。土地闲置现象也比较严重，截至2012年8月底，全国共有闲置土地1.27万宗，95万亩，闲置两年以上的占57.3%。中国最大的500个城市中，只有不到1%的城市，达到了世界卫生组织推荐的空气质量标准，但世界上污染最严重的10个城市却有7个在中国。根据中国人民大学环境学院等机构发布的《中国城市空气质量管理绩效评估》，空气质量好的城市个数占10.67%，差的城市占75.80%，极差的城市占13.52%。大城市、经济发达城市、工业城市，空气质量普遍较差，总体上有恶化的趋势。空气质量较好的城市或者是经济不发达，或者是经济发达但以旅游等新型工业为主的特殊城市。2013年初，中东部的大部分地区出现雾霾天气。根据1月14日的监测，全国74个监测城市中，有33个城市的部分监测站点检测数据都超过了300，这意味着这些城市的空气质量已经达到了严重污染。

4. 基础设施资金问题

中国城镇基础设施建设和维护资金不足。从20世纪90年代中期至今，中国对于市政基础设施投资的比重长期偏低。根据联合国开发计划署的研究，发展中国家城市基础设施投资最好占固定资产投资10%—15%，占GDP（国内生产总值）的3%—5%。但是，改革开放以来，中国城市建设基础设施投资占城市固定资产投资的平均比重长期低于8%，逐年累积形成巨额投资欠账。据有关专家统计，中国50%的城市没有系统的排水系统，即使有也存在建设标准偏低的问题。不仅市政基础设施建设需要足够的投入，这些设施建成后的正常运转仍需要很大的资金来保证。然而，实际情况是，许多的市政基础设施建设时轰轰烈烈，在使用过程中的损耗却少有人问津，养护维修资金更是少得可怜，以至于许多设施在多年之后成了残品，不仅不能正常发挥作用，有的还带来负面的影响。

5. 城市二元结构问题

"城乡二元结构"问题已经随着农民工的进城在城市翻版为"城市二元结构"。目前中国大约有2.6亿农民工，在城镇还难以得到稳定的就业支撑，缺乏必要的服务保障。进城打工的农民工职业是工人，但身份仍是农民，农民工和城市工人同工不同酬，同工不同时，同工不同权。农民工因为没有当地户口，即使在就业地打工多年，却仍是边缘群体。中国现在的经济结构已到市场化和工业化中期阶段，但社会结构还处于工业化初期阶段，计划经济的色彩还比较浓。农民工大多居住在地下室或者城中村，原有的基于本地户籍人口的公共服务体系无法满足大量涌入的外来工需求。贫富差距、无法融入城市生活以及对未来的困惑引发了外来人员的焦虑。这种不适应、不协调，是许多社会矛盾和群体性事件的原因。

6. 房地产问题

2003年以来，城市房价节节攀升，目前房价收入比已经过高，处于危险的境地。房地产价格的过高，主要有三个原因：一是住房土地供应制度缺乏灵活性，存在垄断因素。当前住房土地供应模式是单一的，房地产开发商只能从地方政府购买土地使用权。地方政府土地供应不受市场机制的约束，存在垄断的可能，同时地方政府开发土地的效率也相对滞后。这样，住房土地供应的不足造成住房供给不足。二是在2011年前，保障房供给长期不足。1998年23号文件指出要"建立和完善以经济适用住房为主的多层次城镇住房供应体系"。但2003年18号文件，使得在政策上保障房的主体地位让位于商品房。地方政府依赖土地财政，缺乏保障房供应的动力。一些暗箱操作，使得相当一部分保障房流向非保障人群。三是存在大量的投机活动。在住房供应总量和保障房供应不足的情况下，商品房变得极为稀缺。住房是生存必需品，具有需求刚性。稀缺性和需求刚性使得投机商品房有利可图。当其他行业的投资存在风险或者回报率过低，而房地产存在投机暴利时，大量本该投向实体经济的资金流向了房地产投机。由于分税制的原因，地方政府获取土地出让金作为重要的收入来源，缺乏限制房价上涨内在的动力。根据全国工商联统计调查，整个房价当中有61%被政府拿走，政府的成本不断往上加，房价则继续上升。如果不进行系统性改革，房地产问题将继续演化。

(三) 中国城镇化面临的新变化和新机遇

1. 信息化正在深刻影响生产方式和消费方式

中国的城镇化需要充分认识信息化带来的城市发展模式的根本变革。在城市布局、城市规模、产业发展和公共服务提供方面，要系统性地考虑信息化的作用和影响，实现信息化与城镇化融合发展，创新城镇模式。信息化改变了人的生活方式、生产方式，也改变了城市的集聚方式、运行方式和管理模式。纵观城市化的进程，就是人类从农业社会发展到工业社会，再从工业社会向信息社会发展的历程。在农业社会，城市形成的条件主要是水和良好的交通，到了工业社会，工业城市生存的条件除了消费用水，还要工业用水，也需要良好的交通条件，相关的资源以及能源成为城市发展的基础。而到了信息社会，主要的生产资料是信息，城市信息基础设施成为所有城市必备的条件，而传统工业城市需要的能源资源约束变弱。可以说，信息化为城市的分散化、小规模化发展创造了条件，只要有信息流，就会有产业，在偏远的地区也可以在生活观念上与大城市趋同。

2. 新型工业化能够在保护生态环境的前提下吸收大量就业

传统的工业化道路无法破解资源约束与环境威胁难题。从欧美国家的城市发展史可以看到，在工业大规模发展的情况下，能源资源价格日益推高，环境污染日益严重。由此，发达国家开始产业结构转移，在全球化背景下，高消耗、高污染的产业大量向发展中国家转移。金融危机之后，以美国为代表的发达国家又开始重视实体经济，但这应该是以高端制造业为导向。中国当前经济发达的主要还是东部地区，产业转移主要是向中西部，不可能转移到国外。同时，中国的大国地位也决定了必须发展工业。在这种情况下，如果继续走传统工业道路，中国城市承载力将超负荷。因此，必须发展新兴工业，发展科技含量高、经济效益好、资源消耗低、环境污染少、人力资源优势得到充分发挥的产业。

在加速推进工业化和城镇化的关键时期，发展道路和模式的差异会带来截然不同的结果。[①] 从国内外发展实践看，如果工业化超前于城镇化，会因城市配套设施的缺乏，出现交通拥挤、资源短缺、环境污染、房价暴涨等问题。反之，则会由于城镇化缺乏必要的产业支撑，出现产业"空心化"和就业不足现象，产生贫民窟等一系列社会问题。中国城镇化进程也需要与新兴工业推进保持一致，避免单纯土地的城镇化、人口的城镇化，防止拉美国家贫民窟局面出现。

3. 农业现代化为中国城镇化提供土地和人口保障

农业现代化的经济本质，是增长方式从要素投入转向生产效率提升。中国的农业现代化路径将是通过发展新型经营模式，促进非农业资源，包括资本和技术进入农业领域。城镇化包含土地的城镇化和人口的城镇化。无论哪个方面，都将挤占农业生产要素，若要在农业劳动力和农耕用地都减少的情况下不出现食品价格畸高甚至是粮食安全问题，唯一的办法就是提高单位劳动力及单位土地面积上的生产效率，这必须依赖农业现代化。农业现代化能在解放农业劳动力与农耕用地的同时不危及粮食安全。实现农业现代化，农民收入有了大幅改善，才能为城镇化的推进提供微观经济基础。否则，即便将农村人口名义上转变为城镇人口，消费需求无法显著提升，也将阻碍城镇化进程。

4. 服务业提供大量就业机会

从国际经验看，发展适应城镇化需要的生产性服务业和生活性

---

① 刘奇葆：《以新型工业化与城镇化为动力加快转变经济发展方式》，《求是》，2012年第5期。

服务业，提高服务业在三次产业结构中的比重，是城镇化持续健康发展的关键。从与城镇化相关的服务业发展水平来看，城镇化达到50%以后应该是服务业大发展的时期。日本城镇化后服务业是工业产值的3倍，德国大概是2.68倍，中国的服务业现在比较落后。[①]从沿海城市来看，其城镇化已经达到60%以上，但其产业政策仍偏向于工业。服务业没有被重视，这是现在存在的一个问题。城镇化是一项重大的系统性工程，不仅需要基础设施建设、生活资料供应和城市生态维护，更加需要大量稳定的就业机会，使得农村转移人口能够"留得住、活得好"，真正实现市民化。

大力发展生活性服务业，或是城镇化的一个重要突破口。据测算，2010年，全国生活性服务业总收入约占社会消费品零售总额的22%；从业人员近7300万人，占全国从业人员总数的9%。调查表明，大多数生活性服务业从业人员来自农村地区。与此同时，城市居民对生活品质的要求逐年提高，需求潜力巨大。比如家政、餐饮、美发等服务行业可让工作生活快节奏的城市居民从繁重的劳动中解放出来，更加专注于本职工作，享受美好生活。

生产性服务业是现代区域中心城市竞争力的核心要素，是衡量一个城市功能和地位的重要标杆。生产性服务业是一种高智力、高集聚、高成长、高辐射、高就业的现代服务产业，已经成为当前发达国家和地区的主导产业和主要经济增长点。目前，国外发达国家服务业的产值比重和就业比重超过50%以上，生产性服务业的产值比重超过服务业产值比重的50%以上，并且促进这些国家经济增长的服务业主要是信息技术和信息服务业等生产性服务业，国外发达国家经济增长中的投资特征在减弱，主要依靠经济信息化来促进经济增长。中国当前生产性服务业还不发达，吸纳就业人口有限，

---

① 刘伟：《一系列城镇化改革有望启动，服务业或成突破口》，《上海证券报》，2012年12月14日。

将来生产性服务业将是吸纳劳动力尤其是高端劳动力的重要载体。

5. 新能源改变城市布局和发展模式

同信息化可以不受距离限制提供信息流，为小城镇发展提供了信息资源一样，分布式能源灵活、高效的能源供应方式将极大改变城镇布局和发展模式。传统工业社会里，大规模集中式的能源供应与城市的大型化发展相适应。传统的化石能源是一种非均衡分布，适用于大规模、集中使用的能源。化石能源的这种特点决定了越是大城市，其成本越低；相反，越是人口规模小的小城镇和农村，其成本越高。在信息社会里，城镇的分散式、小规模发展如果囿于传统的能源供应模式，城市布局将大大受到限制，同时能源效率也相对较低，不符合低碳发展理念。而新能源恰恰相反，新能源是一种相对均衡分布的能源。可以说，有人的地方就有可利用的再生能源，而且越是人口少的地方人均可以利用的新能源数量就越多。新能源可以充分利用分布式能源技术，该技术更加注重资源的合理配置，追求能源利用效率最大化和效能的最优化，充分利用各种资源，就近供电供热，将中间输送损耗降至最低，正在成为能源产业和电力行业的重要发展方向。[①] 新能源革命是改变我国城镇化进程的重要因素。

三、中国城镇化预测与分析

（一）城镇化 Logistic 曲线

美国城市地理学家诺瑟姆（Ray M. Northam，1975）研究了世界各国城市化过程所经历的轨迹，发现 Logistic 曲线能够较好地拟

---

① 《评论：重视城镇化中的能源规划》，《中国新闻网》，2011 年 7 月 12 日。

合各国的城市化轨迹,将其概括为生长理论曲线。[①] 根据该曲线的描述,城市化过程需要经过初期、中期和后期三个阶段。初期阶段城市人口占总人口比重在30%以下,农村人口占绝对优势,工农业生产力水平较低,工业提供的就业机会有限,农业剩余劳动力释放缓慢。因此要经过几十年甚至上百年的时间,城市人口比重才能提高到30%。中期阶段,城市人口占总人口比重在30%至70%之间。该阶段由于工业基础已比较雄厚,经济实力明显增强,农业劳动生产率大大提高,工业具备了吸收大批农业人口的能力,城市人口比重可在短短的几十年内突破50%而上升到70%。后期阶段,城市人口占总人口比重在70%至90%之间。这一阶段农村人口的相对数量和绝对数量已经不大,为了保持社会必须的农业规模,农村人口的转化趋于停止,最后相对稳定在10%以下,城市人口比重则相对稳定在90%以上的饱和状态。后期的城市化不再主要表现为变农村人口为城市人口的过程,而是城市人口内部职业构成由第二产业向第三产业转移。

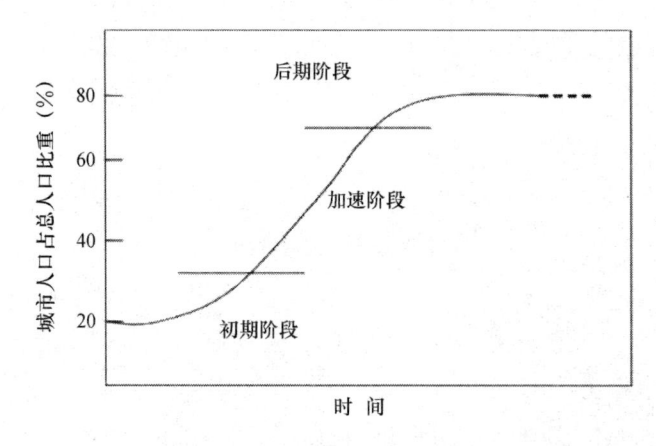

图1 生长理论曲线

———————

[①] 简新华、黄锟:《中国城镇化水平和速度的实证分析与前景预测》,《经济研究》,2010年第3期。

（二）具体方法

该方法假设城镇化人口是 t 的一个函数，具体如（1）所示。

$$y = 1/(1+\lambda e^{-kt}) \tag{1}$$

其中：y 为城市化水平，t 为时间，λ、k 为参数，对式（1）进行变换，可以得到

$$\frac{1}{y} - 1 = \lambda e^{-kt} \tag{2}$$

对式（2）两边取自然对数，可以得到

$$\ln\left(\frac{1}{y}-1\right) = \ln\lambda - kt \tag{3}$$

令 $\ln\left(\frac{1}{y}-1\right) = y_1$，$\ln\lambda = a_0$，$-k = a_1$

则式（3）就可转化为

$$y_1 = a_0 + a_1 t \tag{4}$$

很多学者用1978年以来的数据来拟合该曲线。考虑到两个方面的原因，本书从1992年开始，即用1992年到2012年的城镇化率进行回归：一个原因是1992年后，中国社会主义市场经济开始真正建立，并逐步完善，这段时期与未来时期的城镇化条件更为相似。另一方面，考虑了在1992年城市化率为27.46%，已经开始接近30%，差不多进入城镇化快速发展的阶段，在同一阶段更有利于得出拟合比较好的参数。根据1992—2012年的城镇化率数据，设定1992年 t=0，计算得出 $a_0 = 1.021$，$a_1 = -0.0565$，相关系数达0.997，y_1 和 t 之间存在显著的线性关系。可以得出 λ=2.776，k=0.0565。

（三）预测结果与分析

根据公式（1），可以预测 2013—2050 年的中国城镇化水平（表1）。

表1 中国城镇化率预测

年份	城镇化率	年份	城镇化率	年份	城镇化率
2012	52.57%	2025	69.93%	2038	82.90%
2013	54.13%	2026	71.10%	2039	83.68%
2014	55.53%	2027	72.25%	2040	84.44%
2015	56.92%	2028	73.37%	2041	85.17%
2016	58.30%	2029	74.46%	2042	85.87%
2017	59.67%	2030	75.52%	2043	86.54%
2018	61.02%	2031	76.55%	2044	87.19%
2019	62.36%	2032	77.55%	2045	87.80%
2020	63.68%	2033	78.51%	2046	88.40%
2021	64.97%	2034	79.45%	2047	88.96%
2022	66.25%	2035	80.36%	2048	89.51%
2023	67.50%	2036	81.24%	2049	90.02%
2024	68.73%	2037	82.08%	2050	90.52%

根据联合国的《世界人口预测 2010 年修订版》，取其中国人口预测的中位值，结合上述预测的城镇化率可以计算出未来的城镇人口规模。

表2 中国城镇人口预测

年份	人口	城镇化率	城镇人口
2015	1369743	56.92%	779721
2020	1387792	63.68%	883683
2025	1395256	69.93%	975663
2030	1393076	75.52%	1052004
2035	1381588	80.36%	1110231
2040	1360906	84.44%	1149163
2045	1331768	87.80%	1169337
2050	1295604	90.52%	1172790

总体上，从2013—2050年中国城镇化已经历了两个阶段。2025年以前是快速增长阶段，2025—2050年是相对慢速增长阶段。在第一个阶段，中国城镇化率从2010年的50%到2025年达到70%，仅仅用了15年时间。第二阶段，到2050年提高20个百分点，达到90%，用了25年时间。

根据联合国人口预测，结合对城镇化率预测，得出中国城镇化人口在2035年持续快速增长。从2013—2035年，年均增长1732万人城镇人口。受总人口下降以及城镇化率变缓两个因素叠加影响，2035年以后城镇人口基本保持了非常缓慢的增长。从2035—2050年，城镇人口年均增长417万人。

第十四章　把环北部湾城市群建设上升到国家战略

一、环北部湾城市群提出背景及发展基础

（一）背景

发达国家现代化过程中的重要经验表明，城市群发展对于提升国家和区域综合竞争力具有十分重大的推动作用。环北部湾具有沿海、沿边、沿江区位优势，经过30多年的对外开放，该地区成为中国西南地区对外开放的前沿地带和经济发展最为活跃的地区之一，有力地牵动了中国西南和周边地区经济社会的发展。作为西南地区最便捷的出海大通道，中国面向东盟的桥头堡，环北部湾地区极富开放开发发展潜力，有条件成为中国沿海新的经济增长极。当前，广西北部湾经济区和粤西、海南联合开发建设，3省区携手共建环北部湾城市群的条件已经具备，时机已经成熟。2012年年中，广西发展改革委率先提出环北部湾城市群设想。谋划建设环北部湾城市群，是广西、广东、海南3省区经济社会发展进入新阶段的要求。环北部湾城市群的范围，包括广西北部湾经济区的南宁、北海、钦州、防城港、玉林、崇左6市，广东的湛江、茂名2市，海南的海口、三亚、儋州3市，共11个市。

（二）发展基础

环北部湾城市群位于环北部湾经济圈的顶端位置，各城市地域相邻，人文相近，历史渊源深厚，经济联系密切，具备建设环北部湾城市群的基础条件。2013年，11个市的常住人口为3705万人，城镇人口为1789万人，城镇化率48.3%，地区生产总值1.23万亿元，人均GDP为33200元，相当于全国水平80%左右，滞后于全国发展水平。环北部湾城市群未来发展潜力巨大，前景不可限量。为服务国家周边外交战略和自贸区战略，近年来3省区均把战略重点转向开发北部湾地区，广西坚持北部湾经济区优先发展，加快建设中国沿海新增长极、西南中南地区开放发展新的战略支点；广东实施"双翼"战略，制定出台粤西地区振兴发展的指导意见，大力开发湛江、茂名等粤西地区；以海口、三亚、儋州市为重点的海南国际旅游岛建设如火如荼。

二、环北部湾城市群与国内三大城市群比较

改革开放以来，中国先后出现三大城市群。20世纪80年代开始崛起的珠江三角洲城市群，以广州和深圳作为经济中心；20世纪90年代发展起来的以上海为核心、以南京、无锡、苏州和杭州为多极的长江三角洲大城市群；进入21世纪后，以北京和天津为核心的京津冀城市群（环渤海湾大城市群）逐渐发力。

环北部湾城市群将是中国沿海第四大城市群，本章以四城市群相关数据进行参照对比。① 长三角城市群的范围②为上海、南京、杭州、苏州、无锡、南通、泰州、扬州、镇江、常州、湖州、嘉兴、宁波、舟山、绍兴15个城市；珠三角城市群为广州、深圳、珠海、惠州、东莞、肇庆、佛山、中山、江门9个城市；京津冀城市群为北京、天津、唐山、保定、秦皇岛、廊坊、沧州、承德、张家口10个城市。环北部湾城市群为南宁、北海、钦州、防城港、玉林、崇左、湛江、茂名、海口、三亚、儋州11个城市。

（一）城市群规模比较

1. 面积规模

按照上面的关于城市群的界定，从行政区面积来看，环北部湾城市群约有10.5万平方公里，在四个城市群中排名第二，基本与长三角城市群持平，比排名第一的京津冀城市群少8万平方公里，比珠三角城市群大3万平方公里。当然，如果将海洋国土面积计入，环北部湾城市群应该面积最大。

但是从建成区面积来看，环北部湾城市群面积最小，仅为900多平方公里，约是长三角、京津冀和珠三角的四分之一、三分之一和二分之一。

---

① 这部分数据都是2012年数据。
② 见《中国城市群发展指数报告（2013）》。

行政区面积（平方公里）

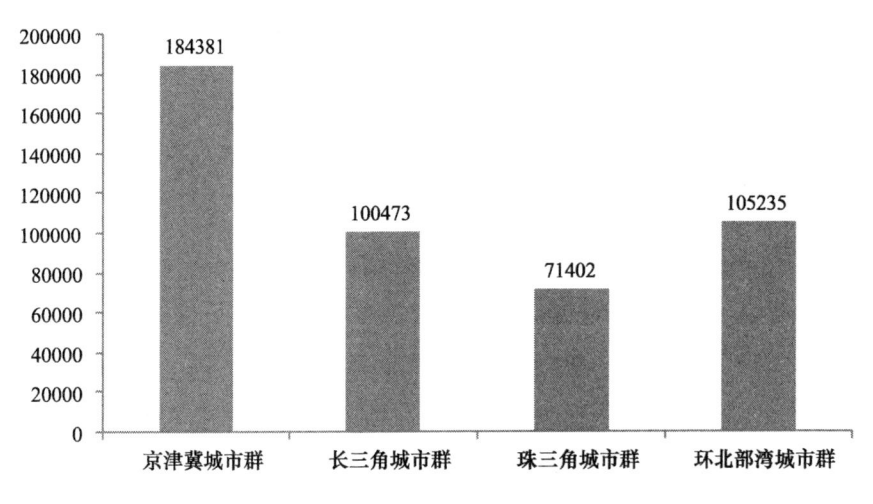

图1 四城市群行政区面积

建成区面积（平方公里）

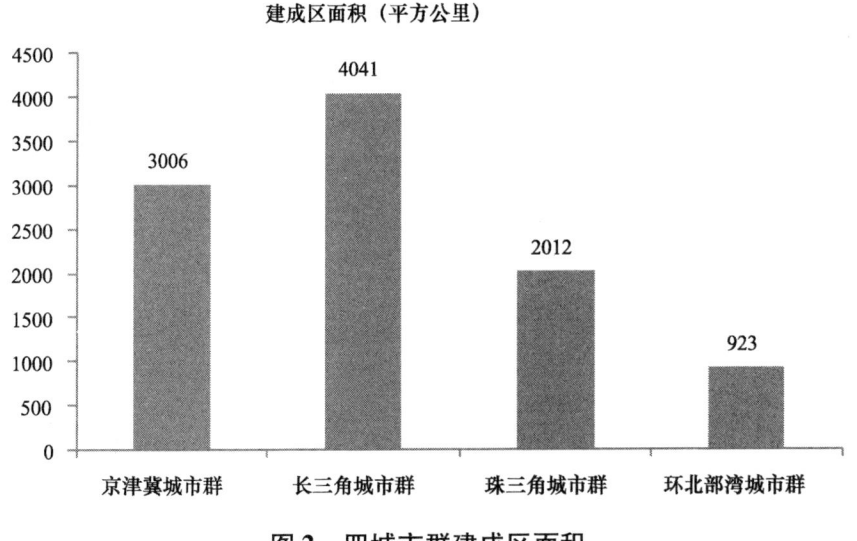

图2 四城市群建成区面积

环北部湾城市群建成区比例相对于三大城市群偏低，建成区占行政区面积比例仅为0.88%，而长三角该比例高达4%，三大城市群里最低的京津冀也有1.6%。

建成区与行政区面积比例

- 京津冀城市群: 1.63%
- 长三角城市群: 4.02%
- 珠三角城市群: 2.82%
- 环北部湾城市群: 0.88%

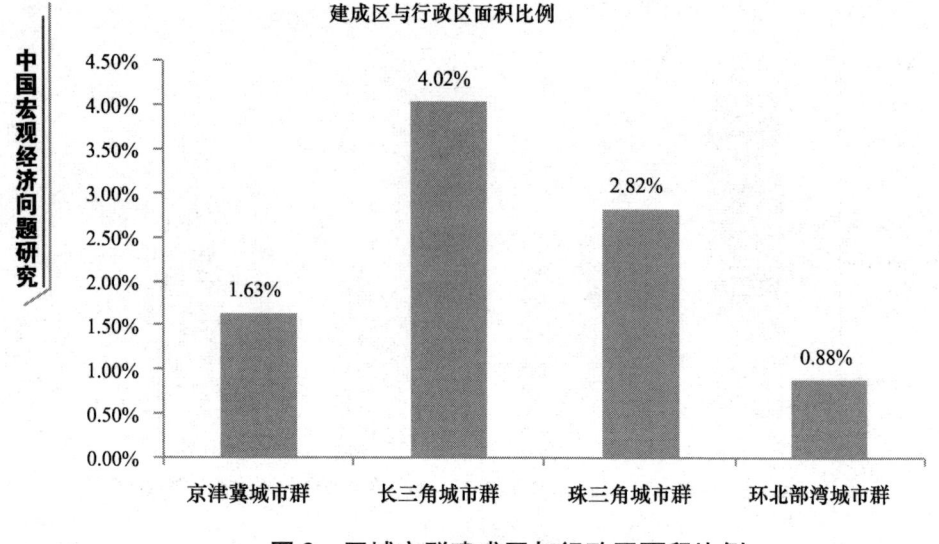

图3 四城市群建成区与行政区面积比例

2. 人口规模

从常住人口规模来看，环北部湾城市群约为 0.37 亿，排在第四位，长三角城市群、京津冀城市群和珠三角城市群依次约为 1.03 亿、0.87 亿和 0.57 亿。从常住城镇人口来看，基本保持了类似的分布，环北部城市群、长三角城市群、京津冀城市群和珠三角城市群分别为 0.17 亿、0.74 亿、0.54 亿和 0.45 亿。

过去中国的设市城市按市区和郊区非农业人口的规模大小，分为四类：特大城市（100 万人口以上）；大城市（50 万~100 万人口）；中等城市（20 万~50 万人口）；小城市（20 万人口以下）。目前来看，这种划分方式已经不能适应当前城镇化形势。这里采用当前在社会上较为接受的新的城市规模划分标准，超大城市：市区常住人口规模 ≥1000 万人；特大城市：市区常住人口规模介于 500~1000 万人；大城市：市区常住人口规模介于 100~500 万人；中等城市：市区常住人口规模介于 50~100 万人；小城市：市区常住人口规模介于 10~50 万人；小城镇：市区常住人口规模 <10 万

常住人口（万人）

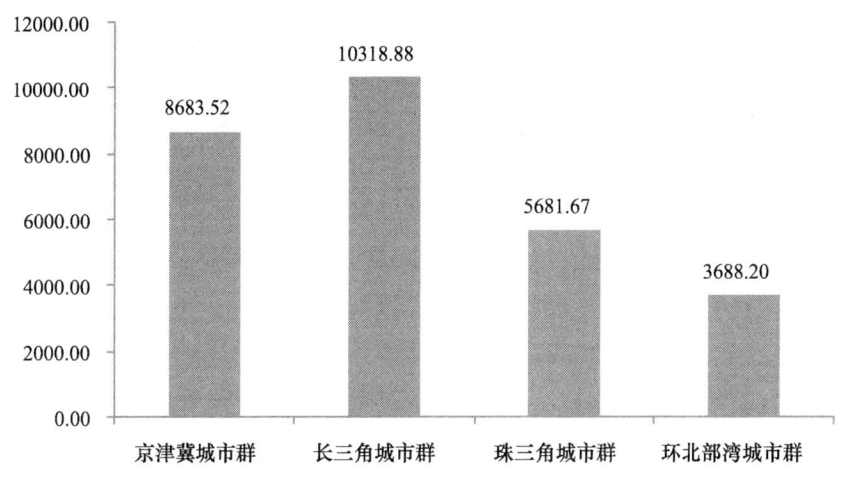

图4 四城市群常住人口

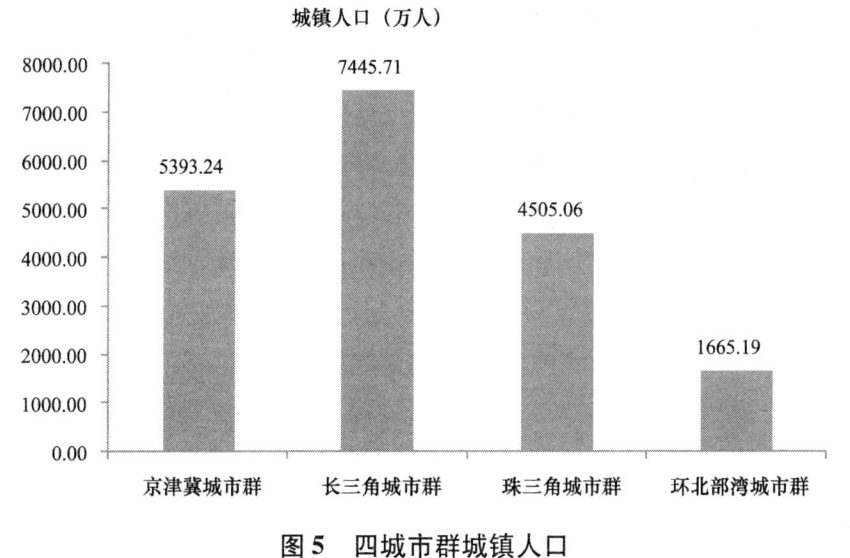

城镇人口（万人）

图5 四城市群城镇人口

人。按照这样的分类，京津冀城市群、长三角城市群和珠三角城市群分别有超大城市2个、1个和1个，特大城市分别有1个、4个和3个。而北部湾城市群还没有超大城市和特大城市，大城市有6

个,中等城市有 5 个。

表1 四城市群城市等级

	说明	京津冀城市群	长三角城市群	珠三角城市群	环北部湾城市群
超大城市	≥1000 万人	2	1	1	0
特大城市	500~1000 万人	1	4	3	0
大城市	100~500 万人	7	9	5	6
中等城市	50~100 万人	0	1	0	5

为了衡量城市规模分布情况,常用城市首位度和四城市指数法来进行测度。城市首位度指一个国家或区域内最大城市与第二大城市人口的比值。为了将更多城市的人口规模因素考虑在内,有学者提出了四城市指数。四城市指数是最大城市与排名第二、第三和第四的城市的人口和的比值。通过对四个城市群的测算,得出如下表格。这里城市首位度的标杆值为2,4城市指数标杆值为1。可以看到,长三角两个指数都表现不错,属于单核心城市群,首位城市优势明显,其他城市规模普遍较大。上海发挥龙头作用,其规模远大于其他城市;同时,其他城市发展比较均匀,排名第二、第三和第四名的苏州、南京、杭州人口之和基本与上海持平。

表2 四城市群首位城市集中度

	城市首位度	4城市指数
京津冀城市群	1.58	0.86
长三角城市群	2.79	1.03
珠三角城市群	1.22	0.46
环北部湾城市群	1.35	0.62

京津冀城市群具有双核城市群的特征,区域发展相对不平衡,大量城市人口集中在几个大型城市中,而其他地级市的规模较小。

珠三角城市群的首位城市是深圳市[①]，与广州相差不大，不具备明显的人口规模优势，城市群中各城市发展相对更为平衡，但是首位城市的带动作用较弱，位序前列的几个城市的人口规模普遍较大。环北部湾城市群首位城市是南宁，第二人口大市是湛江，但南宁城市首位度并不高，仅为1.35，与湛江的距离拉开不大。同时，4城市指数是0.62，进一步说明南宁的龙头效益还有待发挥。

（二）城镇化水平比较

从四城市群城镇化水平来看，2012年环北部湾城市群城镇化率为45.15%，不但落后于其他城市群，也低于全国平均52.57%的水平。珠三角城市群城镇化水平最高，接近80%，长三角城市群城镇化水平72.16%，京津冀城市群城镇化水平62.11%。

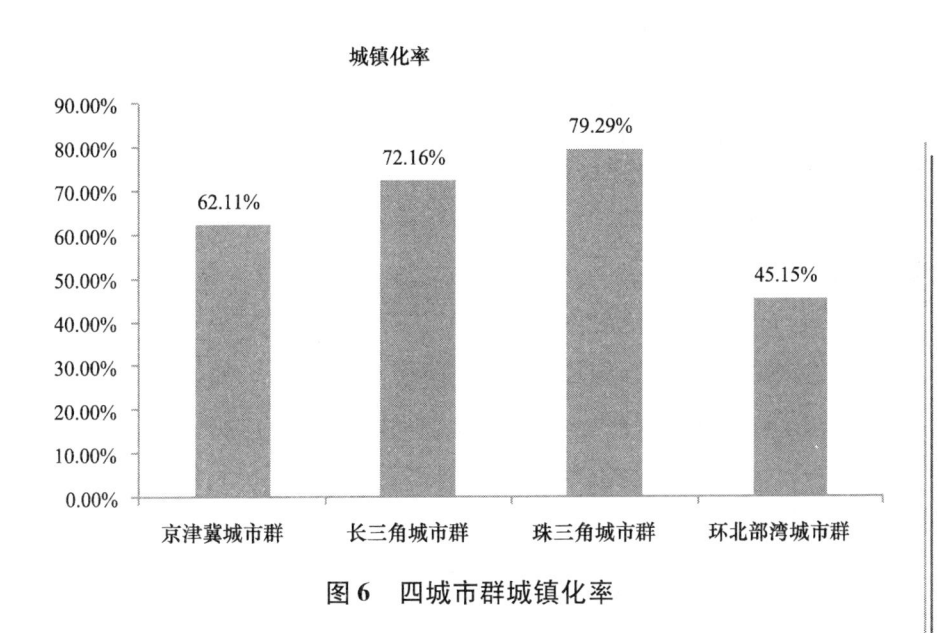

图6　四城市群城镇化率

---

① 这里比较的是城市常住人口。如果单论常住人口，广州是首位城市。

环北部湾城市群内部三亚城镇化水平最高，达到68%，其他大部分城市都低于全国平均水平，城镇化水平任务艰巨。而长三角城市群内部城镇化率全部高于全国平均水平，最低者为58.8%；珠三角城市群只有肇庆城镇化水平较低，为42.7%，其他城市均高于60%。京津冀城市群各城市城镇化水平差异较大，除了北京、天津较高，均超过80%，石家庄略高于全国平均水平，其他城市全部低于全国平均水平。

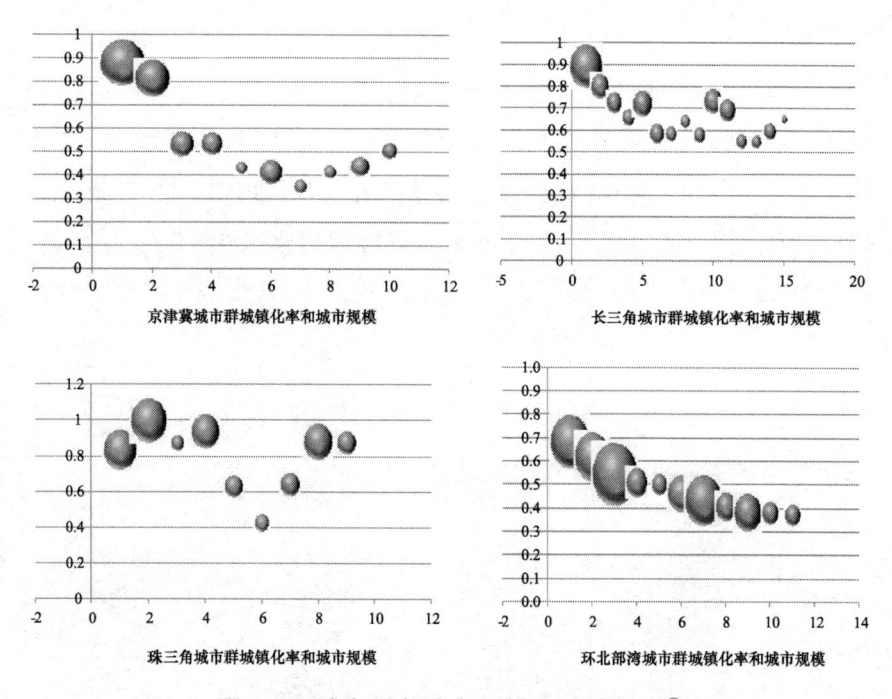

图7 四城市群各城市规模和城镇化率[①]

环北部湾城市群城镇人口占全国城镇人口比例为2.34%，长三角城市群该比例最高，约有10%的城镇人口分布在该城市群，京津冀城市群为7.58%，珠三角城市群为6.33%。

① 图中气泡大小代表城市人口规模，圆心高度代表城镇化率。

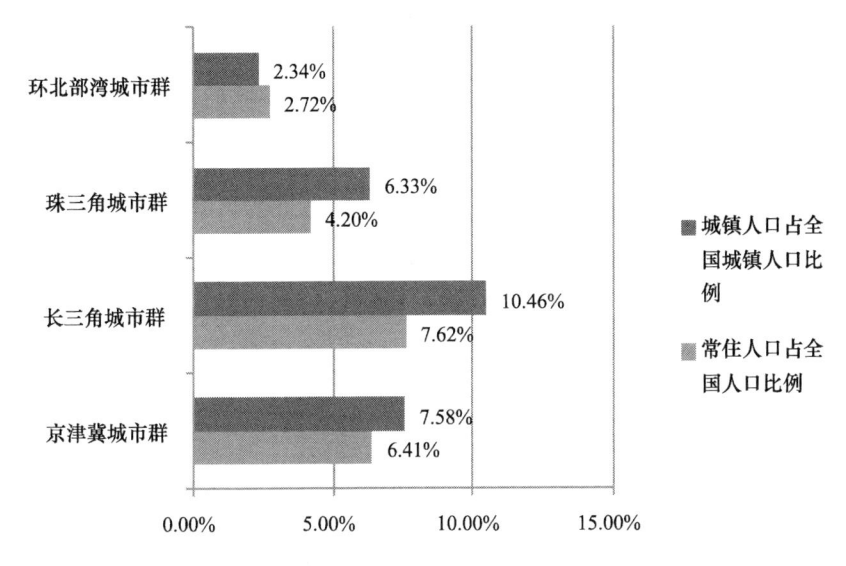

图8 四城市常住人口和城镇人口占全国比例

从人口密度来看，北部湾城市群常住人口密度较低，每平方公里350人，城镇人口密度与其他三个城市群相差不大，每平方公里约1.8万人。这一点说明，北部湾城市群建成区的人口密度已经不低，如果扩大城市人口规模，主要依靠新建建成区面积容纳更多城市人口。

表3 四城市群人口密度

	常住人口密度（万人/平方公里）	城镇人口密度（万人/平方公里）
京津冀城市群	0.047	1.794
长三角城市群	0.103	1.843
珠三角城市群	0.080	2.239
环北部湾城市群	0.035	1.804

（三）经济规模和增速比较

2012年，环北部湾城镇群GDP约为1.1万亿元，约占全国

2%；长三角城市群经济规模最大，为8.7万亿元，约占全国17%；京津冀城市群5.2万亿，约占全国10%；珠三角城市群4.8万亿，约占全国9%。

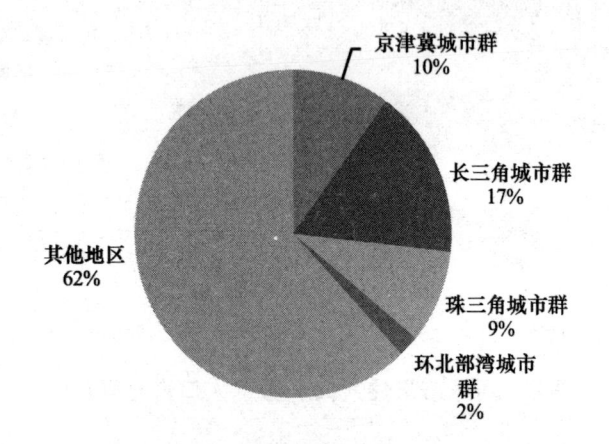

图9 四城市群GDP占全国份额

表4 四城市群单位面积产出

	单位建成区GDP（亿元/平方公里）	单位行政区GDP（亿元/平方公里）
京津冀城市群	17.30	0.28
长三角城市群	21.58	0.87
珠三角城市群	23.75	0.67
环北部湾城市群	12.00	0.11

从单位面积产出的比较来看，环北部湾的经济效率远远落后于其他三个城市群。2012年单位行政区产出仅为0.11亿元/平方公里，约是京津冀城市群的三分之一，长三角城市群的九分之一。单位建成区产出相对落后较少，但仍然约为长三角城市群和珠三角城市群的二分之一。

从增长速度来看，2012年环北部湾增长速度最快，为11.4%；

珠三角城市群发展速度最慢，为9.5%。京津冀城市群和长三角城市群增长速度分别为10.22%和9.63%。尽管环北部湾增长速度超过其他三个城市群，但是并没有拉开很大距离，按照这样的趋势，即便是赶上珠三角城市群的经济规模，也需要70年时间。

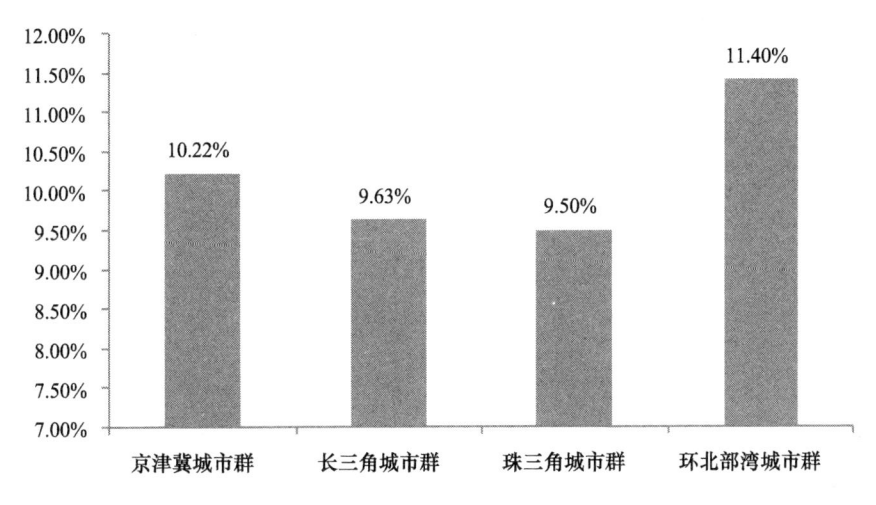

图10 四城市群GDP增长速度

（四）产业结构比较

2012年，环北部湾城市群三产结构比例为18∶39∶43。第一产业仍然偏高，第二产业和第三产业偏低。京津冀城市群三产结构是5∶42∶53；长三角城市群三产结构是3∶49∶48；珠三角城市群三产结构是2∶46∶52。京津冀城市群和珠三角城市群都是服务业较高，长三角城市群二产和三产发展比较均衡。

从产业总量来看，环北部湾第一产业、第二产业和第三产业规模分别约为0.2万亿元、0.44万亿元和0.47万亿元。长三角城市群第三产业规模和第二产业规模都是最高，均为4.2万亿

京津冀城市群产业结构
- 第一产业比例 5%
- 第二产业比例 42%
- 第三产业比例 53%

长三角城市群产业结构
- 第一产业比例 3%
- 第二产业比例 49%
- 第三产业比例 48%

珠三角城市群产业结构
- 第一产业比例 2%
- 第二产业比例 46%
- 第三产业比例 52%

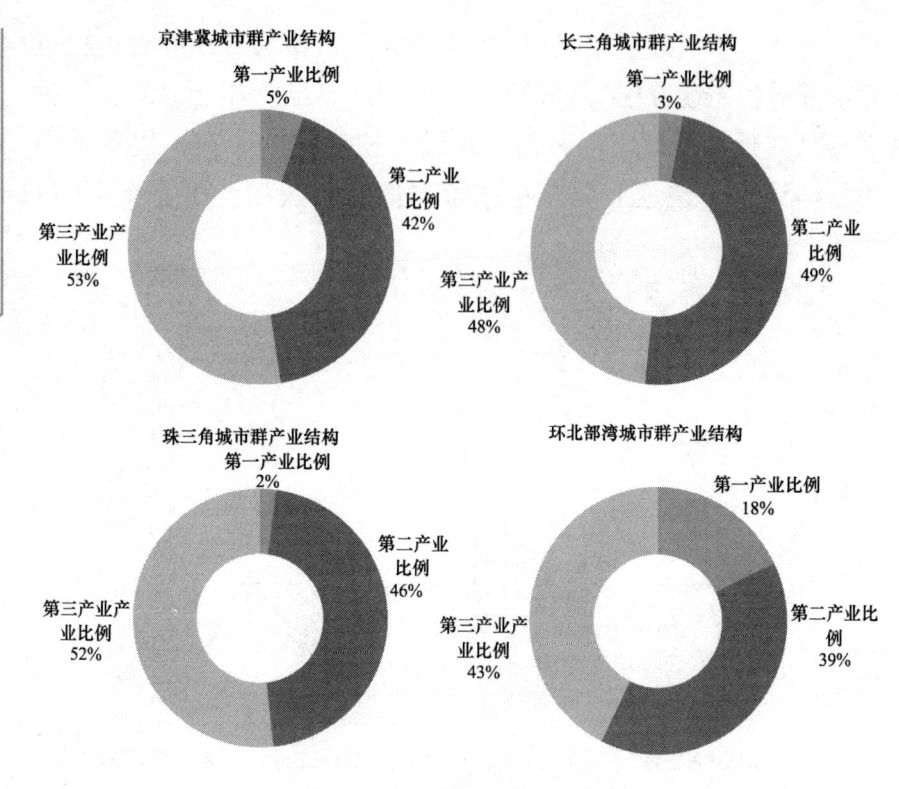

环北部湾城市群产业结构
- 第一产业比例 18%
- 第二产业比例 39%
- 第三产业比例 43%

图11 四城市群产业结构

元。北部湾城市群第一产业规模在四城市群中排第三，高于珠三角城市群。

表5 四城市群产业规模（单位：亿元）

	GDP	第一产业	第二产业	第三产业
京津冀城市群	52017.62	2741.59	21983.27	27292.78
长三角城市群	87202.57	2668.86	42387.55	42146.82
珠三角城市群	47779.54	983.24	22084.63	24711.7
环北部湾城市群	11076.57	1976.12	4355.42	4744.33

（五）人均 GDP

从人均 GDP 来看，环北部湾城市群人均 GDP 约 3 万元，是京津冀城市群人均 GDP 的二分之一；长三角城市群和珠三角城市群基本持平，分别为 8.5 万元和 8.4 万元。

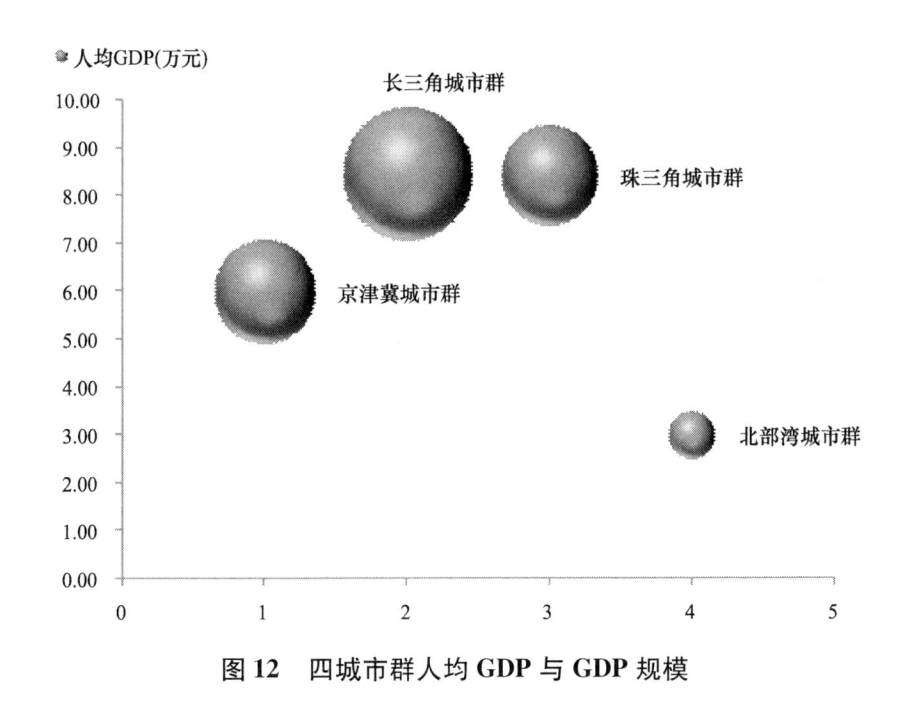

图 12　四城市群人均 GDP 与 GDP 规模

从北部湾城市群内部各市来看，防城港人均 GDP 约 5 万元；其次是三亚市和北海市，分别为 4.64 万元和 4.04 万元；南宁市排在第五位，为 3.51 万元。

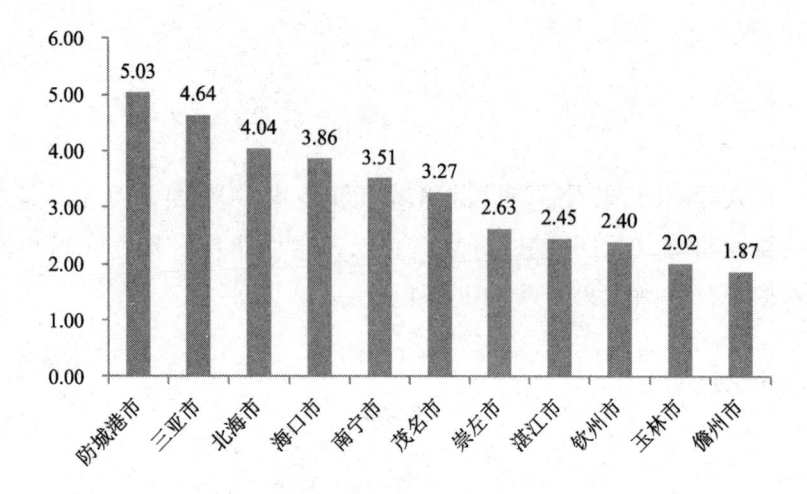

图 13 环北部湾城市群各市人均 GDP（单位：万元）

防城港市 5.03、三亚市 4.64、北海市 4.04、海口市 3.86、南宁市 3.51、茂名市 3.27、崇左市 2.63、湛江市 2.45、钦州市 2.40、玉林市 2.02、儋州市 1.87

（六）讨论

1. 从行政区面积来看，环北部湾城市群与其他三城市群规模不相上下，但从建成区面积来看，仅仅开发了 0.88%，约为 900 多平方公里，只占是长三角、京津冀和珠三角的四分之一、三分之一和二分之一。从建成区人口密度看，目前四个城市群基本相当。因此，今后环北部湾城市群要吸纳更多城市人口，建成区面积需要大幅增长。

2. 按照城市人口规模的城市分类来看，环北部湾缺少超大城市和特大城市。当然，这也与环北部湾城市群自身发展阶段有关。从国内外城市群发展规律来看，如果一个城市群缺乏具有足够带动力和辐射力的大型核心城市，就缺乏前进的动力。北部湾城市群也需要一个或者两个核心城市。核心城市是否具备发展环境、条件、资源和腹地，如何定位，发展怎样的产业，需要深入研究。

3. 从城镇化水平来看，2012 年环北部湾城市群城镇化率仅为

45.15%，不但远远落后其他三大城市群，也落后国家平均水平约7.5个百分点。应该说，北部湾城市群城镇化的压力还较大，如果没有适当的产业，如何消纳大规模的就业人口将是严峻的问题。

4. 从经济规模来看，环北部湾城市群GDP在全国总量中仅占到2%，还处于一个较低水平。而长三角城市群、京津冀城市群和珠三角城市群GDP占全国的比例分别达到17%，10%和9%。从单位行政区面积和单位建成区面积的产出来看，环北部湾的效率也比较低，说明产业附加值低，产业链相对低端。

5. 从经济增长速度来看，尽管环北部湾城市群增长速度在四个城市群中最高，但是拉开的差距不大，这实际与环北部湾城市群发展所处的阶段是不太相符的。如果按照这样的速度差，环北部湾城市群经济总量要赶上其他三个城市群中经济规模最小的珠三角城市群也需要约70年。

6. 从产业结构来看，环北部湾城市群第一产业偏高，第二产业和第三产业偏低，当然这也与其所处发展阶段有关。值得关注的是环北部湾第一产业规模远高于珠三角城市群。尽管在未来，环北部湾城市群第一产业比例会缩小，但规模应当保持稳定，甚至增长，大力发展生态农业，围绕生态农业打造第二产业和第三产业链条，不失为环北部湾城市群发展的重要途径。

7. 从经济发展水平来看，2012年北部湾城市群人均GDP为3万元，而同年中国人均GDP约为3.8万元，落后于全国平均水平。但是从另一方面看，人均3万元，按照当时汇率水平计算为人均4700美元，已接近人均5000美元的关键点（目前应当超过5000美元）。如果人均GDP达到5000美元，意味着居民消费将从温饱型向小康型升级，步入享受型、发展型。但是从城市群内部看，许多城市发展水平还很低，南宁人均GDP还没有达到全国平均水平，达到全国平均水平的仅有4个城市，发展的任务仍然很艰巨。

三、环北部湾城市群发展的重大战略意义

环北部湾地区涵盖了广西北部湾经济区和广东西南部、海南西北部等区域,是全国"两横三纵"城市化战略格局的重要组成部分,在国家新型城镇化战略格局中具有重要地位和作用,意义十分重大。

(一)深化中国与亚太经济合作的需要

进入21世纪以来,亚太地区经济在全球经济版图的重要性不断提升。美国正在实施"亚太再平衡"战略,其主导的TPP将会对该地区产生深远影响。中国正积极应对亚太经济格局变化,进一步深化与亚太其他国家和地区的合作。建设海上丝绸之路,打造中国—东盟自由贸易区升级版,推动RCEP进程等一系列战略将为中国在亚太赢得主动性。环北部湾地区作为面向东盟的前沿地带和桥头堡,可以在这些战略中发挥关键平台作用。环北部湾地区自古以来就是南海丝绸之路战略要塞,曾作为中国最早对外贸易的海上"丝绸之路"而尽显繁华。由于地缘相近、自然环境相似,北部湾地区与越南、马来西亚、新加坡、印尼、菲律宾和文莱等东盟国家往来频繁,文化交往历史渊源很深,这种特殊关系为深化泛北部湾各国的友好往来和文化交流合作打下了历史基础。环北部湾地区已在中国—东盟自贸区建设中发挥了重要的桥梁和纽带作用。将北部湾打造为国家级城市群,提升该地区综合竞争力,在产业链和市场上与亚太地区进行对接和整合,将有利于中国突破美国在亚太的经济封锁。

（二）实施海洋强国战略的需要

南海面积356万平方公里，约是渤海、黄海、东海三大海域总面积的3倍，蕴藏丰富的海洋油气、生物、矿产和旅游资源，开发价值和发展潜力极大。然而，南海却是中国走向海洋、建设海洋强国战略的短板。由于历史和现实的复杂原因，中国在南海问题上与周边国家存在争议，包括岛屿争端、海域划界、资源开发纠纷以及渔业冲突等。同时，中国南海运输生命线还面临海盗、恐怖主义、走私等日趋严重的威胁，航道安全形势不容乐观。而中国南海开发长期滞后，南海海洋产业规模与中国其他任何海域相比，差距十分巨大。历年来，南海海洋生产总值在全国海洋生产总值中的比重始终没有超过1.6%，在中国各海域横向对比中，始终名列倒数第一，这样的状况与其自身禀赋相比极不相称。维护南海权益，发展海洋经济，刻不容缓。北部湾城市群将成为南海和平发展的重要基地和平台。近年来，这一地区经济发展进入了快车道，基础设施不断完善，2013年沿海港口吞吐量超过4.3亿吨，广西北部湾、广东粤西、海南3个沿海港口吞吐量均超过1亿吨，能源、石化、钢铁、电子信息、旅游休闲等特色优势产业快速发展，一批国家重大工程项目布局建设，与东盟开放合作水平不断提高。配合未来南海建设世界级的海上石油基地，北部湾地区可作为国家重要的炼化基地，在国家优化能源资源配置和保障经济安全中，发挥巨大作用。

（三）推进生态文明建设的需要

过去30多年的发展，还是没有跳出先发展、再治理的老路。除了北部湾沿海地区，中国大部分沿海地区既是经济发达地区，又是污染严重地区。环北部湾地区是中国沿海最洁净的区域，也是中国优美自然风光最集中的地区。当前,在新一轮改革开放的发展大潮中,北部湾地区生态环境面临严峻形势。沿海工业结构以资源型为主,主要分布着石化、钢铁、电力等产业。近年来,随着工业废水、废渣,以及城市和农村民众生活中产生的污染物大幅增多,沿岸水质正遭受到不同程度的污染,局部海域甚至出现了四类或劣四类水质。北部湾是中国惟一养殖海水珍珠的海域。由于近岸海洋环境退化等原因,这里的珍珠养殖产业陷入了"低产量、低质量"的窘境。由于北部湾是一个半封闭海湾,海水平均深度只有40米左右,海流较弱,海水交换速度缓慢,污染物不易扩散,环境容量相对较小,生态具有相当的脆弱性,一旦受到污染就很难治理,将直接影响中国西南地区中长期生态安全格局和环境质量演变趋势。北部湾很多地区也是喀斯特地貌地区,防治水污染面临的形势更加严峻,一旦水体被污染,其扩散的速度和范围将影响更大。因此,北部湾地区的发展绝对不能走"先污染,后治理"的道路。通过打造北部湾城市群,大力推行绿色产业链建设,在北部湾区域各城市间建立环境信息共享机制,建设北部湾环境风险防范和环境监控预警应急体系,实现区域内各地市的联防联控,才能担负起保护北部湾生态环境的历史重任。作为旅游资源集中的后发地区,环北部湾城市群的生态文明建设,也将在全国发挥重要示范作用。

(四)维护民族团结的需要

新型城镇化是各民族走向共同富裕,共同建设美丽家园的过程。积极稳妥推进民族地区城镇化建设,事关实现全面建成小康社会的奋斗目标,也事关平等、团结、互助、和谐的社会主义民族关系的巩固与发展。环北部湾地区居住有壮、瑶、京、黎、苗、回、汉等民族,人口共约3000多万,是中国沿海少数民族数量最多、人口最集中的地区。作为少数民族聚居区,北部湾地区城市群建设，既涉及祖国边疆开放程度较低、经济发展相对滞后的少数民族发展问题，也涉及沿海地区平衡发展等重大问题，在促进国家民族和睦与长治久安中具有特殊重要的意义。环北部湾城市群建设，将有利于扶持区域内少数民族聚居区的发展，改善城乡少数民族聚居区群众的物质文化生活条件，有利于民族地区现代化建设，对于全面建成小康社会具有重大意义。

（五）广西、广东、海南3省区协同发展的需要

环北部湾地区各城市山水相连，人缘相亲，语言相同，优势相近，在历史上长期同属一个行政区域，许多城市在建国后还同属一省管辖，但目前分属3省区。这样的行政区划有一定的国家战略意义，但从市场经济发展角度看，使得原本具有重要区位优势的地区，变成"死角"，妨碍了区域发展战略部署，阻碍了生产要素的合理流动。海南的发展，离开雷州半岛，将寸步难行。广西的北海、钦州、防城港与广东湛江、茂名如果不能有效对接，各自为战将大大降低各城市的竞争力。3省区只有协同联合，走区域合作发展道路，才能形成整体效益，达到"1＋1＋1＞3"的效果。广西和广东互联互通，既有利于广东带动广西的经济发展，也有利于广东实现经济发展的转型升级。与此同时，海南主要发展服务业，旅游是主打产品，但是第二产业发展不足，也不具备发展第二产业的条件。广西和广东北部湾城市群的发展将为海南发展服务业提供产业支撑。北部湾城市群的发展将有利于广西、广东和海南协同发展，也有利于中国沿海地区经济社会的协调发展，将使该地区更好地融入全球经济一体化的进程。

四、环北部湾城市群发展的定位和目标

（一）战略定位

与珠三角、长三角、京津冀三大城市群相比，环北部湾城市群发展应当更加突出生态文明、旅游休闲、能源资源、国家安全、开放合作等特色，需立足北部湾地区的自身特点和优势，将环北部湾城市群建设成为：

1. 海上丝绸之路桥头堡。建设港口合作网络和临港产业带，推进港口航运产业合作，规划建设中国—东盟港口物流公共信息平台，推动海上丝绸之路旅游合作线路。

2. 面向亚太开放合作的重要门户。积极展开与东盟各国的合作，助推中国—东盟自贸区升级版建设，在未来的 RCEP 中发挥核心平台作用，以整个亚太为背景布局产业链，有效对接亚太市场需求。

3. 全国海洋生态文明示范区。大力推行绿色产业链建设，建立北部湾区域各城市间环境信息共享机制，建设北部湾环境风险防范和环境监控预警应急体系，促成区域内各地市联合签订生态环境保护协定，实现区域污染的联防联控，共同担负起保护北部湾生态环境的历史重任。

4. 世界级旅游休闲胜地。通过土地整理、生态建设和休闲旅游综合开发，创造一个世界级、可持续发展的旅游休闲胜地，建成南宁国际会展商贸旅游区、中越边境跨国旅游区、桂东南温泉养生休闲度假旅游区。海口、三亚热带滨海城市休闲旅游区、海南岛西海岸滨海度假旅游带、雷州半岛及琼州海峡复合型旅游度假区、北钦防滨海旅游度假区。

5. 全国重要的能源化工基地。积极发挥北部湾地区背靠南海和沿海沿边的区位优势，按照"基地化、大型化、一体化、园区化"，充分利用两个市场、两种资源，高起点、高水平发展临港石化工业，形成一体化的临港石化产业带，建设国家级石油化工基地；积极利用南海油气资源、原盐资源和生物资源，进一步发展天然气化工、生物质能化工、盐磷化工及精细化工等。

6. 维护国家安全重要区域。以环北部湾城市群发展推动泛北部湾地区的合作，进一步深化与东盟国家在海上能源资源开发、海上交通、旅游以及海洋环保等方面的合作，将南海变为泛北部湾区域合作的内湖，以人员交流和经贸往来形成利益共同体，从根本上维护南海和平发展。同时，将北部湾建设为南海发展和保护的后方补给战略基地。

（二）总体目标

到2020年，环北部湾城市群常住人口超过6500万人，城镇人口达到3900万人，城镇化率达到60%，人口和经济规模在中国城市群中的地位明显提升，努力建设成为沿海第四大城市群。衔接紧密、运行高效、统筹有力的北部湾城市群经济合作发展协调机制更加完善；统一的区域大市场加快形成；经济外向度大幅提高，外贸外资规模明显扩大；现代综合集疏运网络建设完善，交通等基础设施实现互联互通；生态文明建设实现联防联治，城市建设协调共进；公共服务实现联动共享。

五、政策建议

一是把打造环北部湾城市群上升到国家战略。建议把环北部湾城市群列入国家第二批跨省级行政区城市群规划编制计划，并纳入国家"十三五"规划，将该地区打造为沿海第四大增长极，打造为西部地区城市群建设的典范。

二是广西、广东和海南3省区应加强协作，合理推进北部湾城市群规划和建设。建议3省区党委、政府将环北部湾城市群规划建设列为重大战略；3省区发改委应加强对接沟通，在环北部湾城市群规划研究中达成共识，形成一致的环北部湾城市群规划建设方案；建议在第10届泛珠三角合作论坛上，将环北部湾城市群作为重要议题，3省区人民政府签署相关协议，共同推进环北部湾城市群规划建设。

三是加快环北部湾城市群发展战略研究论证工作。要着手开展环北部湾城市群规划战略研究工作，进一步厘清环北部湾城市群建设的重大战略意义、战略定位、战略目标、重点任务和政策保障。

四是围绕环北部湾城市群发展，3省区可以及早谋划一批跨省重大工程项目。建议按照TOD模式，及时部署交通基础设施互联互通工程。3省区抓紧研究张海旅游专线（张家界—桂林—玉林—湛江—海南）和沿海高铁（海南—湛江—北海—钦州—防城港—凭祥乃至昆明）两天铁路线的规划建设，并作为重大项目上报，争取纳入国家"十三五"规划盘子。

产业篇

第十五章 振兴高端装备制造业的思路与政策建议

高端装备制造业处于价值链高端和产业链核心环节，集中体现了一个国家的综合实力，是一个决定着整个产业链综合竞争力的战略性新兴产业。改革开放以来，中国装备工业发展迅速，各类生产所需的装备制造水平快速提升，装备制造业在全球中的比重超过了美国，高端装备制造领域工业产值已经超过 1.6 万亿。但总体上看，中国装备制造业在竞争能力上还普遍处于中、低端。当前，中国已形成门类齐全的工业体系，为发展高端装备制造业提供了雄厚的工业物质基础。加速培育和发展高端装备制造业，既是构建国际竞争新优势、抢占未来经济和科技发展制高点的战略选择，也是国内加快经济发展方式转变和推动产业升级的重要途径。面对全球竞争加剧，环境资源约束日趋严峻和新的经济增长点还未形成的国际大背景，必须从战略的高度重视以发展高端装备制造业，不断提升产业核心竞争力，实现由制造业大国向强国转变。

一、近年来高端装备制造业发展状况

（一）高端装备制造业水平大幅度提升

近年来，中国高端装备制造业发展速度加快，自主化水平有了显著提高，国际竞争力获得较大提升，部分产品技术水平和市场占有率跃居世界前列，一批重大设备已占领国际市场，在国际上树立了良好的信誉。中国已开发出了一大批具有知识产权的高端装备，初步形成了产学研用相结合的高端装备技术创新体系，形成了一批具有知识产权的高端装备产品和知名品牌，一批重大装备和技术成果不断涌现，正稳步向自动化、数字化、集成化、网络化和智能化发展。

（二）央企引领高端装备制造业发展

央企在高端制造业领域具有较好的产业化积累，拥有一些全球技术领先、规模较大的研发机制和基地。近年来，央企围绕高端装备产业建设了一批国家工程研究中心、技术研究中心、实验室和国家认定的企业技术中心以及一批公共实验检测平台，以企业为主体，市场为导向，产学研相结合的技术创新体系逐步形成。得益于长期的产业积累和对研发的高度重视，央企在高端装备制造业产业领域有了很快的发展，已经建立了比较完善的产业体系，形成了相对完整的产业链和一定的产业规模，产品国内市场占有率较高，国际竞争力不断增强，在核心业务领域占据了市场主导地位，较好满足了经济建设需求。例如，在民用航空装备、卫星应用、轨道交通装备、海洋工程装备领域，中央企业的销售收入占行业的80%，成为引领高端装备制造业发展的主体。

（三）高端装备产业空间集聚趋势凸显

从产业空间布局来看，高端装备制造业区域分工得到强化，产业空间集聚特征开始出现。其中，环渤海地区在高端装备研发、设计和制造方面都比较突出，尤其在航空、卫星、数控机床、轨道交通、海洋工程装备等方面具有优势；长江三角洲地区在研究开发、设计、制造等方面也形成了比较完整的装备制造产业链，在航空、海洋工程、智能制造装备领域特色较突出；中西部地区在航空航天、轨道交通装备和智能制造装备等方面有比较大的发展。高端装备制造业的集聚既与建国以来工业布局积累有关，又反映了改革开放后各区域经济发展特色；既存在相互竞争，更有相互依存，这为一定程度避免产品雷同、形成良好分工体系打下了基础。

（四）国家高度重视高端装备制造业发展

高端装备制造产业是带动整个装备制造产业升级的重要引擎，将为战略性新兴产业发展提供重要支撑。近年来，国家高度重视高端装备制造业发展。随着《国务院关于加快培育和发展战略性新兴产业的决定》、《高端装备制造业"十二五"发展规划》等政策出台和国家"十二五"规划纲要颁布，高端装备制造业在国民经济中的地位得到空前的提高。《高端装备制造业"十二五"发展规划》提出，到2015年高端装备制造业产业规模跃上新台阶，销售收入从2010年的1.6万亿到2015年超过6万亿元，在装备制造业中的占比从2010年的8%左右提高到2015年的15%，工业增加值率达到28%，国际市场份额大幅度增加。到2020年，高端装备制造产业销售收入在装备制造业中的占比提高到25%，工业增加值率较"十二五"末提高2个百分点，将高端装备制造业培育成为国民经济的支柱产业。高端装备制造业将得到有力的政策和资金支持，发展潜力巨大。把高端装备制造业作为战略性新兴产业重点培育和发展是走上创新驱动、内在增长轨道的必然选择，是今后相当长一段时期内的重要举措。

二、高端装备制造业生存发展面临的主要问题

（一）创新能力薄弱

中国高端装备制造产业核心技术缺失，处于价值链低端，核心关键部件进口比重高，不能自给。装备制造工业规模大、产品种类多，但主要集中在中、低端产品，缺乏具有竞争力的高端产品。尽管一批装备已经基本实现设计制造自主化，但质量、可靠性等技术指标与国外相比仍有差距。金融危机使发达国家加快调整科技和产业发展战略，期望在高端制造领域打造新的竞争优势，继续掌控全球产业竞争制高点，这将使得高端装备制造的国际竞争更为激烈，中国高端装备制造业亟需提高自主创新能力，在新一轮竞争中占领制高点。

（二）结构性矛盾突出

在高端装备制造业整体快速增长的背景下，结构性矛盾隐忧凸显：一是存在区域趋同化、领域空心化现象，部分领域存在重复建设和产能过剩，产品雷同，行业同构性强，部分高端装备产能也存在过剩隐患，如风力发电设备、大型盾构机、大型压力机等。二是产业规模小，产业组织结构小、散、弱，缺乏具有国际竞争力的骨干企业。以轴承行业为例，全世界近80%的轴承是由8家跨国公司生产，分布于美国、日本、欧洲，而中国注册轴承企业约6000家，瑞典SKF一家公司的轴承销售额相当于中国近千家企业销售额的总和。

（三）基础配套能力滞后

中国高端装备制造业的基础机械产品比较落后，机械基础件技术水平较低，技术材料性能和质量都不高，制造工艺及自动化、信息化技术水平远远不能满足市场需求，尤其是装备主机面临"空壳化"。例如，在智能制造装备领域，产业基础薄弱，高档和特种传感器、智能仪器仪表、自动控制系统、高档数控系统、机器人市场份额不到5%。特别是以液压、气动、密封等为代表的机械基础件产业，以铸造、锻压、热处理等为代表的基础制造工艺产业和基础材料产业，俗称"三基"产业发展滞后。基础配套能力的提高，很难一蹴而就，需要科学、技术、产业、教育等要素的系统性提升，是亟待提前筹划、整体布局的战略工程。

三、发展高端装备制造业的政策建议

（一）发展高端装备制造产业集群

打造产业集群是推动高端装备制造业的重要途径。例如，美日德俄等工业强国都拥有一批自主创新能力强、资源整合能力强、国际竞争力强的高端制造产业集群。中国应努力打造高端装备制造产业集群，组织大项目，构筑大平台，加强产学研合作，支持装备制造业技术创新、技术改造，创新成果产业化，新产品推广应用和公共服务平台建设项目。重点培育一批行业骨干企业，鼓励和引导以行业龙头骨干企业为主体，组建形成集系统设计、系统集成和工程总承包于一体的大型工程公司和系统成套公司，提高装备工业的总承包总集成能力。构建产业配套体系，加强装备制造业重点产品的产业链整合延伸、配套分工和价值提升，建立完整的产业链配套体系。

（二）加强高端装备人才培养

在高端装备制造领域，依托重点项目、重点学科和重点实验室，加快培养造就一批具有较强创新能力的技术领军人物，不断壮大高端人才队伍。建立企业与高校合作培养人才的共建机制，鼓励校企合作，建立实训基地，开展多层次、多类型的专业培训。完善技术人才向企业流动机制，推进大学教授进企业挂职、企业人才进大学深造等形式的人才交流活动，鼓励企业开展创新人才的国际交流，促进技术人才向企业聚集。

（三）大力实施技术路线图工程

技术路线图在许多发达国家和地区得到广泛应用，是一个行之有效的科技创新管理工具，是发展高端装备制造业和提高技术创新的指南。产业技术路线图是在产业技术规划的基础上发展起来的，是20世纪中后期逐步兴起的一种由单个产业内部诞生的技术预测和技术规划方法。产业技术路线图通过时间序列系统地描述"技术—产品—产业"的发展过程，促进研发，构建创新联盟，强化创新主体的协作，为产业抓住未来市场发展机会指明方向。高端装备制造产业技术路线图有助于国家和企业从战略高度对技术研发和布局进行前瞻性部署，能够降低新兴技术的不确定性和复杂性，有利于主体在动态复杂环境下制定有效的技术战略，优化产业研发的资源配置。通过产业技术路线图，可以大大降低技术本身具有的不确定性，在发展高端装备制造业时能够充分把握技术发展机会，在一些条件下可以采取破坏性创新和颠覆式创新的方法来推进产业跨越式发展。

(四) 在高端装备制造领域加强军民融合

西方国家军工企业也经历过军转民的市场化过程，政府减少对军工企业的控制，扩大军工企业的自主活动空间，促使企业自身发展，增加企业通用技术的储备，促进将军事技术转化为基础能力，确立私有企业在军事领域的主导地位。经过这些改革，军事技术为西方国家的高端装备制造业奠定了良好的基础。中国各地区在发展高端装备制造产业时，应充分发挥军地资源优势，突出军民融合产业特色，扩大产业规模，提高产业科技含量和经济效益，实现产业优化升级。应坚持体制改革与机制创新相结合，支持军工企业建立现代企业制度，实行投资主体多元化，加快企业经营机制转换，形成与市场经济接轨的体制机制。采取措施引导军工和地方优势资源聚集，打造能充分发挥集聚优势，产生倍增效应的军民融合产业基地。加大对行业内军民融合企业兼并重组的支持力度，在重组过程中的融资、相关税费、股权和产权转让等方面出台相应的优惠政策，以支持企业持续做大做强。

(五) 加强信息技术在装备工业各层面应用

当前，在控制技术、智能技术与信息技术快速发展的促进下，装备制造业正在朝着数字化、智能化、网络化与综合集成化的方向发展，制造业正不断朝着高度一体化、集成化的进程前行。随着工业无线网络、传感器网络、无线射频识别、微电子机械系统等技术的成熟，以泛在信息技术为主要驱动力的新一代基于泛在感知的信息化制造和自动化技术——"泛在信息制造"的时代已经到来。所谓"泛在信息化"，是指以泛在网络为基础、以泛在感知为核心、以泛在服务为目的、以泛在智能拓展和提升为目标的综合性一体化信息处理技术。21世纪的社会将是无"网"不胜的信息化社会，工业自动化系统将会处于"泛在信息化"的环境中。高端装备制造业也将进入"泛在信息化制造"时代。无处不在的网络与传感器技术的融合，将极大地提高人与物理世界的交互能力。泛在信息感知空间将会对制造业产生革命性的影响。通信网络作为一个系统环节嵌入到控制系统中，将极大地丰富工业控制技术和手段，使自动化系统与工业控制系统在体系结构、控制方法以及人机协作方法等方面都发生巨大的变化。新一代的泛在信息制造系统将大幅度提高传统制造模式下的制造效率和产品质量，重构企业组织与业务流程，创新企业运作模式，极大地降低产品成本和资源消耗，为用户提供更加透明化和个性化的服务，并将最终成为人机和谐的基于泛在信息的智能制造的发展方向。应着眼长远，统筹全局，鼓励大学、企业对于泛在信息制造进行探索性研究。当前，应大力坚持综合运用信息技术提升装备制造水平，促进装备制造业的智能化、柔性化、精益化生产，鼓励新产品融入嵌入式技术、传感技术、软件技术、网络技术等，推行绿色制造技术，推动装备产品加快向信息化、智能化、高参数化方向转变。

（六）建立高端装备制造产业联盟

高端装备制造业的发展对于正处在工业化进程中的中国来说，是一个重大的战略问题，需要政府部门、企业、大学和科研机构共同开展战略研究，探索积极有效的产学研合作模式，建立实质性的产业战略联盟，逐步形成一套国际化、规范化、流程化和市场化的长效机制。美国"再工业化"战略高度重视政府部门、国立科研机构、大学与企业之间的互动与协作，并推动化学家、物理学家、材料学家、机械工程师和微生物学家等之间的交流合作。例如，

2011年奥巴马政府推出的"高端制造合作伙伴"计划，由道氏化学公司和麻省理工学院共同领导合作致力于高端制造研发合作。这是美国官产学研协同作战振兴制造业的一项重大举措。中国高端装备制造产业联盟应着力提高基础工艺、基础材料、基础元器件研发和系统集成水平，加强重大技术成套装备研发和产业化，突破并掌握高端测控系统、关键基础零部件、高档工作母机、特种专用优质原材料这四个瓶颈环节的关键核心技术，大力提高铸造、锻压、焊接、热处理等基础工艺水平。要强化核心关键技术研发，强化行业基础共性技术研究，集中力量开发并实施科技攻关重大专项，提升重大技术装备集成创新能力。通过自主创新攻克重点领域技术难题，掌握核心关键技术。应坚持开放合作，利用两个市场一切的技术，广泛利用国内外一切可以利用的资源，充分吸收借鉴高端装备制造成熟经验，加快关键技术的自主创新，促进关键技术创新成果向产业转化。

（七）加大财政金融对高端装备制造产业支持力度

建立支持高端装备制造产业发展的多渠道、多元化的投融资机制。通过设立专项基金，支持重大技术装备的研制和关键共性制造技术、基础性技术和原创性技术开发，支持高端装备现代制造服务业发展。发挥财政专项资金的引领扶持作用，大力支持自主创新，着力提高企业核心竞争力。采取财政措施鼓励重大工程和重大装备研制的统一协调。发挥银行信贷投资主渠道作用，鼓励金融机构加大对装备制造业企业的信贷规模。鼓励金融机构以保单贷款、出口订单抵押贷款等多种方式，支持高端装备制造企业融资，以贷款、投资、租赁等方式支持高端装备制造业的规模化发展。

（八）鼓励研发首台（套）重大技术装备

推进首台（套）重大技术装备工作，加强对首台（套）生产企业的政策扶持和引导，鼓励企业紧跟市场需求加大首台（套）设备的研发力度，形成装备技术优势。加强首台（套）装备产品的宣传推广工作，大力推进首台（套）重大技术装备拓展市场。鼓励重点领域重大工程和项目优先采购使用首台（套）设备，推动开展重大装备自主化。建立健全首台（套）技术装备保险机制，对采购首台（套）装备产品用户进行风险补偿，降低用户风险，努力开拓市场空间。

第十六章　振兴节能环保产业的思路和建议

随着能源危机和生态环境的持续恶化，节能环保产业越来越受到各国的重视。工业革命以来，人类活动对自然资源和环境的负面影响逐渐加深和显现。随着人口不断增长，人们生活水平不断提高，地球生态系统面临的压力越来越大。作为正经历着快速工业化和城市化进程的发展中国家，中国面临着生态赤字不断恶化、能源资源约束日趋强化和生态环境持续退化等方面的严峻挑战，向绿色经济转变是重要的战略选择。

党的"十八大"报告提出，把生态文明建设放在突出地位，融入经济建设、政治建设、文化建设、社会建设各方面和全过程，努力建设美丽中国，实现中华民族永续发展，要实现绿色发展、循环发展和低碳发展。提升节能环保技术装备和服务水平，大力发展节能环保产业是中国生态文明建设的必然选择。为使中国在新一轮的全球经济增长中占据有利地位，必须不断提升节能环保产业竞争力。中国节能环保产业潜力巨大、市场前景广阔，目前国家、社会对于节能环保产业越来越重视。节能环保产业已被列为"十二五"、乃至未来更长一个时期重点培育和发展的战略性新兴产业。

一、近年来节能环保产业发展状况

（一）产业规模不断扩大，已成为门类齐全、领域广泛、具有一定规模的战略新兴产业

"十一五"期间，中国环保产业约保持年均15%—17%的增长速度。2010年中国节能环保产业总产值达2万亿元，从业人数2800万人。产业领域不断扩大，技术装备迅速升级，产品种类日益丰富，服务水平显著提高，初步形成了门类较为齐全的产业体系。中央和地方也投入了大量资金，为节能环保产业加快发展创造了良好的外部环境，发挥了积极推动作用。

（二）节能环保的技术在开发、改造和推广应用方面都得到了很大的提高

在节能领域，干法熄焦、纯低温余热发电、高炉煤气发电、炉顶压差发电、等离子点火、变频调速等一批重大节能技术装备得到推广普及。再制造表面工程技术装备达到国际先进水平，再生铝蓄热式熔炼技术、废弃电器电子产品和包装物资源化利用技术装备等取得一定突破，无机改性利废复合材料在高速铁路上得到应用。具备自行设计、建设大型城市污水处理厂、垃圾焚烧发电厂及大型火电厂烟气脱硫设施的能力，关键设备可自主生产，电除尘、袋式除尘技术和装备等达到国际先进水平。

（三）支撑政策不断完善，国家近年来陆续出台了推进节能环保产业发展的一系列政策措施

2007年国务院发布《节能减排综合性工作方案》，全面系统地提出了"十一五"期间的减排任务，对城市污水和工业废水处理、再生水利用等重要领域，以及钢铁、有色、煤炭、电力等重点行业的减排工作提出了明确的要求。《国家环境保护"十一五"规划》，要求重点建设实施危险废物和医疗废物处置工程、铬渣污染治理工程、城市污水处理工程、城市垃圾处理工程等十大环境保护工程。2010年《国务院关于加快培育和发展战略性新兴产业的决定》中，节能环保产业被排在了七大战略性新兴产业之首。2012年《"十二五"国家战略性新兴产业发展规划》提出节能环保产业要加快形成支柱产业，同年《"十二五"节能环保产业发展规划》出台，系统提出中国节能环保产业发展的指导思想、发展目标、重点领域、重点工程和政策措施，为推动中国节能环保产业快速健康发展提供了政策保障。

二、节能环保对于促进产业结构升级的作用

（一）优化产业结构

首先，节能环保服务业发展有很大的空间。目前，中国节能环保服务业发展滞后，节能和环保服务业的市场化、社会化、专业化程度较低。信息咨询服务规模小，技术手段落后，咨询公司和各种中介机构的服务网络建设不能满足市场需求，节能环保服务业将成为中国服务业发展的重点内容之一。其次，节能环保装备制造业也

有巨大的发展潜力。许多节能环保装备制造属于高、精、尖领域，国际上的大型装备制造企业也正在加速向节能环保装备制造及相关业务转型扩张，节能环保装备制造的大力发展将提高中国节能装备制造层次。另外，大部分节能环保产业具有能耗水平低、附加值高的特点，有助于整体上改善中国产业结构。

（二）促进技术创新

作为技术先导型产业，节能环保产业的发展与科技的进步密切相关。相关技术成果实现产业化发展，促进科技链向产业链转化，对节能环保产业技术创新至关重要。科技上的重大突破和创新，是推动节能环保产业发展的引擎，节能环保产业的发展将进一步驱动技术创新的步伐。在环保领域，中国已具自行设计制造大型城市污水处理、垃圾焚烧发电、大型火电厂烟气脱硫关键设备的能力，一般工业污水处理和工业消烟除尘技术达到世界先进水平，今后将继续强化节能环保等技术领域的自主创新。节能环保产业涉及领域广，高端节能环保技术又是世界各国研发前沿，节能技术、资源循环利用技术、环保技术和新能源等技术的研发将进一步完善中国技术创新体系，促进自主创新成果产业化，切实提升产业核心竞争力。

（三）提高各行业能源资源利用效率

节能环保产业对于其他产业具有渗透和辐射作用，能够带动各行业的技术改造，包括各项生产中的清洁技术、节能技术，以及产品的回收、安全处置与再利用等。同时，节能环保产业为各行业实施节能技术改造、开展资源综合利用、发展循环经济等提供了先进的装备和技术，通过提供先进的节能、环保产品，发展节能环保产业也将从消费终端提高全社会的能源资源利用效率,降低 GDP 对能源资源的依赖。

三、发展节能环保产业的关键要素

(一) 高素质的节能环保人才

人才是节能环保产业能否成功的决定性因素。培养一批高质量的节能环保领域管理和技术人才,对节能环保事业的发展有极其深远的意义。当前,越来越多的大型工业企业都设立了企业内部的能源管理部门,节能环保产业人才问题凸显。其中新能源汽车、路灯节能、LED 等热门行业的人才尤为稀缺。据估计,在全国范围内大概需要 50 万人,而当前国内专门从事节能工作的从业人员仅有 7 万余人。建立适合企业的节能环保管理和技术专业人才培训制度,实现节能环保由粗放型向系统化、整合式、科学化转变,关系到中国节能环保事业的持续健康发展。

(二) 强有力的环境政策法规

市场需求空间是决定产业发展壮大的关键因素。节能环保产业涉及节能装备、产品、资源综合利用和环保等多个领域,具有广阔的市场空间和发展潜力。中国节能环保产业发展空间很大。节能环保产业不是一般的竞争性行业,属于政策法规驱动型产业,节能环保市场的扩大,既要突出市场导向,充分发挥市场配置资源的基础性作用,又要加强政府引导作用,推动潜在需求转化为现实市场。据测算,中国节能环保产业在未来较长时间内将保持年均 15%—20% 的增长速度。到 2015 年,节能环保产业增加值的比重要达到

2%左右,总产值4万亿元左右。但是,如果缺乏系统的强有力的环境政策法规支撑,节能环保市场就很难以被撬动,有可能形成有需求无市场的局面。

(三) 完善的产业链条

节能环保产业是跨行业、跨领域、跨地域,与其他经济部门相互交叉、相互渗透的综合性新兴产业。它涵盖了节能装备产品、环保装备产品、资源循环利用、节能服务和环保服务等领域,产业链长,关联度大,吸纳就业能力强,对经济增长拉动作用明显。节能环保产业的发展需要强化配套产业的支撑,加强产业上下游之间的关联互动,形成发展的合力。构筑环保产业链,需要强化不同企业之间的分工协作,整合不同企业的能力和资源,实现优势互补。应发挥参与协作企业的核心专长和核心技能,提高其核心竞争力。同时,需要建立健全市场中介体系,发挥中介组织的作用,通过中介组织把环保产品和市场连接起来。

(四) 强大的科技支撑

节能环保产业的发展离不开节能环保科研成果、技术专利的支撑。整合科技资源、组建节能环保产业技术创新平台,促进成套装备及配套设备研发、关键共性技术和先进制造技术研究是形成节能环保产业核心竞争力的基础途径。发达国家节能环保技术正向深度化、尖端化发展,产品向标准化、成套化、系列化方向发展。美国、欧洲和日本在节能环保技术方面具有各自的优势,目前节能环保技术争夺比较激烈,中国应在节能环保产业方兴未艾之时,加紧节能环保技术的储备,充分利用国际技术市场,对那些具有自主知识产权的科技成果和核心产品企业,要加大扶持力度。

（五）先进的产业标准

节能环保作为一项战略性新兴产业，目前并无通用的行业标准。现在的节能企业都是根据具体合同和技术实施节能项目，不仅成本高，不同项目的节能指标也不稳定，标准化程度低，企业的发展也随之受限。推进产业标准化、通用化建设，有利于规范节能环保产业的市场竞争，促进其与国际接轨，站在产业发展的战略制高点，是加快节能环保产业发展的重点内容。

（六）集聚的生产要素

节能环保产业发展应充分发挥集聚效应，促进生产要素的低成本、高效率流动。通过将上下游企业集中，可以大幅降低土地成本，并减少物流和仓储成本。生产成本的降低，可以提供更多的产业发展机会，吸引更多的节能环保专业机构参与，有效促进金融机构与节能环保企业、技术中心的信息交流，为企业发展提供更多资源。从政府角度来看，促进节能环保企业的集中入驻，便于集中管理，提高效率，同时能够提供更加适应的、灵活的支撑措施，有效促进节能环保产业发展。因此，应大力促进节能环保产业集聚，在有条件的领域和地区形成若干区位优势突出、集中度高的节能环保装备产业基地、示范园区。

四、存在的问题

（一）投融资机制不健全

当前投融资机制尚不完善，融资渠道比较单一，资金的来源主要依靠公共财政投入和企业自筹，缺乏经济利益驱动机制，不利于社会资金进入节能环保产业。节能环保产业面临巨大的资金缺口，一定程度上限制了企业技术升级和规模扩大，节能环保产业发展出现相对滞后的局面，还不能满足经济转型和环境保护的要求。

（二）创新能力不强

大部分企业科研、设计力量薄弱，技术开发投入不足，自主开发能力差，缺乏自主知识产权。以企业为主体的节能环保技术创新体系不完善，一些核心技术尚未完全掌握，部分关键设备仍需要进口，节能环保设备成套化、系列化、标准化水平低，产品技术含量和附加值不高。虽然最近几年节能环保技术得到了很大的改善，甚至部分技术已经达到了国际领先水平，但从总体上中国的节能环保技术仍然落后于世界平均水平，这主要表现为拥有自主知识产权和核心竞争力的企业少，服务和产品的附加值低等。由于产品技术含量不高，国际竞争力不足，环保产品贸易一直处于逆差状态，环保产业在国际产业分工中处于低附加值生产环节，环保产品的质量和技术水平不高，缺乏国际市场上的竞争力。

（三）产业集中度较低

国内的节能环保市场，长期以来都是外资巨头占主导，而国内企业则呈现多、小、散、乱的格局，科技水平高和资金实力强的大型骨干企业较少。外资巨头除了技术研发上的领先外，资金实力优势明显。初步估算，"十二五"期间，仅中国市场的环保投资就达3万亿元，节能投资上万亿元，新能源的投资更是数万亿元。如此大规模的投资市场与当前中国节能环保产业集中度是不相匹配的。目前国内的节能环保产业集中度不足10%，国家统计局统计范围内的 1105 家环保装备制造企业，总产值不过 700 亿元。国内的环保企业大概 3 万多家，从业人数 300 万，其中，98% 都是民营企业。国内的节能环保产业已经到了提升产业集中度的关键阶段。国内水务行业，1500 多个污水处理厂分散在近千个运营主体中，行业集中度仅为 6%，远低于发达国家的 40% 以上。产业集中度低的状况持续发展下去不利于产业形成高度专业化分工的产业体系和完整协调的产业链。

（四）市场配置资源的基础性作用尚未充分发挥

政府激励环保产业市场成长发育的激励机制还没有形成，缺乏吸引人才、技术、资本投入的市场氛围，地方保护、行业垄断、低价低质恶性竞争现象严重。环保企业数量很多，但是普遍规模较小，缺乏引领性的龙头企业，低水平重复建设严重，常规产品相对过剩，急需产品又存在短缺现象。同时，中国的环境政策一直比较注重政府管制的作用，具体政策措施及各项环境管理制度大部分由政府直接操作，政府担当了过多的责任和义务，形成了政府、市场、企业三者之间环保事权不清、过多依赖政府的环保机制，环保产业的市场机制难以形成。

（五）缺乏统一的行业归口

中国节能环保企业快速发展十多年来，税收、财政等的相关政策相对空泛，行业归口问题突出。长期缺乏对口管理，许多企业只能戴个其他的"帽子"或者搞个联合体一类的幌子才能获得施工资质，长期游走在"边缘"地带。这也可以从《"十二五"节能环保产业发展规划》略见端倪，发改委、工信部、财政部、住建部、税务局、环保部等各大部委都与节能环保产业有关，涉及的部门过多，很多政策很难在短期内达成一致。缺乏一个具体的部门来统一对口管理，不同部委之间"条块分割"，使优惠政策往往很难获得一致通过。

五、加快发展节能环保的政策建议

（一）优化服务环境

充分发挥市场配置资源的基础性作用，激发企业的市场主体积极性，创建节能环保产业规范有序发展，营造公开、公平、公正的市场环境；充分发挥政府对战略性新兴产业的规划引导、政策激励和组织协调作用，把配套政策聚焦到产业体系建设中的关键环节和重大瓶颈；引导公共投资和私营部门投资流向有利于提高资源效率和保护生态环境的领域。强化政府在价格、金融、财税等方面的引导作用，同时发挥金融机构及企业的作用，以市场经济手段促进资金流向节能环保产业。强化对市场监管，建立统一的节能环保产业管理体系，加强行业监督和节能环保市场规范，健全节能环保工程建设、设施运营、节能评估、清洁生产审核、能源监测等领域的市场准入制度，防止节能环保产业市场的垄断和恶意竞争。

（二）加快金融创新

金融机构应加快金融创新，探索新型金融合作模式，降低节能环保产业投资风险，比如将结构性融资应用到节能环保产业项目中，通过缩短投资回报周期和降低风险来弥补资金缺口。加强"绿色信贷"政策，将节能环保调控手段通过金融途径实现，为节能环保产业融资，构建新的金融体系和完善金融关系。

（三）加大财政支持力度

对节能环保产业实行一定的税收优惠措施。加快节能环保产业投融资体制改革和制度创新，拓宽融资渠道，通过金融机构贷款、企业债券融资、股权融资等方式，吸引更多的社会资金投入到节能环保产业领域中来。鼓励节能环保企业之间以各种形式进行资产重组和资本运营，加快节能环保企业的资本扩张。利用境外上市与国际金融组织的优惠贷款等方式，积极吸引国外资本投资到节能环保领域，扩大直接利用外资的规模和范围。

（四）创造节能环保市场

支持节能减排指标体系、考核体系、监测体系建设，促进形成规范有序的节能环保市场体系。扩大政府对节能环保产品和服务的绿色采购，积极倡导全社会绿色环保消费理念，拓展环境友好型、资源节约型产品和服务的消费市场。制定节能环保行业和产品识别认证机制，并给与财税或订价支持，提高其市场竞争力，促进对节能环保行业的投资。改变现有排污费体系，逐渐将排污费体系引向环境税（包括环境保护税、污染排放税、碳税等）方向，建立有利于绿色发展的税收体系，使"绿色税收"成为促进绿色经济发展的财税制度保障。应将经济发展中的环境污染成本纳入考量范围，对资源开采和污染物排放进行总量控制。在政府政策法规的支持下，企业尤其是上市公司等龙头企业，应强化可持续发展信息披露，并将环境成本纳入企业经营成本管理，从而引导资金投向更具可持续性的企业。大力改善环保服务相对薄弱的局面，健全市场化服务模式，完善节能环保技术开发、咨询服务、运营服务等环保服务产业。

（五）推动技术创新

强化产学研结合，积极促进优势企业与科研机构进行联合，加快节能环保科技成果转化。建立节能环保产业技术市场，规范节能环保技术的市场交易，带动节能环保产业整体发展。引进国外先进技术，提高节能环保产业的技术层次，同时也要坚持自主开发与引进国外先进技术相结合，推动相应设备与产品的国产化，形成以自主技术为主导，以先进技术为支撑的综合研发体系。加快完善以企业为主体、市场为导向、产学研相结合的技术创新体系，着力突破关键核心技术，推进创新成果产业化，提升核心竞争力。整合科技创新资源，围绕提升节能环保产业的核心竞争力，在节能环保装备制造、污染治理和资源循环利用领域设立一批重大自主创新专项，加强前沿技术研究开发，集中力量突破一批制约产业发展的重大关键共性技术。瞄准节能环保前沿技术，采取以市场换技术、嫁接、合作等形式，大力引进国内外先进节能环保技术，加强技术消化、吸收与再创新。支持具备条件的企业建设国家工程技术研究中心、工程研究中心、重点实验室和企业技术中心。建立多方参与的产业创新联盟。

（六）引导产业集聚发展

为推动节能环保产业健康发展，发挥集聚效应和规模效应，充分发挥节能环保产业集聚区在实现节能环保企业集中布局、产业集群发展、资源集约利用、功能集合构建中的作用，鼓励各地打造产业特色鲜明、集聚效应明显的节能环保产业基地、循环经济工业园。政府应加强对节能环保产业集聚区的服务引导，强化对基地的协调、管理与服务工作，并提供政策、人才、信息等方面支持，制定出台节能环保产业发展规划、年度计划和鼓励科学发展的政策措施，在资源配置、税费减免、考核奖惩、领导力量等方面予以倾斜，设立节能环保专项基金，优先扶持节能环保产业发展，为节能环保产业搭建快速发展的服务平台。

能 源 篇

第十七章 中国水电产业发展预测与建议

水力发电在目前是唯一已发展成熟、可以大规模开发的清洁生产技术。大力开发水电，是保障未来全球能源供应的重要举措。中国水力资源丰沛，水电产业拥有广阔的发展前景。水力资源是中国四大常规能源（煤炭、石油、天然气和水力）之一。从构成来看，中国常规能源资源以煤炭和水力资源为主，石油、天然气相对较少。考虑到化石燃料的不可再生性，水力资源将在中国能源资源中占据非常重要的位置。国民经济和社会发展"十二五"规划指出，要推动能源生产和利用方式变革，构建安全、稳定、经济、清洁的现代能源产业体系。其中，加快新能源开发，在保护生态的前提下积极发展水电将有助于中国转变经济发展方式，实现经济社会的和谐、可持续发展。

一、中国水电产业发展现状及展望

（一）中国水电产业发展现状

水电保持较快增长势头。"十一五"时期，全国水电装机容量保持年均12.98%的较快增长速度。2011年，全国新增水电装机容量1500万千瓦，水力发电总量6205亿千瓦时。截至2011年底，中国水电装机总容量已经达到2.2亿千瓦。

水电开发潜力十分巨大。2005年的复查结果表明,中国大陆水力资源理论蕴藏装机容量为6.94亿千瓦;技术可开发装机容量5.42亿千瓦,年发电量2.47亿千瓦时;经济可开发装机容量4.02亿千瓦,年发电量1.75亿千瓦时。按照国际惯例,以发电量与技术可开发量计算,中国水能资源开发利用率仅为25.12%(若按经济可开发量计算为35.46%)。相比之下,美国水能资源开发利用程度为82%,日本为84%,法国和德国接近100%,意大利为95.5%,西班牙为85%,瑞士为80%,加拿大为65%。按照国际上的开发水平,中国完全可以实现80%以上的水能开发利用程度。同时由于怒江、雅鲁藏布江尚未开发,金沙江、雅砻江、大渡河、澜沧江总体开发程度还不足10%,规模化水电开发仍有十分巨大的潜力。

水电站建设呈现大容量发展趋势。世界前十大已建、在建水电站中国就占据4座(分别是三峡、溪洛渡、向家坝和龙滩)。中国修建百万千瓦级以上大型水电站100余座,总装机容量超过3.4亿千瓦。其中,已经建成20座,在建和待建90余座,单站装机容量在300万千瓦以上的水电站有30座,500万千瓦以上的11座,1000万千瓦以上的有7座,超过2000万千瓦的特大电站有2—3座,位于雅鲁藏布江大拐弯处的墨脱水电站单站装机容量可高达4000万千瓦。就目前来说,继二滩、三峡、龙滩等大型水电站先后建成并投产后,溪洛渡、向家坝、锦屏一级、锦屏二级等大型水电站相继开工,中国大容量水电站建设呈现快速发展的势头。正在建设中的溪洛渡和向家坝两座水电站装机容量之和几乎可以匹敌三峡。中国大容量水电站的快速发展将有助于充分利用水电资源,提高水电效率。

大型水电站智能化和信息化水平不断提高。中国水电在装机容量与发电量、设计与施工、设备制造与运行管理等方面已经跨入世界先进行列。随着流域梯级开发和计算机监控技术逐渐成熟,自动化组件智能化提高,二滩、龙滩、葛洲坝、瀑布沟等大型水电站均已经实现"无人值守（少人值班）"的运行模式。智能化、信息化，能够安全稳定、高效运行的水电站已经成为中国水电产业不断发展的重要支撑。

水电资源蕴藏量丰富，但人均占有量落后。虽然中国已经探明的水电资源蕴藏量和可能开发的水电资源量都居世界第一位，但人均水电资源占有量偏低。按中国国土面积计算，可开发的水能资源为41.83千瓦/平方公里，高于世界平均数16.30千瓦/平方公里，而按人口计算的水电资源为0.30千瓦/人，低于世界0.48千瓦/人的平均水平。

水电资源开发程度东西部差异明显，东部接近开发殆尽，西部开发潜力巨大。东部地区水电资源开发程度很高，除国际界河外，60%以上的水电资源已经得到开发，优秀水电工程点基本开发完毕，未开发的有一定规模的水电资源点多数被淹没损失较大。至2010年，全国东部和中部地区水电开发程度分别达到90%和78.4%，而西南地区水电综合开发程度仅为24.9%。例如，云南与四川待开发水电资源蕴藏量突出，两省待开发水电按经济可开发容量约为1.7亿千瓦，占全国的63%，占西南水电待开发量的87%，但目前的开发利用程度分别仅为20.5%和26.6%，开发潜力巨大。

（二）中国水电产业未来发展规划与展望

"十二五"时期是中国能源需求大幅增长的时期，同时也是优化能源结构，贯彻节能减排目标的重要战略时期。为了实现2020年节能减排目标及非化石能源占15%的比例，水电将承担起调整中国能源结构的重要任务。

《可再生能源中长期发展规划》（发改能源 [2007] 2174号）根据水电资源分布特点、开发利用条件和电力市场需求等因素，指出未来10年内水电建设的重点是金沙江、雅砻江、大渡河、澜沧江、黄河上游和怒江等流域。到2020年，规划全国水电装机容量达到3亿千瓦，其中大中型水电站2.25亿千瓦，小水电7500万千瓦。同时，《规划》还指出中长期水电资源的开发情况展望：开展西藏自治区东部水电外送方案研究，金沙江、澜沧江、怒江"三江"上游和雅鲁藏布江水能资源的勘察和开发利用规划，做好水电开发的战略接替准备工作。

《国民经济和社会发展第十二个五年规划纲要》指出，要"推动能源生产和利用方式变革，构建安全、稳定、经济、清洁的现代能源产业体系"、"加快新能源开发"、"在做好生态保护和移民安置的前提下积极发展水电"。

《国家能源科技"十二五"规划（2011—2015）》（国能科技[2011]395号）指出，水电发展的重点是建设"水能资源与先进水电技术研发平台"和"水力发电设备研发平台"。建设水能资源与先进水电技术研发平台，开发生态友好的先进水电技术，为水电开发建设与水电站运行管理中的移民安置、环境保护、工程安全、运行安全等问题提供解决方案，引领和支撑中国水电的可持续发展。建设水力发电设备研发平台，开展与水力发电相关的创新性研究，培养具有国际视野和创新能力的高素质优秀人才，建设国际一流的水力发电设备研发基地。

《电力工业"十二五"规划研究报告》（中国电力企业联合会，2010年）指出，水电的基本发展思路是：实行大中小开发相结合，推进水电流域梯级综合开发。加快水电流域规划和勘测设计，保证水电基地连续滚动开发。继续加快开发十三个水电基地，重点开发四川、云南和青海境内的大型水电基地电站，积极开展西藏境内河流水电流域规划、前期工作，适时开工建设。积极开发中小型水电站，促进能源供应结构优化，促进水电资源在更大范围内优化配置。水电开发重点及目标是：继续加快开发、尽早开发完毕开发程度较高的长江上游、乌江、南盘江红水河、黄河中上游及其北干流、湘西、闽浙赣和东北等7个水电基地，重点布局开发金沙江、雅砻江、大渡河、澜沧江、怒江、黄河上游干流等6个水电基地。到2020年，全国水电装机预计达到3.3亿千瓦左右，全国水电开发程度为82%，其中西部水电开发程度达到67%。预计到2030年，全国水电装机容量4.5亿千瓦，超过经济可开发容量，除西藏外，全国水电基本开发完毕。

《电力工业"十二五"规划滚动研究综述报告》（中国电力企业联合会，2012年）与2010年规划相比，将西南金沙江、雅砻江、大渡河、澜沧江、怒江等五江干流水电基地的开发进度提前，2015年规划目标增加约1500万千瓦，投产容量增加较多的流域是金沙江中游。到2015年，全国常规水电装机预计达到3.0亿千瓦左右，水电开发程度达到58%左右（按技术可开发容量计算，下同），其中东部和中部水电基本开发完毕，西部水电开发程度在48%左右。到2020年，全国水电装机预计达到3.6亿千瓦左右，全国水电开发程度为69%，其中西部水电开发程度达到63%。

《中国十三大水电基地规划》提出中国要重点建设的十三大水电基地，它们是金沙江水电基地、雅砻江水电基地、大渡河水电基地、乌江水电基地、长江上游水电基地、南盘江—红水河水电基地、澜沧江干流水电基地、黄河上游水电基地、黄河中游水电基地、湘西水电基地、闽—浙—赣水电基地、东北水电基地和怒江水电基地。十三大水电基地的提出将对于中国实现水电流域梯级滚动开发，优化资源配置，带动中西部经济发展起到极大促进作用。

根据十三大水电基地的开发进度来看，到2015年和2020年，中国水电资源的总体开发程度将达到49.3%和70.3%左右。[①]

"十一五"时期是中国大规模开发水电的初期阶段。开发区域主要为金沙江中下游、澜沧江、雅砻江、大渡河等流域。投产区域

---

① 北京君略产业研究院：《2010年中国水电行业研究报告》，2011年。

主要集中在长江上游、黄河上游、大渡河、澜沧江等水电基地。到"十二五"末，这四大主要投产区域的开发程度将达到78.7%、34.4%、25.6%和23.3%左右。十三大水电基地的综合开发程度达到25.3%左右。

"十二五"期间（2011—2015年），主要流域干流梯级开发进入高峰期。投产区域集中在金沙江中下游、雅砻江、大渡河、澜沧江等水电基地。到"十二五"期末，其开发程度将分别达到29.0%、57.3%、68.7%和57.4%左右。十三大水电基地的综合开发程度达到49.3%左右。

"十三五"时期（2016—2020年），投产区域主要集中位于开发程度降低的金沙江、澜沧江和怒江等流域。至期末，其开发程度将分别达到约54.8%、76.6%和33.6%。十三大水电基地的综合开发程度达到70.3%左右。

"十四五"时期以后（2020年—），除了继续开发怒江以外，水电建设的重点将逐渐转向西藏和新疆地区，大规模开发水电的高峰将逐渐过去。

表1 主要大型水电站开发规划

所在河流	电站名称	装机容量（万千瓦）	年发电量（亿千瓦时）	预计首台机组投产时间
长江	葛洲坝	272	159	1981
	三峡	2250	899	2003
金沙江	向家坝	600	352	2012
	白鹤滩	1305	577	2014
	观音岩	300	135	2014
	溪洛渡	1260	639	2018
	龙盘	420	169	2018
	乌东德	870	357	2021
	两家人	400	169	2030

续表

所在河流	电站名称	装机容量（万千瓦）	年发电量（亿千瓦时）	预计首台机组投产时间
雅砻江	二滩	330	199	1998
	锦屏一级	480	250	2012
	锦屏二级	360	184	2012
	两河口	300	117	2017
澜沧江	小湾	420	195	2009
	糯扎渡	585	240	2013
怒江	马吉	420	190	2018
	松塔	360	157	2020
大渡河	瀑布沟	360	148	2008
	大岗山	260	114	2013
黄河	拉西瓦	420	102	2009
红水河	龙潭	540	187	2007
乌江	构皮滩	300	97	2009
帕隆藏布江	帕隆	276	153	2040
雅鲁藏布江	大渡卡	1700	770	2036
	阿尼桥	2000	770	2041
	背崩	1100	415	2042

资料来源：北京君略产业研究院，2010年中国水电行业研究报告，2011年。

二、中国积极发展水电产业的战略意义

（一）调整能源结构的战略选择

积极发展水电产业是合理调整中国能源结构的重要战略。当前，中国能源消费结构中煤炭所占的比例远远高于世界平均水平，高度依赖煤炭的能源结构导致了严重的空气污染问题。中国电力供

应以火电为主，如 2009 年煤炭发电量就占到电力生产总量的 80.30%。[1] 以煤炭为主的单一能源结构对能源稳定安全、经济社会的可持续发展造成严峻挑战。煤电小机组的煤耗高、效率低、污染重，加上大量化石能源的开采，导致地表塌陷、开裂，地下水资源和生态环境遭到较为严重的破坏。与之相比，水电是可再生能源中最具开发规模的能源之一，在保障持续供应、保护生态环境等方面能够发挥无可替代的作用。作为优化能源结构的重要支点，积极发展水电有助于构建安全、清洁、高效、多元的能源结构供应保障体系。

（二）满足能源需求增长的核心保障

积极发展水电产业是满足能源需求增长的核心保障。中国的能源消耗量伴随着经济增长持续增加，能源缺口将构成经济社会发展的重大挑战。根据英国石油集团 BP 发布的《世界能源统计回顾 2011》显示，2010 年，中国大陆以占世界 20.3% 的一次能源消耗量超过美国（19%）成为全球第一大能源消耗国，比 2009 年大幅增长 11.2%。[2] 而仅在前一年，中美两国占世界能源消耗的份额分别为 19.3% 和 19.4%[3]，基本持平。面对持续增加的能源消耗，同时又要尽可能降低对能源的外部依赖，必须大力发展可再生能源，这其中尤以技术成熟、可大规模开发的水电为重点。不同于煤炭等传统化石燃料能源，水电资源可再生、清洁高效的特点促使其成为未来中国能源供应的核心保障。

---

[1] 根据《中国统计年鉴2011》中电力平衡表计算。
[2] BP Statistical Review of World Energy, June 2011.
[3] 同上．

（三）应对气候变化的关键举措

积极发展水电产业是应对全球气候变化的关键举措。哥本哈根会议以来，倡导低碳、绿色的经济发展模式，逐步减少对化石能源的依赖，是国际社会应对气候变化的共识。为此，许多国家制定了本国可再生能源的发展规划，中国就提出到 2020 年达到非化石能源消费占一次能源消费 15％ 左右，单位国内生产总值二氧化碳排放比 2005 年下降 40％—45％ 的目标。积极发展水电有助于降低对化石能源的过度依赖，减少二氧化碳、二氧化硫、氮氧化物等污染物排放，改善大气环境。

（四）改善民生的重要途径

积极发展水电产业有助于改善当地民生条件。在中国数以万计的水电站中，有相当一部分是单站装机 5 万千瓦及以下的小水电站。这些小水电资源广泛分布在全国 1700 多个山区县中，其中 398 个是国家级扶贫重点县。通过就地开发，就地供电，不仅可以解决农村通电、通水、通路等基础设施建设问题，还能有效增加就业、促进中小河流整治和防止水土流失，从而改善农村贫困地区民生环境，维护偏远、边疆地区社会稳定。

（五）维护民族团结的重要举措

中西部地区大力发展水电有利于改善少数民族民生条件，消除不稳定因素，维护民族团结。中国水电主要集中于中西部地区，同时中西部地区也是少数民族的主要聚集地区。长期以来，由于各种原因，导致中西部地区经济发展落后，少数民族存在一些不稳定、不和谐因素。要改变这种情况，就必须从源头上解决当地经济发展问题，并注重改善民生条件。水电资源的开发，往往伴随着流域的综合治理和当地经济的极大发展。通过发展沿江、沿库区产业，能够促进当地人民就业，提高人均收入水平，有利于维护民族团结。

（六）区域经济发展的重要支撑

大力发展水电是促进中西部区域经济发展的重要支撑。由于自然条件限制，中西部水电资源丰富的地区，面临发展经济、摆脱贫困、保护生态环境、创造可持续发展的多重任务。开发水电资源不仅符合可持续发展战略，而且是西部地区将资源优势转变为经济优势、促进西部地区经济和社会发展的重要契机。水电资源开发带来的经济效益包括推动库区经济起步、带动相关产业发展、为当地社会提供资金扶持，这将逐步改变当地落后的经济状况，促进人民生活水平提高，进而逐步缩小与东部区域经济发展的差距，维系社会稳定发展。

三、中国水电产业发展面临的约束条件

（一）负面舆论宣传制约水电顺利开发

负面的舆论宣传会制约水电项目的顺利开发。很多人由于受到片面宣传的误导，喜欢强调水电站、大坝产生的环境、生态问题。通过一些未经证实的舆论宣传，很多已经建成和在建的大坝、水电项目成为敏感话题，这严重阻碍水电开发的顺利进行。例如著名的埃及阿斯旺大坝，就被美国用来作为攻击苏联的"政治工具"。这导致20世纪60年代国际上充斥大量的"反水坝、反水电"的

"科研成果"，同时这些所谓的科研成果却充斥着大量谬论。后来，国际舆论对大坝建设的反思明显呈现矫枉过正的趋势，人们甚至开始否认水电可以作为一种可再生能源，1996年的世界可持续发展高峰会议上，大型水电便被错误地排除在可再生能源的范围之外。相对于国际社会对水电的争论，中国建设水电的态度一度非常坚决，特别是顺利完成三峡工程的建设。但是2003年后，国内掀起了一次反水坝的高潮。"欧美国家已经停止了大坝建设"、"美国已经进入拆坝时代"等等谎言和谬论误导了舆论，甚至影响了专业人员、政府部门乃至高层领导。

在中国，由于宣传部门过分强调对环境和社会的负面影响，而没有考虑到巨大的经济利益，一些大型水电项目遭遇到公众的强烈抵制而最终被迫暂停或者停止，例如对怒江水电资源开发的搁置。一些人错误地宣传"怒江是世界上唯一没有建水坝的河流"，无视水土流失严重、地质灾害频发、河谷地带生态环境已经遭到极大破坏的事实，声称"怒江是世界上最后一条生态江"。有人还根据这些不实的宣传上书全国人大，甚至写信给联合国，要求制止怒江水电开发。另外，瀑布沟移民冲突事件的发生是典型的舆论误导群众的结果。某中央媒体发表文章《用十几年前的标准拆迁，汉源移民巨额损失》，将1992年颁发的移民补偿条例误认为是用1992年的标准拆迁。这种误导宣传对移民的情绪挑拨性极大，前来阻止工程建设的移民几乎是人手一份报纸。

（二）库区移民是水电开发公认的主要阻力

移民是发展水电产业遇到的最现实、最核心的主要阻力。大中型水库的淹没范围往往较大，不仅淹没较多的耕地和林地，而且常需要搬迁安置大量移民，这一矛盾在人口稠密地区尤为尖锐。库区移民在搬迁后会面临无（少）地、失业、文化隔阂、边缘化等社会风险,可能会造成收入差距过大和社会融合差等问题,再加上库区移民前期补偿标准偏低、后期扶持政策不统一等原因,移民极易贫困。如河北省平山县,解放前是党中央所在地,人民丰衣足食,被称为晋察冀边区的"乌克兰"。但是由于岗南和黄壁庄两大水库的建立,移民人均占有土地从2.29亩下降到0.4亩,一度成为全国重点贫困县。

综合来看,移民问题主要体现在三个方面。一是由于库区周围地区安置移民的环境容量有限,针对农村移民土地的安置难度较大;二是库区征地补偿和移民安置政策尚不配套,安置的途径和方式单一;三是没有建立有效的资源开发补偿机制,水电的开发往往没有激发当地政府和移民群众的积极性,对当地经济补偿不够。如上文提到的瀑布沟移民冲突就涉及到强制拆迁、征地补偿和安置标准问题。2011年发生的云南绥江"3·25"移民事件同样是"向家坝"2000多移民集中表达对安置政策的不满。从另一方面来看,移民自身也存在认识上的问题,由此导致移民问题层出不穷。移民在认识上的不足,如靠补偿致富的错误思想,加之地方标准不一,导致互相"攀比看齐"现象。对移民的补偿越多,矛盾越多,一些地方已经出现新老移民交替闹事的恶性循环,对水库建设及正常运营、当地经济发展造成十分恶劣的影响。[1] 例如,由于云南和四川出台的政策不一样,在一定程度上引发两地移民的攀比现象。云南省由于土地有限,而农民又不肯外迁,因此不得不采取长效补偿的方式来进行安置。而四川是按照国家公布的做法,以有土安置为主,因此四川的移民补偿费用相比云南较低。另外一个值得关注的,是移民返迁问题。[2] 云南地少人多,异地搬迁难度很大。例如,溪洛渡施工区需要搬迁2000多人,搬迁前人均只有不到一亩

---

[1] 张博庭:《水电行业的发展及面临的问题——在上市公司水电研讨会上的发言》,2010年9月17日。

[2] 同上。

的山坡地，云南省将这些人搬迁到普洱市（原思茅市），每人分配一亩水田、一亩旱地外加一片山林，但几个月后已经有1000多人返迁。

（三）生态环境影响愈发成为水电建设的争论焦点

生态环境问题是制约水电资源开发的主要因素，且常常成为反对水电开发的主要论证内容。水电站的建设要人工截断河流、筑坝拦水或改变水流走向，因此将不可避免地对局部地区生态环境产生影响。建库过程中很有可能会造成新的水土流失、植被破坏、"三废"排放等负面影响，对原始生态环境造成破坏。而且筑坝建库改变了局部地区的地形、地势，对当地气候造成的影响是很难进行估计的。著名的阿斯旺大坝就是一个例子。埃及的阿斯旺大坝曾经是当地政府和人民的骄傲，但是在大坝建成仅二十多年后，对生态和环境的不良影响逐渐显现，对经济社会发展也带来负面影响。首先是大坝工程造成沿河流域可耕地的土地肥力持续下降。二是修建大坝后尼罗河两岸出现了土壤盐碱化。三是库区及水库下游的尼罗河水质恶化，以河水为生活水源的居民健康受到危害。四是河水大量蒸发及河水性质的改变使水生植物及藻类蔓延，阻塞河道。五是尼罗河下游的河床遭受严重侵蚀，出海口海岸线内退。

由于水电设施建成后陆续出现的生态和环境问题是难以预料的，因此公众舆论和一些学者往往对大型水利设施的建设持反对或谨慎的态度。如何可靠和精确地观察水电建设对生态和环境的短期和长期影响，进而进行科学公正的评估，权衡利弊，这些问题尚需进行研究和探讨。到目前为止，世界上所有的超大型水利工程建成后，还未曾建立起完整综合的生态和环境监测系统。中国水电建设和规划走在世界前列，水电建设对生态和环境的综合影响亟待解决。

（四）地质灾害考验水电工程安全

水电项目的开发有可能引发地质灾害问题，并威胁水电工程安全。国家能源局新能源和可再生能源司司长王骏指出，"水电开发的过程中要建坝蓄水，蓄水一般都有一定的容量。水位提升后，对水库地质浅层会形成一定压力，可能引发一些微小的地震。"[1] 中国水力发电工程学会副秘书长张博庭指出，水库和地震确有一定联系，对于没有处在地震断裂带上的地区，水库可能会诱发局部地震，一般是难以察觉的微震。如果水库蓄水地区存在明显的地震断裂带，则水库建成后会引发震级很小，次数频繁的地震。

水电项目工程的开发有可能会造成地震等地质灾害的发生，地震、泥石流等地质灾害的发生又会反过来威胁到水库、大坝及库区的安全，造成难以估量的损失。这表现在[2]：一是水库诱发地震造成附近建筑物损毁。湖北的丹江口水库，1967年蓄水，1970年水位高度147米时发生初震，1971年水位高度150.37米时发生4.0级地震，1973年11月29日发生4.7级主震，导致附近农村部分房屋损坏。二是水库诱发地震造成大坝失稳。广东新丰江水库，1959年蓄水后，一个月水位上升20米，库区有感地震频繁，1962年3月19日发生6.1级主震，余震不断。这导致右岸坝段顶部出现382米长得水平裂缝，经过加工才保证了稳定，两期加固费用相当于大坝造价。三是水库诱发地震造成大坝严重渗漏。印度柯依纳水库坝高104米，1962年开始蓄水，1963年初诱发初震，1967年12月10日诱发了6.4级强震，造成大坝

---

[1] 王骏：《我国可再生能源战略定位已确定》，《中国能源报》，2009年4月20日。
[2] 马俊红：《浅谈水库诱发地震问题》，《科学之友》，2011年第22期，第124—126页。

漏水，坝顶严重损坏。四是在山区发生的水库诱发地震可能导致山体滑坡、岩崩和堰塞湖等次生灾害。1933年，四川大地震震后几个月，一个堰塞湖突然决堤，造成岷江地区发生历史上最大的洪水灾害。中国西南地区水库众多，而这些地区又同时大部分处在地质活跃地带，如果任何一座水库出现险情后处理不当，极有可能引起灾难性的后果。

（五）多方管理体制难以使政策达到协调统一

中国水电建设缺乏完善、协调的开发管理机制。水电建设是河流综合开发利用的重要组成部分，如果一条河流由众多单独的利益主体进行开发，会遇到上、下游梯级之间利益再分配、跨省流域开发协调等"人为分割"出来的难题。因此，需要加强流域综合规划和统一管理，协调各方利益，按照市场规律，进行资源合理优化配置。例如，为了建立权威且独立的流域管理机构，美国成立了田纳西流域管理局（TVA），此机构有权在田纳西河干支流上建设水库、大坝、水电站、航运设施等水利工程，有权将各类发电设施联网运行、销售电力、生产农用肥料等。专门化机构的建立为水资源的有效开发和统一管理提供了保证。长期以来，中国水资源管理的分割现象严重，虽然有水利委员会等水资源管理机构，但是职能单一。如水利委员会主要承担防洪职能，不具有生态建设和水资源开发职能。目前的情况是，对于水电开发，国家发改委、水利部、电力公司、地方部门均有一定职能，由此导致的多方管理使相关政策难以达到协调统一。

水电开发由于涉及面广，需要协调好水力发电与治水、用水、环保部门的关系，同时还要处理好干支流、上下游、左右岸的关系。这就要求建立完善、统一的开发管理机制，制定适合长期发展、协调统一各方利益的管理机构，而这正是目前中国水电开发亟待解决的问题。

(六) 电力体制市场化改革滞后阻碍资源优化配置

中国电力体制市场化改革滞后，垄断现象依然存在，导致电力资源并未得到有效、优化配置。中国的电力市场正在由计划经济体制向市场经济体制转换，这造成需求与供给关系十分复杂，并没有形成真正的市场竞争机制。水电作为稀缺资源，目前的价格机制难以体现其资源价值。水电上网电价是由发改委核定，定价原则是成本加上一定的利润空间，从而限制了水电行业的盈利空间。尤其是近几年在国家加大对移民和环保的补偿力度后，水电开发的成本提高，而水电电价的调整时间和幅度均落后于成本的提高，致使水电企业利润空间缩小，市场竞争能力减弱。同时，由于全国性的大规模输电网络或跨大区域的输电网络没有有效形成，加上局部经济利益驱使，国家的水电资源不能很好地实现大区域范围上的优化配置，西部的水电资源开发受到市场空间的制约。东部一些省份出于能源安全考虑，争先恐后投资火电和核电项目，建立自身的能源供应保障体系，甚至"拒绝"低价环保的水电。[①] 一些省也存在因电网输电能力不足而出现缺电与窝电并存的现象。由于地方电力公司垄断当地水电资源，即使在当地投资，也无法在当地竞价上网。在现有电网通道上不去的情况下，只能将电力送回，但输电线路投资巨大，又是一般企业所无法承担的。

---

① 《投资价格双双"卡壳"，西电前路未明》，《21世纪经济报道》，2004年1月6日。

四、世界水电产业发展现状与规模

（一）世界水电产业发展现状

根据《世界能源统计回顾2011》数据显示，2010年，世界水电发电量最高的是亚太地区，达到10888.01亿千瓦时，同比增长13.0%，占世界份额的31.8%，其中中国占21.0%。欧洲及欧亚[①]地区水电仅次于亚太地区，2010年发电量为8657.61亿千瓦时，同比增长6.4%，占世界25.3%的份额。中南美地区2010年水电发电量为6946.95亿千瓦时，比上年下降0.4%，占据世界20.3%

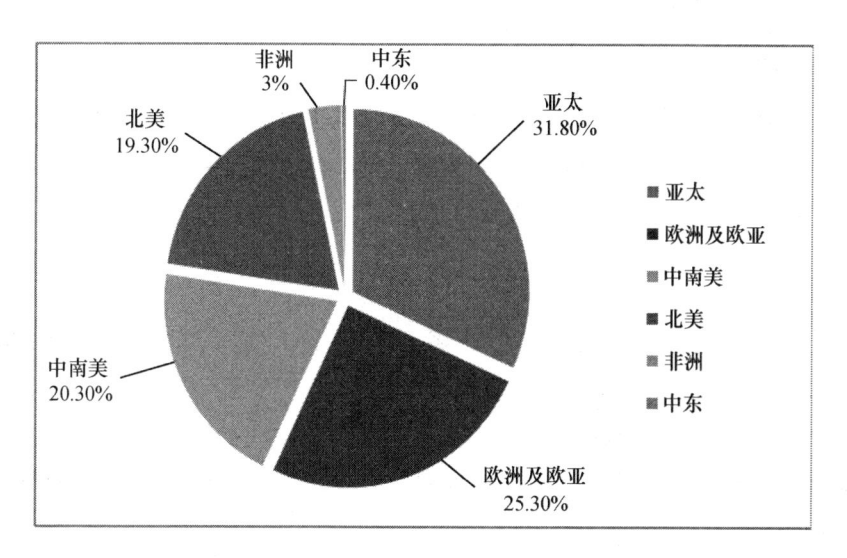

图1　2010年主要区域占世界水电发电比重

资料来源：BP Statistical Review of World Energy，June 2011.

[①]　欧洲和欧亚地区除了欧洲国家以外，还包括阿塞拜疆、哈萨克斯坦、土库曼斯坦、乌兹别克斯坦等国家。

的份额。北美地区水电发电量居第四位,达到6626.28亿千瓦时,较上年下降1.4%,占世界19.3%的份额。非洲和中东地区占3.4%,其中非洲3.0%,中东0.4%。

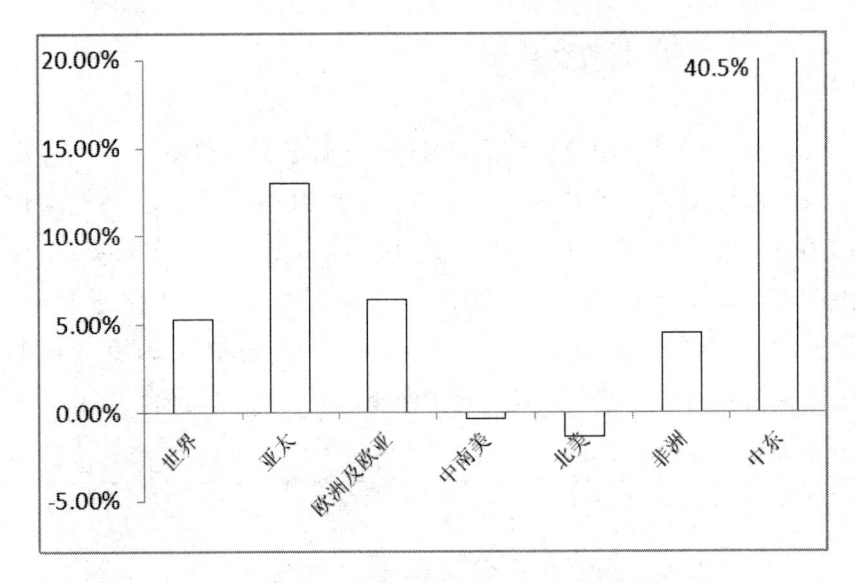

图2　2010年世界主要区域水电发电量增速

资料来源：BP Statistical Review of World Energy, June 2011.

注：中东地区高达40.5%的增速主要归因于伊朗47.2%的增速。

2010年,水电发电量增速领先的是中东地区,这在很大程度上是由伊朗的水电大幅增加造成的(但整个中东地区2010年水电发电量仅达到其2002年、2003年的水平),同时也和整个地区上一年的基数较小有关。亚太地区的水电增长速度也很明显,领先于欧洲及欧亚、非洲地区。北美和中南美地区则是负增速,表明美洲地区大部分国家水电发电量出现了负增长。事实上,只有墨西哥(38.9%)和巴西(1.3%)的增速是正的。

分国别来看,中国、巴西、加拿大、美国和俄罗斯为世界五大水电生产国,五国合计占据了世界水电发电量55.8%的份额。其

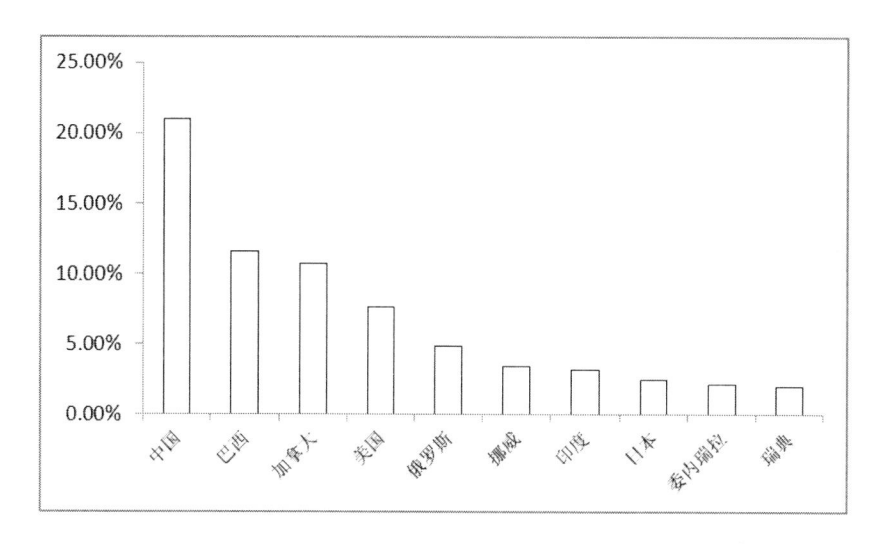

图3 2010年主要国家占世界水电发电比重

资料来源：BP Statistical Review of World Energy, June 2011.

中，中国占21.0%，巴西占11.6%，加拿大占10.7%，美国占7.6%，俄罗斯联邦占4.9%。其后分别是挪威3.4%、印度3.2%、日本2.5%、委内瑞拉2.2%和瑞典2.0%。

图4体现出近10年世界主要区域的水电发展趋势。从主要区域占世界水电发电比重来看，与2000年相比，亚洲大幅增长，且增速较高；中南美和非洲、中东地区基本维持在稳定状态；欧洲和欧亚、北美地区则呈现较为明显的下降趋势。

（二）主要国家水电产业发展规模

2000—2010年，全球水力发电量增加了29%，其中，亚太、中东和非洲地区水电发电量分别大幅增加111%、67%和41%，中南美、欧洲和欧亚、北美地区则分别增长26%、3.8%和-0.9%[①]。

---

① 根据BP Statistical Review of World Energy June 2011数据计算

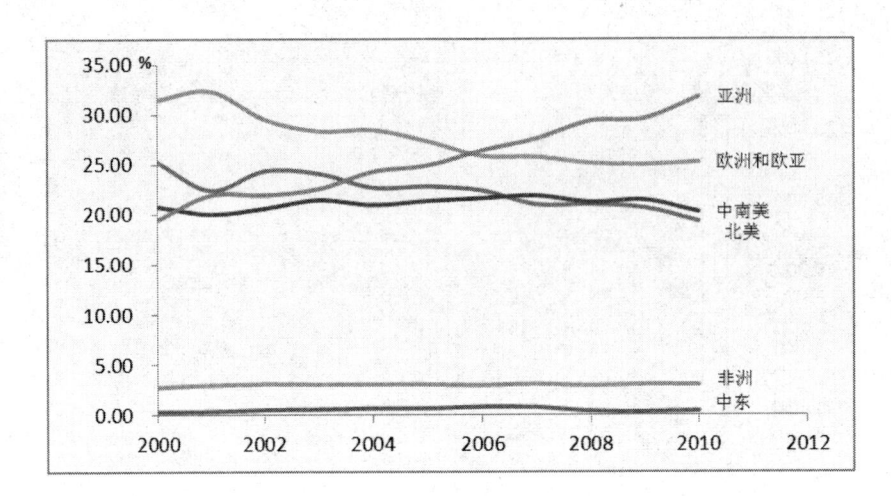

图 4　世界主要区域占世界水电发电比重变化趋势

资料来源：根据 BP Statistical Review of World Energy, June 2011.

目前，世界主要地区的水电资源开发程度如下：

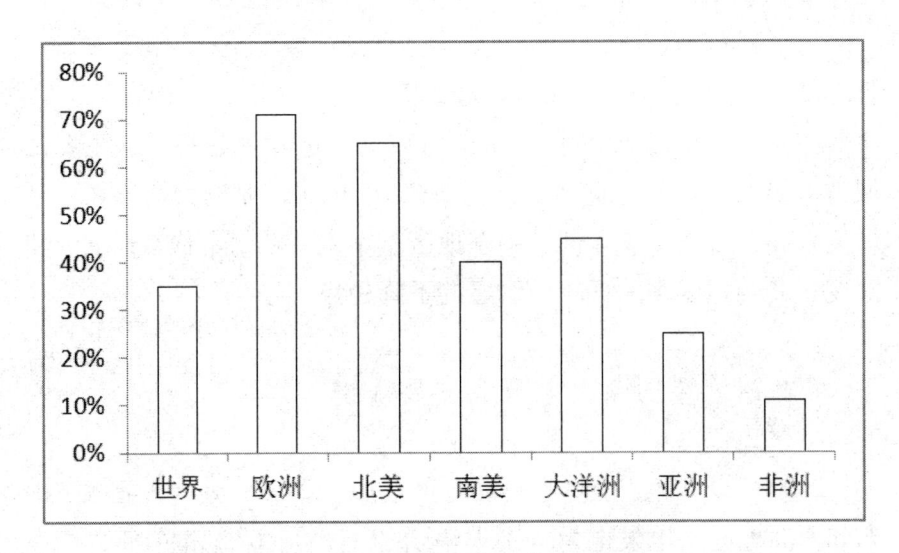

图 5　世界主要区域水电开发程度

资料来源：贾金生：《开发水电推动绿色增长》，第六届世界水论坛，2012 年 4 月 27 日；World Atlas Industry Guide 2008.

注：开发度按发电量与经济可开发量的比值计算。

水电资源开发程度较高的为欧洲和北美地区，其中欧洲达到71％，北美达到65％。大洋洲和南美地区开发程度在40％—50％，还有很大发展空间。亚洲和非洲的水电开发程度较低，仅为25％和11％，可开发潜力十分巨大。

从国际水电发展形势来看，世界各国大体可分为四类[①]：发达国家、发展中国家、欠发达国家和政局不稳定国家。发达国家的水电开发已经基本完成，目前的重点是增加储水能力、发电效率、提高防洪能力和改善生态；发展中国家拥有非常丰富的水电资源，但限于资金等条件，大力发展水电仍有很多的困难；欠发达国家水电建设在技术、市场、资金等方面面临制约因素；政局不稳定国家的水电发展和大坝建设暂时难以列入日程。

欧洲

欧洲地区水电产业已经发展得相当成熟，水电站装机容量已经达到1.8亿千瓦，水电开发已经达到相当高的程度，现在的重点是改建和扩建现有的水电站，维护和整修现有大坝。近几年欧洲水电市场仍继续保持活力，大规模水力发电和抽水蓄能日益增长，水电产业仍在良好发展的轨道上。欧洲有若干国家的水电占本国电力供给的一半以上，例如：阿尔巴尼亚为97％，冰岛为70.1％，拉脱维亚70％，挪威的水电比重高达99％。欧洲可再生能源委员会（EREC）表示，欧洲小水电（定义为小于1万千瓦）现有装机容量1200万千瓦，未开发的小水电仍很丰富。

挪威水资源相对比较丰富，河流湖泊纵横，是世界上水电开发利用程度最高的国家。挪威的水电年发电量已达1180亿千瓦时，全国电力供应99.8％来自于水力发电，是世界上水电比重最高的

[①] 贾金生：《开发水电推动绿色增长》，第六届世界水论坛（2012.03.12—17），北极星电力新闻网，2012年4月27日。

国家之一。1890年以前，挪威对河流水能资源的利用主要局限在水车动力锯木、磨磨、顺水漂流木材和船运等等。真正开始把水能资源用于发电是在1885—1945年间，水电主要用于城镇及乡村的照明和取代水车的农业灌溉、化工、造纸、机械制造等行业。1945年以后，随着二次世界大战的结束，挪威走上了工业振兴国家的道路，能源、电力需求开始持续攀升。丰富的水能资源随之得到重视，水电以其清洁、廉价的优势到了迅猛发展。目前，挪威已开发的水能资源占总量的62%，剩余的大约37%当中，大约有25%是位于保护区内不得开发的。政府明确了新水电项目的开发将主要取决于电站的经济性、环境的容量和公众的接受程度等。

德国是世界上水电开发程度较高的国家，2009年水力发电量超过了190亿千瓦时。位于莱茵河的伊费策姆（Iffezheim）抽水蓄能电站自1978年运行以来，4台水轮机组装机11万千瓦，年发电量达7.4亿千瓦时。该站目前正在进行扩容改造，第5台机组装机3.85万千瓦将于2012年并网发电。这也将使伊费策姆抽水蓄能电站成为莱茵河上最大的水电站，年均发电量将增加至8.6亿千瓦时。位于埃德尔湖（Edersee）上的瓦尔德克（Waldeck）一期抽水蓄能电站于2010年4月底正式投产。近期，德国还对一座装机7.4万千瓦的新电站进行了整修。

瑞士每年的发电量约为660亿千瓦时，其中水电的发电量占50%以上。由于需求增加，设备老化，瑞士正在进行水电工程扩建改造，计划投资约3200万欧元，于2016年完成13台发电机组的全部检修工作。瑞士现有的水电站主要包括锡尔斯（Sils）水电站（4台装机6万千瓦的发电机组）、巴伦布格（Baerenburg）水电站（4台装机5.5万千瓦的发电机组）、费雷拉（Ferrera）水电站（3台装机6.3万千瓦的水轮机，总抽水容量9万千瓦）和图西斯（Thusis）水电站（2台机组，分别为0.2万千瓦和0.4万千瓦）。

另外，瑞士准备在东部新建一座抽水蓄能电站，合同额1.2亿美元。林塔尔利默恩（Linthal-Limmern）电站建在地下洞穴中，安装4台发电机组，预计第1台机组于2015年投入运行。

俄罗斯地跨欧亚大陆，水资源蕴藏量极为丰富。国内运行的大坝有101座，总库容达7930亿立方米。运行中的水电装机容量约为4700万千瓦。水电装机容量超过1万千瓦的水电站有85个。目前，还有约700万千瓦的水电装机正在建设，已规划的水电装机容量约为1200万千瓦。正在修建中的140米高的Bureya混凝土重力坝库容350万立方米，是该国目前在建中最高的大坝。

奥地利正在进行一批水电工程项目的修复更新。如2009年夏因火灾受损的勒东德（Rodund）二期抽水蓄能电站，装机容量将从27.6万千瓦增加至29.5万千瓦。另外，装机容量48万千瓦的林贝尔格（Limberg）二期工程于2011年投入运营。

西班牙正在建设位于巴伦西亚（Valencia）的拉穆埃拉（La Muela）水电站，装机容量将达到200万千瓦，成为欧洲大陆最大的抽水蓄能电站。

葡萄牙在建大型水电开发项目——位于达美嘉（Tamega）河上游的水利枢纽，其装机容量超过100万千瓦。

北美和中美

北美已经建成了很多大型水电站，根据国际大坝委员会2006年的统计，北美和中美洲共有大坝8252座，其中约6510座在美国境内。防洪、发电、灌溉、供水和娱乐是美国大坝的主要用途。本地区15个国家中有4个国家水电占电力供应的比重超过50%，其中包括加拿大、哥斯达黎加、海地和巴拿马。目前，许多电力公司正在考虑增加已有水电站的装机容量，并寻求开发新的水电工程。

美国现有水电装机约1亿千瓦。研究报告显示，美国技术上可行的装机容量约为4亿千瓦。到2025年，水电装机容量将增加

6000万千瓦（也有2300万千瓦或者4000万千瓦一说）。2030年，美国水力发电量将翻倍。美国市政电力署（AMP）正在俄亥俄河（Ohio River）上修建5座径流式电站，将生产超过35万千瓦的水电。在美国，每年退役的大坝数已经超过新注册建设的大坝数目。

加拿大的水电蕴藏量极其丰富。加拿大最近新规划了很多大坝，尤其是在魁北克、拉布拉多和纽芬兰地区。

墨西哥已经建成大坝668座（2006年），年发电量250亿千瓦时，在建水电装机容量达到225万千瓦。2006年底开工建设位于Papagayo河上游的Laparata水电站，计划装机容量为90万千瓦。另一座称为Cajon的项目于2007年投入运行，装机75万千瓦。此项工程的建设可以提高当地就业率，把电力输送到该国太平洋延岸地区。

大洋洲

大洋洲的大坝共621座，主要位于澳大利亚（541座）和新西兰（67座）。大坝以供水为主，其次是水电和灌溉。有3个国家的水电在全国电力中的比重超过50%，分别是斐济（50%）、新西兰（60%）和巴布亚新几内亚（65%）。

澳大利亚和新西兰的大坝建设高峰出现在1980年，平均每年新建约10座大坝。到了1990年迅速减缓，现在澳大利亚仅有一座60米高的大坝在建。当前，澳大利亚主要发展小水电和供水工程。

拉丁美洲

拉丁美洲的水电总装机容量约为1.4亿千瓦。有专家称拉丁美洲地区可能开发的新水电站的装机容量是现有的4倍多。拉美地区大坝建设的首要目的是水电和防洪。到2006年，南美洲共有大坝799座，巴西（2006年有387座）几乎占了一半的数量。南美建设的高坝比较多，主要集中在巴西、委内瑞拉、厄瓜多尔等国家。2007年，南美洲13个国家在建的水电装机容量大约为1133万千瓦，规划待建项目还有约6296万千瓦。该地区水电开发最积极的是巴西，其水电发电量占总发电量的比重超过了76.6%，其他还有巴拉圭（99.99%）、哥伦比亚（78%）、秘鲁（65%）、委内瑞拉（73.3%）、法属圭亚那（60%）、智利（43.5%）和厄瓜多尔（43.5%）。拉美地区水电项目投资规模有大有小，形式不一，大如巴西兴古河（Xingu River）上装机1120万千瓦的贝卢蒙蒂（Belo Monte）水电工程，小如哥斯达黎加韦拉克鲁斯河（Veracruz River）上装机8.5万千瓦的艾尔英坎多（El Encanto）水电工程。

巴西正在兴建或准备开发若干重大水电工程，总装机容量达到2500万千瓦。如兴古河（Xingu River）、马德拉（Madeira）河、塔帕若斯（Tapajos）河、托坎廷斯（Tocantins）河以及亚马逊（Amazon）河支流上的大坝工程。其中，贝卢蒙蒂（Belo Monte）水电工程计划于2015年开始投入商业运行，成为继巴西南部1400万千瓦的伊泰普（Itaipu）电站之后的第二大电站。马德拉（Madeira）河上的圣安东尼奥（Santo Antonio）水电站计划于2012年年中并网发电。

秘鲁正在对北部6座水电工程的可行性进行研究，总装机容量约为900万千瓦，该工程造价达48亿美元，建成后将成为秘鲁最大的水电工程。

厄瓜多尔计划于2015年投入使用的科卡科多辛克莱（Coca Codo Sinclair）水电站装机容量达到150万千瓦，将有效缓解电力对外需求状况。

亚洲

亚洲已经逐渐步入水电开发的高峰。亚洲地区大多数大坝是为了灌溉而建造的，其次是为了水电、防洪和供水。印度和土耳其以灌溉为主，中国以防洪、灌溉、发电为主，日本则偏重防洪和抽水蓄能，伊朗以灌溉和发电为主要目的。总的来说，中国、印度、土耳其、日本和伊朗是大坝建设最为活跃的亚洲国家。

水电发展是老挝国家发展战略中的重要一环。老挝水电资源理论蕴藏总量约为3000万千瓦，技术可开发总量为2347万千瓦。截至2010年，全国共有14座水电站，总装机容量为254万千瓦，占技术可开发量的约11%，水电开发潜能巨大。但由于缺少市场，出口电力对GDP贡献巨大。在建的南屯河2级水电站是老挝的一项重大水电工程，发电量的90%以上输往泰国，剩余由老挝本国使用。水电站的收益可以为消除贫困、可持续发展、保护生物多样性和文化遗产传承提供更加有力的资金支持。随着发电收益的增加，对伐木的依赖便会减少，这有益于对森林生态系统的保护。项目每年能够提供100万美元的资金用于工程附近4000平方公里的森林保护区的保护工作。世界银行认为，"如果管理和实施得当，能够极大地改善老挝人民的生活，增加卫生、教育和农村发展等方面的投入。"根据项目规划，受影响村民的人均收入将从现在的380美元提高到800美元。老挝政府计划到2020年新建20座水电站。

印度正在加速开发大型水电项目，并越来越重视小水电的开发。印度是人口大国，人均水资源量不足世界平均水平的30%。全国有4083座水坝在运行，总库容超过2130亿立方米，15米以上的大坝有2600余座。全国水电装机容量达到3700万千瓦。经印度新能源和可再生能源部认定，全国小型水电站（定义为装机2.5万千瓦以下）坝址约有5400个，蕴藏量达到1430万千瓦。到2009年，印度小水电装机达240万千瓦。印度计划到2017年第十二个五年计划结束之前装机达到700万千瓦。

柬埔寨最近的一项重大水电工程是建在湄公河上装机达到100万千瓦的水电站，由柬政府授权越南一家公司进行兴建。柬埔寨还与中国和越南合作，准备在2020年前建成一个装机200万千瓦的水电站。

蒙古国已经完成8个装机容量分别为0.8—22万千瓦的水电项

目的研究工作。

亚美尼亚可能开发的中、小型水电项目的总装机容量可达到25万千瓦。

阿塞拜疆结合灌溉和供水，水电项目的总装机容量将增加46万千瓦。

斯里兰卡正在进行4个装机容量为2.7—15万千瓦的中型水电项目的规划和一些小型水电项目的更新改造。

非洲

非洲国家水电开发度、水资源调控能力都处于较落后水平。根据国际大坝委员会2007年的统计，非洲已建成大坝1815座，其中南非（1166座）、津巴布韦（1250座）和摩洛哥（120座）拥有的大坝数目之和占到了非洲大坝总数的80%以上。2007年，17个国家在建的水电装机容量约为749万千瓦，有三个国家的在建水电装机容量超过100万千瓦，分别是埃塞俄比亚（127.7万千瓦）、几内亚（129.1万千瓦）和苏丹（130万千瓦）。在干旱和半干旱的北部和南部地区，大坝以灌溉为主，在中部和其他较湿润的地区，大坝以发电为主。非洲有22个国家水电占全国电力的比重超过50%，其中赞比亚、莫桑比克、纳米比亚等5个国家的水电比重更是超过了90%。

在非洲，若干座大型水利工程正在规划阶段或施工中包括：刚果民主共和国拟建中的将耗资800亿美元的因加（Inga）大型水利工程；喀麦隆正在进行的洛姆潘加尔（Lom Pangar）大坝施工；赞比亚与津巴布韦对其界河——赞比西河上的卡里巴（Kariba）大坝进行改建；埃塞俄比亚正在修建吉贝（Gibe）3号水电站；尼日利亚正在建设古拉拉（Gurara）调水工程。

埃塞俄比亚装机容量30万千瓦的特克泽（Tekeze）水电站于2009年11月竣工，该工程高188米，是非洲最高的大坝。该电站的建设将有效解决定时限电的做法，对满足该国日益增长的电力需求起到重要作用。同时，继已经竣工的吉贝水电工程（18.4万千瓦）和吉贝2号（42万千瓦）后，该国正在修建一个更大的水电工程——奥莫河（Omo River）上的吉贝（Gibe）3号水电站，装机容量为187万千瓦，计划投资17.5亿美元。另外，埃塞俄比亚正在开发若干径流式水电工程，正在对蒂拉（Dilla）、迪斯基（Tiski）、图姆（Tum）、亚布斯（Yabus）和泽伊（Zey）5座小型水电站进行规划，期望向295个城镇和村庄的180万居民供电。

乌干达电气化率较低，只有5%左右的人口能用上电，电力需求超过已建电站的容量。乌干达和肯尼亚正在对境内3条流域的水资源工程展开论证，寻找适合开发的水资源项目坝址。这些流域包括乌干达的吉奥加（Kyoga）流域、肯尼亚的古查—米戈里河（Gucha-Migori River）和亚拉河（Yala River）流域。

赞比亚最大电力工程——装机75万千瓦的下卡富埃峡独立电力工程正在建设，该工程的目的是解决电力短缺并增加对采矿业的供电量。建成后，发电量将占该国电力供应的25%。

五、中国水电产业发展规模预测

作为世界上水能资源最丰富的国家之一，发展水电是现阶段解决中国能源问题的最有效手段。随着世界范围内清洁能源的发展，中国水电产业发展的新时期也即将到来。

据《世界能源统计回顾2011》统计数据显示，2010年，世界水电发电量为34277.19亿千瓦时，比上年增长5.3%。其中中国水电发电量占世界总额的21.0%，达到7210.20亿千瓦时，同比增长17.1%。

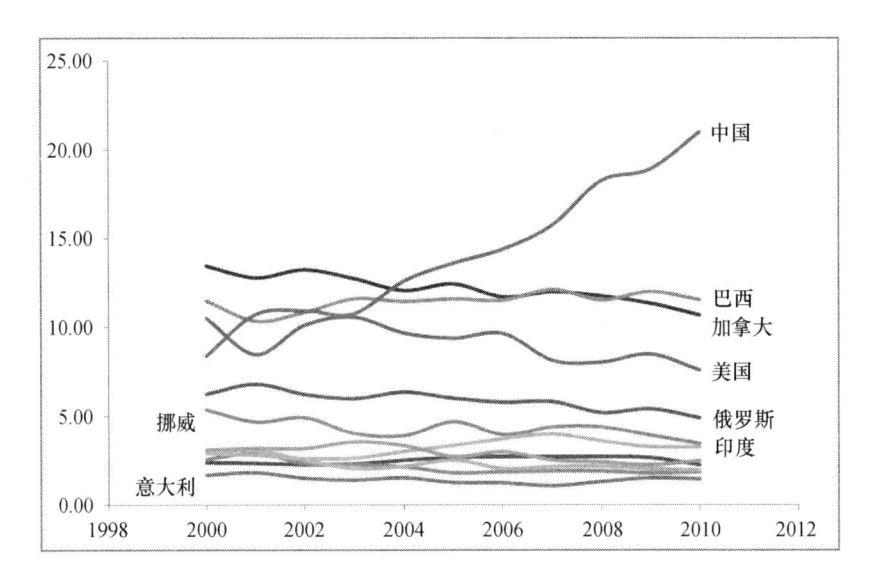

图6 主要国家占世界水电发电比重变化趋势

资料来源：根据《世界能源统计回顾2011》数据计算作图。

中国的水电发电量在近10年中突飞猛进。在美国、加拿大、俄罗斯、挪威等水电大国占世界水电发电比重逐步降低的同时，中国占世界水电发电量的比重却在持续大幅上升，年均增长率高达12.80%。巴西、委内瑞拉、意大利维持较平稳发展水平。印度在2007年前保持较小的增速，但之后出现小幅下降。

从中国历年水电装机总容量来看，水电发展可分为两个阶段。2000年以前，水电装机容量年均增长率为7.4%，2000年后，这一数字达到10.2%。"十五"后期，水电装机容量大幅增长，尤其是"十一五"期间，水电装机容量年增长率高达13.2%。自1975年以来，水电装机容量保持年均8.3%的增长率。

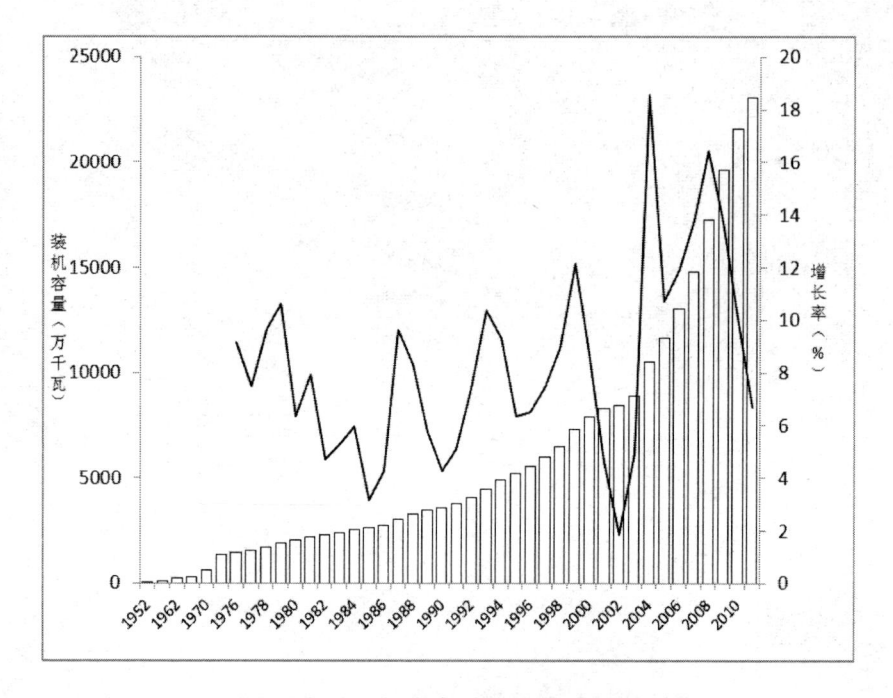

图 7　中国历年水电装机容量及增长率

资料来源：根据国家电力信息网历年电力装机和发电量的构成比（1976—2001）、国家电力监管委员会数据（2000—2010）以及中电联《全国电力工业统计快报（2011 年）》整理，增长率为同比增长率。

对水电产业的未来发展趋势进行预测，并积极指导实践，有着重要的意义。本章采用趋势外推法对直到 2020 年的名义国内生产总值、水电装机容量、水电发电量、能源生产和消费量进行预测，同时还运用能源生产反推法对水电装机容量需求及发电量进行了预测。

（一）趋势外推法

水电装机容量发展趋势存在四种情形：
低增长情形：相比其他三种情形，这是一种最为保守的估计。

按照5%的年均增长率预测，水电装机总容量到2015年达到2.80亿千瓦，2020年约为3.58亿千瓦。

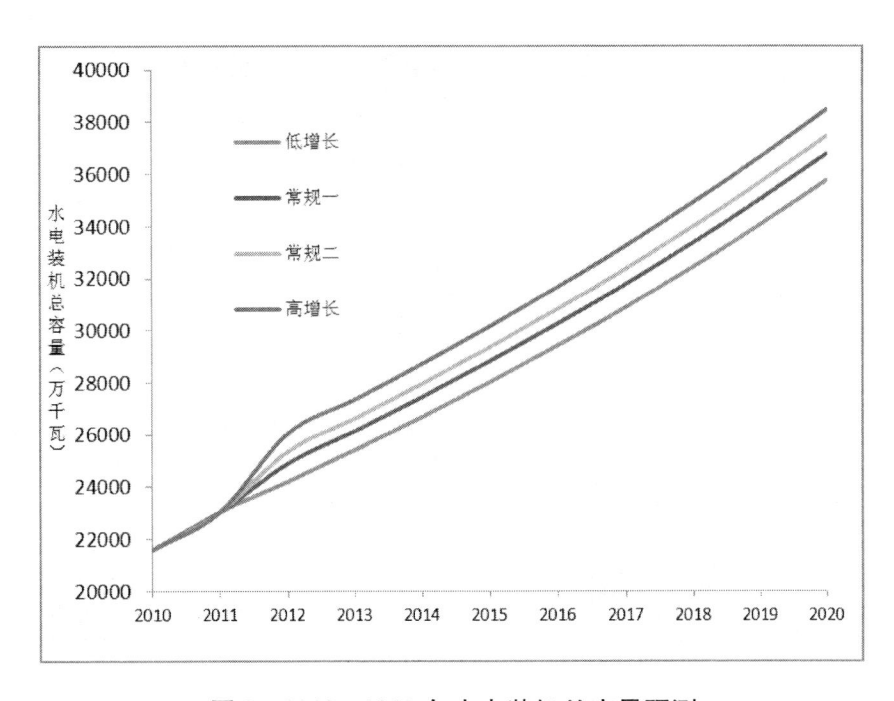

图8　2010—2020年水电装机总容量预测

注：低增长、常规一、常规二、高增长状态分别根据5%、8%、10%、13%的增长率预测。根据是1975年以来、2000年以来和"十一五"期间水电装机增长率分别约为8%、10%和13%。

常规情形：常规情形分为两种情况：

常规情形一：按照自1975年以来水电装机容量保持约8%的年均增长率预测，是常规情形中的一种较为保守的估计。预计到2015年，全国水电装机容量将达2.88亿千瓦，2020年达到3.68亿千瓦。

常规情形二：按照自2000年以来保持的约10%的增长率进行预测，是常规情形中较可能达到的一种状态。按照预测，2015年，水电装机总容量将达 2.94 亿千瓦，2020 年为 3.75 亿千瓦。

高增长情形：如果按照"十一五"期间年均约 13% 的增长速度，水电装机容量的发展趋势将很可能保持高增长态势。2015 年水电装机容量达到 3.02 亿千瓦，2020 年为 3.85 亿千瓦。

表 1　2020 年水电装机总容量趋势外推预测结果（单位：亿千瓦）

年份	低增长情形	常规一情形	常规二情形	高增长情形
2010	2.16	2.16	2.16	2.16
2011	2.31	2.31	2.31	2.31
2012	2.42	2.49	2.54	2.60
2013	2.54	2.61	2.66	2.74
2014	2.67	2.74	2.80	2.87
2015	2.80	2.88	2.94	3.02
2016	2.94	3.03	3.08	3.17
2017	3.09	3.18	3.24	3.32
2018	3.24	3.34	3.40	3.49
2019	3.41	3.50	3.57	3.67
2020	3.58	3.68	3.75	3.85

（二）能源生产反推法

主要思路是，根据现有能源生产总量（包括原煤，原油，天然气，水电、风电、核电）数据，采用趋势外推法预测直到 2020 年的能源生产总量，并根据电力折算标准煤系数，将能源生产总量用发电量表示，再根据预测的水电发电量占能源生产总量（总电力表示）的比例，得出水电发电量需求的预测值，进而对装机总容量需求进行预测，预测结果如下。

表2 能源生产反推法对水电装机容量及发电量的预测

年份	能源生产总量（万吨标准煤）	电力折算系数①	水电发电量（亿千瓦时）	水电装机容量需求（万千瓦）
2010	296916	1Kwh＝0.404千克标准煤	7210	
2011	316216		6810②	
2012	336770		7252	24549
2013	358660		7724	26145
2014	381972		8226	27844
2015	406801	水电发电占能源生产比重："十一五"期间平均为8.7%③	8760	29654
2016	433243		9330	31582
2017	461403		9936	33635
2018	491395		10582	35821
2019	523335		11270	38149
2020	557352		12002	40629

注：①电力折算标准煤系数按火力发电煤耗计算，每年各不相同，为便于对比，以国家统计局每度电折0.404千克标准煤。②2011年水电发电量为6626亿千瓦时，近二十年来首次出现负增长。③水电发电量占能源生产比重是根据"十一五"期间水电发电量与能源生产总量（电力表示）平均值计算。

基于能源生产反推法预测的水电装机总容量与趋势外推法中的高增长情形相差无几，只是2020年的预测值与后者相比较高，达到4.06亿千瓦，超过经济可开发装机容量。究其原因，能源生产反推法计算的是为了保证全社会能源生产总量所需要的水电装机需求容量，是理想的、能够满足当时需要的水电装机总容量，因而略大于按照趋势外推法得到的数值。

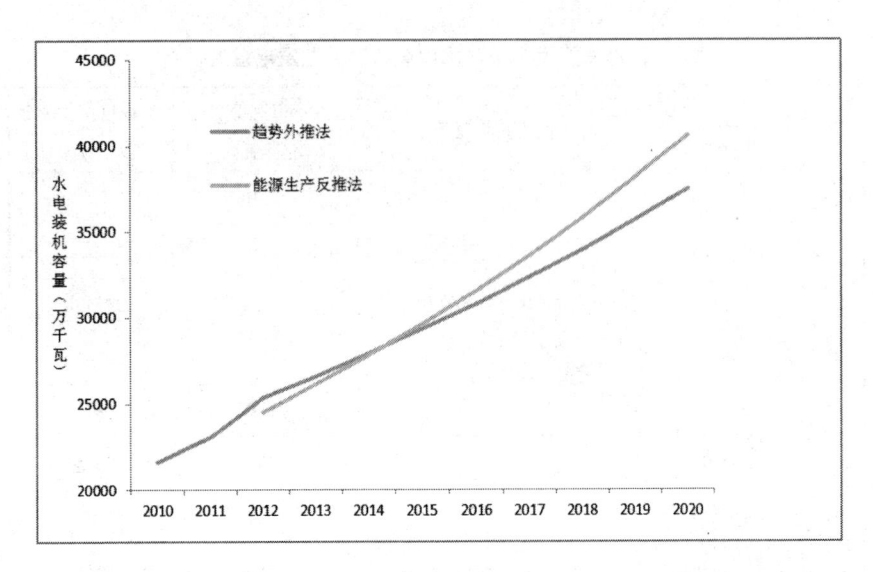

图9　趋势外推法和能源生产反推法对水电装机容量与发电量的预测

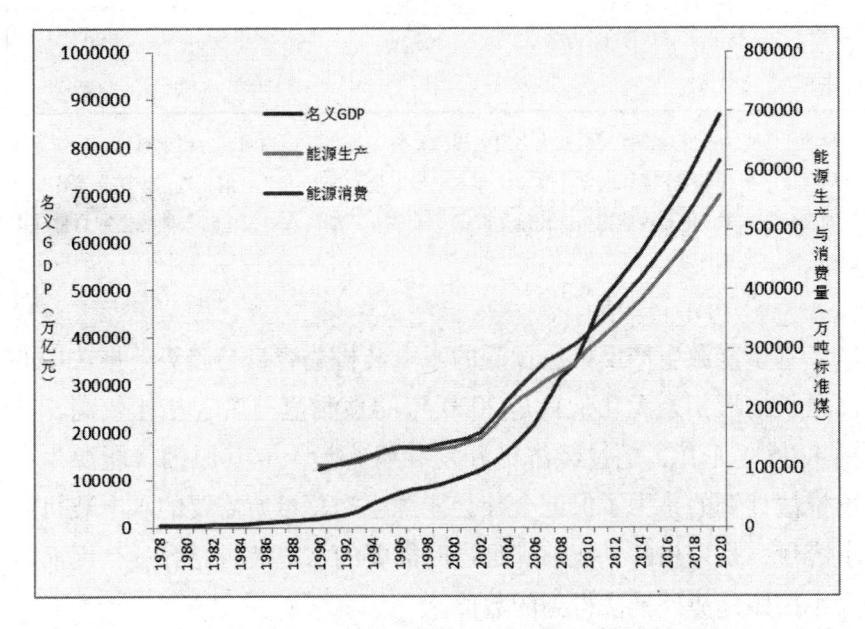

图10　名义 GDP、能源生产和消费总量的预测

注：名义 GDP 按照7%的增长速度预测，能源生产和消费的增长速度取自"十一五"期间的平均增长率，分别为6.5%、6.6%。

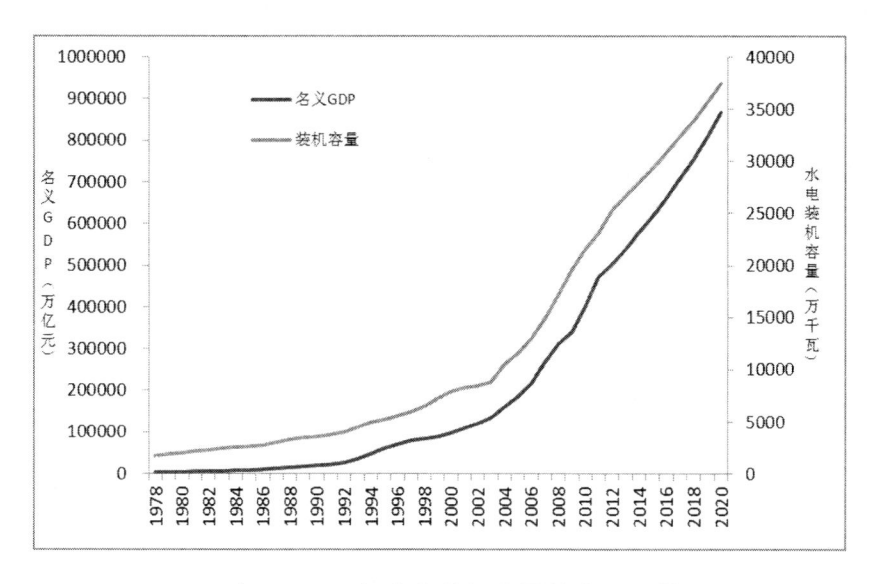

图 11　名义 GDP 与水电装机容量的发展趋势预测

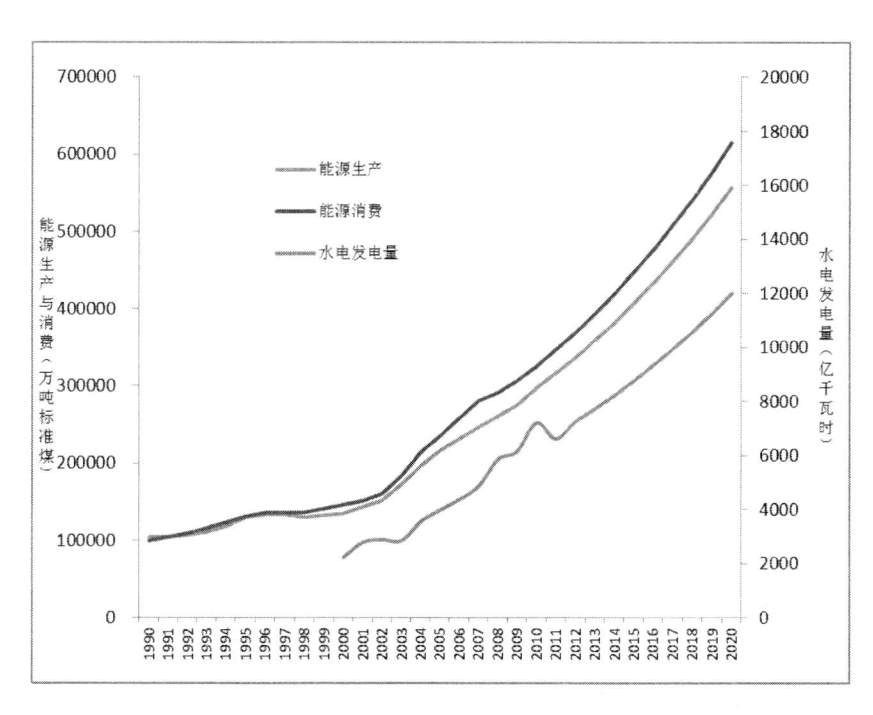

图 12　水电发电量、能源生产和消费总量的预测

表3　2020年水电装机总容量预测结果（单位：亿千瓦）

年份	低增长	常规一	常规二	高增长	能源反推	国家能源局	中电联[③]（2012）	可再生能源中长期发展规划（2007）	北京君略产业研究院[⑤]
2010	2.16	2.16	2.16	2.16	—	—	—	—	—
2011	2.31	2.31	2.31	2.31	—	—	—	—	—
2012	2.42	2.49	2.54	2.60	2.45	—	—	—	—
2013	2.54	2.61	2.66	2.74	2.61	—	—	—	—
2014	2.67	2.74	2.80	2.87	2.78	—	—	—	—
2015	2.80	2.88	2.94	3.02	2.97	3.00[①]	3.00	—	2.67
2016	2.94	3.03	3.08	3.17	3.16	—	—	—	—
2017	3.09	3.18	3.24	3.32	3.36	—	—	—	—
2018	3.24	3.34	3.40	3.49	3.58	—	—	—	—
2019	3.41	3.50	3.57	3.67	3.81	—	—	—	—
2020	3.58	3.68	3.75	3.85	4.06	3.80[②]	3.60（3.30）[④]	3.00	3.81

注：①为了达到2020年非化石能源在一次能源中占比15%的目标，水电将承担9个百分点，2015年中国水电装机容量计划达到3亿千瓦（张国宝，在中国水电一百年纪念大会上的讲话，2010）。②为实现2020年节能减排目标，届时中国水电装机容量须达到3.8亿千瓦，其中常规水电3.3亿千瓦（张国宝，2010）。③《电力工业"十二五"规划滚动研究综述报告》预计到2015年，全国常规水电装机预计达到3.0亿千瓦左右。2020年全国水电装机预计达到3.6亿千瓦左右（中电联，2012年）。④《电力工业"十二五"规划研究报告》（中电联，2010年）。⑤北京君略产业研究院预计，到2015年和2020年，中国水电的总体开发程度将达到49.3%和70.3%左右，本部分根据技术可开发容量计算其预测值。

到"十二五"期末，国家能源局、中电联和基于能源生产反推法的预测，中国水电装机容量将达到3亿千瓦左右，这与趋势外推法中的高增长模式非常吻合。到2020年，中电联（2012）的最新预测是3.6亿千瓦，比国家能源局（2010）的规划减少2000万千瓦，这与低增长情形和常规情形一类似，表明届时水电装机容量增速可能有所放缓。但本报告基于能源生产反推的预测表明，水电装机容量在2020年需达到4.06亿千瓦的水平才能满足能源生产的需要。如果按照高增长情形发展，届时会有大约2000万千瓦的电力能源缺口，如果得不到满足，应该加快发展核电、风电等其他可再生能源的生产。

六、促进中国水电产业发展的政策建议

（一）提高发展水电产业的认识程度

中国进入水电建设的高峰期后，出于各种原因，当前有一批人反对发展水电，严重影响水电工程的建设。应该认识到，这些反对的理由有一定借鉴意义，但是总的来说，发展水电总体上还是利大于弊。从当前中国的资源条件和技术角度分析，到2030年以前，水电都将是技术最成熟、供应最稳定、经济可行、可以大规模开发的最主要清洁可再生能源，将承担起温室气体减排最大比例的任务。[1] 同时，水电开发也是中国进行江河治理和水资源综合利用的重要手段。所以，舆论宣传机构应该提高对水电开发的认识，明确水电开发的战略地位，积极促进水电开发各项工作。

（二）完善创新库区移民工作管理模式和实施机制

不断完善和创新库区移民工作的管理模式和实施机制，实行合理的土地征用和补偿标准，妥善解决库区移民的再就业、再生产问

---

[1] 徐长义：《低碳经济背景下我国水电可持续发展对策分析》，《中国三峡工程报》，2010年。

题，努力促进移民群众脱贫致富。提高各级政府部门对移民安置问题的重视程度，多调研，多听证，多换位思考。积极探索除了经济补偿之外的补偿手段，创新移民补偿办法，建立长效补偿机制，激励移民积极性。考虑到安置移民的环境容量有限，在执行征用耕地"占多少、补多少"原则的同时，积极通过水库灌溉、养殖等综合利用的增产值进行抵扣，还可以创造相关就业机会进行"以工补地"，缓解土地压力。通过无偿参股水电项目，激发当地政府和移民群众的积极性，加大水电项目对当地的经济补偿力度。

（三）建立和谐发展的生态补偿机制

水电项目的建设要积极建立生态补偿机制，实现资源开发利用与生态环境保护双赢的局面。当前大力反对开发水电资源的意见主要就是生态环境保护问题，所以水电资源的开发必须充分重视生态环境影响。具体措施包括切实做好在建、已建水电项目的环保、环评工作，加强舆论宣传，逐步解决水电建设与环保方面的认知问题。建立健全和谐发展的生态补偿机制，正确认识当地生态环境价值、生态保护成本、发展机会成本，综合运用行政和市场手段，处理好生态环境保护和各方利益的关系。

（四）确保水电工程建设和运行安全

水电工程建设一定要经过合理规划和充分论证，确保工程建设和运行安全。中国中西部地区地质、地形复杂，如不经过良好的研究论证，水电建设极有可能造成新的地质灾害，不仅对于水库、电站自身安全造成威胁，而且对当地的环境影响也难以预料。应积极组织各方专家对水电建设进行合理规划和充分研究论证，尽力确保工程在建设、运营、维护的整个过程中的自身安全性，并将对地质、地形环境的负面影响降到最低。对已经存在的水电站，不论是否处于地震带上，都要加强监测，建立全流域水电工程地震监测平台，提升水电行业对地震的监测和防范水平。

（五）建立水资源流域统一管理体制

建立独立、权威的流域管理机构，保证流域开发和管理的统一性。由于以往单一职能的管理模式，中国水资源管理分割现象严重，难以对流域内各项工作进行统一部署，开发利用效率低，负面影响大。应当建立独立、权威的流域管理机构，并以流域管理机构为主体，吸引各方力量参与流域开发、管理和经营，明确各方的责任和权利，均衡利益分配。流域管理机构应实行"流域梯级开发制度"，将干支流、上下游、左右岸的水库建设和运营、电站建设和运营、航运设施建设和运营、生态保护等工程统一规划、统一管理，为实现水资源的有效开发和统一管理提供长期保证。

（六）完善水电产业配套金融和财税政策支持

贷款偿还期限和税收政策对水电市场影响显著，完善相应政策有利于提高水电产业竞争力。水电项目的建设周期一般较长，在短期内偿还贷款的难度大，银行部门应适当延长水电项目的贷款期限，由目前的12—15年延长至25—30年，因为水电建成后能够持续进行生产且成本较低，具备延长还贷期的可行性。另外，明确在中西部落后地区建设水电项目应该享有的税收优惠政策，减免投资中的各种不合理税费。由于水电集一次能源开发和二次能源转换同时完成，增值环节少，税改后的增值税税负普遍较重，降低了水电竞争力，税收部门应减少水电项目增值税的征收，或将增值税返还用于水电项目还贷、生态补偿或再开发。

生态文明篇

第十八章 中国省级绿色经济指数

一、指标体系

绿色经济指数包含社会和经济发展、资源环境可持续、绿色转型驱动3个一级指标。每个一级指标包含2个二级指标，共6个二级指标，分别是人类发展、社会公平、自然财富与生态服务、经济资源环境效率、政府绿色引导和经济绿色转型（图1）。

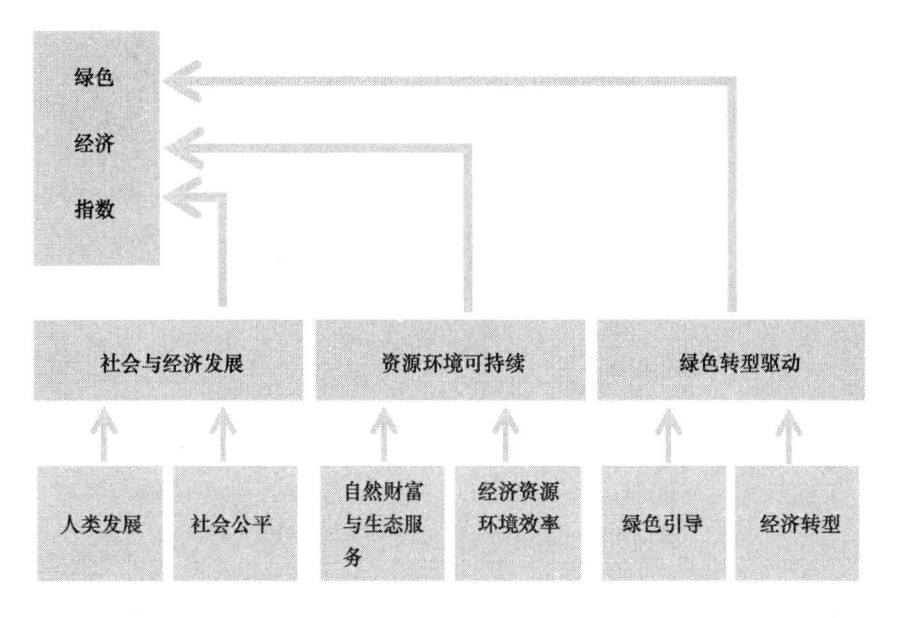

图1 绿色经济指数体系

二级指标下面又各有2到8个三级指标来刻画。通过对这些指标进行广泛筛选，充分考虑各指标的代表作用，并力求创新（见图2）。在人类发展（HDI）方面，用"人均收入"代替传统的人均GDP指标，用以反映实际国民收入情况。用"平均受教育年限"替代传统的综合入学率指标，这一点在《2010年人类发展报告中》也有所体现；通过基尼系数衡量总体收入差距是公认的方法，考虑到中国特殊的二元经济结构，增加"城乡人均收入比"反映城乡收入差距；自然保护区、森林和湿地是重要的自然财富，这在"自然财富"指标中有所体现。用"人均生物承载力"和"自然资本与生态服务价值"衡量自然环境的生态服务能力；经济的资源环境效率体现于消费、生产的资源环境效率和环境总量控制的实现，通过"生态足迹"、"能耗水平"、"二氧化碳排放"等指标来反映；在绿色转型驱动方面，政府通过资金投入和政策制定进行绿色引导，通过产业导向和绿色创新推动绿色转型。需要特别说明的是，有些三级指标在目前无法获取，在测算过程中也就没有采用，为了全面展现绿色经济指数，这些缺乏实际数据的指标仍然放在专栏一里，用斜体表示。

专栏一：绿色经济具体指标

Ⅰ　社会和经济发展 ··· 33.33%
　　A　人类发展（HDI） ··· 50%
　　　1.01　收入
　　　　　　人均财富（人均收入）[元]
　　　1.02　健康
　　　　　　人的寿命（出生时预期寿命）[岁]
　　　1.03　教育
　　　　　　教育水平（平均受教育年限）[年]

B　社会公平 …………………………………………………… 50%
　　　1.04　总体收入差距
　　　　　基尼系数［比值］
　　　1.05　城乡收入差距
　　　　　城乡人均收入比［比值］
Ⅱ　自然财富与足迹 …………………………………………………… 33.33%
　　A　自然财富 ………………………………………………… 50.00%
　　　2.01　自然资源
　　　　　自然保护区面积占辖区面积比重［%］
　　　　　森林覆盖率［%］
　　　　　湿地面积占比［%］
　　　2.02　生态服务
　　　　　人均生物承载力［全球公顷/人］
　　　　　自然资本与生态服务价值
　　B　人类足迹 ………………………………………………… 50.00%
　　　2.03　消费的资源环境效率
　　　　　人均生态足迹［全球公顷/人］
　　　　　人均水足迹［立方米/人］
　　　　　城市生活垃圾无害化处理率［%］
　　　　　城镇生活污水处理率［%］
　　　2.04　生产的资源环境效率
　　　　　单位GDP能耗［吨标准煤/万元］
　　　　　单位GDP水耗［万立方米/亿元］
　　　　　工业固体废物综合利用率［%］
　　　　　工业企业二氧化硫排放达标率［%］
　　　　　工业废水排放处理率［%］
　　　　　生产的生态足迹
　　　2.05　环境总量控制
　　　　　单位面积二氧化硫排放量［万吨/平方千米］
　　　　　单位面积化学需氧量排放量［万吨/平方千米］
　　　　　单位面积工业固体废物产生量［万吨/平方千米］

　　　　　　城市优良天数比例［%］
　　　　　　人均二氧化碳年排放量［吨/人、年］
　　　　　　PM2.5
　　　　　　水质情况
　　　　　　土壤情况
Ⅲ　绿色转型驱动 ·· 33.33%
　　A　绿色引导 ·· 50.00%
　　3.01　资金投入
　　　　　　环境污染治理投资总额占 GDP 比重［%］
　　　　　　城市环境基础设施投资占 GDP 比重［%］
　　3.02　政策制定
　　　　　　新颁布环境方面地方性法规、行政规章数量［件］
　　　　　　累计颁布地方环境标准数［件］
　　B　经济转型 ·· 50.00%
　　3.03　产业导向
　　　　　　工业污染治理投资占工业增加值比重［%］
　　　　　　"三同时"项目中环保投资比重［%］
　　　　　　第三产业占 GDP 比重［%］
　　　　　　绿色产业投资占全社会固定资产投资比重
　　　　　　绿色产业产值占 GDP 比例
　　　　　　绿色就业比例
　　　　　　绿色财政投入
　　　　　　绿色产业政策制定情况
　　3.04　技术创新
　　　　　　万人专利申请授权数［件/万人］
　　　　　　资源节约与环境友好型技术专利

二、测算方法

绿色经济指数测算主要包括指标的归一化和权重的确定两方面。在指标归一化的过程中，首先按照"极值标准化"方法将不同量纲数值转换为可比较的指标。之后，通过线性变换将各标准化后的指标得分分布于 [55，95] 这一区间中，以便进行比较。计算方式如下：

正向指标：

$$Y_{it} = \frac{X_{it} - \min X_{it}}{\max X_{it} - \min X_{it}} \times 40 + 55$$

逆向指标：

$$Y_{it} = \frac{\max X_{it} - X_{it}}{\max X_{it} - \min X_{it}} \times 40 + 55$$

绿色经济总指数的计算公式：

$$Green\ Economic\ Index = \sum_{i=1}^{n} w_i Y_{it}$$

关于权重 w 的确定，在综合有关专家意见的基础上，决定对同等级指标采取等权重，这能避免人为主观因素的干扰。

社会经济发展、资源环境可持续与绿色转型驱动三者之间的散点图比较分散，趋势线基本呈现水平形态。这说明本报告选取的三个反映绿色经济水平的一级指标之间相关性较小，信息包含充分，具有很强的代表性。

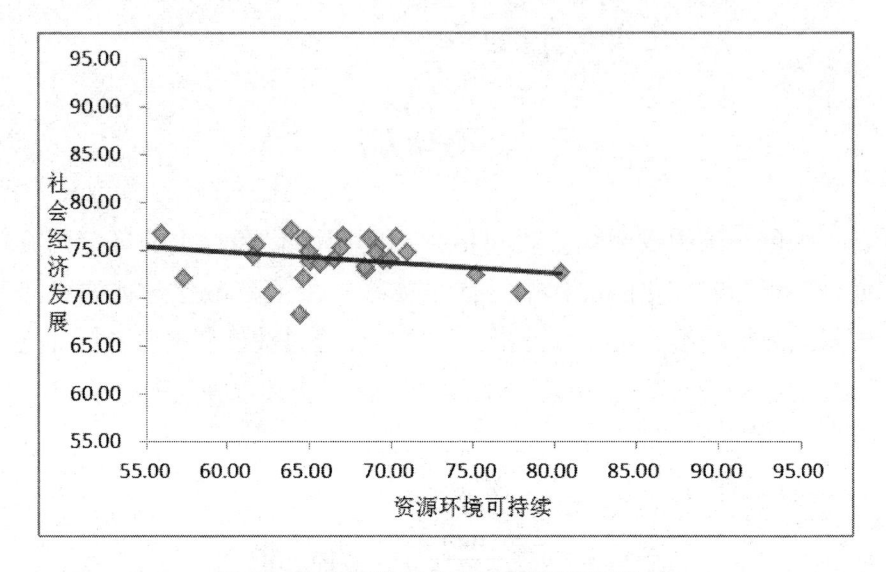

图 2　社会经济发展与资源环境可持续

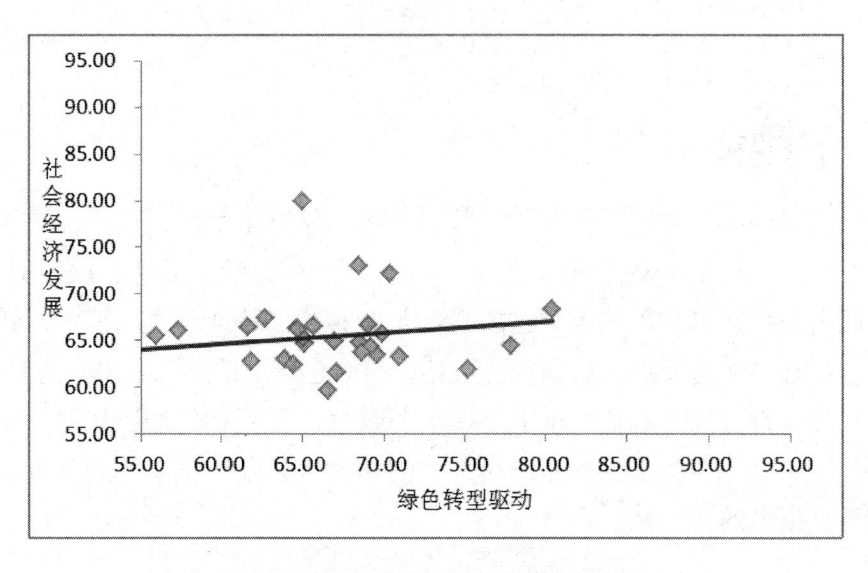

图 3　社会经济发展与绿色转型驱动

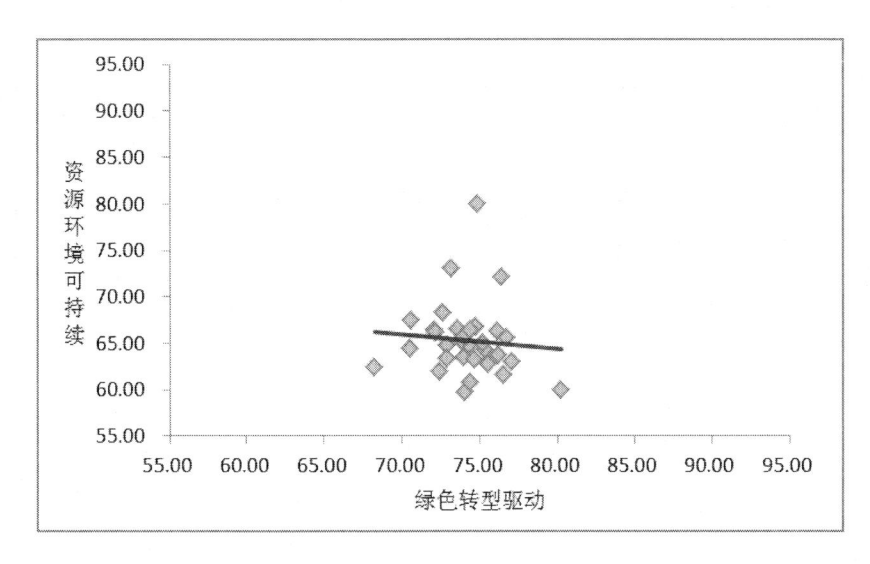

图 4　资源环境可持续与绿色转型驱动

三、排名与分析

(一) 绿色经济指数排名

报告对中国省级区域[①]2010年度的绿色经济发展水平进行了测算,将各省级区域的绿色经济指数分布于[55,95]这一区间,并按照由高到低对各省级区域绿色经济指数进行排序。

表1　2010年中国省级区域绿色经济指数及排名

排名	省/市/自治区	绿色经济指数	排名	省/市/自治区	绿色经济指数
1	北京	73.77	17	福建	68.40
2	广东	73.26	18	内蒙古	68.07

---

① 因为西藏的数据有大量缺失和不可比因素,本报告虽努力对其进行了补全,依然无法将西藏纳入到此评价体系中。

续表

排名	省/市/自治区	绿色经济指数	排名	省/市/自治区	绿色经济指数
3	浙江	72.97	19	安徽	68.05
4	江苏	71.56	20	海南	68.01
5	上海	70.93	21	山西	67.69
6	山东	70.16	22	陕西	67.47
7	重庆	69.86	23	宁夏	66.92
8	天津	69.84	24	河南	66.75
9	吉林	69.64	25	广西	66.71
10	黑龙江	69.58	26	云南	66.07
11	江西	69.53	27	甘肃	65.19
12	四川	69.03	28	新疆	65.03
13	湖南	69.03	29	贵州	63.57
14	辽宁	69.00	30	青海	63.38
15	河北	68.72	—	—	—
16	湖北	68.59	—	全国平均	68.43

资料来源：本报告测算结果。

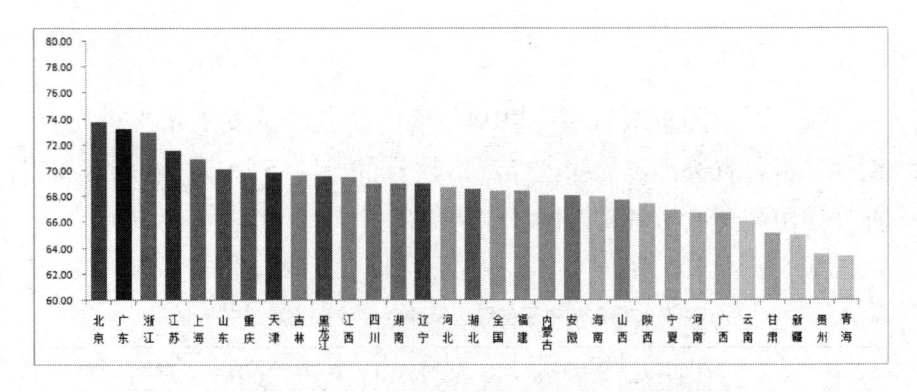

图 5　2010 年中国省级区域绿色经济指数

中国绿色经济水平区域分化明显。绿色经济指数得分排名前10位的省份分别是北京、广东、浙江、江苏、上海、山东、重庆、天津、吉林和黑龙江。其中，排名前6位的北京、广东、浙江、江苏、上海和山东都属于东部地区[①]。排名前16位省份绿色经济水平都在全国平均之上，除了大部分为东部省份外，其中还有3个中部省份，分别是江西排名第11位，湖南排名第13位，湖北排名第16位。排名高于全国平均水平的西部省份仅有重庆和四川，分别位列第7、12位。东北3个省区全部高于全国平均水平，吉林、黑龙江、辽宁分别位列第9、10、14位。在排名最后的10个省份中西部地区占了8个。

中国省级区域绿色经济水平有很大提升空间。2010年，全国30个省级区域绿色经济指数平均为68.43，其中在70以上的地区仅有北京、广东、浙江、江苏、上海和山东6个地区，占总体的20%；在65到70之间的有22个地区，占比为73%；绿色经济指数在65以下的有2个地区，约占总体的7%。这表明中国的绿色经济发展整体尚处于中下等水平，有很大改进和提升空间。

（二）绿色经济指数一级指标排名

表2 绿色经济一级指标排名

省/市/自治区	综合排名	社会经济发展	排名	资源环境可持续	排名	绿色转型驱动	排名
北 京	1	80.39	1	72.58	24	68.33	4
广 东	2	65.00	19	74.85	10	79.93	1
浙 江	3	70.35	5	76.41	4	72.16	3
江 苏	4	68.43	12	73.16	21	73.08	2
上 海	5	77.87	2	70.50	29	64.44	18

---

① 根据中国国家统计局2011年6月13号的划分办法，将中国经济区域划分为东部、中部、西部和东北四大地区。

续表

省/市/自治区	综合排名	社会经济发展	排名	资源环境可持续	排名	绿色转型驱动	排名
山 东	6	69.04	9	74.67	11	66.76	6
重 庆	7	69.91	6	73.97	17	65.70	12
天 津	8	75.17	3	72.43	25	61.90	27
吉 林	9	70.98	4	74.67	12	63.27	23
黑龙江	10	69.12	8	75.31	8	64.32	19
江 西	11	68.65	10	76.20	5	63.74	20
四 川	12	64.72	20	76.14	6	66.24	10
湖 南	13	66.96	14	75.17	9	64.95	15
辽 宁	14	69.55	7	73.95	18	63.50	21
河 北	15	68.47	11	72.88	22	64.81	16
湖 北	16	65.70	16	73.52	20	66.54	7
福 建	17	67.10	13	76.50	3	61.61	28
内蒙古	18	65.17	17	74.32	15	64.72	17
安 徽	19	65.08	18	73.83	19	65.23	14
海 南	20	63.95	23	77.05	1	63.04	24
山 西	21	64.66	21	72.06	27	66.36	9
陕 西	22	61.63	26	74.34	14	66.42	8
宁 夏	23	62.73	24	70.58	28	67.46	5
河 南	24	66.53	15	74.01	16	59.71	30
广 西	25	61.86	25	75.52	7	62.74	25
云 南	26	55.92	28	76.74	2	65.57	13
甘 肃	27	57.29	27	72.10	26	66.16	11
新 疆	28	64.45	22	68.23	30	62.41	26
贵 州	29	54.51	30	72.86	25	63.35	22
青 海	30	54.98	29	74.39	13	60.77	29

资料来源：本报告测算结果。

社会经济发展指数前五名的省份分别是北京、上海、天津、吉林和浙江。

资源环境可持续指数排在前五名的省份依次为海南、云南、福建、浙江和江西。

绿色转型驱动指数前五名分别是广东、江苏、浙江、北京和宁夏。

大部分省级区域三个一级指标表现出明显的不均衡特征（以各地三级指标排名的最大值与最小值差的绝对值衡量不均衡程度）。

高度不均衡（差异值＞20）的省级区域有：上海、云南、福建、天津、北京、海南、宁夏。

中等不均衡（20＞差异值＞10）的省级区域有：江苏、吉林、广东、山西、陕西、广西、甘肃、青海、江西、河南、四川、辽宁、湖北、重庆、黑龙江、河北。

比较均衡（差异值＜10）的省级区域有：新疆、贵州、湖南、山东、安徽、浙江、内蒙古。

在绿色经济指数中排名前10的省级区域中发展比较均衡的为：浙江、山东、重庆和黑龙江。

（三）经济发展与绿色经济

绿色经济水平与经济规模没有明显的关系。尽管像广东、江苏、山东、浙江这样的经济大省绿色经济指数排名靠前，但是像GDP并不十分靠前的上海和北京的绿色经济指数却处于较高的位置。同样的，河南、河北、辽宁的经济总量都位居全国前列，不过它们的绿色经济水平却仅处于中等位置。

绿色经济水平的提高速度落后于经济增长速度。人均GDP的快速增加，并没有伴随着绿色经济水平的大幅提高。许多省级区域的经济增长并没有沿着绿色经济轨道前进。例如，内蒙古的人均GDP高居第6位，甚至高于广东，但绿色经济指数却仅排名第21

位。这同样体现在天津、山西、宁夏、青海、新疆等地区。

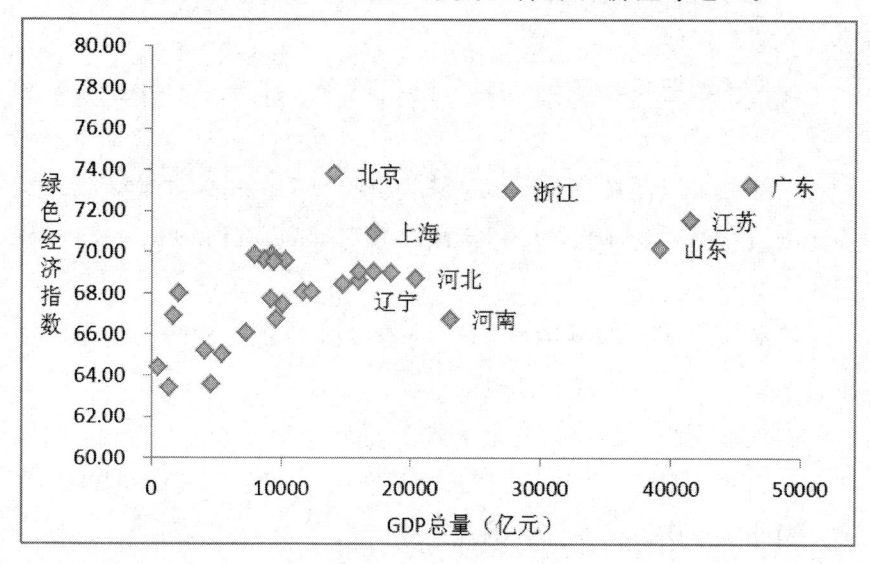

图6 GDP与绿色经济

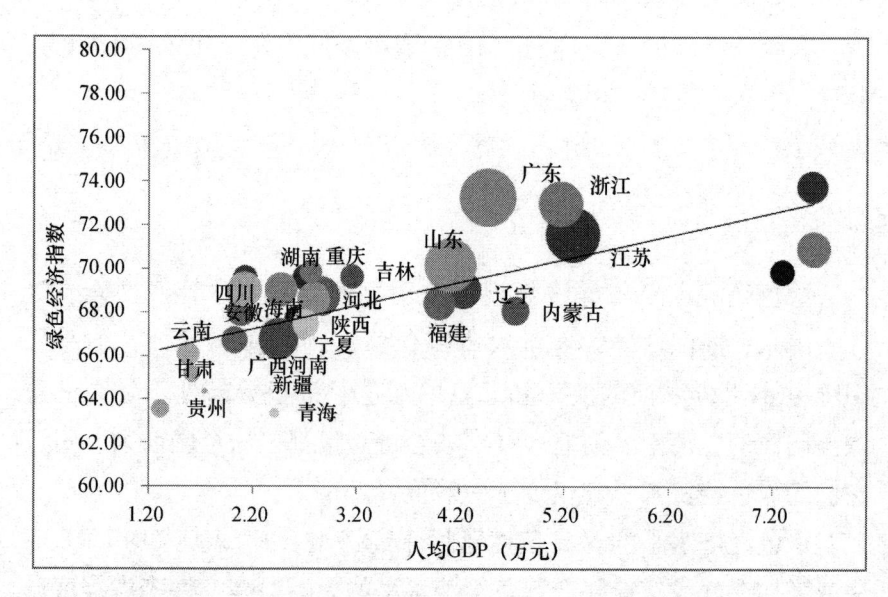

图7 绿色经济指数与人均GDP、GDP总量关系

（注明：气泡大小代表各省的GDP总量）

（四）分区绿色经济指数

根据国家统计局的划分办法，为科学反映不同区域的社会经济发展状况，将中国经济区域划分为东部、中部、西部和东北四大地区。

东部地区：包括北京、天津、河北、上海、江苏、浙江、福建、山东、广东和海南10省市；

中部地区：包括山西、安徽、江西、河南、湖北和湖南6省；

西部地区：包括内蒙古、广西、重庆、四川、贵州、云南、西藏、陕西、甘肃、青海、宁夏和新疆12个省市；

东北地区：包括辽宁、吉林和黑龙江3省。

绿色经济指数由高至低的区域排名依次为东部地区（70.76）、东北地区（69.41）、中部地区（68.27）和西部地区（66.31）。

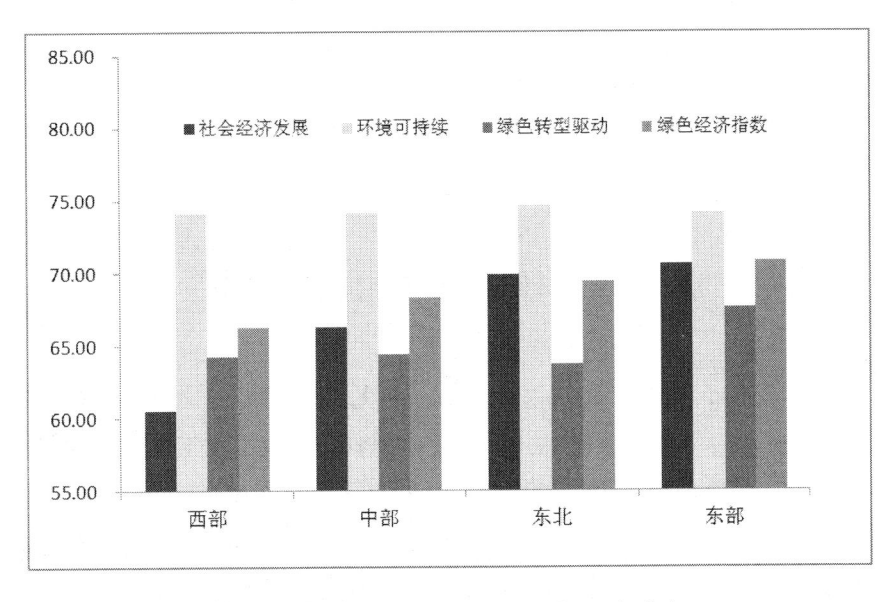

图8 全国分区域绿色经济指数一级指标

从全国四个主要区域来看，东部、东北部、中部、西部的绿色经济水平依次降低，反映了绿色经济水平由沿海到内陆的区域差异，这与社会经济发展指数的差异表现出相同的模式。

各地区虽然在自然财富、生态服务两方面有所差异，但在资源环境可持续指数方面基本趋于一致，差距不大。

经济发达地区更具有绿色转型的动力。从绿色转型指标来看，东部地区表现较好，处于领先地位。中部和西部的绿色转型驱动能力持平，而东北地区在这一能力上显得有所落后。

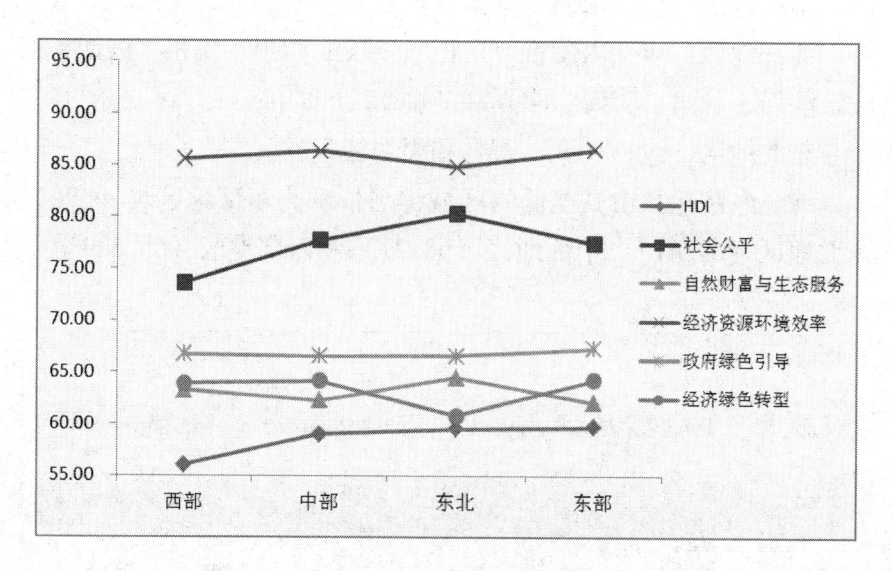

图 9　全国分区域绿色经济指数二级指标

二级指标更加清楚地反映出区域绿色经济发展的差异。西部地区人类发展（HDI）和社会公平程度的落后导致了社会经济发展指数较低，而自然财富与生态服务、政府绿色引导和经济绿色转型是西部地区新的发展机遇和挑战；中部地区的优势在于经济资源环境效率、社会公平和经济绿色转型水平相对较高，挑战和机遇在于保持自然财富与生态服务的同时加强政府绿色引导；东北地区绿色经济发展突出体现在社会公平和自然财富与生态服务方面，重点改进方向是提高经济资源环境效率和摆脱传统工业，努力实现经济绿色转型；东部地区绿色经济的发展依赖于较高的经济资源环境效率和经济绿色转型程度，劣势在于保持社会经济发展的同时提高自然财富与生态服务能力。

东部地区的绿色经济水平在四个区域中居于首位，排名前6位的省份都位于东部地区。结合一级指标来看，东部地区的社会经济发展指数和绿色转型驱动指数排名第1位，表明东部地区的社会经济发展水平较高，政府推动经济绿色转型的力度较大、效果明显。东部地区的弱势是资源环境可持续能力，虽与中西部地区基本持平，但仍稍低于东北地区。东部地区提升绿色经济水平的主要途径应该是主要关注资源环境的可持续能力，在保持生产、消费方面的资源环境效率的同时，避免只顾经济的发展而忽视对自然资源的保

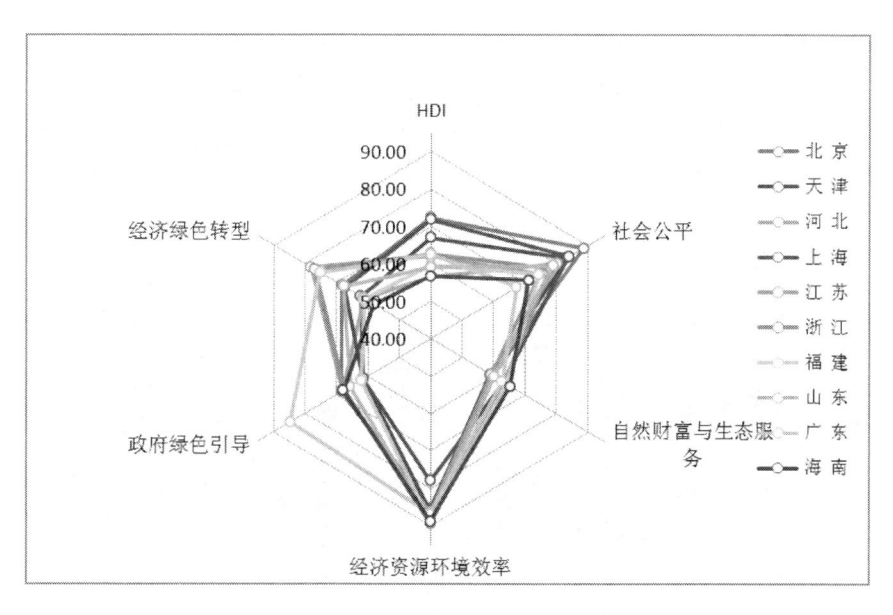

图10 东部地区绿色经济指数二级指标雷达图

护和利用。结合二级指标来看，东部地区绿色经济发展比较突出表现在 HDI、经济资源环境效率、政府绿色引导和经济绿色转型方面，而在社会公平、自然财富与生态服务方面表现较弱。

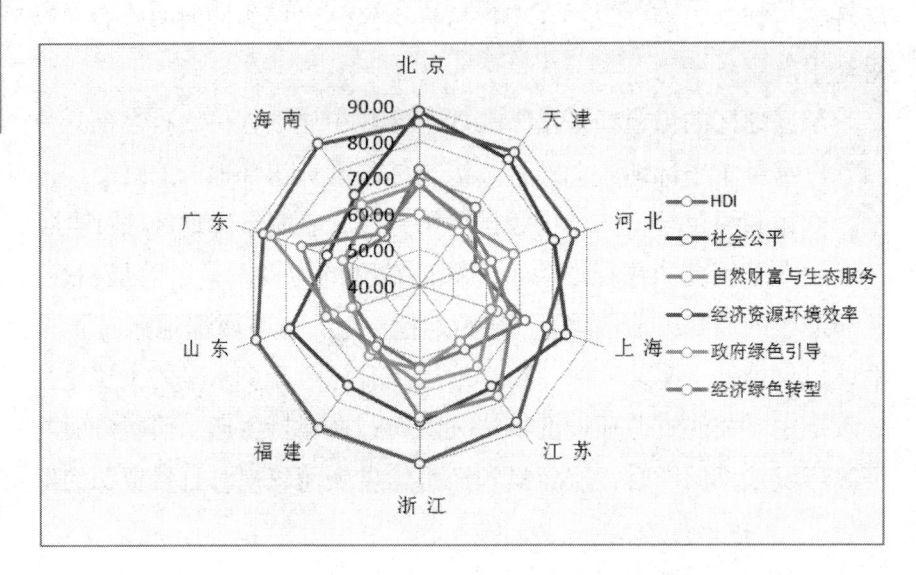

图11 东部地区绿色经济指数分省二级指标雷达图

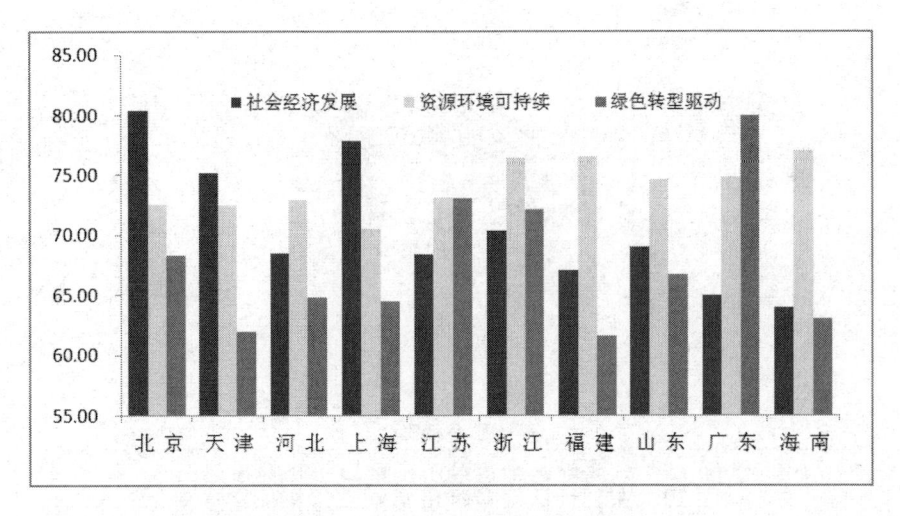

图12 东部地区各省绿色经济指数

东部10省的绿色经济指数平均为70.76,高于其他地区。其中北京、天津、上海作为直辖市,社会经济发展指数较高,其余各省相差不大。值得注意的是广东的社会经济发展指数与现实感受有较大差距,原因在于本报告测算的社会经济发展指数包含了HDI和社会平等指标,不仅是单纯的人均GDP。各省在资源环境可持续能力上比较平均,其中南方地区的浙江、福建、广东、海南的得分普遍高于北方地区。广东、江苏、浙江三省的绿色转型驱动指数排名前三位,表明这三个经济大省充分重视绿色经济转型,地方政府绿色转型驱动能力较强。

东北地区绿色经济水平在全国四大主要区划中排名次席,平均为69.41。其中,社会经济发展指数略低于东部地区,资源环境可持续指数高于东部地区,排名首位。由此可见,东北地区经济绿色转型的优势在于资源环境可持续能力较强,社会经济发展水平较高。但是,东北地区比较薄弱的一项是政府绿色转型驱动

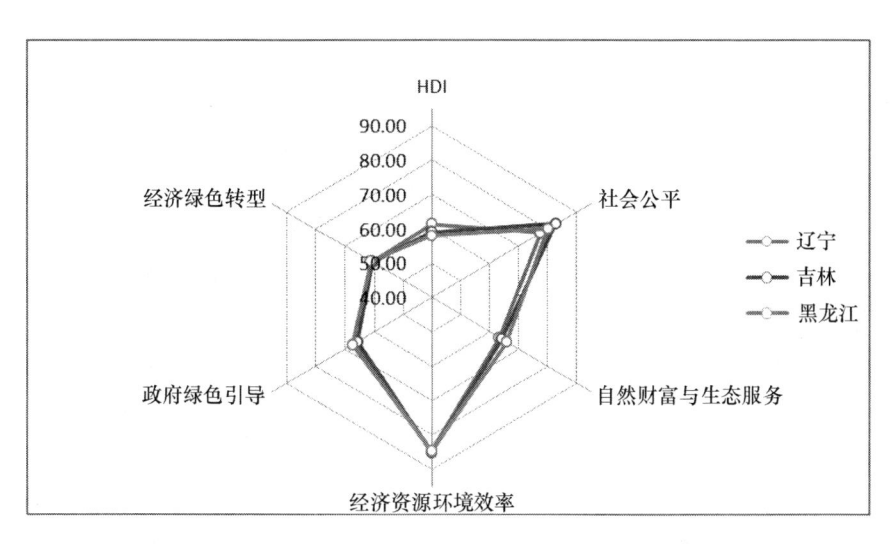

图13 东北地区绿色经济指数二级指标雷达图

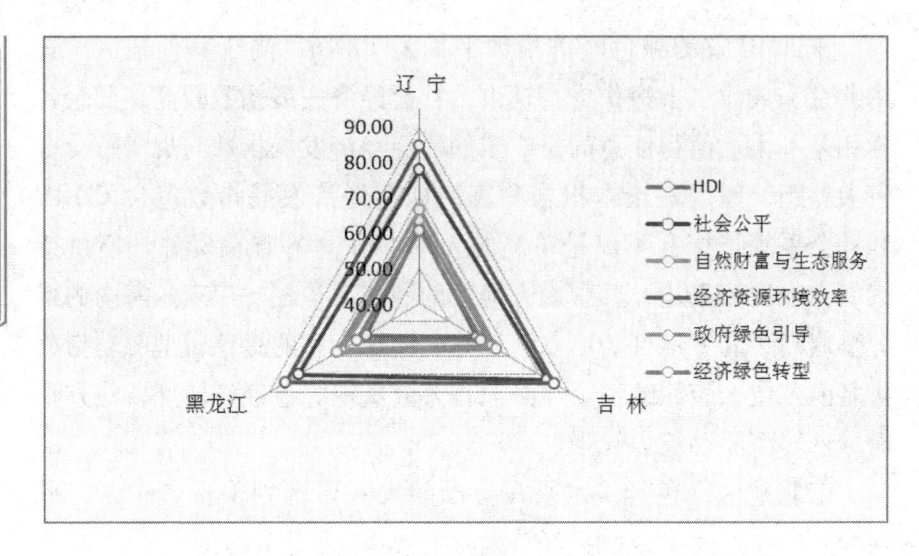

图 14　东北地区绿色经济指数分省二级指标雷达图

能力，这一能力指数显著低于东部地区，甚至低于中部和西部地区。自上世纪 90 年代以来，由于部分资源型城市资源逐渐枯竭，东北地区在体制转轨和市场化过程中，出现了工业转型困难等问题。一些资源型城市开始寻求摆脱经济困境、进行经济转型的发展道路。"振兴东北老工业基地"意味着东北地区的经济转型任务还没有结束。在加快工业转型升级，提升服务业发展能力的同时，进一步加强地方政府引导经济绿色转型的驱动能力显得尤为重要。

东北地区的绿色经济发展优势主要体现在 HDI、社会公平、自然财富与生态服务方面，而在经济资源环境效率、政府绿色引导和经济绿色转型方面处于相对较低的水平。

东北三省绿色经济水平在全国处于较高位置，仅次于东部地区。吉林、黑龙江、辽宁分别位列第 9、10、14 位。社会和经济发展水平与东部的浙江、山东不相上下。环境可持续能力与山东、广东持平。东北地区比较弱势的方面就是政府绿色转型驱动能力相比东部各省偏低，与海南持平，高于东部排名靠后的天津和福建。这表明东北地区实现经济绿色转型的过程中，加强政府绿色转型驱动能力是主要的努力方向。通过加强政府环境执行力度、增强绿色政策机制设计、加强城市环境基础设施建设来实现绿色经济驱动转型。

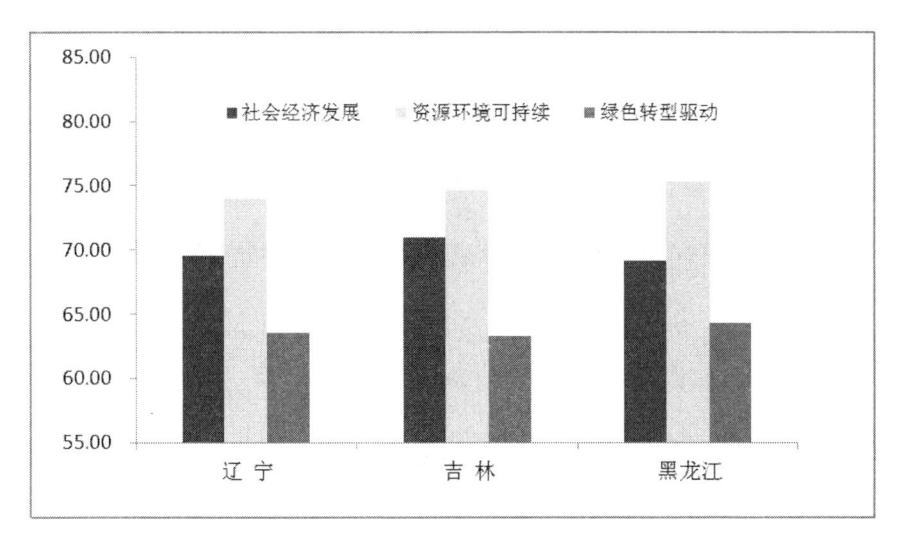

图15 东北地区各省绿色经济指数

中部省份的绿色经济水平排名第3位，仅高于西部地区。其中，社会经济发展指数与东部和东北地区相比差距较大。中部地区社会经济发展和绿色转型驱动能力比较平衡，且资源环境可持续能力相对较强。与全国绿色经济平均发展水平来看，中部地区绿色经济发展优势体现在资源环境效率、经济绿色转型方面，而弱势在于HDI、自然财富与生态服务、政府绿色引导方面。

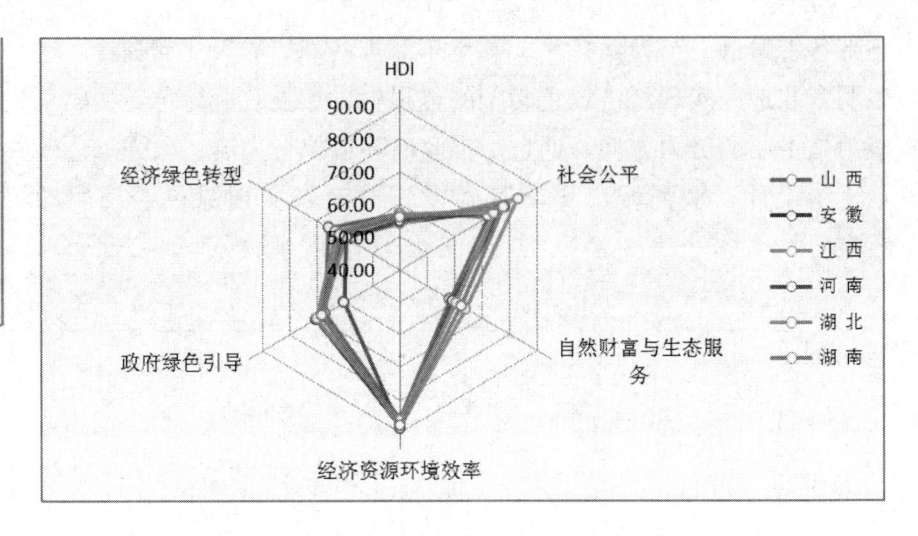

图 16　中部地区绿色经济指数二级指标雷达图

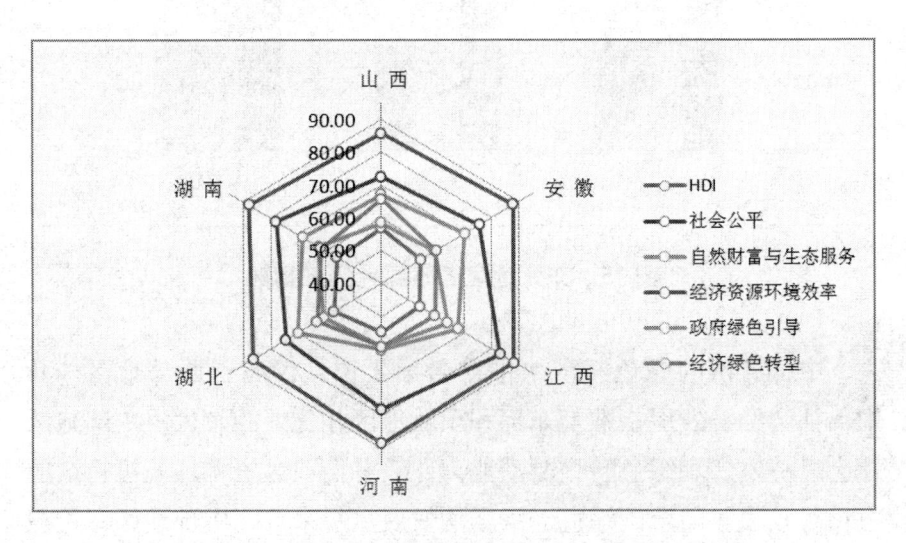

图 17　中部地区绿色经济指数分省二级指标雷达图

中部 6 省绿色经济指数平均为 68.27，其中位于南部位置的湖南、江西和湖北绿色经济水平较高。江西、湖南和河南的社会和经济发展指数较高，表明经济发展能力较强。中部地区排名前三位的湖南、江西和湖北的环境可持续能力与东北地区持平，但是安徽、

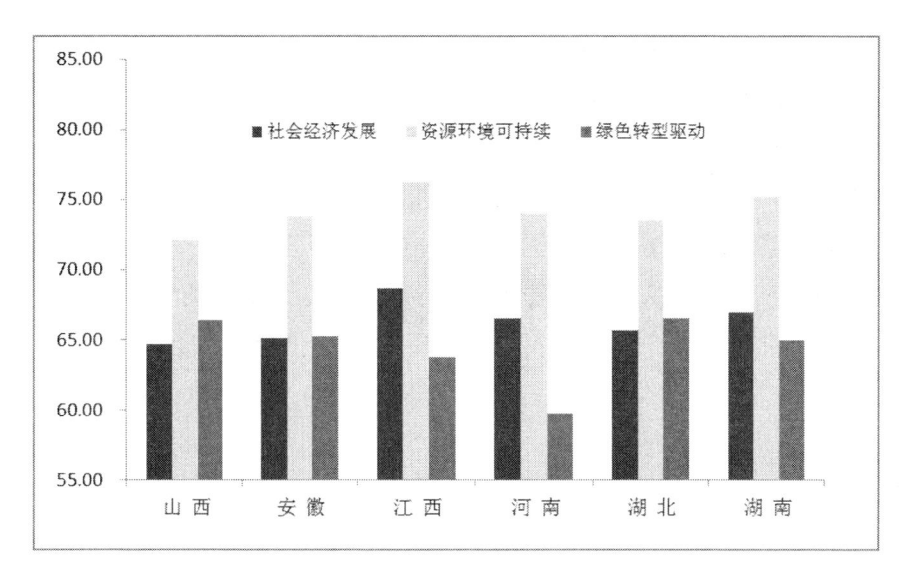

图18 中部各省绿色经济指数

河南和山西在这一方面表现较弱，特别是山西省，在环境方面欠账太多导致环境可持续能力较差。

中部地区有很好的发展基础和优势，特别是区位优势、资源优势、工业基础优势、科技教育优势和历史文化资源优势，应利用这些特点加快经济发展，全面提升绿色发展质量。但是也应注意到，城市化水平较低和对外开放程度不高是制约发展的主要问题。同时，经济发展严重依赖工业（除了湖北和湖南第二产业占比略低于50%外，其他4省第二产业占比都在50%以上）和第三产业发展不足也是导致经济缺少活力的原因。结合"中部崛起"国家战略，中部地区应首先加快产业结构调整和优化，提高经济发展质量，加强政府对于经济绿色转型的政策支持，以转型带动发展，以发展促进绿色经济水平的提高。

与另三大区域相比较，西部地区绿色经济发展水平处于全国末位。西部地区绿色经济的特点是绿色转型指数高于社会经济发展指数，这表明西部地区绿色经济发展模式与其他三大地区明显不同。

西部地区绿色转型驱动指数与中部地区几乎持平，略高于东北地区，但社会经济发展指数不高，这与西部地区历史情况和区位特点有关。在"新西部大开发"的背景下，西部地区需要以环境可持续能力带动绿色发展，以绿色转型驱动社会经济发展，切实加强优势产业发展能力，通过产业转入增强经济发展活力。同时，要避免重复"先发展，后治理"的老路，进一步加强经济转型调控措施，实现资源"绿色开发"，提高附加价值，加快实现经济绿色转型。

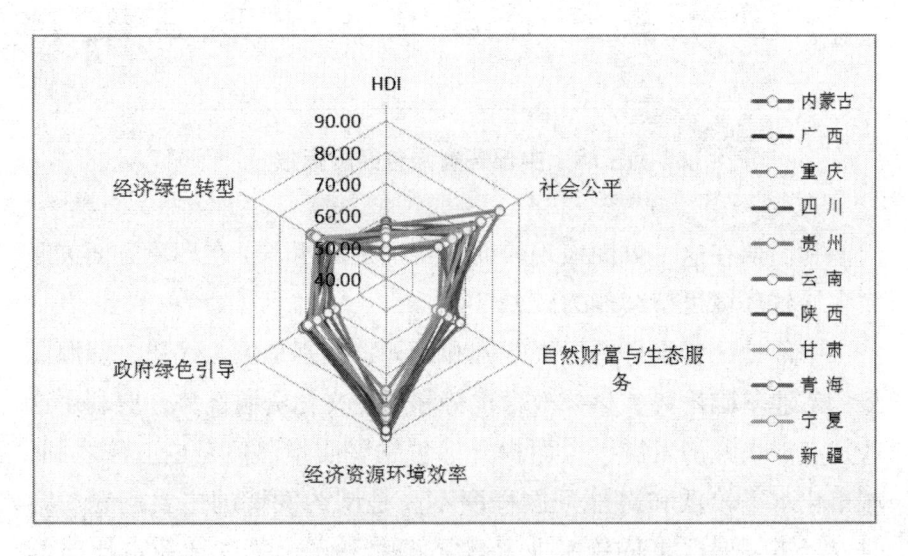

图19 西部地区绿色经济指数二级指标雷达图

西部地区绿色经济发展水平比较落后，比较优势体现在自然财富与生态服务、政府绿色引导方面，而在诸如HDI、社会公平、资源环境效率、经济绿色转型方面还稍显落后，需要增强这几方面的发展能力。

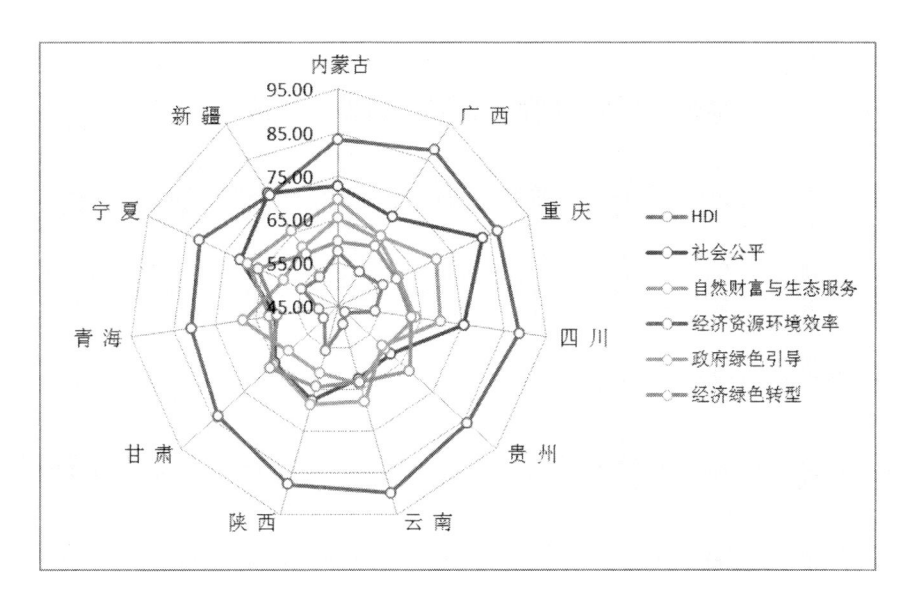

图20 西部地区绿色经济指数分省二级指标雷达图

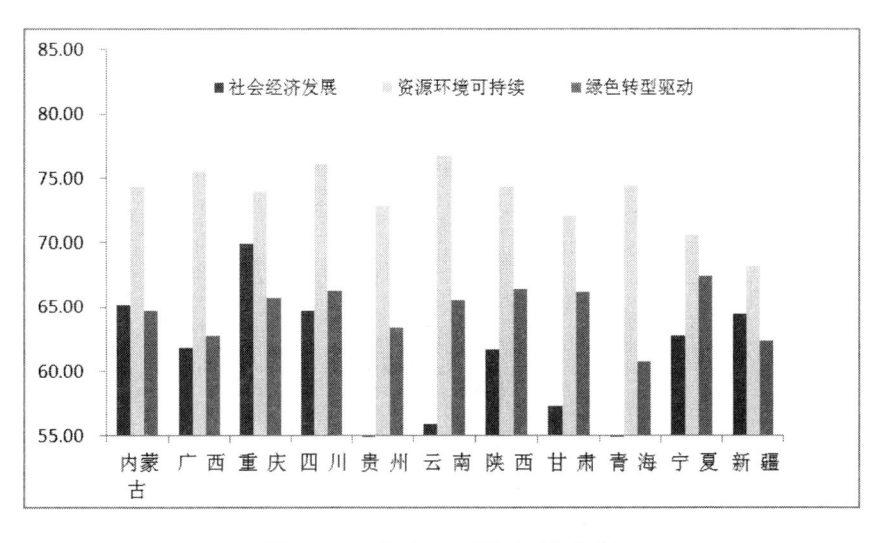

图21 西部各省绿色经济指数

西部地区省份最多,范围最广,绿色经济指数整体较低,平均为66.31,低于全国平均水平。除了重庆社会和经济发展指数较高外，其他省份社会经济发展水平较低。资源环境可持续能力云南排名全国第二，四川、广西、陕西的资源环境可持续能力也较强，这表明这些地区自然财富禀赋较强，同时资源利用比较合理。绿色转型驱动方面，四川、云南、重庆、甘肃、陕西、宁夏要明显高于东北地区。可见，西部地区要实现绿色经济转型必须依靠政府绿色转型驱动引导社会和经济发展能力的提高，合理开发和利用资源，不断增强经济可持续发展能力。

（五）重点案例

1. 上海市

作为中国大陆的经济、商业、金融和航运中心，上海市在本报告测算的全国绿色经济指数中以 70.93 排名第 5 位，其中社会经济发展指数（77.87）排名第 2 位，资源环境可持续指数（70.50）排名第 29 位，绿色转型驱动指数（64.44）排名第 18 位。

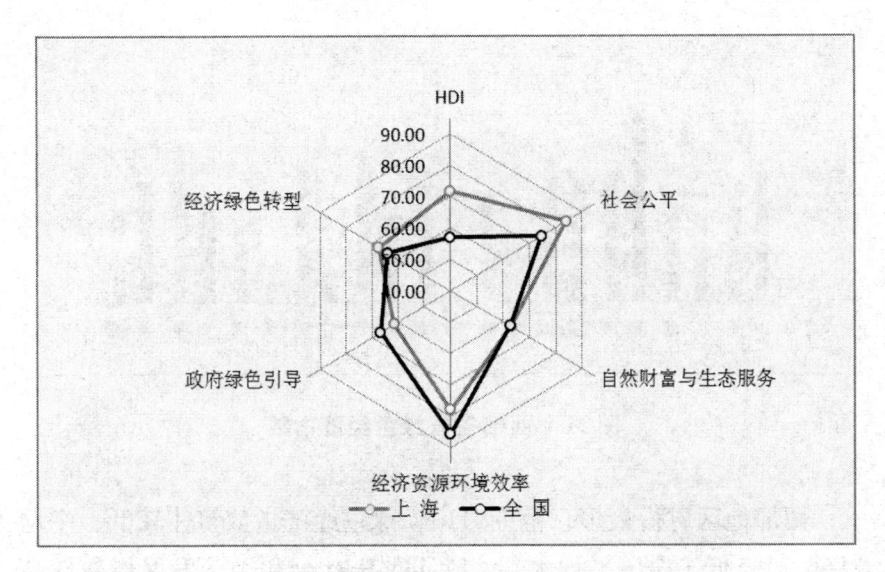

图 22　上海市绿色经济指数分解

从全国平均水平比较来看，上海市在绿色经济发展方面突出表现在 HDI、经济绿色转型、社会公平上，弱势方面主要体现于政府绿色引导、自然财富与生态服务和经济资源环境效率上。

2010 年，上海实现人均生产总值 76074.5 元，HDI 指数为 0.718。2011 年，上海市实现地区生产总值 19195.69 亿元，比上年增长 8.2%。其中，第一产业增加值 124.94 亿元，下降 0.7%；第二产业增加值 7959.69 亿元，增长 6.5%；第三产业增加值 11111.06 亿元，增长 9.5%。第三产业增加值占全市生产总值的比重为 57.9%，比上年提高 0.6 个百分点。全市按常住人口计算的人均生产总值达到了 82560 元。

全年地方财政收入 3429.83 亿元，比上年增长 19.4%。全年地方财政支出 3914.88 亿元，比上年增长 18.5%。其中，一般公共服务支出 236.11 亿元，增长 4.5%；公共安全支出 206.11 亿元，增长 10.1；社会保障和就业支出 417.5 亿元，增长 15.2%；医疗卫生支出 190.03 亿元，增长 18.7%；城乡社区事务支出 579.29 亿元，增长 21.8%。

2010 年，本章测算的上海市人口平均受教育年限为 10.12 年，在全国排名第 2 位，仅次于北京市（11.01 年）。同时，反映社会公平的基尼指数[①]（0.27）和城乡收入比（2.28）也处于全国较低水平。

上海市经济绿色转型指数在全国排名第 7 位，第三产业占 GDP 比重达到 57.3%，为全国第 2 位。这两个反映经济转型发展水平的数字远高于全国说明上海市经济转型发展能力较强，效果比较明显。根据相关数据，2011 年，上海市以 0.3% 的固定资产投资增速

---

① 由于受到数据限制，本章测算的基尼系数只是基于各地区统计年鉴中城镇居民五等分收入调查数据而计算。

支撑了8%以上的经济增长，反映依靠投资驱动的传统增长模式发生了变化，消费对经济增长的拉动作用增强，最终消费的贡献率达到60%以上。第三产业增加值占全市生产总值的比重达到57.9%，比上年提高0.6个百分点。第三产业对全市经济增长的贡献率达到66.7%，成为拉动经济增长的主动力。同时，固定资产投资由总量增长转向结构优化，全市战略性新兴产业投资507.19亿元，增长9.5%，占全市投资总额的比重为10%；五大高载能行业投资245.28亿元，下降16.2%。[①]

作为国际性大都市来说，上海市资源环境可持续能力指数为70.50，排名全国倒数第2位，与此相对应的是北京（72.58，第24位）和天津（72.43，第25位）也均低于全国平均水平。这与这三个直辖市的人均生态压力较大相关。上海市湿地面积占辖区面积为53.68%，排名全国第一位。2010年，上海市编制了环境保护和生态建设"十二五"规划（征求意见稿），以期促进绿色增长和低碳发展，加快建设资源节约型、环境友好型城市。2010年，上海市环保投入约507.54亿元，占同期上海市国内生产总值的3.01%。其中城市环境基础设施建设投资为294.73亿元，污染源治理投资为105.96亿元，生态建设投资为12.52亿元，环境能力建设投资为4.88亿元，环保设施运转费为62.72亿元，循环经济及其他方面投资为26.73亿元。[②]

上海市的人均生态赤字指标要高于全国水平。上海市人均生物承载力为0.16全球公顷[③]，排名倒数第1位，同时，人均生态足迹为3.87全球公顷，仅次于北京（3.90），排在全国第2位。生态赤字（生态足迹与生物承载力的差额）为3.71全球公顷，排名全国

---

① 上海市统计局、上海调查总队公共关系协调委员会，《2011年上海市统计公报解读》，2012年2月24日。
② 《中国环境年鉴》（2011）。
③ 此为2009年数据。

第1位。生态赤字作为可持续发展程度的反映，对上海的城市发展提出了更多要求。

2. 海南省

海南省位于南中国海，是仅次于台湾的全国第二大岛。海南省在本章测算的全国绿色经济指数中以68.01排名第20位，其中社会经济发展指数（63.59）排名第23位，资源环境可持续指数（77.05）排名第1位，绿色转型驱动指数（63.04）排名第24位。

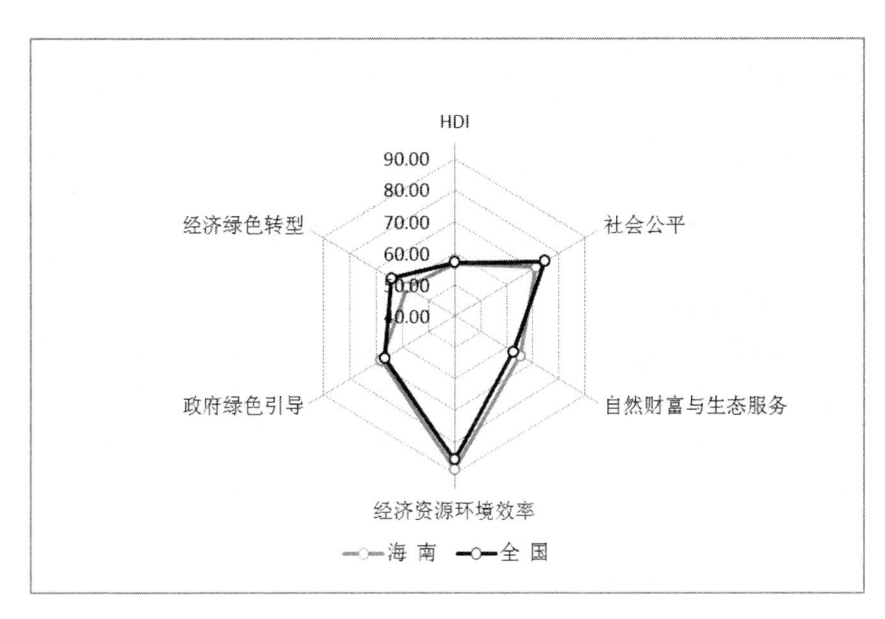

图23　海南省绿色经济指数分解

与全国绿色经济发展平均水平比较来看，海南省在自然财富与生态服务、经济资源环境效率和政府绿色引导方面表现较好，但在HDI、社会公平和经济绿色转型方面与其他省份存在一定差距。在足迹指标方面，海南省的人均生态足迹（1.47全球公顷）与人均生物承载力（1.50全球公顷）最为接近，人均生态赤字为－0.03全球公顷，处于基本均衡的状态。

海南省资源环境可持续能力在全国排在第1位,全省森林覆盖率(51.98%)位于第5位,湿地面积占辖区面积比重(9.13%)位于第6位,城市优良天数比例(100%)列第1位,人均生物承载力(1.50全球公顷)排名第6位,人均生态足迹(1.47全球公顷)排名第27位,单位GDP能耗(0.808吨标准煤/万元)排名第25位。同时,在经济转型方面,第三产业占GDP比重达46.2%,高居全国第5位,且高于天津市(46%)和广东省(45%)。

为全面贯彻落实好《国务院关于推进海南国际旅游岛建设发展的若干意见》精神,海南编制了《海南国际旅游岛建设发展规划纲要》,于2010年6月8日获国家发改委正式批复。《规划纲要》突出"全国生态文明建设示范区"的战略定位,强调从生态建设和环境保护、污染防治、资源循环利用、低碳技术应用与推广四个方面加强全省生态文明建设。加快推进天然林保护、重点生态区绿化、沿海防护林建设和保护、"三边"防护林建设、自然保护区建设、水土保持与生物多样性保护建设。

2010年,海南省人均GDP为23831元,HDI指数为0.567。2011年,海南全省实现地区生产总值2515.29亿元,比上年增长12.0%,人均生产总值达到28797元。

但是海南省的基尼系数达到0.31,排在全国第4位,城乡收入比达到2.95,排在第15位。万人专利申请授权数为714件,位列第29位。从新型环保产业和新技术方面来看,海南省还需要采取更积极有效的措施。

3. 广西壮族自治区

作为全国唯一的具有沿海、沿江、沿边优势的少数民族自治区,广西在本章测算的全国绿色经济指数中以66.71排名第25位,其中社会经济发展指数(61.86)排名第25位,资源环境可持续指数(75.52)排名第7位,绿色转型驱动指数(62.74)排名第

25位。

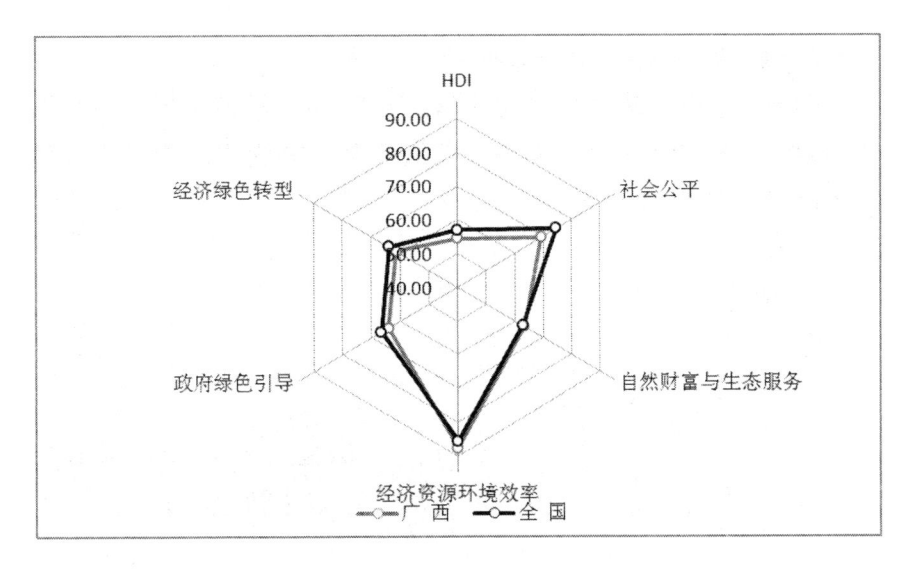

图24 广西绿色经济指数分解

与全国平均水平的比较看出,广西在自然财富和生态服务、经济资源环境效率方面高于全国平均水平,但在HDI、社会公平、政府绿色引导和经济绿色转型方面表现较弱。

2010年,广西实现人均生产总值20219元,HDI指数为0.544。第三产业占GDP比重为35.4%,低于全国平均水平(40.2%)。2011年,广西实现生产总值11714.35亿元,比上年增长12.3%,第一、二、三产业增加值占GDP的比重为17.5%、49%和33.5%,对经济增长的贡献率分别为6.9%、65.9%和27.2%。按常住人口计算,人均地区生产总值为25315元。

2010年,广西壮族自治区大力开展污染物减排工作,加快项目环评审批,推进生态广西和生态文明示范区建设,加强环境整治和污染防治,解决农村突出的环境问题,环境质量保持良好。全省森林覆盖率达到52.71%,排名全国第4位。人均生物承载力0.97

全球公顷，排在第 12 位。同时，人均生态足迹 1.30 全球公顷，排在第 28 位，仅高于甘肃（1.26）、贵州（1.24）和云南（1.24），表明生态服务可持续性能力较强。

2010 年，广西基尼系数为 0.26，处于全国较低水平，但是城乡居民收入比达到 3.76，处于全国第 5 位。万人专利申请授权数为 3647 件，排名第 23 位。

（六）政策建议

1. 绿色经济：措施与保障

中国经历了持续的经济增长过程，使数亿人摆脱贫困，人民生活水平稳步提高。与此同时，随着 21 世纪以来快速的城镇化、工业化发展，这种传统模式对环境资源的压力逐渐显现，生态赤字不断加大，迫切需要有所改变。

2. 绿色城市

在国家卫生城市、园林城市、环保模范城市、文明城市、生态城市的基础上，结合经济绿色转型情况，建设示范"绿色城市"。绿色城市的建设对于集聚绿色技术研发、增加绿色产业投资、促进节能减排等可以发挥带头示范作用。

3. 绿色需求

开展广泛的教育和宣传，推行绿色模式，让绿色发展成为时代的潮流。引导社会向"绿色需求"过渡，鼓励消费者使用绿色产品，推行政府、企业绿色采购，推动形成绿色生活方式和消费模式。发展绿色经济，除了积极开拓国际市场，政府应该注重国内市场对绿色产品的需求。金融危机中，国际市场需求的疲软对国内经济产生的影响说明在绿色发展中更需要关注国内市场的培育。一方面，国内市场的培育可以保证绿色发展的稳定性。另一方面，从长期来看，也是保证中国能源和资源供应安全和独立的必然途径。更为重要的是，国内市场的发展有利于绿色产业发展核心能力的培育。因为如果只是关注国际市场，由于国际需求的限制，中国产品很可能处于产业链低端，中国企业只是代理加工的角色，不利于核心技术的创新和品牌的培育。而在国内市场，可以政策性地选择一些国内制造的高端产品，树立国内品牌。

4. 环境标准

严格的环境标准是技术水平得以改进和提升的催化剂。通过制定有利于保持自然财富与生态服务可持续发展能力的财政、税收政策，积极推进环境税费改革。建设环境标准体系，完善标准制定，加强污染源监控和促进企业清洁生产。以环境标准"诱发"环境成本，促使企业改进生产技术，提高能源资源利用效率，降低对环境的负面影响。

5. 绿色税收

创新绿色税收制度。其核心是改变现有的排污费体系，逐渐将排污费体系引向环境税（包括环境保护税、污染排放税、碳税等）方向。同时，提高稀缺资源、高污染和高能耗矿产品的税负，引导资源性收费并入资源税；将高能耗、资源消耗品纳入消费税征收范围，对符合一定节能标准产品给予消费税减免；对混合动力、新能源交通工具免除车船税；对传统机动车依排气量从小到大递增税负。总之，使绿色税收成为促进绿色经济发展的财税制度保障。

6. 绿色信贷

通过绿色信贷政策，使环保调控手段通过金融体系具体途径实现。绿色信贷通过市场机制，以绿色产业为服务对象，将保持自然资源和生态服务可持续发展作为政策导向。主要表现在：为生态保护、生态建设和绿色产业融资，构建新的金融体系和完善金融关系。

7. 绿色保险

绿色保险是在市场经济条件下进行保持自然财富与生态服务可持续发展的风险管理手段。通过全社会共同参与，依靠绿色保险解决环境问题，分散风险，化解生态矛盾。

8. 环境科技创新

重点开展污染减排、重金属、化学品、土壤污染防治等领域关键技术研发。对从事于环境科学技术研发的高校、科研单位、企业等加强投入和政策扶持。发展环保和生态服务业，努力使之成为"十二五"时期国民经济的支柱产业。

（七）各省一级指标与二级指标图

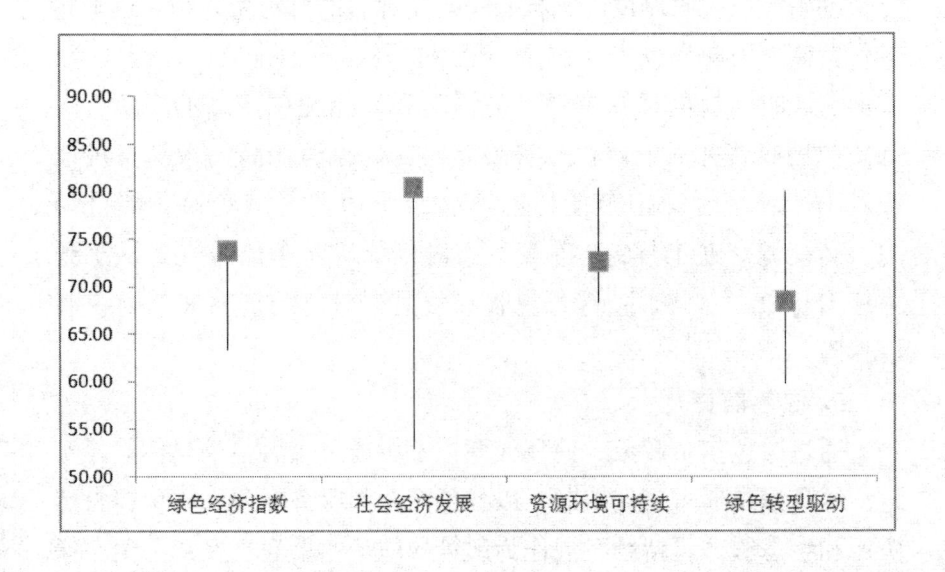

北京

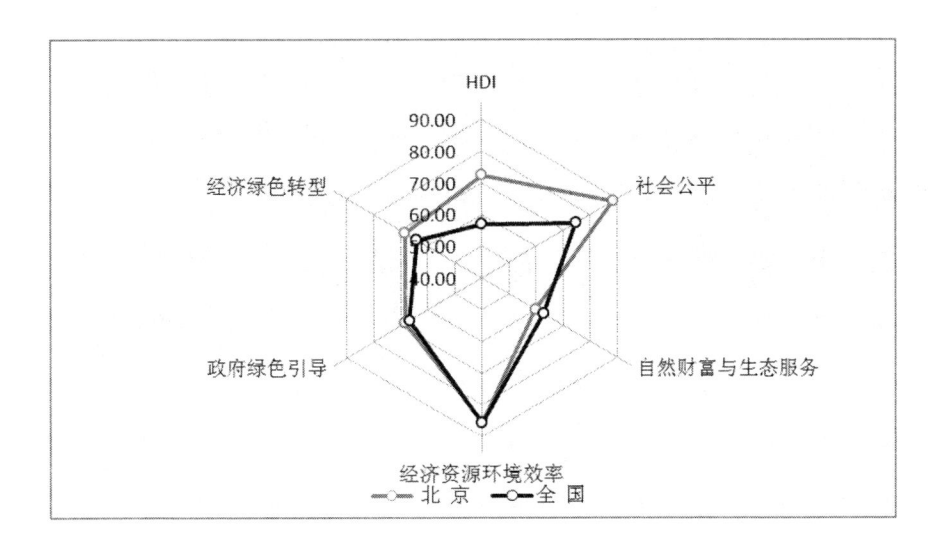

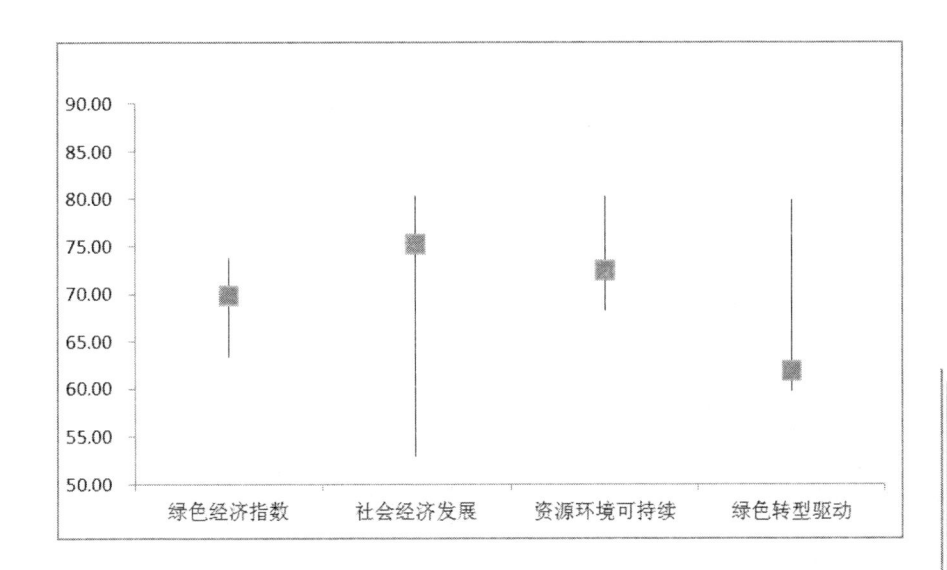

天津

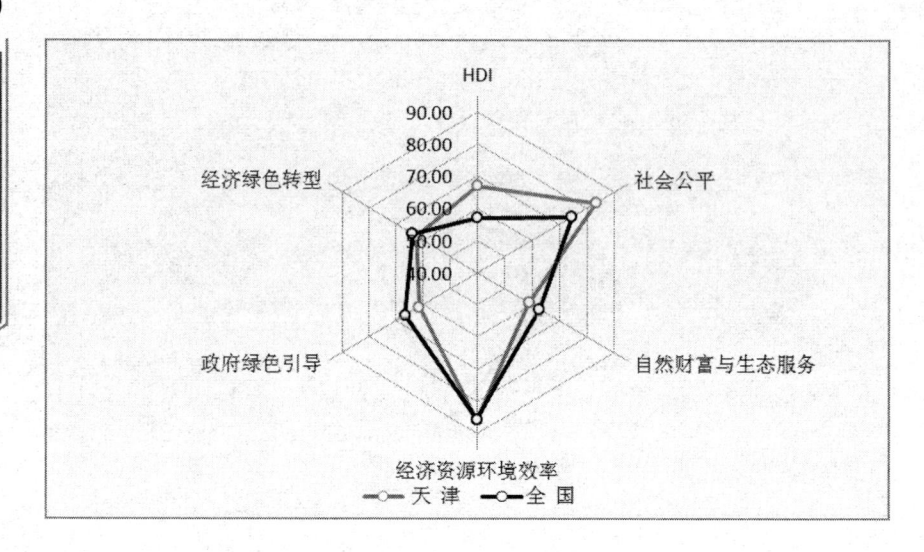

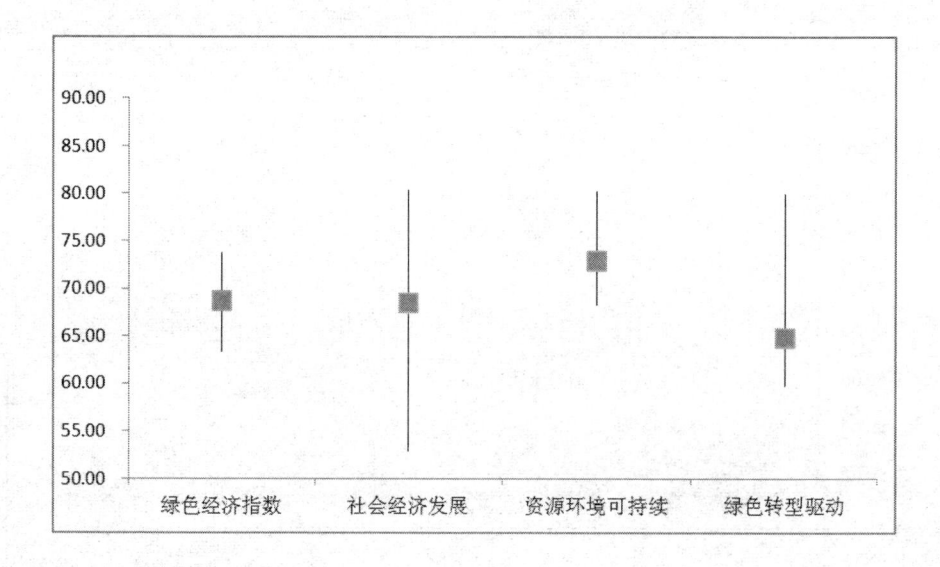

河北

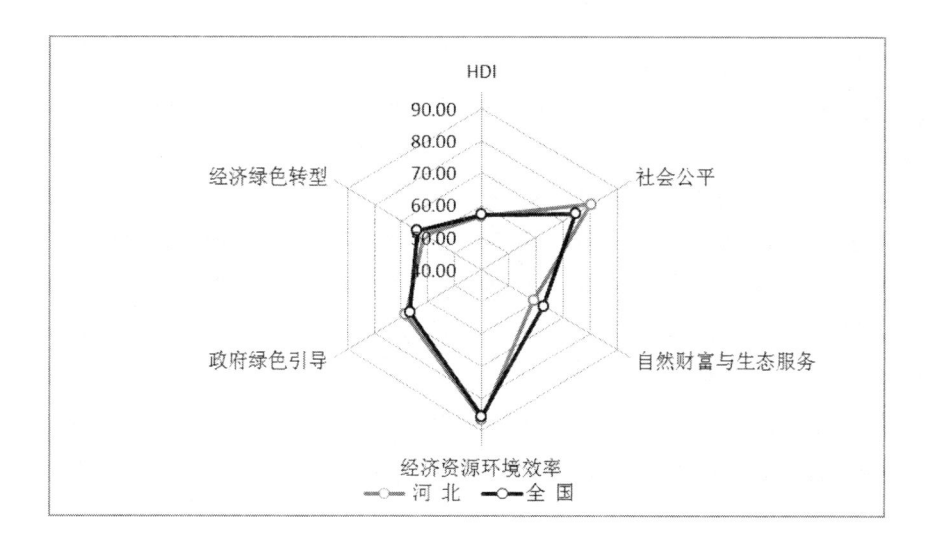

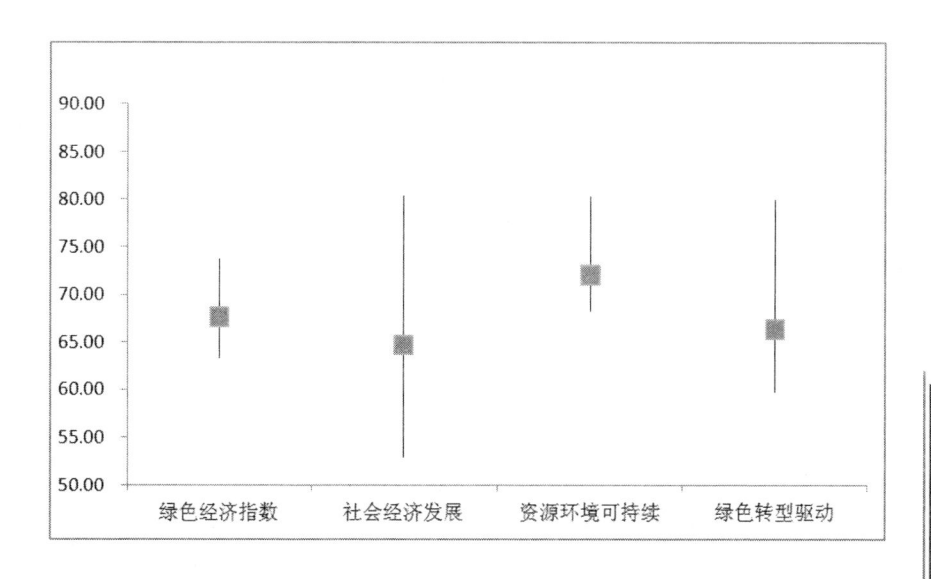

山西

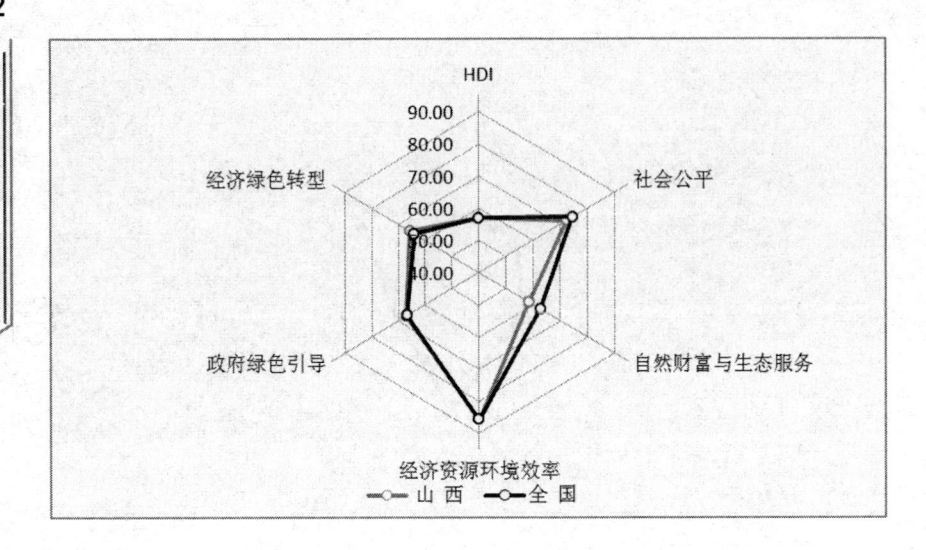

内蒙古

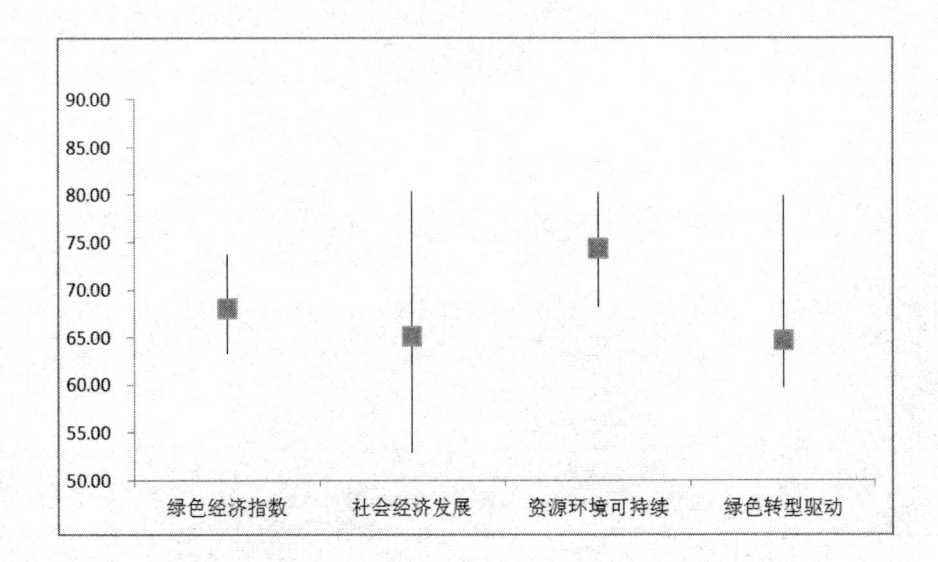

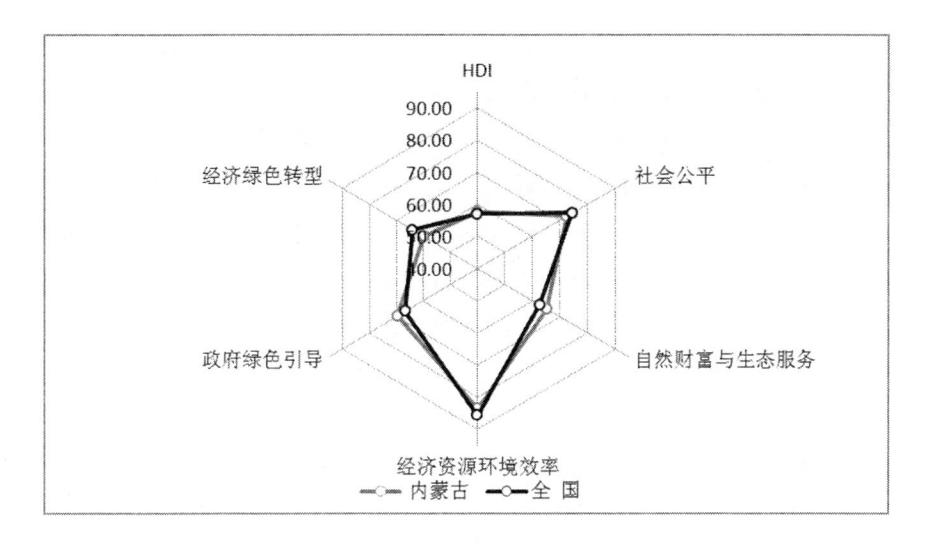

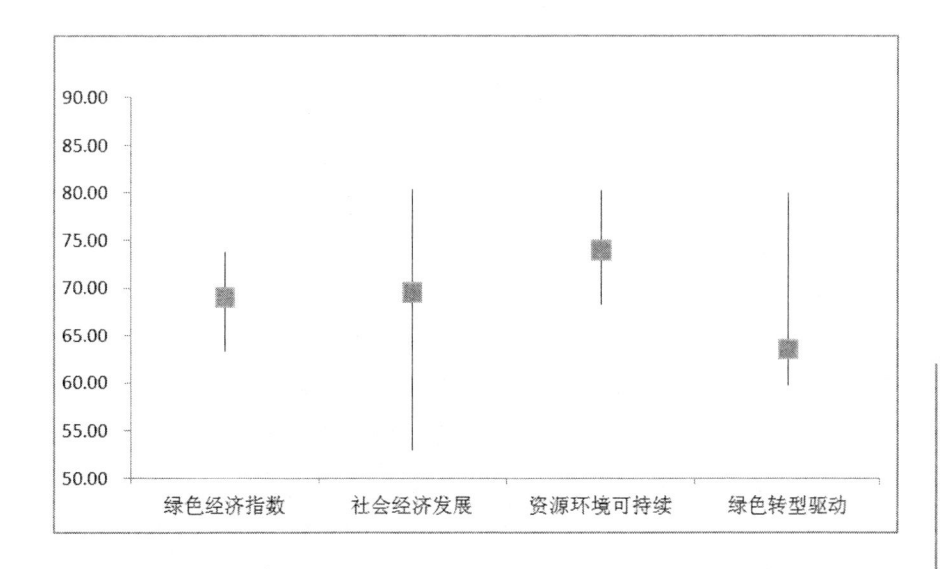

辽宁

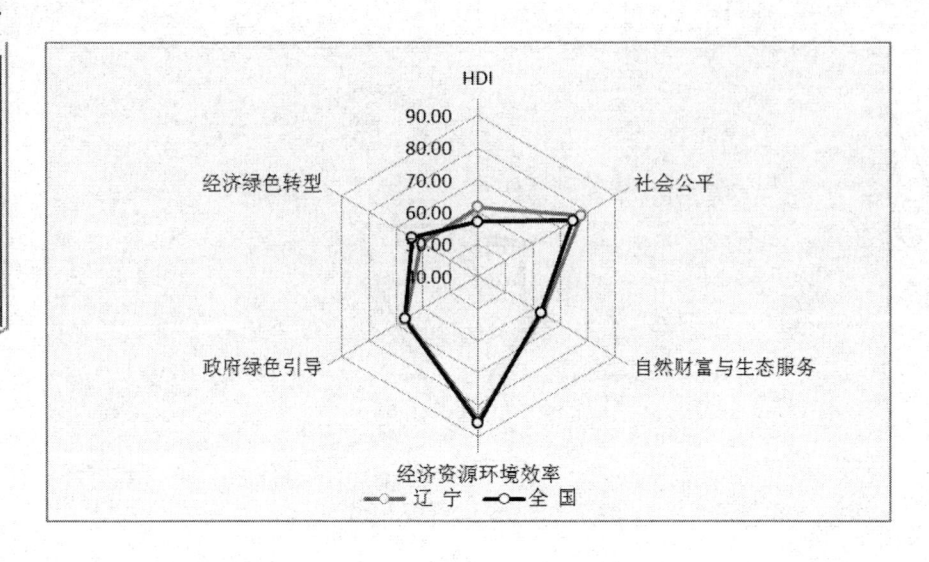

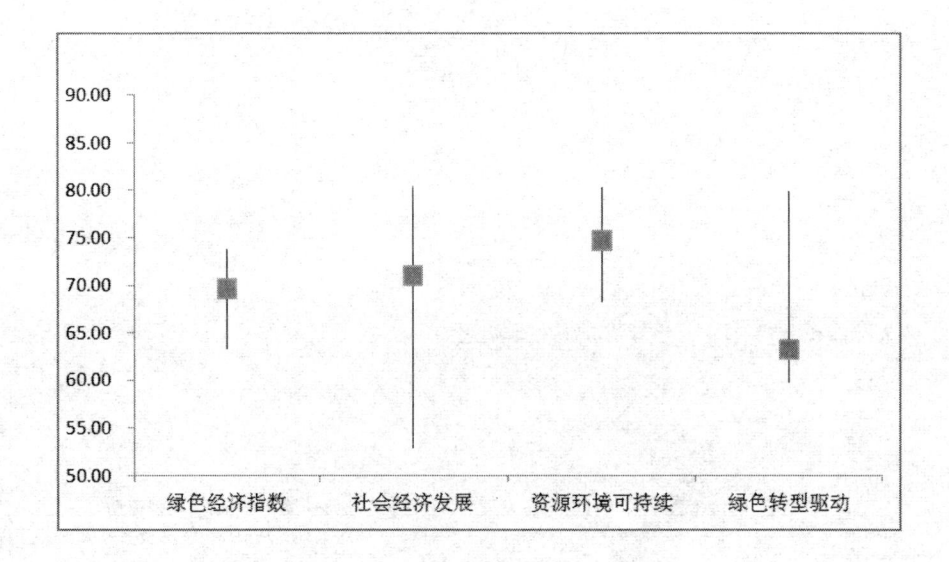

吉林

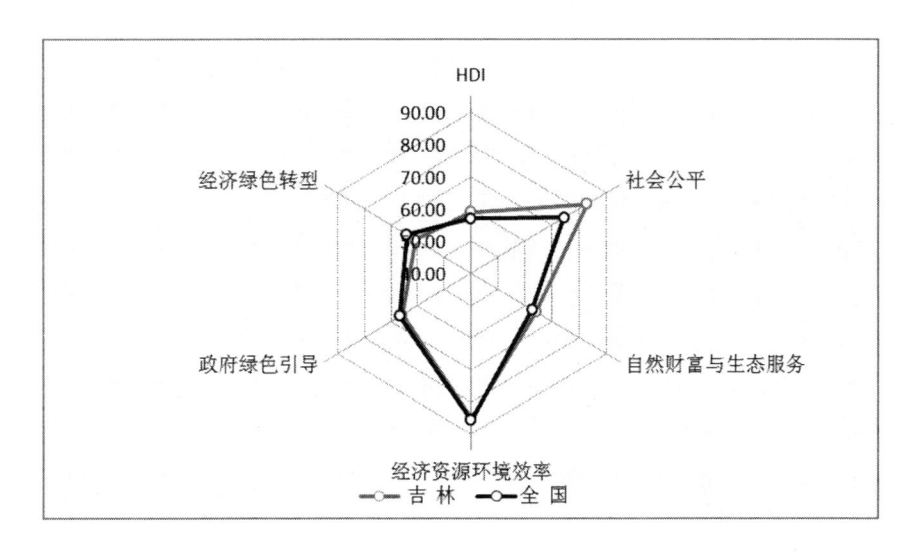

黑龙江

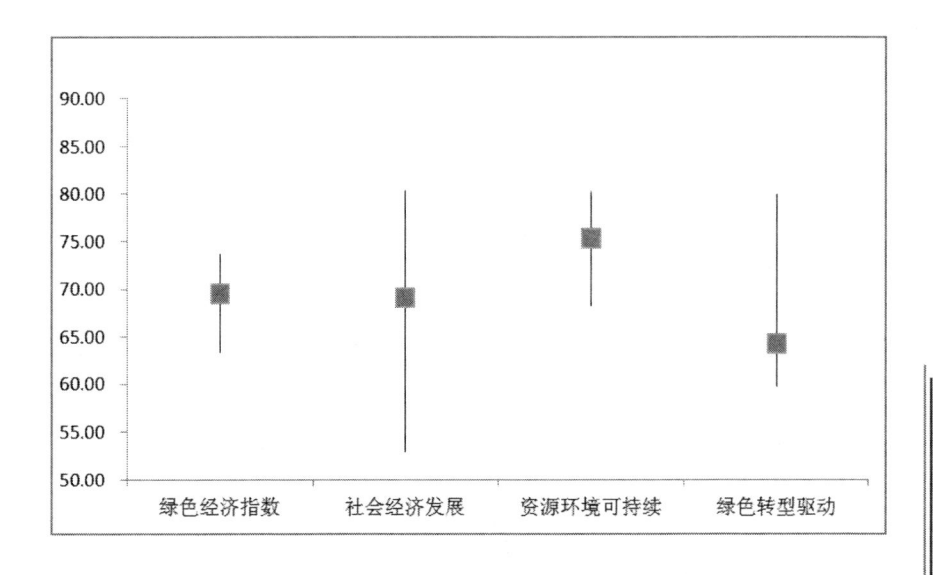

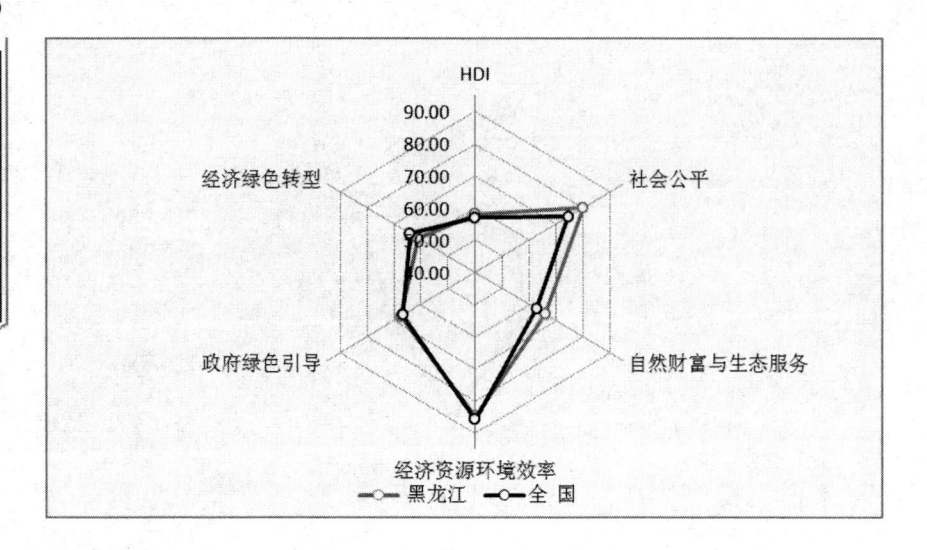

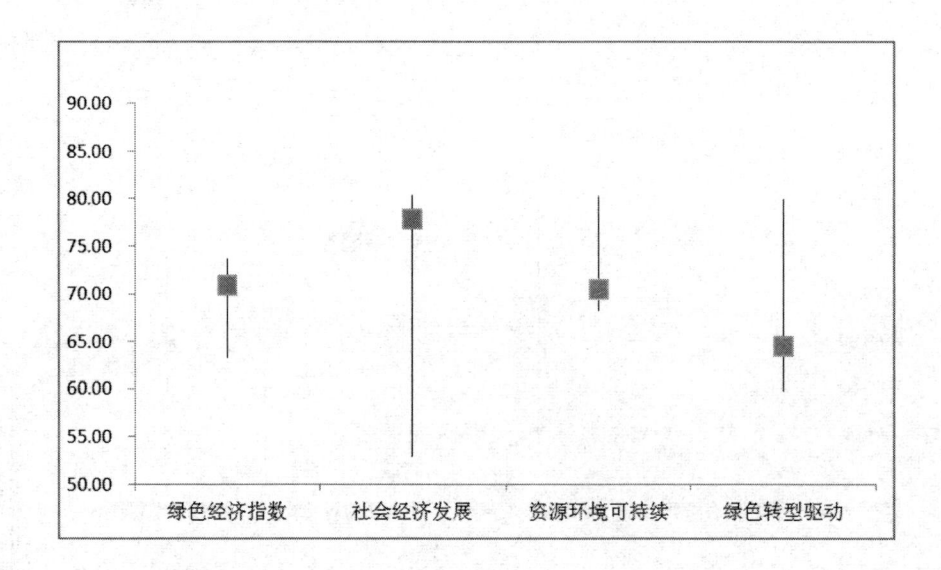

上海

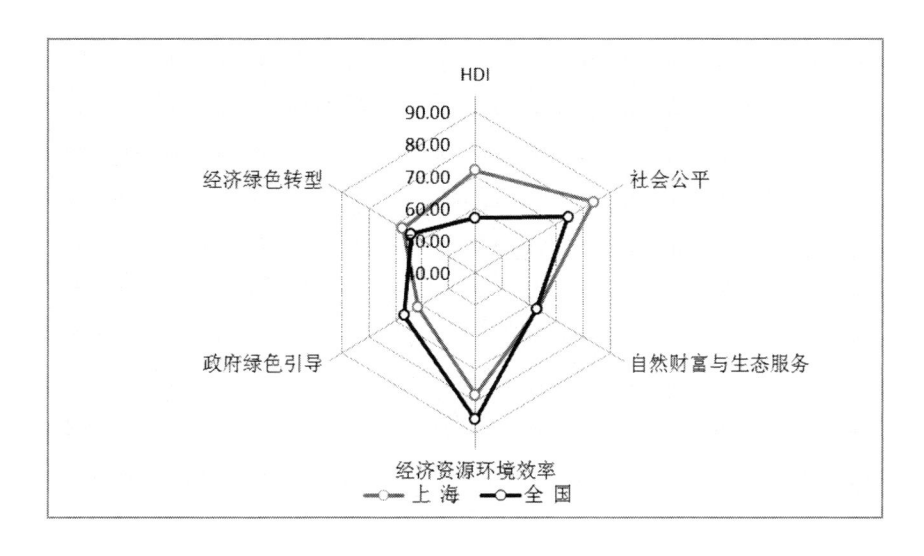

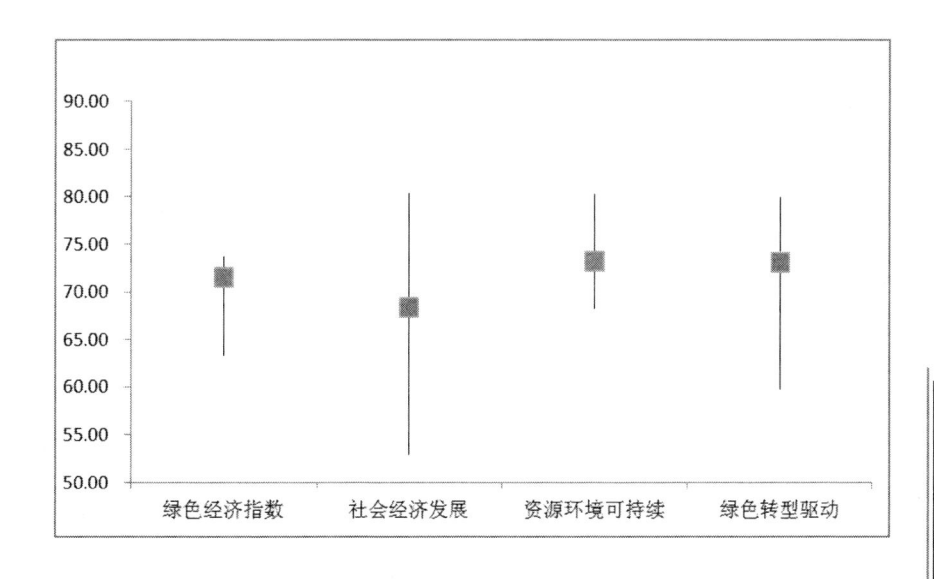

江苏

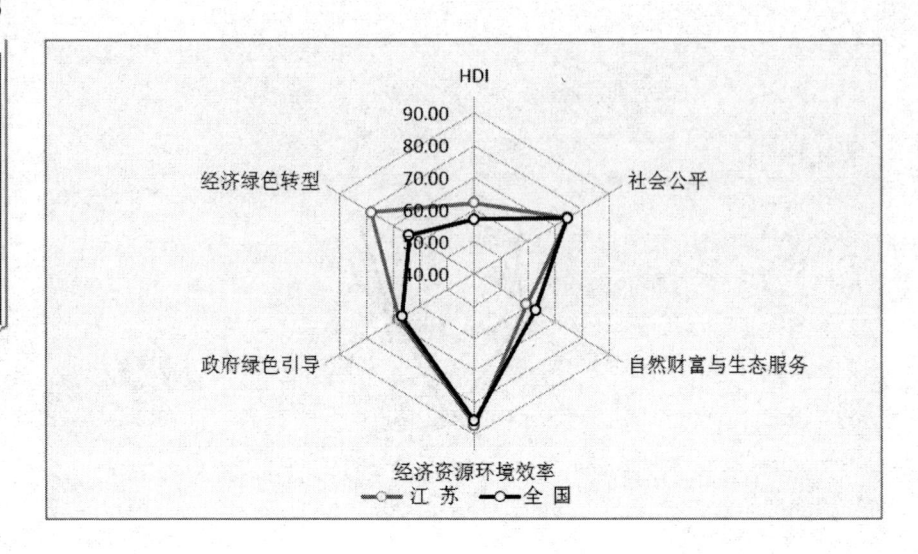

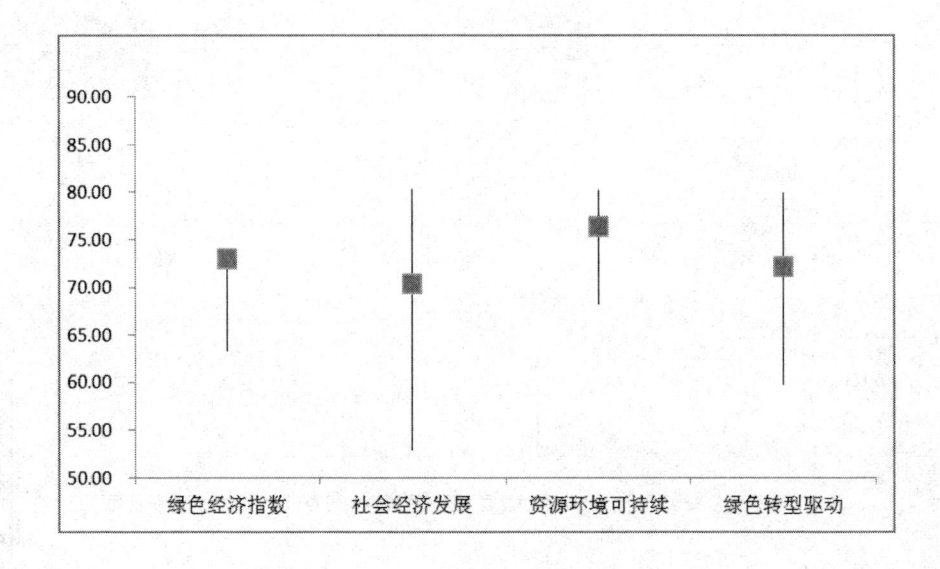

浙江

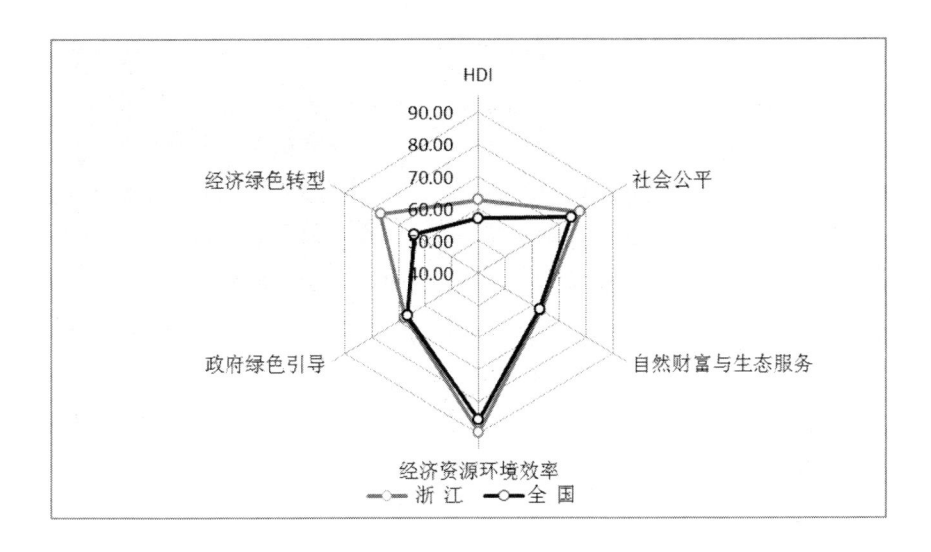

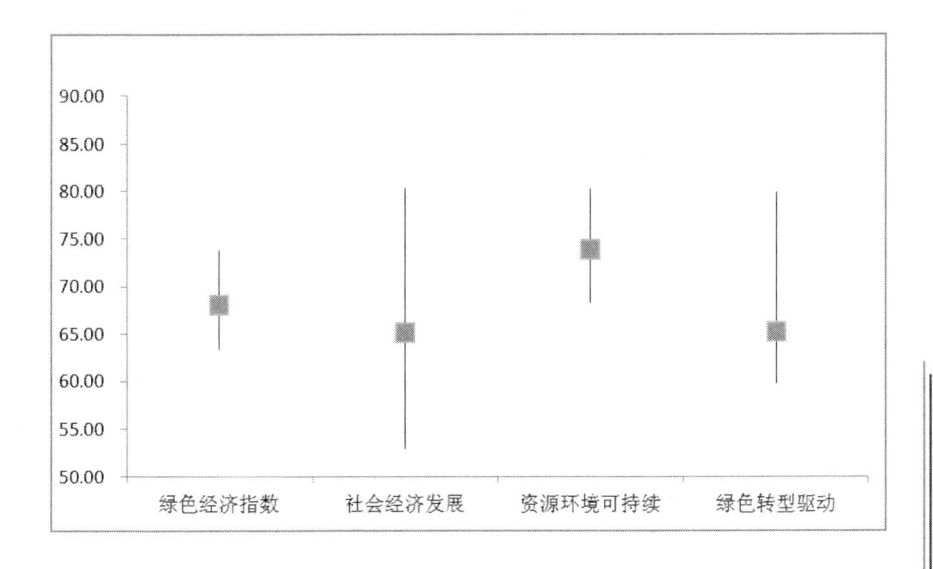

安徽

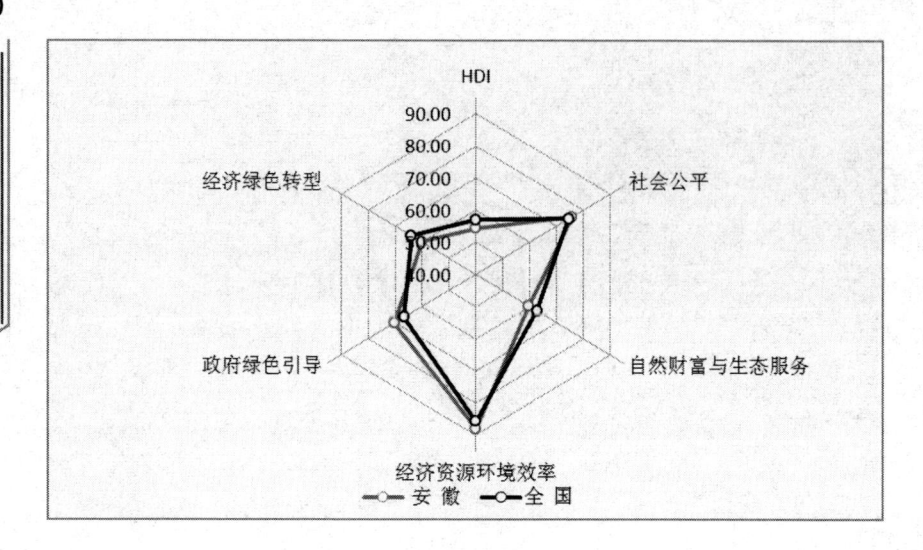

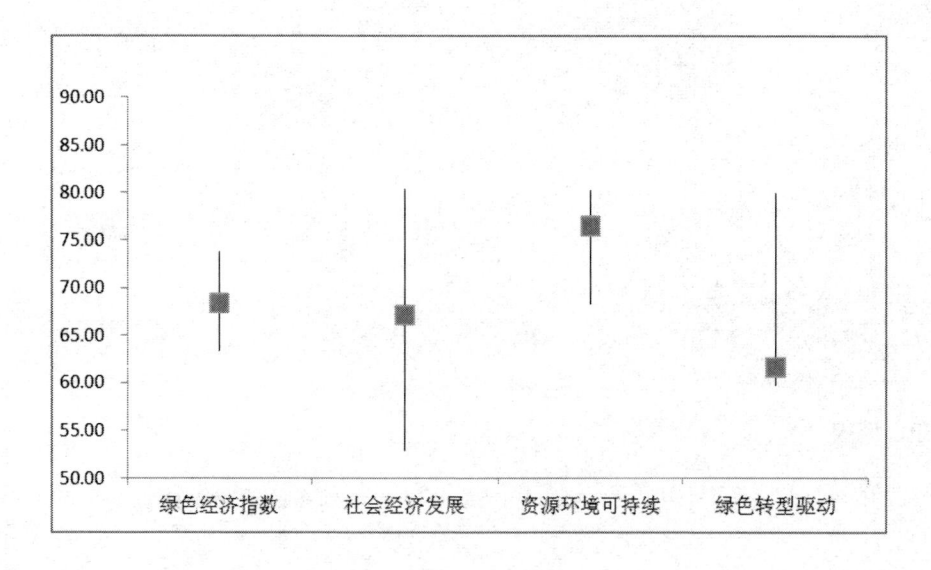

福建

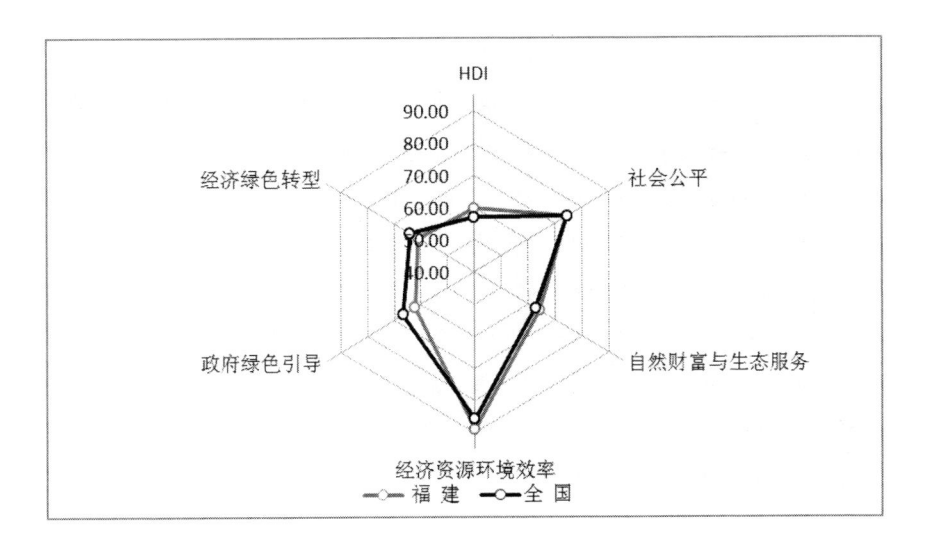

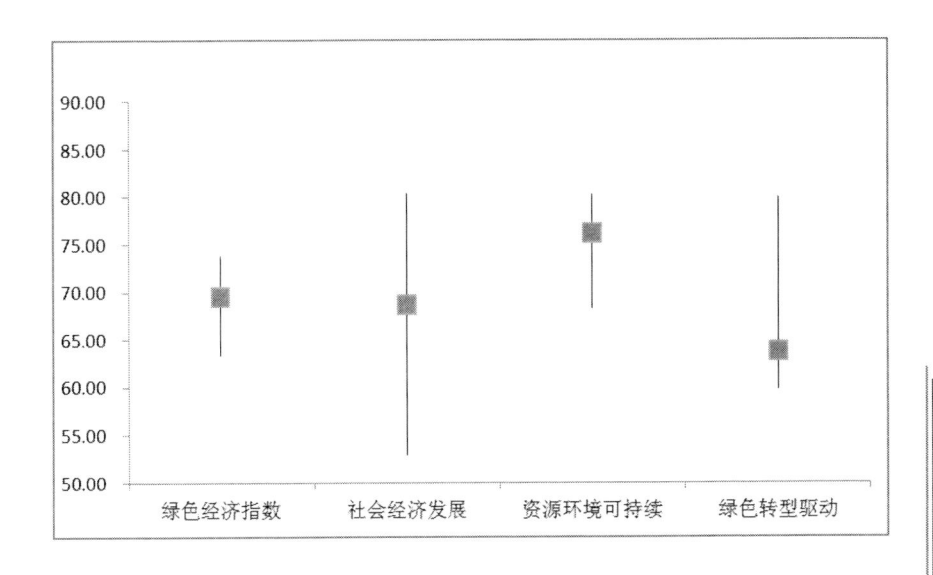

江西

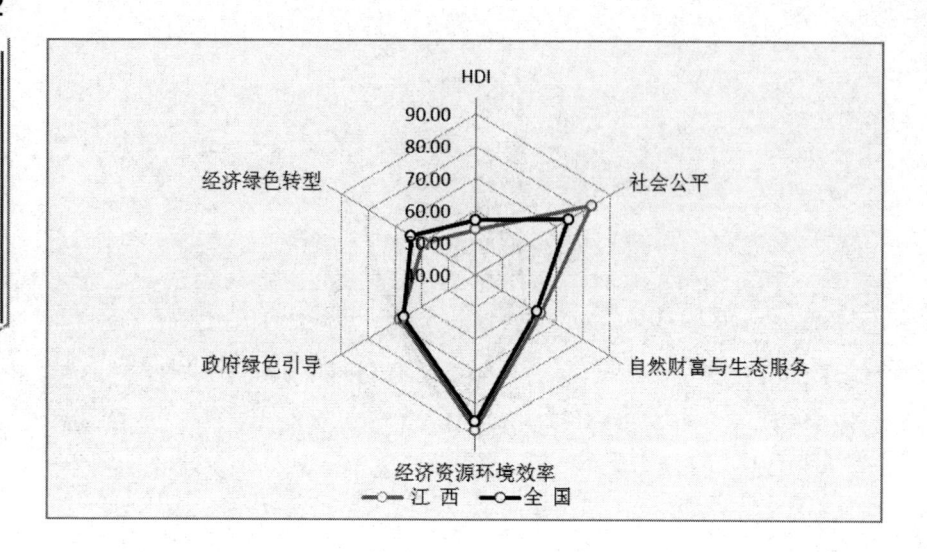

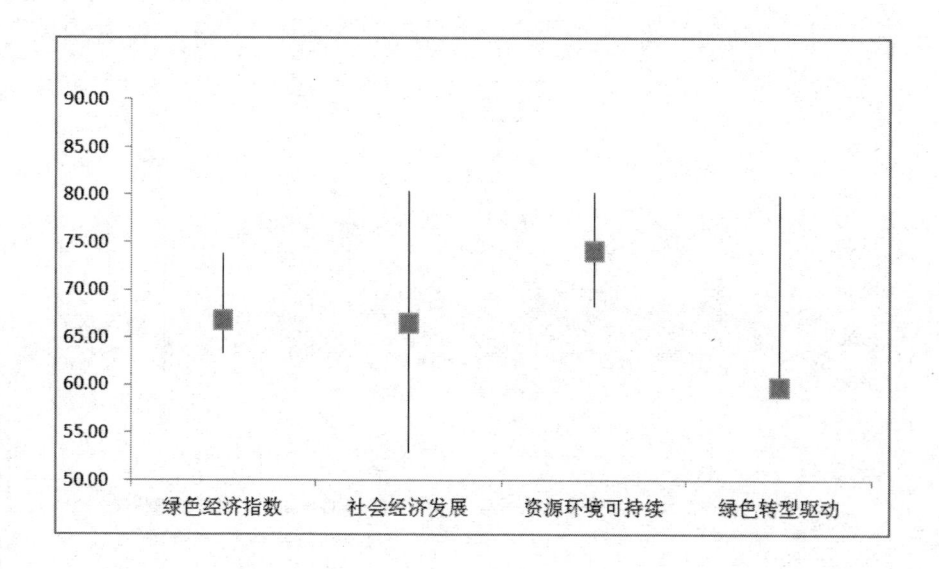

山东

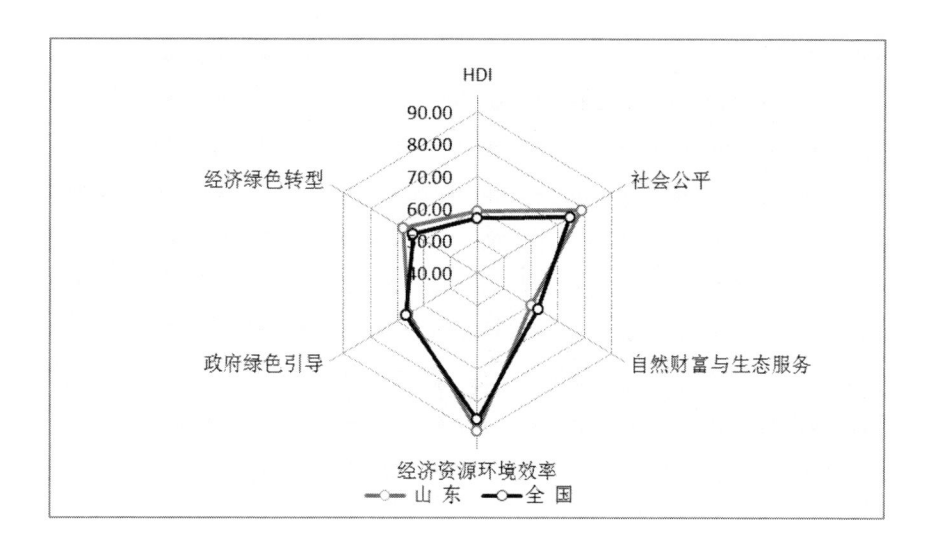

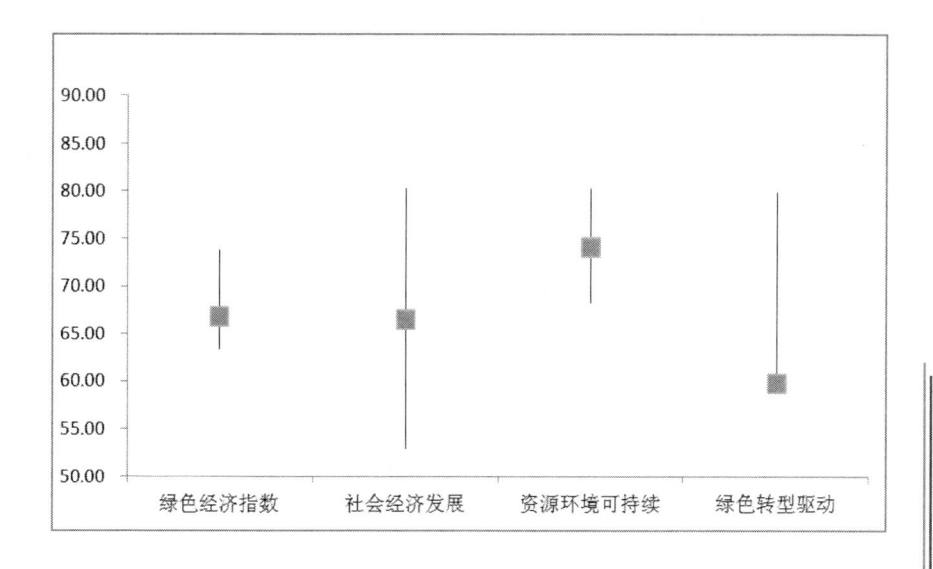

河南

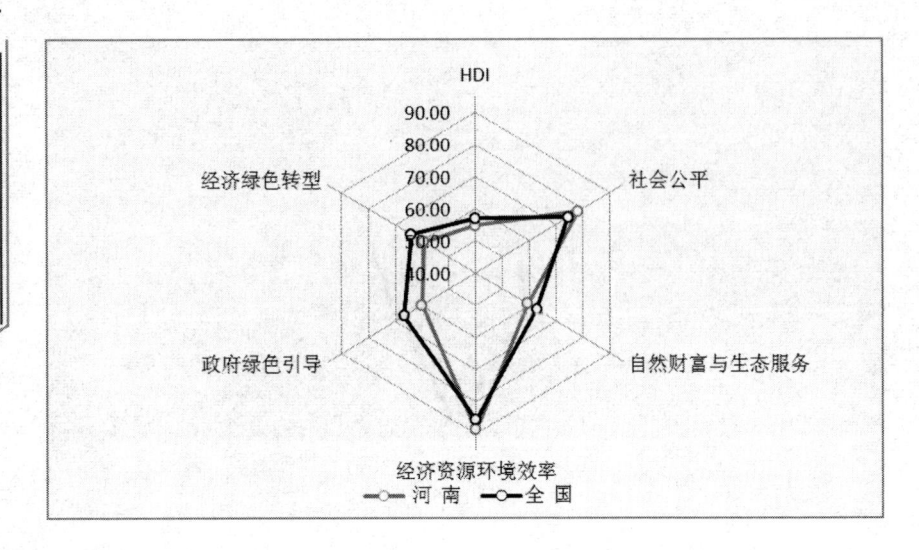

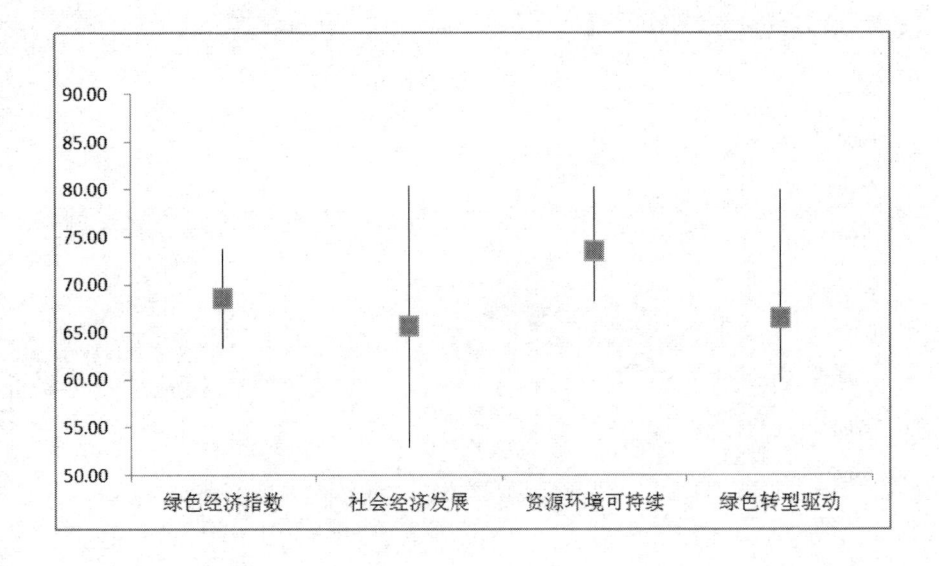

湖北

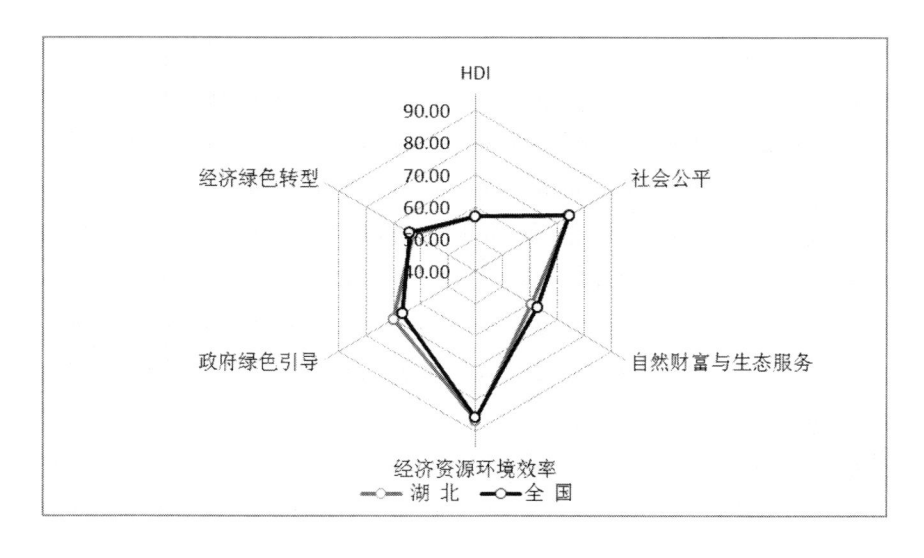

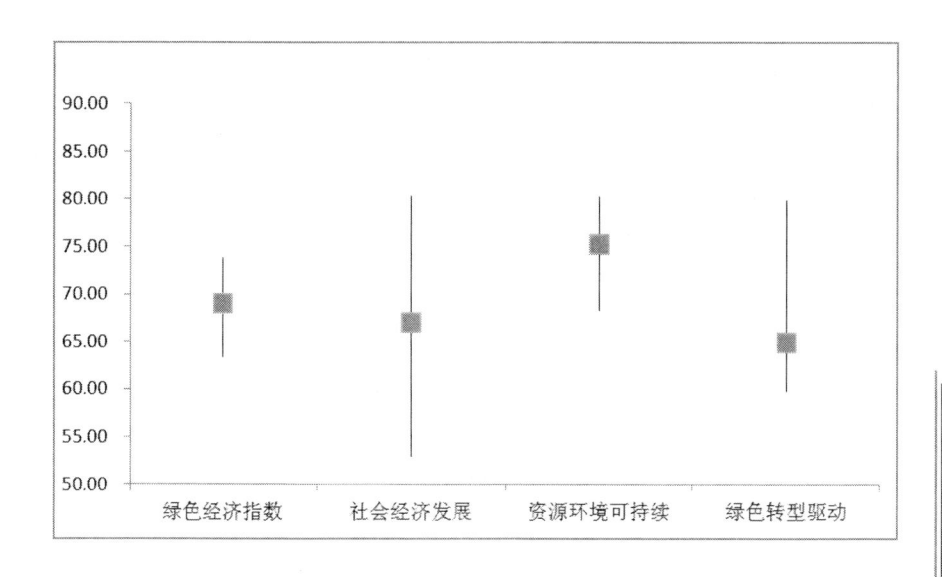

湖南

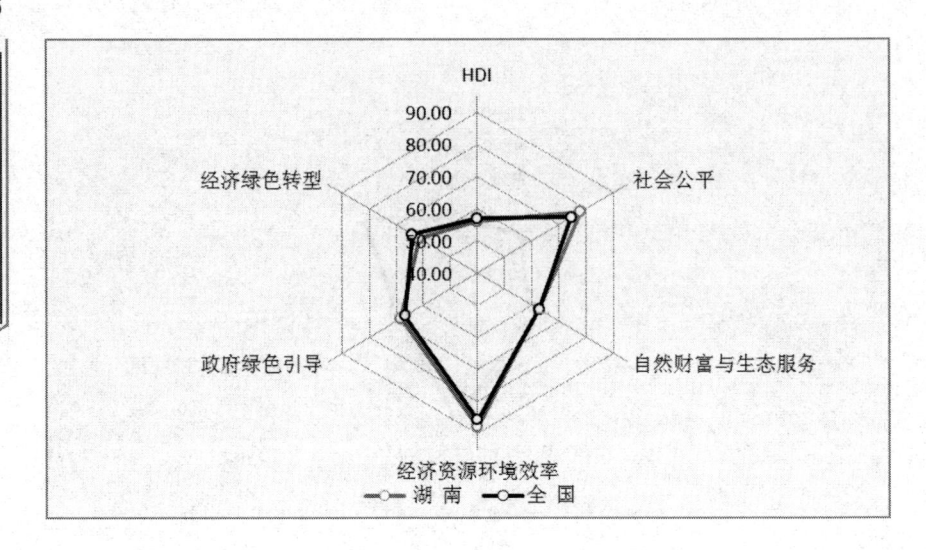

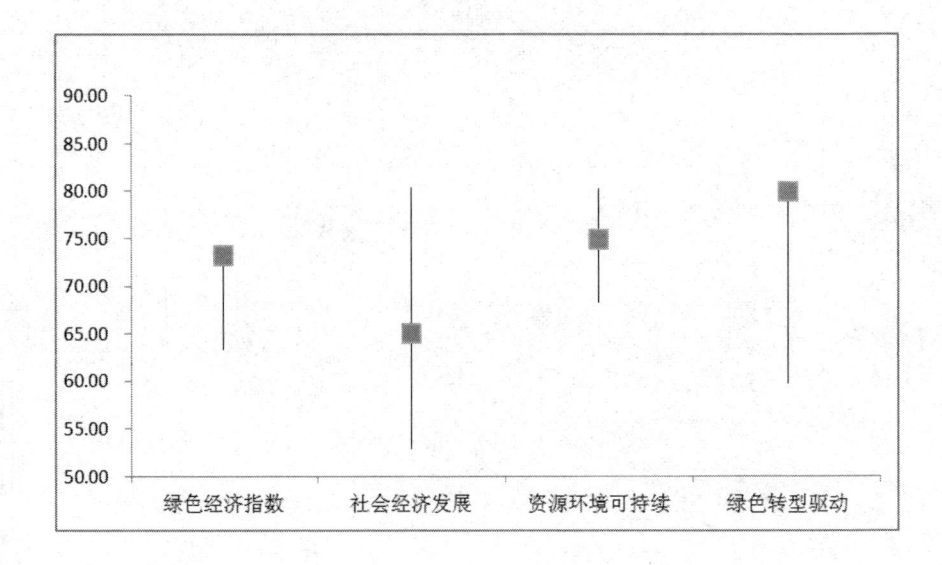

广东

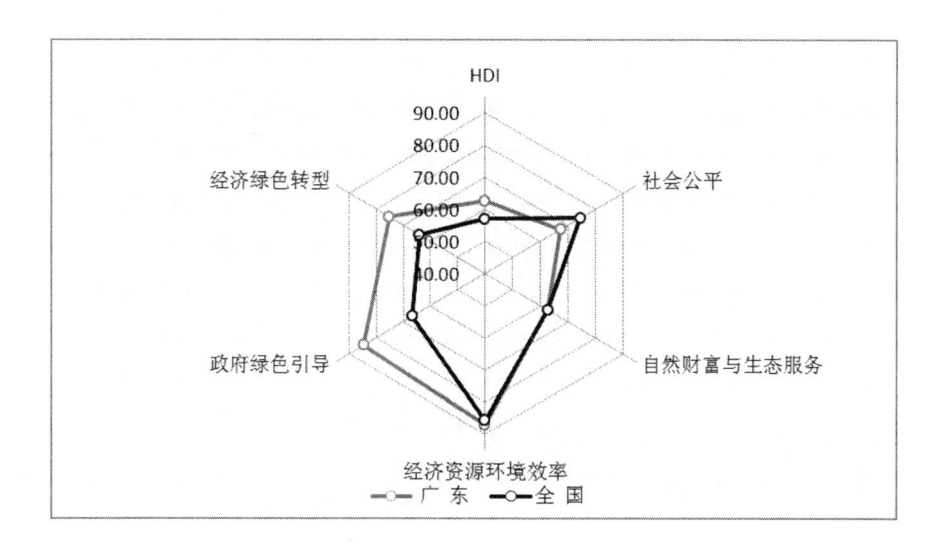

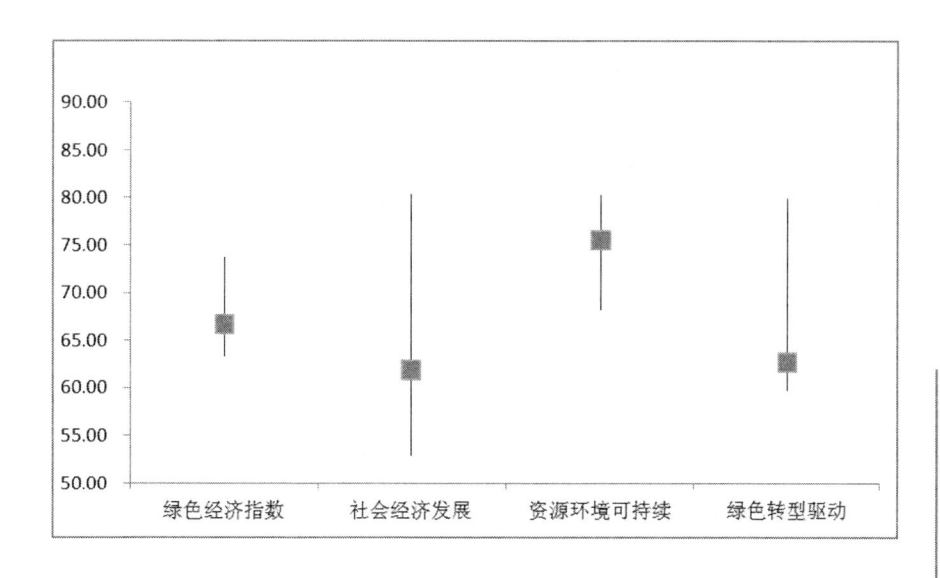

广西

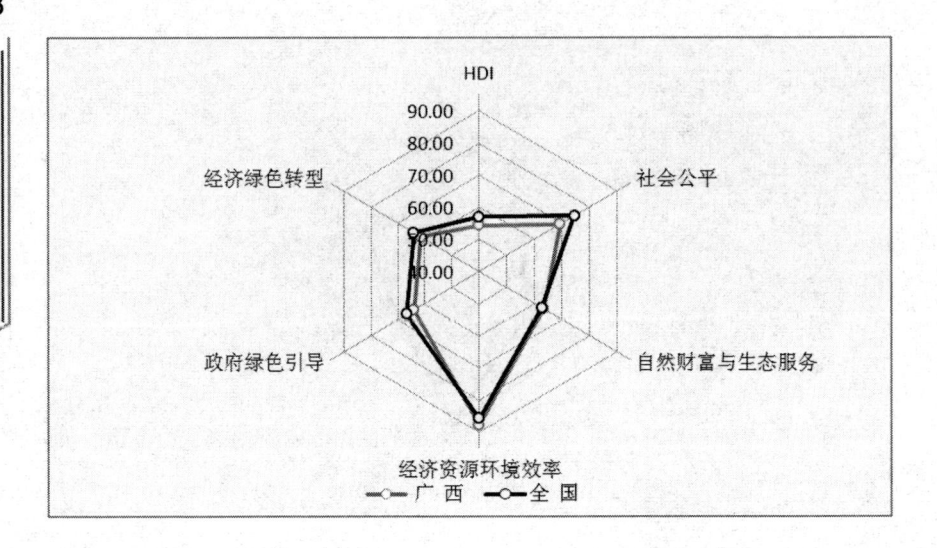

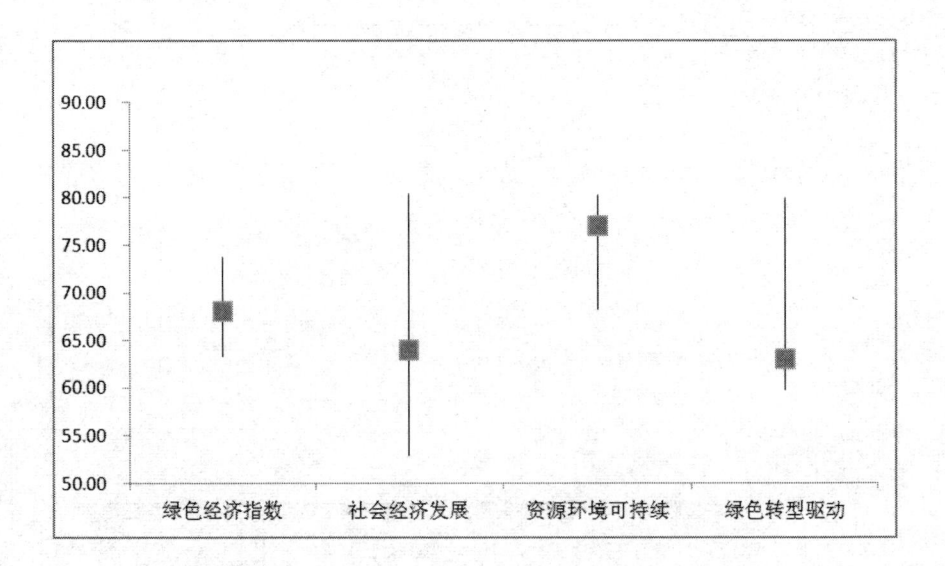

海南

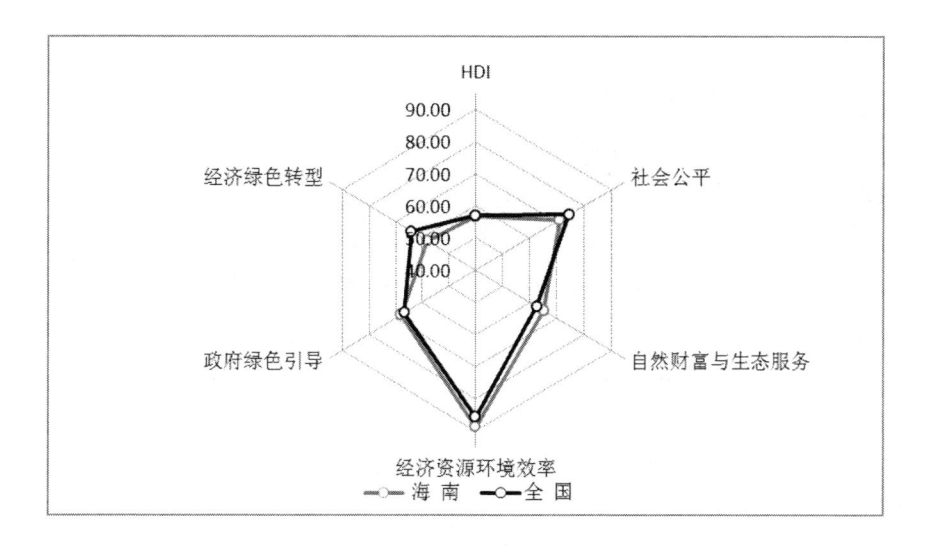

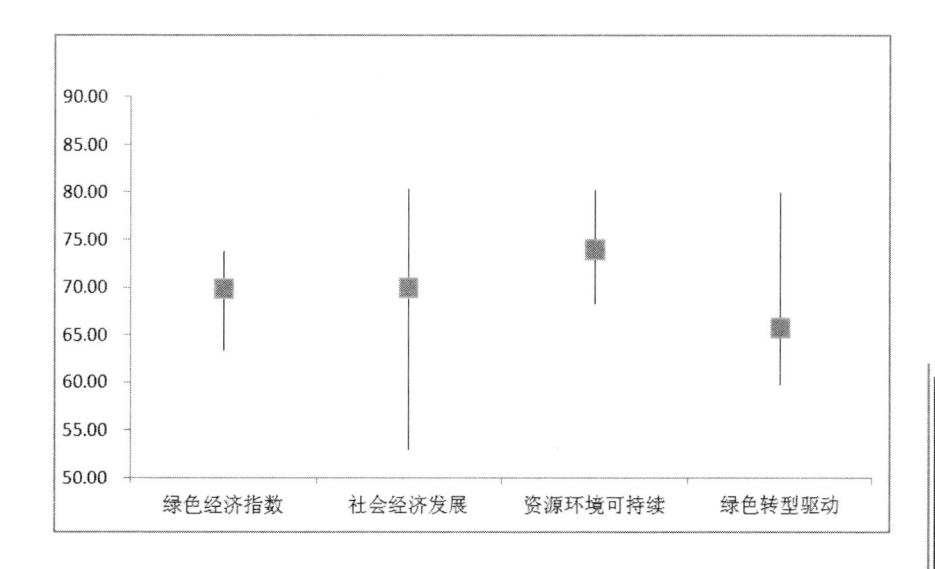

重庆

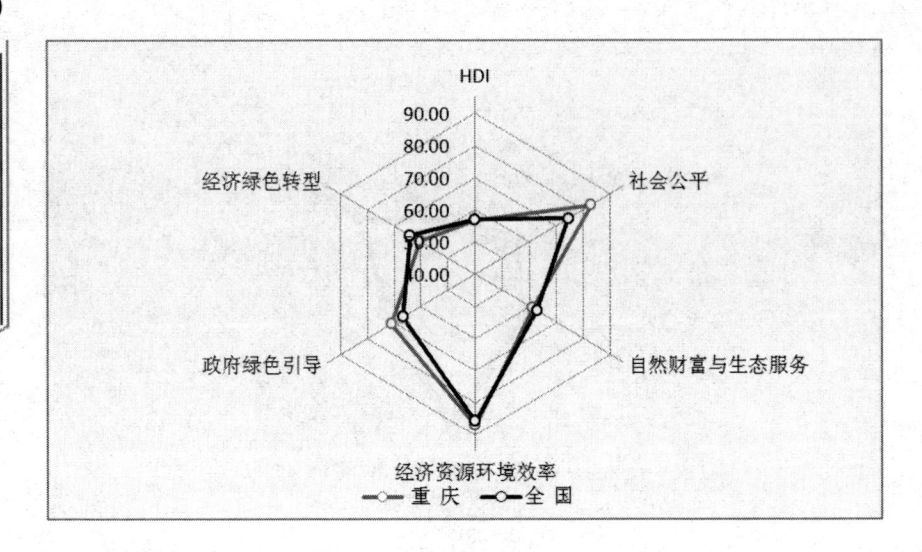

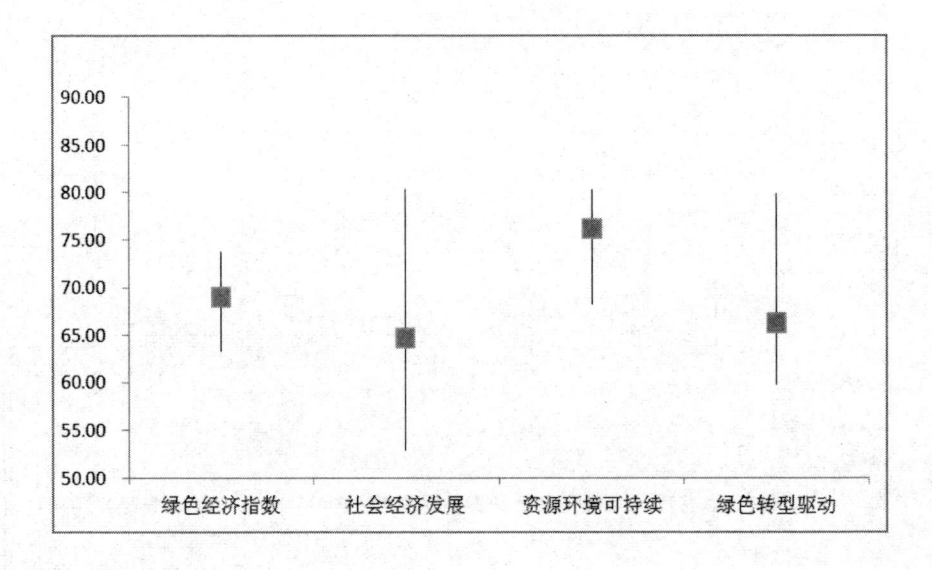

四川

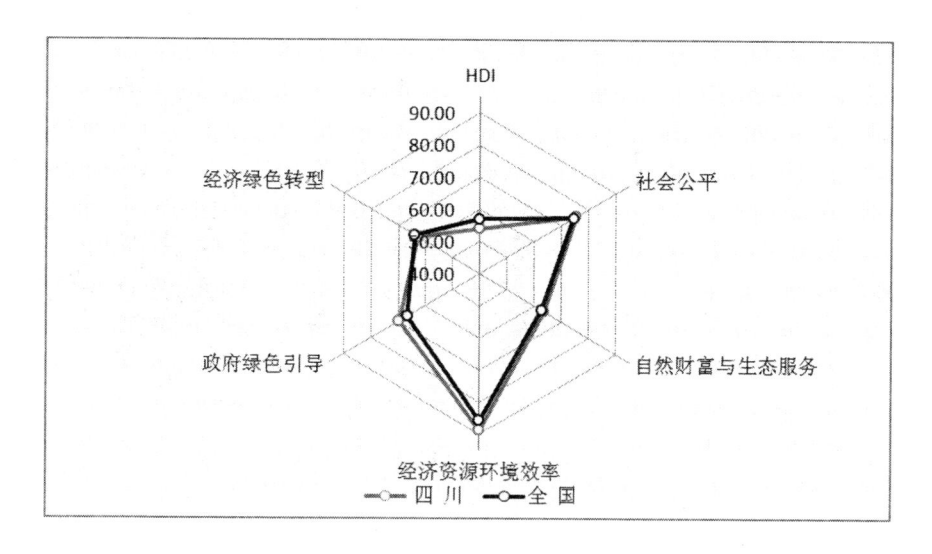

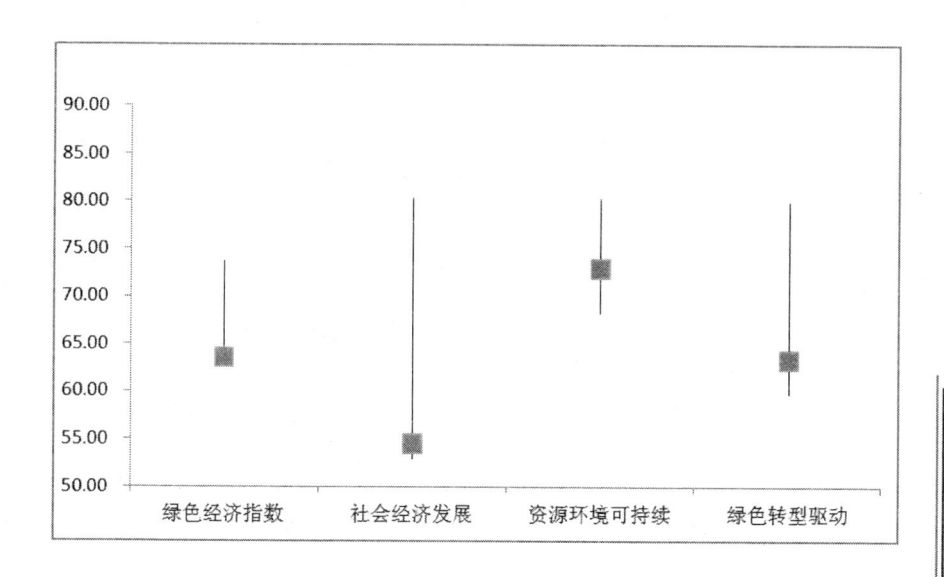

贵州

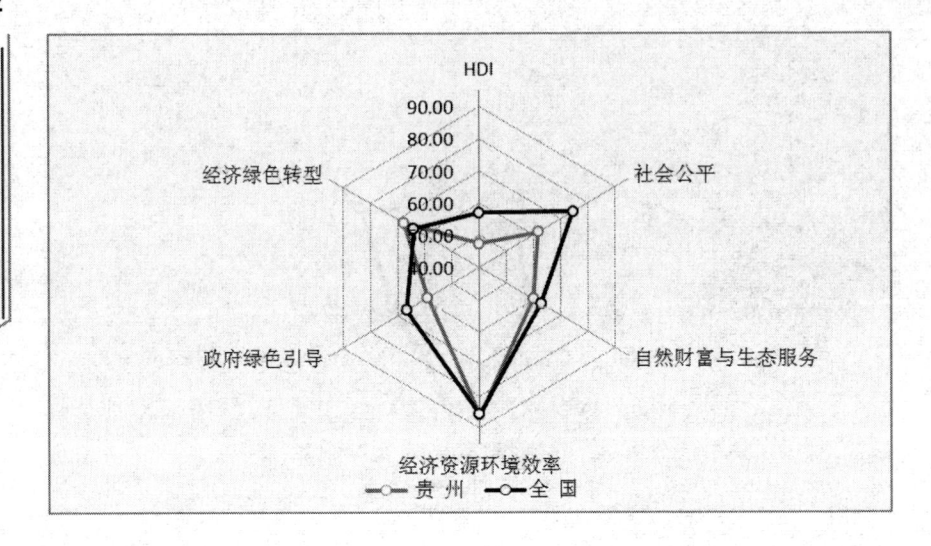

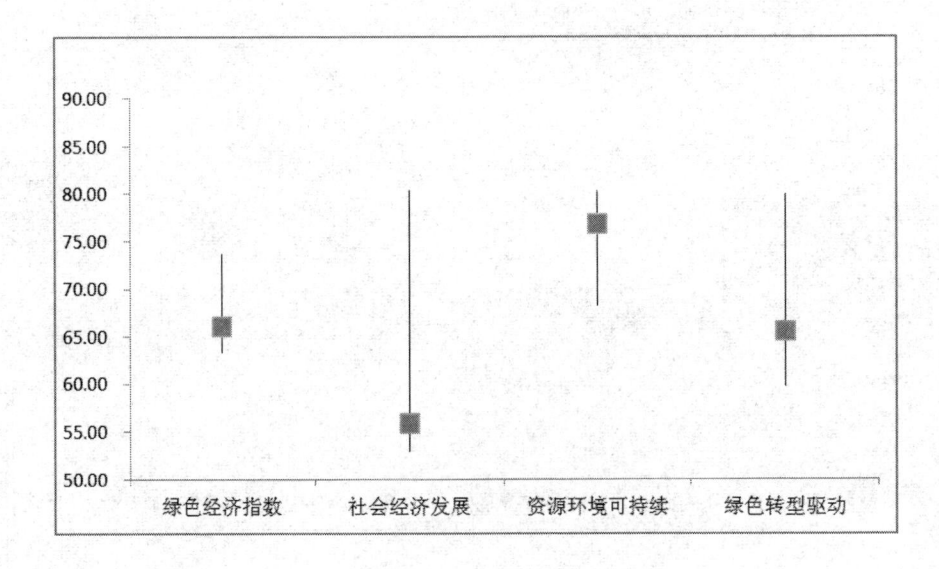

云南

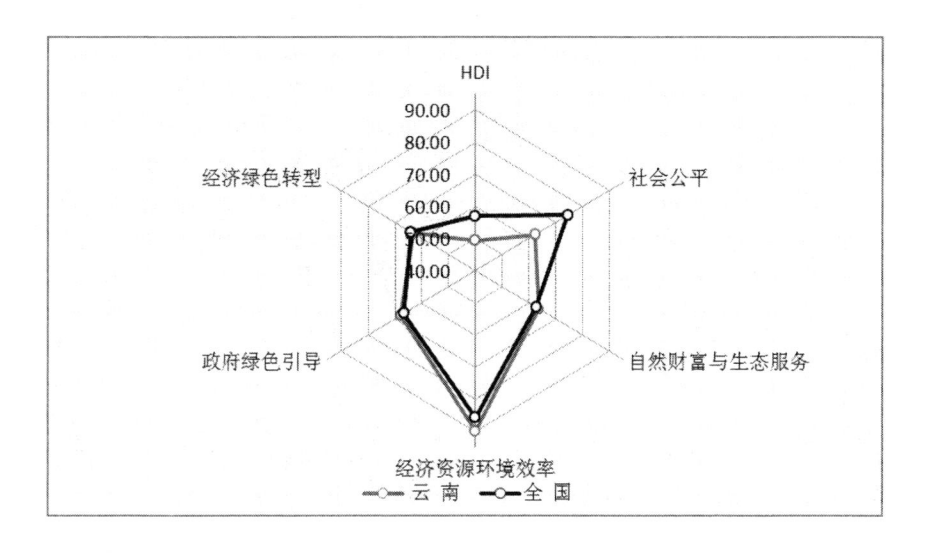

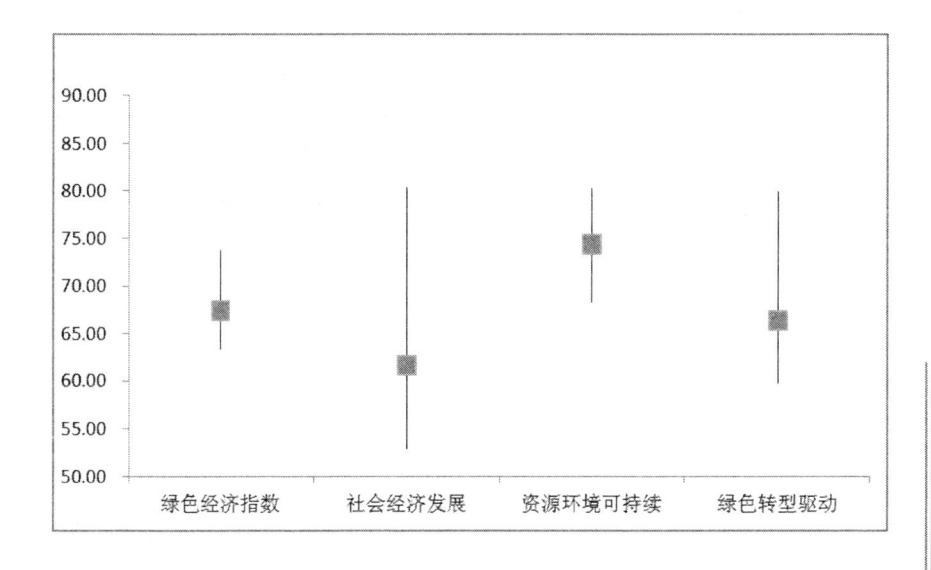

陕西

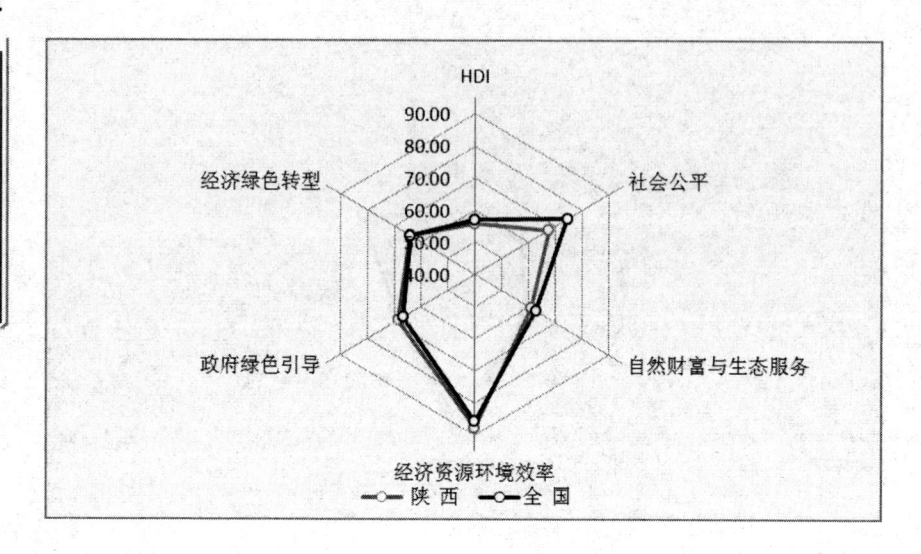

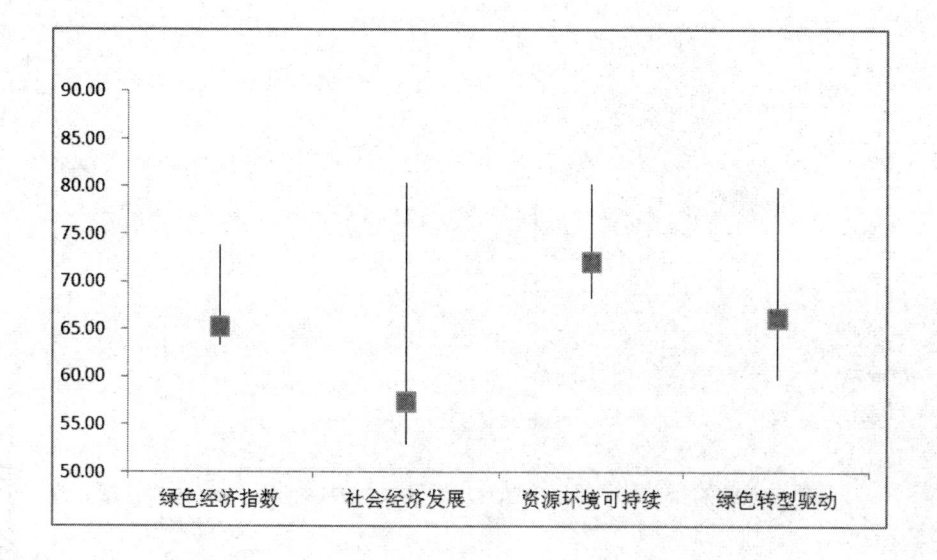

甘肃

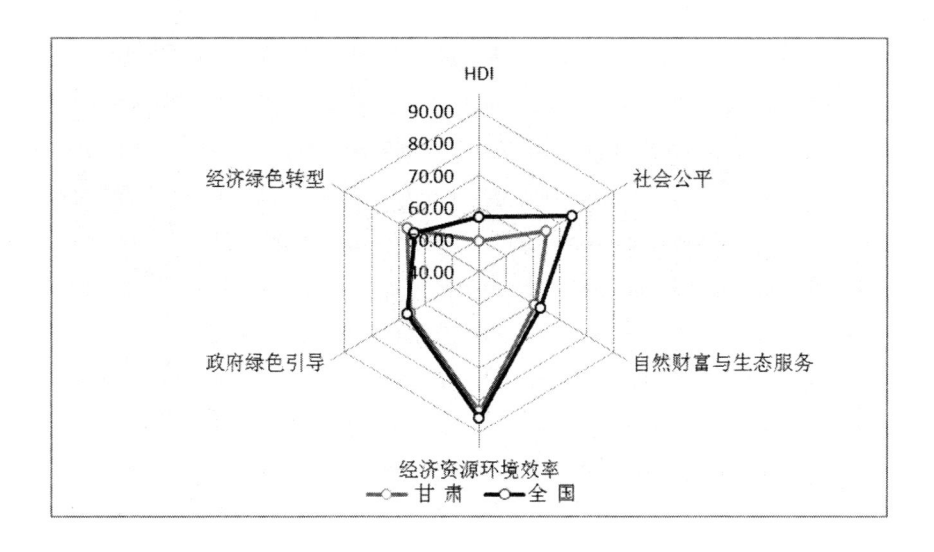

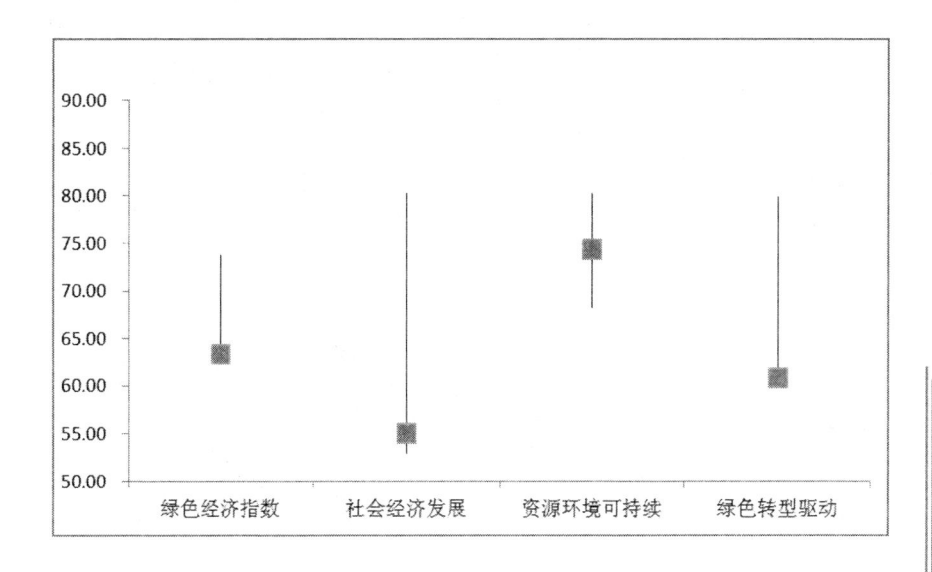

青海

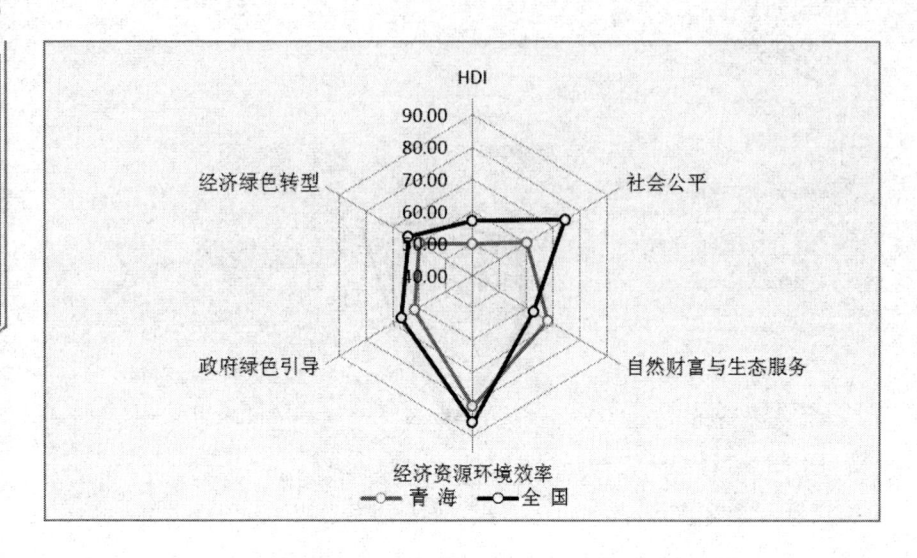

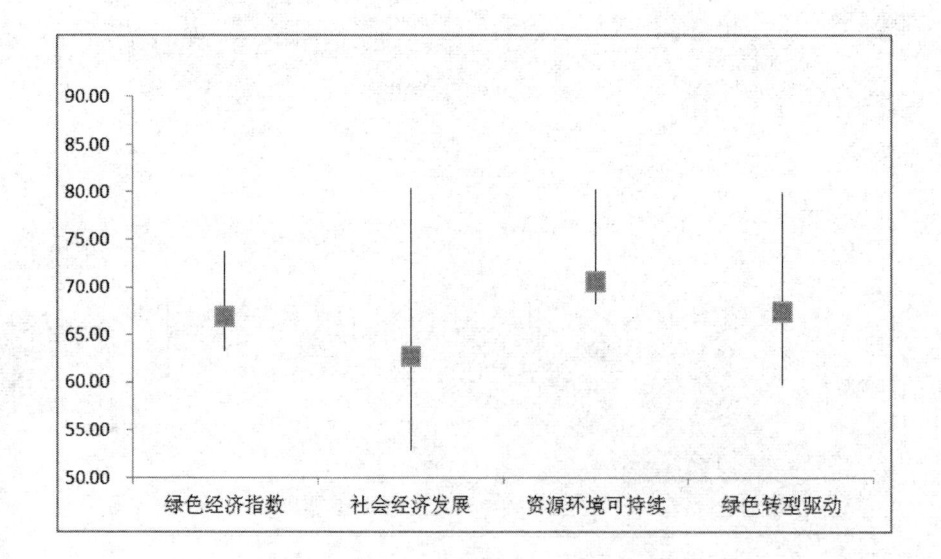

宁夏

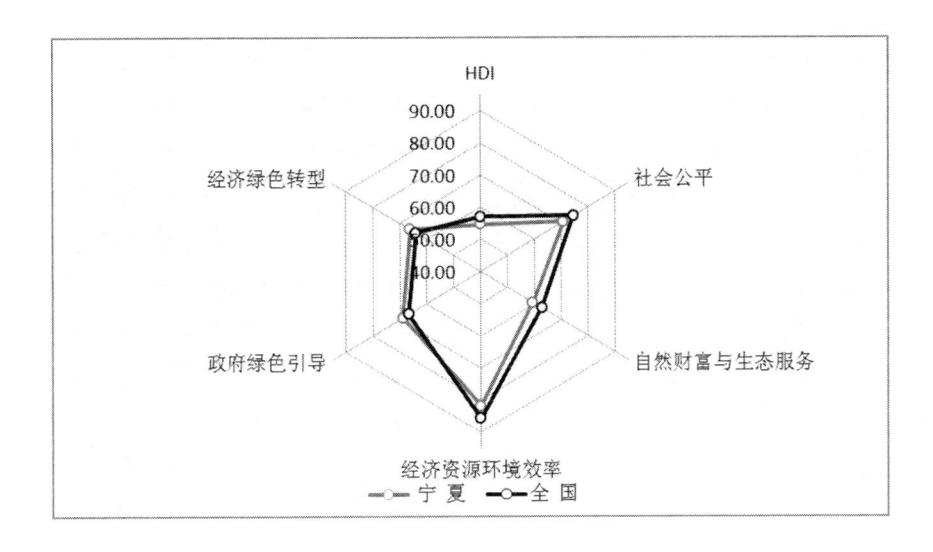

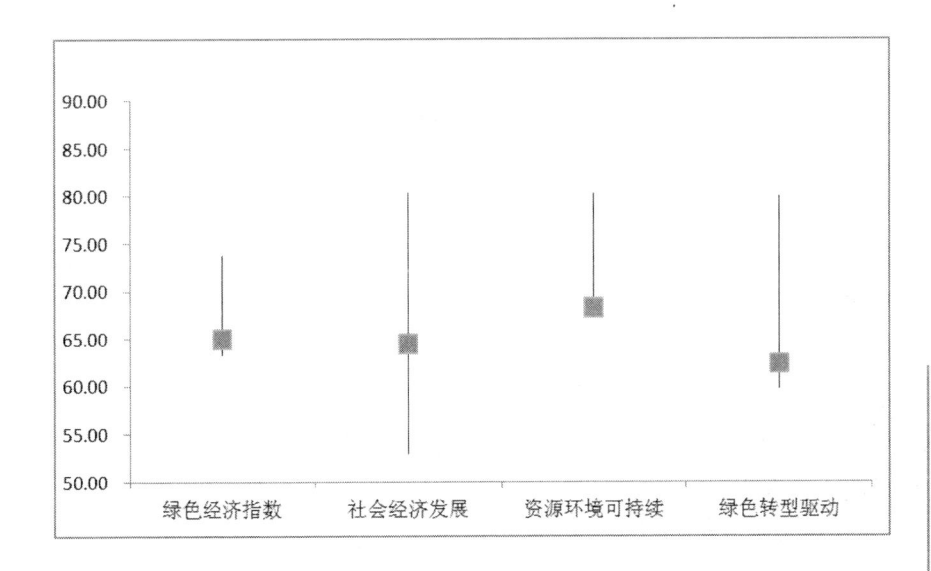

新疆

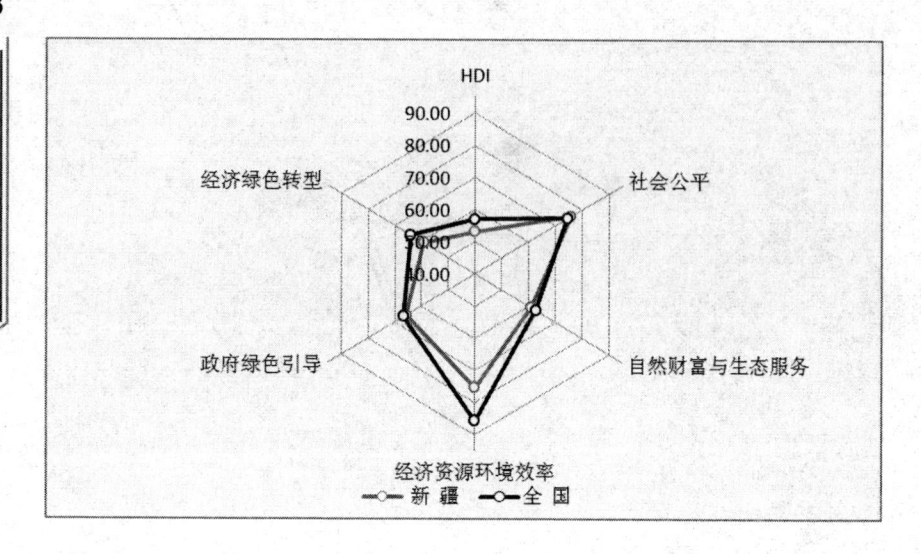

第十九章　转变经济发展方式评价指数

　　加快转变经济发展方式是"十二五"时期的主线。把发展理念具体化为一套可操作的指标或者一个指数来进行测度、评估和指导，具有重要意义。十八大报告明确提出"要把资源消耗、环境损害、生态效益纳入经济社会发展评价体系，建立体现生态文明要求的目标体系、考核办法、奖惩机制"。实际上，国内外已经有了一些具有重要影响的指标体系，例如人类发展指数、联合国千年目标、小康社会指标体系、可持续发展指标体系、循环经济指标体系等等。中国国际经济交流中心从2009年下半年就在全国率先研究编制中国转变经济发展方式的评价指数，设计了全国转变经济发展方式评价指标体系、各省区转变经济发展方式评价指标体系和重点城市转变经济发展方式评价指标体系。根据新的数据资料，本章测算了2000—2011年全国转变经济发展方式评价指数、2000—2011年省市自治区（不包括京津沪和港澳台地区，西藏自治区因数据缺失也没有测评）转变经济发展方式评价指数和2005—2010年重点城市转变经济发展方式评价指数，并分别给出了经济发展方式评价指数水平较高和经济发展方式评价指数提高较快的省市区和重点城市的排名。

一、指标构成介绍

转变经济发展方式是中国经济社会领域的一场深刻变革，需要从系统整体出发，选择那些能够真实反映经济发展的各个方面及其主要特征的指标；同时，各指标间既相互独立又相互联系，共同构成一个有机整体。编制转变经济发展方式指数是为了更好贯彻落实党中央和国务院关于加快转变经济发展方式的要求，促进各级政府的科学宏观调控。转变经济发展方式评价指数必须有的放矢，具有可操作性，既能够将党中央和国务院关于加快转变经济发展方式的战略方针准确地传递到各级政府和经济部门，又要让各级政府和经济部门有切合实际的抓手。这就要求指标体系不能过于复杂，力争简明实用，用较少指标反映较多的实质性内容；设计的指标便于收集和量化，提高指标体系在实际工作中的应用范围。同时要求指标具有可比性，要求能反映各地经济发展的共性特征，又能测度其个性特征，从而进行地区间的横向比较。

根据上述原则，本章设计全国转变经济发展方式评价指数由7类一级指标构成，即经济社会发展水平指标、城乡一体化指标、需求结构指标、产业结构指标、要素效率指标、创新指标、环境指标；二级指标有18个。省、市、自治区和城市的转变经济发展方式评价指数由6类一级指标构成，即经济社会发展水平指标、需求结构指标、产业结构指标、要素效率指标、创新指标以及环境指标。这些指标的选取充分考虑了客观性、系统性、可操作性和可比性的原则。由于统计数据来源获取的区别，省、自治区和城市的转变经济发展方式评价指数的二级指标有一些差别，其中省、市、自治区经济发展方式评价指数的二级指标23个，城市的转变经济发展方式评价指数的二级指标20个（省、市、自治区和重点城市的详细指标说明见中国国际经济交流中心智库报告《加快转变经济发展方式研究》。

表1 全国转变经济发展方式评价指数指标体系

	一级指标	二级指标
全国转变经济发展方式评价指数	经济社会发展水平指标	人均GDP
		适龄人口大中小学入学率
	城乡一体化指标	城市化率
		农村与城镇人均收入比
	需求结构指标	居民消费占GDP比重
		劳动报酬占GDP比重
	产业结构指标	第三产业产值比
		第三产业就业比
	要素效率指标	单位资本产出
		劳动生产率
		单位能源产值
	创新指标	研发投入占GDP比
		千人专利申请量
	环境指标	污水处理率
		固体废物利用率
		单位化学需氧量产值
		单位二氧化硫排放产值
		森林覆盖率

二、转变经济发展方式指数计算方法

关于指数评价的方法有很多，包括综合指数评价法、因子分析法、主成分分析法、层次分析法、数据包络分析法等等。在选择用什么样的方法时，要考虑方法的适应性。针对不同类型的问题，要选择不同适应程度的方法。如果评价指数单纯是做理论研究，可以用一些复杂的计算方法。但是如果是做应用研究，要考虑公众的接受程度。公众不但会对数据是否客观公正进行判断，也要对方法的客观公正性认可。国际上一些具有公信力的指数的应用方法，基本用的是综合指数方法。例如，联合国开发计划署的人类发展指数、世界经济论坛的全球竞争力指数、景气分析指数、股票价格综合指数等都是用综合指数方法。综合指数法是指在确定一套合理的指标体系的基础上，对各项指标做标准化处理，将指标转化为限定在一定范围区间的个体指数，然后对个体指数加权平均，计算出综合评价值，以准确地评价综合水平。综合指数值越大，评价越高，指标多少不限。综合指数法将各项指标转化为同度量的个体指数，便于将各项指标综合起来，以综合指数为评比排序的依据。各项指标的权数是根据其重要程度决定的，体现了各项指标在综合值中作用的大小。指标标准化涉及到对指标相对重要程度的判断，在不同的情况下有不同的选择，例如有的方法将原始值与目标值的比例作为个体指数，有的方法是将原始值与最小值之差比上最大值与最小值之差作为个体指数，有的方法还事先对原始值对数处理，以更好地反映指标的重要程度等等。

不管使用什么样的方法，都涉及到指标的权重问题。权重的设定有定性和定量之分。定性方法一般是由专家或者研究者根据对指标的相对重要程度进行主观判断，如果该指标较为重要，那么指标的权重要高于等权重下的权重系数，如果该指标相对不重要，指标权重要低于等权重下的权重系数。在大多数情况下，由于为了排除主观因素的影响，直接利用等权重的方法。从国际上评价指数应用来看，用等权重的情况较多。越是底层的指标，越倾向于用等权重。因为越到底层，指标的个数越多，如果进行权重的主观判断，就会带来很大的随意性，不但繁琐，而且也会让公众失去对指标的信心。在最顶层的指标中，有用等权重的，也有非等权重的。但是考虑到指标的可接受程度，非等权重的指数不能太多。这里需要说明的是，尽管在等权重下，似乎各指标的重要程度一样，没有主观的因素，但是从实际来看，等权重也并不是完全对所有评价要素都等权。在等权重下，选取指标体系，设定指标等价框架的过程实际就是对不同影响要素进行权重设定的过程。除了定性的方法，还有用定量方法进行权重设定，例如利用层次分析法计算的权重和模糊评判法先进行权重的计算。但即使是定量的方法，权重也并不完全是由计算方法得出的，里面也有人的判断因素。例如在层次分析法中，要事先主观判断各指标相互间的重要程度。另外，即便是完全通过定量获得权重，但指标选择的过程实际也就是设定影响因素重要程度的过程。由于定量的方法给人一种暗箱操作的感觉，容易失去公信度，一般情况下对于大众型评价指数，不建议使用这种定量设定权重的方法。转变经济发展方式评价指数方法采用综合指数评价方法，在权重设计上，选择等权重的办法。为了能够反映各类不同指标对指数的影响，需要对指标做标准化处理。

单个指标的标准化公式如下：

$$\frac{实际值-最小值}{最大值-最小值} \times 100\%$$

最大值和最小值的选取依据历史数据、规划目标值，以及与中国处于相同发展阶段的国家的经验数据。在选择各指标权重时，采用等指标权重，每一级指标的合成采用等权重方法。

三、全国转变经济发展方式评价指数结果与分析

根据2000—2011年的数据，计算了全国转变经济发展方式评

价指数。① 整体上看，2000—2011年，全国转变经济发展方式评价指数持续快速增长，大体上可以分为三个阶段：在2000—2002年速度相对较快，2003—2007年速度较为平缓，从2008年开始，转变经济发展方式的速度开始加快（图1）。这说明中国在应对国际金融危机中，更加重视经济增长质量，加快转变经济发展方式提速。从一级指标来看，11年间，创新指标和环境指标增长最快，经济社会发展水平指标进步明显（图2）。但是，需要注意的问题是，环境指标从2010年来不但没有增长，反而有所下降。有些一级指标从2008年开始升速明显加快，尤其是需求结构指标出现了由过去不断下降到金融危机后加速上升的拐点，说明经济内生性拉动力在增强，这与近几年国家提高劳动者收入的政策有关。另一个需要引起重视的问题是要素效率指标上升比较缓慢，主要原因是资本产出效率指标的下降。也就是说尽管经济增长在很大程度上靠投资来拉动，但是投资的效率值得重视，资本产出率近年来持续下降。

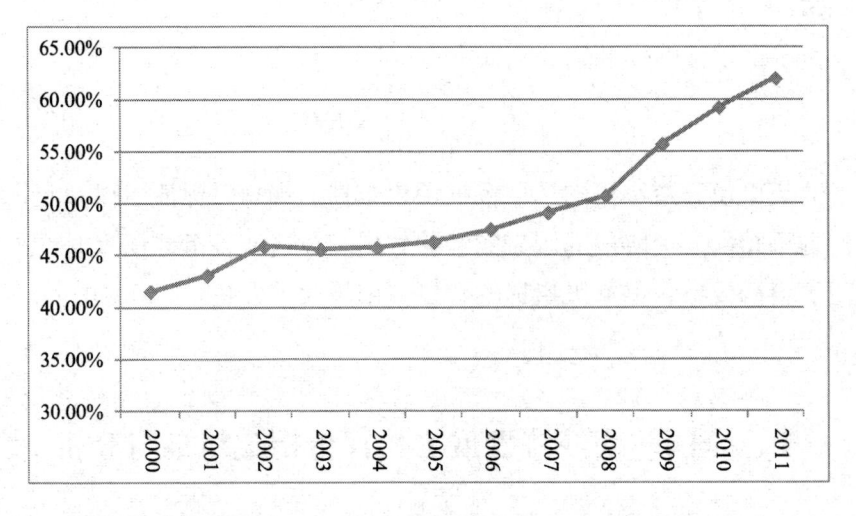

图1　2000—2010年全国转变经济发展方式评价指数（%）

---

① 计算的原始数据均来自《中国统计年鉴》和CEIC数据库。

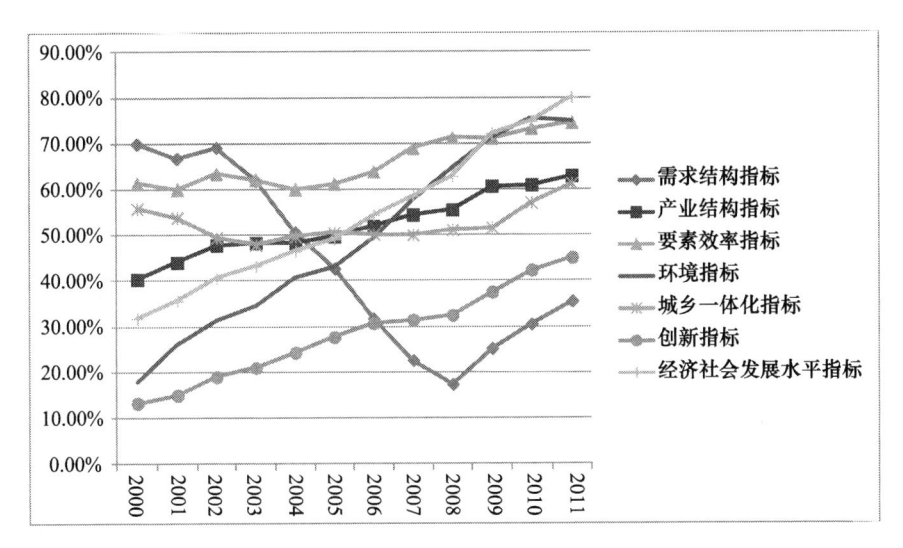

图2　2000—2010年全国转变经济发展方式评价指数一级指标情况[①]

四、省市自治区转变经济发展方式评价指数结果

根据2000—2011年数据计算的结果，得出经济发展质量较高和转变经济发展方式较快的省、市、自治区。[②] 经济发展质量较高的省、市、自治区指的是经济发展方式评价指数较高的省、市、自治区；转变经济发展方式较快的省区、城市指的是那些经济发展方式评价指数提高百分率较高的省、市、自治区。由于历史和区位差异等方面的原因，沿海地区和中西部地区之间存在巨大差距，因此，在进行比较时，将沿海地区省份和中西部地区省、市、自治区划分成为两大区域，沿海地区省份包括辽宁、河北、山东、江苏、

---

① 在图中，设定2000年各一级指标标准值为1。
② 不包括京津沪和港澳台地区，西藏自治区因数据缺失也没有测评。

浙江、福建、广东、海南，其他为中西部省市区。① 表2和表3分别列出了东部沿海地区和中西部排名靠前的三个省区。

表2 沿海地区经济发展质量较高与转变经济发展方式较快排名

2011年经济发展质量较高		2010—2011年转变经济发展方式较快	
1	江苏	1	江苏
2	浙江	2	河北
3	广东	3	浙江

表3 中西部地区经济发展质量较高与转变经济发展方式较快排名

2011年经济发展质量较高		2010—2011年转变经济发展方式较快	
1	湖北	1	青海
2	吉林	2	江西
3	内蒙古	3	贵州

五、重点城市转变经济发展方式评价指数结果

根据2005—2010年数据计算的结果，得出经济发展质量较高和转变经济发展方式较快的重点城市。② 经济发展质量较高的重点城市指的是那些经济发展方式评价指数较高城市。在表4和表5分别列出了东部沿海地区排名靠前的六个城市和中西部排名靠前的五个城市③。

---

① 考虑到历史的原因和重庆农村区域所占比率远远高于京津沪三个直辖市，仍然将重庆与其他西部省区并列。
② 重点城市包括直辖市、省会城市、计划单列市和国内生产总值（GDP）在2000亿元人民币以上的城市，不含港澳台地区。
③ 详细指标体系和计算方法见郑新立主编的智库报告——《加快转变经济发展方式研究》，社会科学文献出版社，2011年1月版。

表4 沿海城市经济发展质量较高与转变经济发展方式较快排名

2010经济发展质量较高		2009—2010年转变经济发展方式较快	
1	北京	1	东莞
2	上海	2	唐山
3	广州	3	温州
4	深圳	4	佛山
5	杭州	5	南通

表5 中西部地区经济发展质量较高与转变经济发展方式较快排名

2010年经济发展质量较高		2009—2010年转变经济发展方式较快	
1	武汉	1	大庆
2	呼和浩特	2	西安
3	长沙	3	武汉
4	西安	4	哈尔滨
5	成都	5	成都

六、加快转变经济发展方式的几项建议

国际金融危机之后，世界经济一直存在诸多不稳定、不确定因素。发达国家债务危机深重，金融系统脆弱，高失业率与高福利并存；新兴经济体出口减少，资本流动逆转，资源环境约束等问题突出。2012年以来，国际上的消极因素较之前明显增多。欧洲危机进一步深化，美国处于"财政悬崖"，日本仍难以摆脱流动性陷阱，一些新兴经济体经济增速放缓的风险在增加。全球经济完全走出低谷可能需要相当长一段时间。中国企业普遍遇到较大压力，订单下降，货款难以收回，利润大幅下降，一些重点企业甚至处于亏损状态。从国内需求来看，过去拉动经济增长的房地产、汽车、高铁建设等几大产业处于发展的困境。在经济处于下滑趋势下，要以增量调整的方式应对结构调整，以更大的需求克服下降势能，把加快经济发展方式转变放在更加突出的位置。为此，提出九条对策建议。

（一）创新保障房土地供给政策

当前，保障房土地供给政策，仍然和商品房一样，采取"招拍挂"政策。为了有效合理调整房价地价，许多省市因地制宜采取了"限房价、竞地价"、"限地价、竞房价"、"商品住房用地中配建保障性住房"和"土地利用综合条件最佳"等招拍挂创新做法。但是，这些做法仍然存在一些弊端，无法满足在限制房价的条件下大规模提高保障房土地供给。由于保障房具有公益性质，完全可以采取与商品房不同的政策，建议采取划拨形式供应保障性住房建设用地。例如，属于政府投资建设的保障性住房项目，土地划拨供应给市住房保障办；属于引入社会力量建设的保障性住房项目，由市住房保障办组织项目法人公开招标，选择具有相应资质和良好社会责任的房地产开发企业实施建设，土地划拨供应给中标的房地产开发企业。

（二）差异化商品房市场调控政策

各地在经济发展阶段、城市发展程度、土地供给能力等方面有很大的不同，在商品房市场宏观调控方面宜采取差异化政策。差异化政策体现在两个方面。一是区分不同的城市或者市内区域。对于人口已经过度集中，住房存量用地或增量用地不足，房价收入比过高的区域或者地段，实施更严厉的房地产调控政策。对于人口较少，住房存量用地或增量用地充足，房价收入比较低的城市或者市内区域，采取相对宽松的房地产调控政策，一些新建城区、旅游市区甚至可以完全以市场机制调节。二是区分不同的商品房类型，对于高端商品房市场，在限制总供给比例的条件下，放开购买限制，对于中低端商品房市场，仍然采取严格的控制政策。

（三）恢复高铁建设到历史最高水平

保持必要的铁路投资规模和建设规模，继续加快铁路基础设施建设，是拉动当前经济增长和提高未来经济发展潜力的重要手段。自温州动车事故以来，中国铁路建设缓慢，大量在建高速轨道工程停工。温州动车事故确实值得反思，但应当看到，这是一个管理问题，不是技术问题。中国高铁技术先进成熟，工程主要质量指标能够达到国内同类工程最高水平和世界先进水平，能够建立包括运营维护、治安防范和应对可能发生的各种灾害影响在内的一整套安全防范体系。高铁是优质资产，具有良好的盈利能力。应把高速铁路建设作为下一轮支持经济增长的支撑点。建议对已批或者已建的高铁项目，加快建设速度，对于条件成熟的线路，加快审批速度，同时加快推进社会资本及民营资本投资高铁建设。

（四）以流域开发带动区域经济发展

中国流域治理取得了举世瞩目的巨大成就，但目前，许多流域防洪除涝减灾体系仍存在不少薄弱环节，水资源短缺和水污染等问题依然较为突出。在新的发展机遇期，流域将不可避免地面临水安全保障的更大压力与更高要求，一旦应对不力，水资源短缺、水环境恶化、水灾损失加重与水土流失加剧等水问题，就可能对经济社会的快速平稳发展产生制约性的影响。流域综合治理是新时期的必由之路。水资源流域综合治理兼顾防洪减灾、城乡供水、水力发电、农业灌溉、内河航运、生态环境、旅游休闲等综合目标，统筹港口开发、产业布局和城镇的规划建设。建议选择几个重点流域，将流域开发与区域开发结合的模式上升到国家战略，例如可以选择长江上游、淮河、洞庭湖等流域，通过大规模的投资，培育流域经济增长极，充分发掘流域的社会、环境和经济效益，加快流域经济一体化融合发展，推动地区协调发展。

（五）鼓励民间投资

2010年国务院颁布的"新36条"，2012年国家各部委密集出台相关实施细则，目前42项民间投资实施细则已经全部出台。在扩大内需中，应着力鼓励民间投资的增长，让民间资本成为投资的主体。建议重点采取措施，鼓励民间资本进入基础设施、社会事业、公共服务、金融机构、垄断性行业和国防军工等六大领域，清理阻碍民间资本进入的过时规定，在市场准入、项目审批、税收政策、贷款支持、建设用地等方面，赋予民营企业与国有企业同等地位，对民营企业和国有企业一视同仁，鼓励各类性质企业开展平等竞争。包括铁路建设在内，应研究吸引民间资金的多元化投资方式，特别是对战略性新兴产业、服务业和现代化农业建设，更应制定鼓励民间资本投资的具体政策。

（六）加大城市基础设施和公共服务投入

随着城市人口越来越密集，生活层次不断提高和极端气候事件频繁出现，城市基础设施老化、供给不足、标准过低等问题逐渐显露。很多城市供水管网年久老化，漏损严重；排水管网没有建立雨污分流体系，淤塞严重，尤其雨季到来时市区路面积水排不出去；"拉链路、补丁路"随处可见，路面破、挖受损严重。城市供电、供水、道路，特别是停车场的建设明显不足，医疗卫生及教育设施也投入不足。应把加大基础设施建设和改造，提高公共服务能力作为推动经济增长的重要组成部分，更多吸引民资投入到公共服务上来，鼓励兴建民办医院、民办幼儿园、民办养老院。用特许经营权的方式，引导民间资金进入基础设施和城市公共服务领域，尽快改变公共产品供给不足的局面。

（七）降低中高档产品关税

在加快转变经济发展方式、扩大内需的背景下，降低进口商品关税，扩大进口，实现国内外贸易结构趋向平衡，既有利于降低中国居民消费负担，释放更大国内市场需求，也有利于刺激国外经济增长乏力局面，为中国产品出口提供有利环境。加入世贸组织以来，中国进口关税总水平已从15.3%降至9.8%，远远低于发展中国家46.6%的平均关税水平。而中国进口消费税率形成于20年前，针对奢侈品征收高达30%的税率，造成部分高档商品国内售价比国外高出几倍。境内外差价过高造成了大量消费的外移，据世界奢侈品协会估计，2012年中国奢侈品市场将达146亿美元，超过日本，达全球奢侈品消费额巅峰。如果把中高档产品的购买力转移到国内，那么对国内消费必将起到促进作用。扩大国外中高档日用消费品的进口对于促进国产商品提高品质、满足消费者需求也具有意义。随着人民生活水平的提高，原来许多列入奢侈品范围的产品，已经成为与百姓生活密切相关的普通消费品。建议有关部门重新划档进口商品，对于一些确实是高档商品的品种应适当降低进口税，对于与百姓生活密切相关的普通消费品的进口税则应大幅降低。

（八）推进综合配套改革

综合配套改革顺应时代潮流，符合改革规律，是新时期改革开放实践探索和理论创新的有效形式。由于综合配套改革涉及方方面面的利益，关系到中央与地方关系、各部门之间关系，如果出台的政策缺乏系统性、总体性，就会降低改革的效果。例如营业税改为增值税后，一定程度降低企业负担，但是对于地方政府，如果没有综合配套改革设计，就会导致地方税收减少。目前的财政体制中，增值税主要由国税机关征收，中央和地方按 75 比 25 比例分享，营业税主要为地税机关征收，基本归地方。营业税收入占地方税收收入的比重超过三分之一。应加强改革的总体协调和顶层设计，加强改革决策的科学化、民主化，重大综合配套改革可以放在中财办，也可以恢复国家经济体制改革委员会或设立新的改革协调机构。

（九）加快城乡一体化发展

加快推进城乡经济社会一体化发展步伐，是释放国内市场需求，继续保持经济持续快速增长的战略举措。要在同步推进城市化和新农村建设、同步推进工业化和农业现代化、同步推进土地和户籍制度改革上求突破。立足中小城市人口压力小的优势，积极探索突破户籍限制，促进中小城市人口自由流动，为农村富余人口转入城镇创新条件。要在土地确权、土地流转、土地集约利用等方面加强探索，切实维护农民权益。应加快落实农村土地的用益物权政策，通过对农村宅基地、林地、承包地的确权办证，使农民享有占有权、使用权、受益权、抵押权、转让权、继承权。

第二十章 生态经济区建设思考
——以洞庭湖为例

一、建立人水和谐的水利设施体系

总目标是：适应新的江湖水情水势变化，修复和改善河湖在水量调蓄、气候调节和维持生态平衡等方面的自然功能，着力保障水利安全，合理开发利用河湖资源，积极建设引江济湖和防洪保安等重大水利工程，建立功能完善、生态环保、人水和谐的水利设施体系，让洞庭湖再现"浩浩汤汤、横无际涯"的宏伟景象。

（一）维持湖泊生态水域

内容包括：有效遏制湖体萎缩，常年保持合理水位，着力实施引水济湖、蓄水养湖和活化治湖等重点工程，实现江湖两利，重现浩渺洞庭。

启动引水济湖。深入研究和科学论证三峡建成后江湖关系的变化，进一步优化三峡调蓄方案，建立江湖新的平衡。加快三口水系综合治理，兴建三口提水泵站，确保三口河系不断流。扩大长江、澧水引水补枯范围，建设河道型平原水库，研究松滋、太平、藕池、调弦四口建闸河控工程，重点缓解华容、南县、安乡、松滋等洞庭湖北部地区水资源供需矛盾。

实施蓄水养湖。立足维持洞庭湖合理水位，抓紧开展城陵矶水利综合枢纽等湖控工程前期工作，推进四水建库扩容，实现枯水济湖，高洪控泄，提高湖区水资源保障能力。继续实施平垸行洪、退垸还湖，推进部分堤垸单退。疏浚垸内大型湖泊，在湖区中心水域和四水四口低洼地带人造深泽大渠，提高中低水位以下的湖容量。利用洞庭湖堤垸或天然湖泊建设保安储水库，实现新增储水80—120亿立方米。

加快活化治湖。逐步畅通江、湖、河联系，活化水体，修复生态。通过实施河湖连通工程恢复洞庭湖与外河、内湖等不同水体的水力联系，构建引排顺畅、丰枯调剂、调控自如的江湖河库水网体系。开展湖区矮围清理和整治，拆除阻碍鱼类洄游和生态作用不明显的矮围，在东洞庭湖等4个保护区适宜地区修复和新建生态矮堤，优化鸟类、鱼类栖息环境。以小流域为单元，以径流调控为主线，采取疏挖清障、沟渠治理等措施，加大"一湖四水"等重要湖河清理疏浚力度。在完成中小河流一期整治的基础上，加快启动重要中小河流治理。

（二）增强防洪减灾能力

适应洞庭湖区防洪新形势和经济社会发展新要求，相应提高防洪减灾标准，完善工程和非工程性措施，增强调蓄补枯能力，提升防洪减灾水平。

加强堤防建设。启动三峡水库后续影响处理工程，加强荆江、城螺、界牌河段河势控制和崩岸整治。科学确定堤防工程规划范围和设计水位，开展城市防洪圈建设，提高滨湖城市防洪能力，实施重点垸、一般垸堤防达标建设，推进蓄滞洪区堤防加固，适当提高重点发展地区防洪标准。全面完成区内大中小型水库和大中型水闸除险加固。启动易发山洪灾害地区治理，建成灾害易发地监测预警系统。力争2020年，岳阳、常德、益阳、荆州中心城区防洪标准达到或超过50年一遇，重点堤垸、县城达到20年一遇以上，蓄洪堤垸、重要河段、重要集镇和中小河流达到10年一遇以上。

优化蓄滞洪区。根据三峡工程建设后湖区超额洪量变化分析，对君山垸、建设垸、九垸等蓄滞洪区类别进行适当调整，四口河系可通过控支强干、并垸等逐渐调整蓄滞洪区属性。重要蓄滞洪区，综合考虑耕作半径、区内或周边有无城镇和中心村、附近有无岗地、有无土源等条件因素，采取以安全区为主，安全台、后靠安全地区等方式相结合进行居民避洪安置。一般蓄滞洪区，采取定居和转移相结合的方式安置，有效蓄洪容积较大且经济发展较快的蓄滞洪区，可适当扩大安全区范围。蓄滞洪保留区，可适当进行撤退道路、配套桥梁和通信预警系统建设。

推进洪道整治。以四口水系洪道，纯湖区洪道和湘资沅澧、汨罗江、新墙河等六河尾闾洪道为重点，系统整治1500多公里洪道，重点解决管理不善、泥沙淤积、苇柳丛生、人为设障等问题。按照洪道设计要求，订桩划界，严格确定洪道管理范围，所有洪道由水利部门实行统一管理，非经规定程序，不得在洪道内违章建筑和从事阻碍洪水渲泄的生产活动，禁止随意侵占。综合开展苇柳、废堤、矶头、丁坝、码头等洪道扫障和疏挖阻水洲滩、拓宽卡口、崩岸抛石护脚等清淤疏浚，清涂洪道阻水漳得，恢复和巩固行洪保安、蓄水连通能力。

（三）科学利用河湖资源

在科学管理和严格保护的前提下，推进水资源利用工程建设，加强水利水文调度系统建设，实现河湖资源合理开发利用。

加强水资源利用工程建设。全面推进农村安全饮水、大中型灌区续建配套与节水改造、大中型病险水闸出险加固、大中型灌排泵站更新改造、抗旱应急水源、城乡治涝、小水电代燃料、农村电气化、农田水利、水利血防等水利基础设施建设。加快重点地区、重要城市水源工程建设、加快启动跨流域引调水和中心城区河湖连通工程建设。

加强水利水文调度系统建设。加强水利信息化建设，建设洞庭湖水利、水文信息监测系统，实现信息采集处理实时化、规范化、数字化、准确化，实现实时信息和历史信息的动态查询、分析、计算，实现人工干预模拟，提供防汛抗旱决策支持。

二、建立通达便捷的交通体系

按照统筹布局、适度超前、安全环保的原则，充分发挥湖区综合水运优势，加快公路、铁路、机场建设力度，大力发展多式联运，促进各种运输方式的衔接优化，形成以湖区中心城市为交通枢纽节点，以环湖公路为纽带，高效便捷、智能安全的综合交通运输网络。

构建水运运输网。加快推进航运扩容提质，疏通洞庭湖、长江荆江段、湘、资、沅、澧及三口分洪道等航运主通道，构建以洞庭湖为中心，以长江航道、湘江、沅水为骨架，以资水、澧水、澧资航线、淞虎航线、藕池东河、江汉航线等区域性重要航道为依托的"一江一湖四水"现代化内河航道体系。全面提高各航道等级，保证重要航道千吨级船舶常年通航，提高内河航运运输效益，形成畅通、高效、平安、绿色与其他运输方式无缝连接的环洞庭湖内河水运体系，实现四水连湖，江河湖海直达运输。加强港口建设，积极实施"科技兴港，以港兴城"发展战略，以城陵矶港和荆州组合港建设为重点，加快常德港、益阳港、湘阴港、沅江港、茅草街港、津市港、安乡港、汉寿岩汪湖港、塔市驿港、洪水港、洪湖港、石首港等港口规模化、专业化建设，新建一批大宗货物集疏码头，完善港口服务功能。到2020年，新建25个千吨级泊位，使洞庭湖区年货物吞吐能力达到30000万吨以上，年集装箱吞吐能力达到120万标箱以上。

完善公路运输网。结合堤防城镇建设，以串联岳阳、常德、益阳、荆州四市和望城区重点城镇、重要景点、重要港口和重要交通动脉为目标，建设洞庭湖生态经济区东、西、南、北二级公路环线，把环湖公路建成湖区重要的经济通道、旅游通道和防洪通道。加强国省干线改造，继续加大农村公路建设力度，彻底改变洞庭湖区农村交通落后的局面。加快高速公路网建设，以湖区中心城区为枢纽，建设覆盖湖区的高速公路网络。续建完成二广高速常德、益阳段，杭瑞高速岳阳至常德、临湘至岳阳段等国家高速公路网规划路段，以及恩施至衡阳、益娄高速益阳段、益阳至马迹塘、石首至华容、通城至平江、沅陵至长沙（宁乡）高速、洪湖至监利、江南高速公路、仙嘉咸高速公路等地方高速公路，新开工建设安慈高速常德段、马迹塘至溆浦、平江至益阳，益阳至南县、潜江至石首等高速公路。加快推进石首至汨罗、常德至汨罗、武汉至张家界、宜昌至张家界、蒿子港至军山铺、张家界至武冈、平口至长沙、宁乡至湘乡（韶山）等高速公路的前期工作，争取早日开工建设。到2020年，形成湖区"七纵六横"的高速公路网络，实现所有县（市、区）30分钟内上高速公路。实施桥梁畅通工程，加强农村危桥改造，新建一批桥梁。

畅通铁路运输网。积极推进铁路建设，在湖区形成纵横贯通的铁路网。提高现有铁路运输能力，完成石长铁路复线建设工程。做好黔张常、荆岳、宜石、常岳九、安张衡、月益（河南月山至益阳）、准荆（准格尔到荆州）、洛湛铁路娄益段复线电气化工程、秀山至益阳、临津安支线铁路等项目的前期工作，争取尽早启动项目建设。加快城际铁路建设，开工建设长益常城际铁路，重点做好长沙至岳阳、常德至张家界、汨罗至衡阳、浏阳至平江至汨罗、宜荆荆城际铁路前期研究工作。加强专线铁路建设，规划建设常德至桂林客运专线、重庆至长沙至厦门客运专线、益阳港进港铁路、城陵矶至松阳湖铁路运输专线以及汉宜铁路江汉平原货运支线。加强北煤南运通道建设，以焦柳铁路复线、石长铁路复线、宜石铁路建设为依托，提升北煤南运运力。

加强机场建设。加快常德桃花源机场4D级扩建工程，按4C级新建岳阳民用国际不定期航班支线机场，启动沙市机场的搬迁工作，推进澧县、石门、安乡、大通湖等地通用机场建设，开辟新的客运航线，提高运行能力。

三、建立低碳高效的能源保障体系

优化能源结构，合理利用传统能源，大力开发新能源和可再生能源，加强能源输送网络建设，完善能源储备体系和输送通道，为生态经济区建设提供低碳高效的能源保障。

加快推进电源建设。大力发展清洁能源，推进建设桃花江核电站，努力争取常德核电站、小墨山核电站、松滋核电站项目进入国家核电发展中长期规划。积极发展太阳能、生物质能发电、垃圾发电、沼气及风能等多种新型电力，加快页岩气勘探开发。推进实施屋顶发展计划和金太阳示范工程，重点在政府机关、学校、医院、宾馆等公益性建筑建设屋顶太阳能并网光伏发电系统，在道路、公园、车站等公共设施照明和无电地区推广实用风光互补电源。在保护洞庭湖生态环境基础上，继续挖掘水电开发潜力，建设新的水电项目，推进水电新农村电气化县工程、小水电代燃料工程。合理布局火电项目，全面淘汰区内低效高能的小火电机组。

加快推进电网建设。建设洞庭湖生态经济区智能电网，提升现有输配电网体系，推进电网与电厂、输电网、配电网、一次系统、二次系统协调发展，全面完成农村电网改造任务，提高农村地区线路标准，保障优质可靠的电力供应。加快实施主变增容新工程，根据需要新建一批500KV、220KV、110KV变电站。

加快油气管网建设。加快湖区城市燃气管网建设与改造工程，推进西气东输湘北地区燃气管道三线方案建设，逐步实现湖区县级以上城市及工业园区天然气全覆盖，形成区内清洁、高效的燃气供应体系。加强成品油管道建设，完善成品油加油站点，建立健全油气储备体系。

四、建立智能安全的数字信息体系

加快信息基础设施建设，推动信息技术与经济社会各建设领域融合发展，广泛应用物联网、云计算等信息技术，提高信息资源共享和公共信息服务水平。

加快网络建设。建设高速率、大容量、广覆盖的主干宽带网络、功能完善先进的基本业务网，高度融合的大范围宽带接入网等基础网络。积极推进电信网、广播电视网和互联网"三网融合"，大力推进无线城市建设，逐步实现湖区主要城市无线网络全覆盖。大力推进农村通信基础设施建设，不断扩大互联网在农村的覆盖面，全面实施农村广播电视网络"村村通工程"。

建设应用平台。加快建立洞庭湖区县级以上城市电子政务统一应用平台，实现洞庭湖区所有政务部门信息交换共享。加快重点领域、重点单位公共信息资源库和业务系统建设，完善人口管理、空间地理与自然资源、法律法规、政府文件等一批基础性数据库。建设政府应急指挥系统，实现统一、快速调度指挥。建设数字图书馆、数字档案馆、数字博物馆等公益性文化信息基础设施。发挥企业主体作用，促进电子商务发展。实现大中型企业生产装备数字化、生产过程自动化和经营管理网络化。广泛推广网上招投标、网上采购、网上交易和网上支付，降低商务成本。促进信息技术与各类工业技术相结合，加快应用信息技术改造传统产业的步伐。

五、实施基础设施重点工程

洞庭湖经济区建设的推进最终要落到具体项目上，基础设施重点工程建设是重中之重，要在科学研究和评估的基础上，按照统一部署、整体开发、有序推进的原则，在水利、交通、能源等方面开展几个关键性的重点工程。

城陵矶水利综合枢纽工程。三峡工程建成后，长江入洞庭湖水量减少，洞庭湖及四水各控制站枯水位时间提前、水位降低、蓄水量减少成为常态，迫切需要在城陵矶建设集生态环境保护、航运、灌溉、供水、发电、旅游景观于一体的控制性工程。通过城陵矶枢纽的调节控制，能够维持洞庭湖适当的水位和大湖水域条件，恢复洞庭湖浩森景象，大幅改善湖区饮水、灌溉、航运、防洪等水利功能，有利于灭螺以及湿地生态系统保护。城陵矶水利综合枢纽工程设计正常蓄水位25米，库容30亿立方米，总装机容量20万千瓦，建三线3000吨级船闸，设计年通过能力1.5亿吨。通过城陵矶枢纽对湖泊水位实施动态控制，汛末七里山不低于30.00米，水面面积超过2000平方公里，并在三峡工程蓄水时期逐渐降低到27.00米，水面面积不低于1000平方公里。

松滋口建闸为重点的四口河系整治工程。受三峡工程清水下泄影响，长江分流入洞庭湖水量大幅减少，太平口、藕池口断流时间骤增，造成四口河系在防洪问题未根本解决、面临形势依然严峻的情况下，水资源和水生态问题又日趋严重。相对太平口和藕池口，松滋口口门水位变化最小，有利于分流，在三口中分流量减少率最小，建闸条件最优。松滋口建闸为重点的四口河系综合整治工程全面实施后，可有效避免长江洪峰与四水洪峰的遭遇，大大减轻洞庭湖区洪涝灾害威胁，对洞庭湖防洪格局将起到至关重要的作用；通过结合建深水闸，将长江水引入松滋河，可有效缓解松澧地区和四口河系水资源短缺的矛盾，对促进枯水季节四口河系地区水体交换，改善沿岸生态环境作用巨大。

河湖连通工程。受泥沙淤积及江湖关系变化影响，垸内内湖、河流淤积萎缩，河湖阻隔，调蓄功能下降，水体交换不足，造成内涝渍灾加剧，灌溉供水困难，垸内水环境容量、水生态环境呈恶化趋势。河湖连通工程即针对以上问题，对内湖、内河实施清淤疏浚，堤防整治和连通改造治理，配套新建一批引、提、蓄、调水源工程以及河、湖连通渠系、闸站工程，构建蓄泄兼筹、引排自如、丰枯调剂、多源互补、生态健康的河湖水系连通网络体系，以提高水系调蓄能力，提高防洪调度和水资源配置能力，恢复河湖生态功能，改善水生态环境，保障河湖健康。加快推进松澧、沅澧大圈等河湖联通工程。

城镇防洪工程。经过多年防洪建设，各主要城镇基本形成原城市防洪规划确定的防洪治涝体系。目前防洪存在的主要问题有：防洪保护圈范围偏小，标准偏低。随着城市工业化、城市化的迅速发展，扩展的城市经济区块地位迅速上升，原来的防洪、治涝保护范围偏小，设计标准明显偏低；现有防洪排涝设施设备存在较多安全隐患。堤防滑坡渗漏，河岸冲刷崩塌，堤岸失稳等，对重要基础设施和人民生命财产安全、社会稳定构成威胁，每临汛期，险象环生。规划以分片堤防保护为主，并分片确定各城镇防洪标准。规划中结合地形条件与现有防洪工程设施的布局，以自然水系为界，将各个城镇划分为不同防洪标准的防洪圈。总体上规划岳阳、常德、益阳城市防洪标准达到或超过100年一遇，洞庭湖区县城及重要城镇防洪标准达到 50 年一遇以上，湖区其它重要保护区防洪标准达到 20 年一遇。

蓄滞洪区安全建设工程。三峡工程运用后，通过城陵矶附近蓄滞洪区的启用可以控制不超过 100 年一遇或者 1954 年型洪水。根据国务院 2008 年 7 月批复的《长江流域防洪规划》，考虑三峡工程对城陵矶补偿调度，防御 1954 年洪水，需要启用 9 处重要蓄滞洪区和 4 处一般蓄滞洪区，对于超标准洪水则启用 11 处蓄滞洪保留区。对于运用几率较多的重要蓄滞洪区，尽可能创造条件以永久性避洪安置方式使居民能够得到有效的安全保障，在分蓄洪水时能正常、稳定生活。综合考虑耕作半径、区内或周边有无城镇和中心村、附近有无岗地、有无土源等条件和因素，合理布局，采取以安全区为主，安全台、后靠安全地区等方式相结合进行居民避洪安置。对于一般蓄滞洪区，可采取定居和转移相结合的方式安置。在淹没水深相对较深的重度风险区以永久性避洪安置为主，对中度、轻度风险区，采取分洪临时撤退为主的避洪安置措施，结合新农村建设"道路村村通"规划，修建撤退道路、桥梁、码头等。对使用机会很小的蓄滞洪保留区，原则上不再进行安全区和安全台建设，可适当进行撤退道路、配套桥梁和通信预警系统建设。

湖区灌排体系建设工程。随着三峡工程运用以来湖区水文条件的变化，灌区当前面临着灌溉水源不足、渠道工程淤堵与建筑物破损陈旧、排水沟渠淤塞、排水不畅、田间工程不配套及运行管理水平低下等诸多问题，因此湖区灌区亟待列入相关规划，进行配套建设和节水改造。规划通过工程改造和建设，使湖区灌区灌溉率达到 100%，灌溉水利用系数 0.6，灌溉保证率 90%。

以洞庭湖为中心的高等级航道网建设工程。建设湘江长沙综合枢纽工程，整治湘江长沙至城陵矶、沅水浦市至常德、澧水石门至茅草街航道以及洞庭湖区南茅运河、淞虎航线，使洞庭湖区四级及以上高等级航道网基本形成。建设资水桃花江航电枢纽工程，改扩建柘溪水库升船机，整治洞庭湖区华容河、藕池河、汨罗江、塞阳运河，形成洞庭湖区"日"字形高等级航道网。

以岳阳港为中心的港口体系工程。利用长江黄金水道，重点建设岳阳港城陵矶松阳湖二期、华容塔市驿码头、临湘鸭栏码头、君山荆江门码头、道仁矶彭家湾码头、陆城煤炭专用码头；结合湘江、沅水、澧水航道整治，加快岳阳港岳阳县港区、湘阴港区、汨罗港区、长沙港铜官港区以及石门港、临澧港、澧县港、津市港、安乡港、桃源港、汉寿港等码头建设。充分利用岳阳港的水运优势，加大建设力度，将其打造成长江中游第二个航运中心；继续加快洞庭湖周边及湘、资、沅、澧四水下游沿线港口建设，将其打造成区域性的综合物流中心。

湖区高速公路工程。重点推进岳阳至常德、岳阳至望城、澧县至常德、常德至安化等在建高速公路建设，适时开工建设马迹塘至安化高速公路，加强岳阳、常德、益阳等核心城市的联系，形成常德、益阳城市外环线，提高高速公路覆盖率，实现100%县（市、区）30分钟上高速的目标。推进平江至益阳、张家界至新化、炉红山（湘鄂界）至慈利等高速公路建设，加强岳阳与益阳的联系，完善环湖高速公路，连接张家界与安化之间旅游风景区。到2020年底，区内高速公路通车里程达到1584公里，基本形成总里程523公里的"Φ"型"环线+纵线"环湖高速公路主骨架网，即由长沙至益阳、益阳至常德、澧县至常德、岳阳至常德、临湘至岳阳、随岳高速公路湖南段、岳阳至望城、平江至益阳等8条高速公路组成435公里"环线"，益阳至南县高速公路纵贯南北88公里为"纵线"。

环湖公路工程。构建环湖公路，形成东洞庭、南洞庭、西洞庭环湖公路，尽可能连结洞庭湖外围重要城镇，以及港口码头、名胜古迹、生态湿地，有利于充分发挥交通基础设施建设对土地开发的导向作用，加快推进洞庭湖生态经济区工业化和城镇化进程，引导湖区居民和游客向湖区外围集结，减少人类对洞庭湖的侵扰和蚕食，为退田还湖打下基础，真正做到湖进人退，人湖和谐。东洞庭环湖公路经过的主要控制点：长沙望城—湘阴—营田—磊石—鹿角—岳阳楼—君山—钱粮湖—注滋口—北洲子—南大膳—磊石；主要路段：S101、S323、S903、S217、S221、S222、S322。南洞庭环湖公路经过的主要控制点：湘阴—屈原—磊石—南大膳—茅草街—沅江—张家塞—甘湖口—临资口—湘阴；主要路段：S217、S322、S902、S228、S317、S321。西洞庭环湖公路经过的主要控制点：常德市—汉寿—岩汪湖—蒋家嘴—沅江—茅草街—南县—安乡—小渡口—津市—鼎城区—常德市；主要路段：G319、S320、S106、S902、S907、S233、S313、S231、S222。

湖区铁路建设工程。加快推进铁路建设，在洞庭湖区域内形成纵横贯通的铁路网。重点支持的铁路建设项目包括长益常城际轨道、黔张常高速铁路、长沙至岳阳城际轨道、华容至益阳铁路、常德至岳阳至九江铁路、汨罗至益阳城际轨道、松阳湖铁路专用线。加强北煤南运通道建设，以焦柳铁路复线、石长铁路复线、宜石铁路建设为依托，提升北煤南运能力。支持蒙西至华中铁路煤运通道岳阳段建设。加强东西货运通道建设，以黔张常、常岳九铁路建设为依托，融入蓉杭铁路大通道。加强南北向旅游通道建设，支持常德至桂林旅游客运专线建设。

六、需要深入研究的几个问题

洞庭湖经济区生态经济区建设具有全局性、系统性和长期性的特征。由于涉及到生态环境影响、上下游利益、未来发展潜力等因素，一些突出问题和难点问题还有待于深入研究，需要在科学研究的基础上制定下一步的规划和行动。这些问题主要集中在水利建设、能源保障、交通体系、信息化建设、岸线整理、生态环境和区域协调等七个方面。

(一) 关于水利重大项目建设问题

由于江湖自然演变和人类活动影响,长江中下游江湖关系不断发生变化,特别是三峡工程建成运行以来,江湖关系出现新特点,洞庭湖治理面临新挑战,迫切需要建设一批重大水利项目,来保障防洪安全、水资源安全、水生态安全和粮食安全。但是,一些重大水利工程,由于牵涉面广、影响因素多,建设周期长,需要在对自然影响、经济影响和社会影响做诸多评估和论证的基础上,综合权衡各种利弊因素,选定合适的方案。例如,三峡工程从1953年提出动议,至1992年初国务院通过可行性报告,论证了39年。洞庭湖重大水利工程一定要经过深入的研究和充分的科学论证,每个重大项目都能像都江堰那样造福千代。在洞庭湖面临防洪格局发生新变化、水资源短缺问题凸显、生态系统一定程度遭到破坏、血吸虫防治难度加大的局面下,相关部门需抓紧启动江湖水情变化、城陵矶综合枢纽工程、长江引水工程、以松滋口建闸为重点的四口河系综合整治工程等重大专题研究。这些工程不但要考虑经济社会需求,还要考虑生态需求,不但要满足湖南利益,还要满足湖北和长江中下游地区利益。在科学论证,坚持生态优先,兼顾上下游、左右岸利益,实现江湖两利、人水和谐关系的基础上,科学规划和建设一批重大水利工程项目,适应江湖关系新变化,促进区域经济社会又好又快发展。

(二) 关于能源保障的问题

洞庭湖生态经济区发展需要可靠、稳定、清洁的能源保障。湖区应把高效清洁利用煤炭资源放在更加突出的位置，加强对北煤南运交通路线的研究，建立畅通快捷的综合交通运输体系对接蒙西至华中地区铁路煤运通道。开展进口煤炭供应湖区研究，发挥湖区通江达海优势，在湖区长江口岸建立煤炭码头，通过江、海、湖联运，将国外优质煤炭输送到湖区。核电无小事，要在确保安全的条件下发展核电，建议湖区深入研究核电发展战略。湖区拥有湿地面积 6000 多平方公里，国家重点保护鸟类 45 种，应尽快开展研究风电发展对湖区生态环境的影响，尤其是对候鸟栖息地和候鸟越冬保护等问题进行系统论证。

（三）关于综合交通运输体系建设的问题

对于湖区交通基础设施建设，应从总体上全盘考虑，尽快研究制定湖区交通一体化规划，建立与区域未来发展相适应的网络化、多样化、生态化、节约化、现代化的交通运输体系。按照保护生态、优化城乡布局、促进产业发展，改善民生和提高洞庭湖品牌的原则，进一步研究环湖公路线路走向、节点定位，建设完整的环湖公路闭合圈。统筹兼顾产业布局、资源开发以及城镇体系建设，研究制定湖区铁路发展规划，特别要加强高铁发展规划研究，研究干支线机场建设规划，形成广覆盖、大密度的航空通道。

（四）关于信息化网络建设的问题

人类信息化时代已经到来，洞庭湖经济发展必须具有长远性、可持续性。应考虑未来经济增长点，选择适应世界经济发展趋势、能够全面带动经济发展的产业作为重点培养产业。正在兴起的泛在网相关技术能有效提升传统产业发展水平，提高信息技术和网络的服务水平，解决地区之间、城乡之间的信息基础设施发展不平衡的问题。应努力推进对湖区发展泛在网络的研究，研究制订泛在网发展目标、规划和实施策略。

（五）关于岸线整理的问题

流域能提供发展航运的能力、供水的能力、发电的能力、灌溉的能力、良好的旅游景观的能力、发展渔业生产的能力，不少国家的发展史就是一部流域文明史。密西西比河、伏尔加河、莱茵河、田纳西等大河流域以水资源综合开发带动整个流域生产力的合理布局和城市群发展，取得了瞩目的成绩。洞庭湖实施引水济湖、蓄水养湖和活化治湖等重点工程，将逐步实现内河航道高等级化、船舶标准化、码头专业化、水资源综合利用最优化，将重现浩渺洞庭，形成风景优美、航运便利的岸线资源。建议就洞庭湖治理后的岸线资源提前规划研究，按照岸线整理后的区域条件进一步科学规划城镇布局、基础设施建设和产业发展。

（六）关于生态治理与环境保护的问题

作为长江重要的生态前置库和调蓄湖泊，洞庭湖在维系长江中下游水域生态平衡和江湖关系中起到重要作用。洞庭湖生态经济发展要把生态治理和环境保护放在最突出的位置，特别要在湿地保护、珍稀动物保护、水污染治理、血吸虫防治等方面立一些专项重大课题进行研究。湖区各项建设尤其是重大基础设施建设不可避免对湖区自然资源和生态环境产生一定的影响。要加强这些重大工程项目的环境评估研究，采取措施将对环境的负面影响降低到最小程度。

（七）关于湘鄂共同推进洞庭湖生态经济区发展的问题

洞庭湖生态经济发展不但关系到湖南沿湖城市和地区，也关系到湖北沿湖城市和地区。从国际经验来看，由于大江大湖流域往往涉及多个行政区域，跨行政区域的协调合作治理对于流域发展至关重要。例如，日内瓦湖位于法国和瑞士两国的交界处，为此湖区各方建立了日内瓦湖湖水保护国际联合会，承担协调各方行动、平衡各方利益的责任。密西西比河在美国跨越10个州，为了便于更有效的管理，美国设了密西西比河管理局负责这一区域的规划、交通与环保等开发。洞庭湖生态经济区的开发建设也需要这种跨行政区域的合作开发模式，尤其是需要跨省的协调合作机制。应加大对洞庭湖流域开发治理模式的研究，采取合适的组织形式、体制机制来使得湘鄂合作，共同推进洞庭湖生态经济发展。

图书在版编目（ＣＩＰ）数据

中国宏观经济问题研究/张焕波著. —北京：时事出版社，2015.12
　　ISBN 978-7-80232-907-2

　　Ⅰ.①中… Ⅱ.①张… Ⅲ.①中国经济—宏观经济—研究 Ⅳ.①F123.16

中国版本图书馆 CIP 数据核字（2015）第 255493 号

出 版 发 行：时事出版社
地　　　　址：北京市海淀区万寿寺甲 2 号
邮　　　　编：100081
发 行 热 线：（010）88547590　88547591
读 者 服 务 部：（010）88547595
传　　　　真：（010）88547592
电 子 邮 箱：shishichubanshe@ sina. com
网　　　　址：www. shishishe. com
印　　　　刷：北京昌平百善印刷厂

开本：787×1092　1/16　印张：25.5　字数：330 千字
2015 年 12 月第 1 版　2015 年 12 月第 1 次印刷
定价：96.00 元

（如有印装质量问题，请与本社发行部联系调换）